Klaus Dingwerth · Michael Blauberger · Christian Schneider

Postnationale Demokratie

Grundwissen Politik
Band 47

Begründet von Ulrich von Alemann

Herausgegeben von

Prof. Dr. Arthur Benz, Hagen
Prof. Dr. Helmut Breitmeier, Hagen
Prof. Dr. Lars Holtkamp, Hagen
Prof. Dr. Annette Töller, Hagen

Klaus Dingwerth
Michael Blauberger
Christian Schneider

Postnationale Demokratie

Eine Einführung am Beispiel
von EU, WTO und UNO

VS VERLAG

Bibliografische Information der Deutschen Nationalbibliothek
Die Deutsche Nationalbibliothek verzeichnet diese Publikation in der
Deutschen Nationalbibliografie; detaillierte bibliografische Daten sind im Internet über
<http://dnb.d-nb.de> abrufbar.

1. Auflage 2011

Alle Rechte vorbehalten
© VS Verlag für Sozialwissenschaften | Springer Fachmedien Wiesbaden GmbH 2011

Lektorat: Frank Schindler / Verena Metzger

VS Verlag für Sozialwissenschaften ist eine Marke von Springer Fachmedien.
Springer Fachmedien ist Teil der Fachverlagsgruppe Springer Science+Business Media.
www.vs-verlag.de

Umschlaggestaltung: KünkelLopka Medienentwicklung, Heidelberg
Druck und buchbinderische Verarbeitung: Ten Brink, Meppel
Gedruckt auf säurefreiem und chlorfrei gebleichtem Papier
Printed in the Netherlands

ISBN 978-3-531-17490-7

Inhaltsübersicht

Inhalt

Verzeichnisse

Abkürzungsverzeichnis

ACWL	*Advisory Centre on WTO Law*
CDM	*Clean Development Mechanism*
CONECCS	EU-Datenbank „Konsultation, Europäische Kommission und Zivilgesellschaft"
DSB	*Dispute Settlement Body*
DSU	*Dispute Settlement Understanding*
EEA	Einheitliche Europäische Akte
EG	Europäische Gemeinschaft
EGKS	Europäische Gemeinschaft für Kohle und Stahl
EGV	EG-Vertrag
EPG	Europäische Politische Gemeinschaft
EU	Europäische Union
EuGH	Europäischer Gerichtshof
EURATOM	Europäische Atomgemeinschaft
EUV	EU-Vertrag
EVG	Europäische Verteidigungsgemeinschaft
EVP-ED	Fraktion der Europäischen Volkspartei und Europäischer Demokraten
EWG	Europäische Wirtschaftsgemeinschaft
EZB	Europäische Zentralbank
FAO	Ernährungs- und Landwirtschaftsorganisation der Vereinten Nationen (*Food and Agricultural Organization*)
FIELD	Stiftung für internationales Umweltrecht und Entwicklung
FIFA	Weltfußballverband
FSC	Weltforstrat (*Forest Stewardship Council*)
GATS	Allgemeines Abkommen über den Handel mit Dienstleistungen (*General Agreement on Trade in Services*)
GATT	Allgemeines Zoll- und Handelsabkommen (*General Agreement on Tariffs and Trade*)
GG	Grundgesetz der Bundesrepublik Deutschland
ICANN	*Internet Corporation for Assigned Names and Numbers*
IGH	Internationaler Gerichtshof
IOC	Internationales Olympisches Komitee
IOSCO	*International Organization of Securities Commissions*
IPU	Inter-Parlamentarische Union
ITTC	*Institute for Training and Technical Cooperation*
IUCN	Weltnaturschutzunion (*World Conservation Union*, vor-

	mals *International Union for the Conservation of Nature)*
IWF	Internationaler Währungsfonds
LLDCs	*Least Developed Countries*
NATO	*North Atlantic Treaty Organization*
NRO	Nichtregierungsorganisation
OECD	Organisation für wirtschaftliche Zusammenarbeit und Entwicklung
OMK	Offene Methode der Koordinierung
SALW	Kleine und Leichte Waffen (*Small Arms and Light Weapons*)
SPE	Sozialdemokratische Partei Europas
SPS	Abkommen über sanitäre und phytosanitäre Maßnahmen (*Sanitary and Phytosanitary Measures Agreement*)
TBT	Abkommen über technische Handelshindernisse (*Agreement on Technical Barriers to Trade*)
TNC	*Trade Negotiations Committee*
TRIPS	Abkommen über handelsbezogene geistige Eigentumsrechte (*Trade-Related Intellectual Property Rights*)
UN	*United Nations*
UNDP	Entwicklungsprogramm der Vereinten Nationen (*United Nations Development Programme)*
UNEP	Umweltprogramm der Vereinten Nationen (*United Nations Environment Programme*)
VN	Vereinte Nationen
VVE	Vertrag über eine Verfassung für Europa
WADA	Weltantidopingagentur *(World Anti-Doping Agency)*
WHO	Weltgesundheitsorganisation (*World Health Organization*)
WTO	Welthandelsorganisation (*World Trade Organisation*)

Abbildungsverzeichnis

Tabellenverzeichnis

Die Autoren

Dr. Klaus Dingwerth, geb. 1976, ist wissenschaftlicher Assistent am Institut für Interkulturelle und Internationale Studien (InIIS) der Universität Bremen. Er lehrt und forscht zu Fragen des globalen Regierens und der internationalen Umwelt- und Nachhaltigkeitspolitik. Seine Veröffentlichungen umfassen die Monographie „The New Transnationalism: Transnational Governance and its Democratic Legitimacy" (Palgrave Macmillan, 2007), den Sammelband „Die Organisierte Welt: Internationale Beziehungen und Organisationsforschung" (hg. mit D. Kerwer und A. Nölke, Nomos Verlag, 2009) sowie zahlreiche wissenschaftliche Artikel, u.a. in der Zeitschrift für Internationale Beziehungen, International Studies Quarterly, Global Governance und dem European Journal of International Relations.

Dr. Michael Blauberger, geb. 1978, ist wissenschaftlicher Mitarbeiter am Sonderforschungsbereich (Sfb 597) „Staatlichkeit im Wandel" der Universität Bremen. Er lehrt und forscht zu Fragen der politischen Ökonomie und der Rechtspolitik im europäischen Integrationsprozess. Seine Dissertation ist größtenteils am Kölner Max-Planck-Institut für Gesellschaftsforschung (MPIfG) entstanden und wurde jüngst unter dem Titel „Staatliche Beihilfen in Europa" veröffentlicht (VS Verlag, 2009). Publiziert hat er u.a. in der Politischen Vierteljahresschrift, West European Politics und dem Journal of European Public Policy.

Christian Schneider, lic. phil., geb. 1979, ist Doktorand am Center for Comparative and International Studies der ETH und Universität Zürich und wissenschaftlicher Mitarbeiter am Lehrstuhl Internationale Beziehungen des Instituts für Politikwissenschaft an der Universität Zürich. Er lehrt an der Universität Zürich zu den Schwerpunkten Theorien der Internationalen Beziehungen und Formen demokratischen Regierens in internationalen Organisationen. Seine Abschlussarbeit verfasste er zum Thema der Legitimität internationaler Organisationen unter den Bedingungen einer globalisierten Weltpolitik. Zudem war er ein Jahr in der KFOR, der Peacekeeping-Mission der NATO im Kosovo, im Bereich politische Analysen tätig.

Vorwort

Welche Hoffnungen ruhen nicht alle auf internationalen Organisationen! Die Vereinten Nationen sollen den Weltfrieden sichern, die Weltbank den ärmsten Gesellschaften dieser Welt Entwicklung bringen, der Internationale Währungsfonds internationale Finanzkrisen verhindern, die Welthandelsorganisation den globalen Wohlstand mehren und die Europäische Union in Europa den „dynamischsten Wirtschaftsraum der Welt" schaffen. Gleichzeitig ist die Reputation internationaler Organisationen schlecht wie lange nicht mehr. Das zeigt alleine ein Blick in die Abteilung „Politische Bücher" einer größeren Buchhandlung. Dort ist vom „Europa-Komplott" und vom „Raumschiff Brüssel" die Rede; werden uns Organisationen wie die Weltbank, der Internationale Währungsfonds oder die Welthandelsorganisation als die „Neuen Herrscher der Welt" vorgestellt, gegen die es zu kämpfen gilt; und wird uns nahe gebracht, „wie EU-Funktionäre in Brüssel unsere Demokratie verscherbeln". Die Kritiker stellen internationale Organisationen dabei entweder als „Söldlinge" eines entfesselten globalen Kapitalismus oder aber als teure, aber weitgehend unfähige Bürokratieungeheuer dar. Aus beiden Quellen – den überzogenen Erwartungen der einen und den verzerrten Darstellungen der anderen Seite – speist sich die derzeitige Legitimationskrise internationaler Organisationen.

Jenseits solcher Zerrbilder stellt sich die Frage nach der Legitimation internationaler Organisationen zu Recht. In zunehmendem Maße werden auf internationaler Ebene Entscheidungen getroffen und Regeln vereinbart, die sich auf Staaten und ihre Bürger auswirken. Gerade weil internationale Organisationen wichtige Bestandteile einer häufig mit dem Begriff des „globalen Regierens" *(global governance)* umschriebenen Weltordnungspolitik bleiben werden, ist es umso wichtiger, ihre Möglichkeiten und Grenzen realistisch einzuschätzen. Das gilt auch für die Diskussion um das sogenannte „Demokratiedefizit" internationaler Organisationen.

Wir möchten in diesem Buch einen differenzierten Überblick über diese Diskussion und über die demokratische Qualität der wichtigsten – und oft besonders heftig kritisierten – internationalen Organisationen geben. Für uns sind dies die Vereinten Nationen als Rahmen der internationalen Friedens- und Sicherheitsordnung, die Welthandelsorganisation als Kern der internationalen Handelspolitik und die Europäische Union als die am tiefsten integrierte Regionalorganisation – in vielerlei Hinsicht bereits näher an einem staatsähnlichen Gebilde als an herkömmlichen zwischenstaatlichen Organisationen. In unserem Buch wollen wir aufzeigen, an welchen Stellen und gemessen an welchen Maßstäben diese drei Organisationen tatsächlich Demokratiedefizite aufweisen, und diskutieren, wie sich diese Defizite möglicherweise beheben lassen.

Das Buch richtet sich nicht nur an Studierende der Sozialwissenschaften, für die das Thema postnationale Demokratie zunehmend zum Unterrichtskanon gehört, sondern auch an Lehrerinnen und Lehrer, die das Thema während ihrer Studienzeit vielleicht noch nicht vertiefen konnten. Allein aufgrund der Fülle an theoretischen und empirischen Diskussionsbeiträgen dürfte es für sie besonders schwierig sein, sich einen eigenständigen Überblick über die wichtigsten Argu-

Ziel des Buches mente zu verschaffen. Ein Hauptziel unseres Buchs ist es daher, einen Einblick in die aktuelle politikwissenschaftliche Debatte zum Thema Demokratiedefizit internationaler Organisationen zu geben. Während internationale Organisationen in der politischen und medialen Öffentlichkeit häufig als undemokratisch dargestellt werden, ist das Bild in der wissenschaftlichen Diskussion ungleich vielfältiger. Wir sind der Auffassung, dass es gerade für Multiplikatoren in der politischen Bildung – und die meisten Studierenden der Politikwissenschaft werden dies sein, ob als Journalist/innen, Lehrer/innen oder in anderen Berufen – wichtig ist, die verschiedenen Stimmen zu kennen. Da es jedoch unrealistisch wäre, von allen Studierenden, geschweige denn von allen Politiklehrerinnen und -lehrern, zu erwarten, dass sie sich eigenständig durch die äußerst umfangreiche, noch dazu meist englischsprachige und nicht selten schwer verständliche Fachliteratur kämpfen, wollen wir in diesem Buch einen lesbaren (und hoffentlich lesenswerten) Überblick über die entsprechenden Fachdiskussionen geben. Unseren Leserinnen und Lesern wollen wir damit zumindest einen Teil der Arbeit abnehmen und den Einstieg in ein ebenso spannendes wie kontroverses Thema erleichtern. Dabei haben wir uns alle Mühe gegeben, die teilweise sehr komplexen Argumente möglichst verständlich darzustellen – zu diesem Zweck haben wir unter anderem alle englischen Zitate ins Deutsche übersetzt – und ein differenziertes Bild der Chancen und Mängel internationaler Organisationen zu zeichnen. Wichtig ist uns aber vor allem, dass die Leserinnen und Leser die Möglichkeit bekommen, sich selbst ein Urteil zu bilden. Unsere eigenen Urteile haben wir entsprechend gekennzeichnet. Sie zeigen unter anderem, dass auch wir uns als Autoren dieses Buchs nicht immer einig über die Bewertung einzelner Aspekte der drei untersuchten Organisationen waren und sind.

Aufbau des Buches Das Buch gliedert sich in drei Teile. Im ersten Teil (Kapitel 1-3) führen wir in die zentralen Fragen des Buchs ein, erörtern ihren politischen und politikwissenschaftlichen Kontext und legen die begrifflichen und theoretischen Grundlagen für die empirische Diskussion im zweiten Teil. Eiligen und/oder weniger an der Theoriediskussion interessierten Lesern sollte die Lektüre unserer Einleitung (Kapitel 1) und unseres Kriterienkatalogs (am Ende von Kapitel 3) eine Grundlage für das Verständnis der Argumentation im zweiten Teil bieten. In diesem zweiten Teil (Kapitel 4-6) bewerten wir in drei separaten Kapiteln die demokratische Qualität der Europäischen Union, der Welthandelsorganisation und der Vereinten Nationen. Die Kapitel folgen jeweils demselben analytischen Raster und sind so aufgebaut, dass sie sich sowohl einzeln als auch gemeinsam lesen lassen. Im dritten Teil (Kapitel 7) fassen wir die Ergebnisse für die drei untersuchten Organisationen vergleichend zusammen. Vor dem Hintergrund unserer Bewertung greifen wir darüber hinaus noch einmal die Diskussion über das Demokratiedefizit der internationalen Politik auf.

Das Buch ist als Gemeinschaftsprodukt aller drei Autoren entstanden; für die „empirischen" Kapitel 4 bis 6 zeichnen sich Michael Blauberger (Kapitel 4 zur EU), Klaus Dingwerth (Kapitel 5 zur WTO) bzw. Christian Schneider (Kapitel 6 zu den VN) hauptverantwortlich.

Wie jedes Buch hat auch dieses von der vielfältigen Unterstützung durch Kolleginnen und Kollegen sowie durch unsere Heimatinstitutionen profitiert. In diesem Zusammenhang möchten wir insbesondere Wolfgang Berger, Max Blauberger, Madleina Collenberg, Frank Biermann, Ulrike Ehling, Thorsten Hüller, Dieter Ruloff, Armin Schäfer und Bernhard Zangl für ihre Kommentare zu früheren Versionen der einzelnen Kapitel dieses Buches danken. Ein weiterer Dank gilt dem Institut für Interkulturelle und Internationale Studien (InIIS) an der Universität Bremen, dem Sonderforschungsbereich 597 „Staatlichkeit im Wandel" an der Universität Bremen, dem Center for Comparative and International Studies (CIS) an der ETH und der Universität Zürich und – last, but not least – den Studierenden, die unsere in Bremen und Zürich angebotenen Seminare zur „Demokratie jenseits des Staats" besucht haben.

Bremen und Zürich, Oktober 2009

1 Globalisierung und Demokratie

Am 3. Dezember 1999 endete die dritte Ministerkonferenz der Welthandelsorga- Kritik und Protest
nisation (WTO) in Seattle ohne ein Ergebnis. Ausschlaggebend für das Scheitern
der Verhandlungen war unter anderem die Forderung der ärmeren Staaten nach Seattle 1999
mehr Mitspracherechten in der WTO. Darüber hinaus führten Proteste von nichtstaatlichen Akteuren dazu, dass die Verhandlungen nicht mehr weitergeführt
werden konnten. Die Demonstranten hatten den Delegierten schlicht den Zugang
zu den Verhandlungen verstellt. Sie kritisierten unter anderem die neoliberale
Ausrichtung und das Demokratiedefizit der WTO.

Die später als „Schlacht von Seattle" *(Battle of Seattle)* bezeichnete Blocka- Kritik an WTO, Weltbank und IWF
de ist inzwischen zum Symbol für die Globalisierungskritik geworden. Sie steht
aber auch stellvertretend für die zunehmende Kritik an globalen Handels- und
Finanzinstitutionen wie der WTO, der Weltbank und dem Internationalen Währungsfonds (IWF). Dabei genossen insbesondere die beiden letztgenannten Organisationen bis zum Ende der 1980er-Jahre bei den meisten Mitgliedstaaten
einen guten Ruf. Der IWF hatte dazu beigetragen, die Schuldenkrise Lateiname-
rikas in den 1980er-Jahren abzumildern. Und die Weltbank hatte durch ihre Kre-
dite das Wachstum und die Entwicklung in zahlreichen Ländern unterstützt. Zur
Jahrtausendwende hat sich dieses positive Bild jedoch geändert. Durch ihre Un-
fähigkeit, die Asienkrise 1997 abzuwenden bzw. die schlimmsten Formen der
Unterentwicklung zu unterbinden, gerieten auch IWF und Weltbank unter Recht-
fertigungsdruck. Im Zusammenhang mit den zum Teil harten wirtschaftlichen
Auflagen im Rahmen der Strukturanpassungsprogramme für Kreditnehmer von
IWF und Weltbank wurde den beiden Organisationen eine Mitschuld an der
anhaltenden Misere vieler Entwicklungsländer angelastet. In ihrer Kritik an IWF mangelnde demokra- tische Kontrolle
und Weltbank führten staatliche und vor allem zivilgesellschaftliche Akteure die
aus ihrer Sicht falsche Politik nicht zuletzt auf die mangelnde demokratische
Kontrolle der beiden Organisationen zurück. IWF und Weltbank hätten zu sehr
auf die Interessen der Regierungen und privatwirtschaftlichen Akteure im Norden gehört und die Interessen der Mehrheit im Süden systematisch vernachlässigt (Coicaud 2001: 522-523; vgl. auch Stiglitz 2002). In einem besonders drasti-
schen, aber für einen Teil der Globalisierungskritik nicht ganz unüblichen Ton-
fall bezeichnet etwa Jean Ziegler (2005) die drei Organisationen als „neue Herrscher der Welt" und als „Söldlinge". Die WTO verdammt er als „Kriegsmaschine", die Mitarbeiter des IWF sind für ihn „Feuerteufel" und die Anhänger der
Weltbank „fanatische" Apologeten einer ungezügelten Liberalisierung, die sich
weder um Menschenrechte, noch um Grundbedürfnisse schert.

Doch nicht nur die internationalen Handels- und Finanzorganisationen gera- Kritik an den VN
ten in Bedrängnis. Auch die Vereinten Nationen (VN), die wie keine andere
Organisation für die Idee einer internationalen Gemeinschaft stehen, sehen sich

einem zunehmenden Reformdruck gegenüber. So argumentieren zahlreiche Kritiker, dass die derzeitige institutionelle Gestaltung der VN nicht demokratischen Grundsätzen entspreche. Während die einen eine Erweiterung des Sicherheitsrats und eine Abschaffung der Vetomacht seiner ständigen Mitglieder fordern, um mehr Gleichheit zwischen den Mitgliedstaaten herzustellen, setzen andere grundsätzlicher an. Sie fordern, dass das Versprechen der VN-Charta eingelöst wird, in der die Präambel ausdrücklich die Völker *(„We, the Peoples")* und nicht die Staaten oder ihre Regierungen als Autoren nennt. Entsprechend sollen die Bürger der Welt mehr Mitsprache in den Vereinten Nationen bekommen, etwa in einer der Generalversammlung gleichgestellten zweiten „Bürgerkammer" (Archibugi 1998; Bummel 2004). Für wieder andere sind die Hauptprobleme der VN Bürokratisierung, Missmanagement und Korruption. So ließ etwa der frühere US-Botschafter bei den VN, John Bolton, verlauten, dass man das Gebäude des VN-Sekretariats in New York ruhig um zehn Stockwerke verkleinern könne, ohne dass dies auch nur den geringsten Unterschied ausmachen würde.

Legitimitätsprobleme der EU

    Auch die Europäische Union (EU) ist von der Legitimitätskrise internationaler Organisationen nicht ausgenommen. Nicht zuletzt die ablehnenden Referenden zum Europäischen Verfassungsvertrag in Frankreich und in den Niederlanden 2005 haben der Debatte über das „Demokratiedefizit" der EU neue Nahrung gegeben. Zwar verfügt die EU im Vergleich mit anderen internationalen Organisationen über einzigartige demokratische Mitwirkungsmöglichkeiten, etwa über die Direktwahl zum Europäischen Parlament. Gleichzeitig werden auf europäischer Ebene aber Entscheidungen getroffen, die besonders weit in traditionelle Bereiche staatlicher Politik hineinwirken, zum Beispiel bei der Liberalisierung ehemals geschützter Sektoren wie Post, Energie und Bahn. Kritiker beschreiben diese Entscheidungen oft als bürgerfern und bürokratisch, sie bemängeln die unzureichende Kontrolle der nur indirekt legitimierten Europäischen Kommission durch die Bürger oder den mangelnden Respekt des Europäischen Gerichtshofs vor der Autonomie der Mitgliedstaaten. Zudem fehle es den Bürgern Europas am nötigen Wir-Gefühl – die „Bürger Europas" fühlten sich nicht als solche und das „europäische Staatsvolk" gebe es demnach nicht. Es fehle an einer gemeinsamen Medienöffentlichkeit, in der wichtige Themen europaweit diskutiert werden könnten; die politische Auseinandersetzung vor den Europawahlen bleibe zumeist auf nationale Themen beschränkt; durch die jüngsten Erweiterungen der EU seien die kulturellen und wirtschaftlichen Gegensätze noch viel größer geworden. Wo aber kein Volk *(Demos)* ist, muss es auch die „Herrschaft des Volkes" *(Demokratie)* schwer haben.

These vom Demokratiedefizit

    Die Beispiele verweisen nicht nur auf die Legitimitätskrise zahlreicher internationaler Organisationen, sondern auch auf ein zentrales Argument im Zusammenhang mit dieser Krise: die These, dass internationale Institutionen ein „Demokratiedefizit" aufweisen. Wir wollen diese These in diesem Buch kritisch hinterfragen und – da sich *Defizite* im Gegensatz zu *Dilemmata* ja prinzipiell beheben lassen – mögliche Auswege aus der Krise aufzeigen. Um diesen beiden Ansprüchen gerecht zu werden, konzentrieren wir uns vor allem auf vier Fragen:

- Was bedeuten „Demokratie" und „demokratisches Regieren" jenseits staatlicher Grenzen?

- Welche Ansprüche ergeben sich aus der Idee demokratischen Regierens jenseits des Staates für internationale Organisationen wie die Vereinten Nationen, die Welthandelsorganisation oder die Europäische Union?
- Inwieweit kommen die wichtigsten internationalen Organisationen diesen Ansprüchen nach?
- Und welche Möglichkeiten bestehen, um diese Organisationen zu demokratisieren und auf diese Weise das vorhandene Demokratiedefizit in der internationalen Politik zu verringern?

Unsere Antworten auf diese vier Fragen sind nicht ganz so einfach gestrickt wie viele Argumente radikaler Globalisierungskritiker oder die Argumente derer, die den freien Verkehr von Waren, Dienstleistungen und Kapital uneingeschränkt befürworten. Wir verstehen Demokratie zunächst einmal ganz grob als ein „politisches System, dessen Mitglieder einander als in politischen Fragen Gleichgestellte betrachten, kollektiv souverän sind und alle Fähigkeiten, Ressourcen und Institutionen besitzen, die sie benötigen, um sich selbst zu regieren" (Dahl 1989: 1). Diese Definition spezifizieren wir in Kapitel 3 mit Blick auf drei verschiedene Stränge der Demokratietheorie dahingehend, dass wir einen politischen Entscheidungsprozess dann als demokratisch erachten, wenn er in angemessem Umfang betroffenen Gruppen die Möglichkeit der politischen Teilhabe und der Kontrolle der Entscheidungsträger eröffnet und wenn er so strukturiert ist, dass „guten Argumenten" im Prozess der Meinungs- und Willensbildung ein besonderes Gewicht beigemessen wird. Welcher Umfang an Teilhabe- und Kontrollmöglichkeiten und an sogenannten „deliberativen Verfahren" jeweils als angemessen gilt, hängt dabei vom Kontext der Entscheidungsfindung ab – so müssen Entscheidungsprozesse beispielsweise umso demokratischer sein, je stärker sie in die Lebenswirklichkeit der betroffenen Personen eingreifen.

Aufbauend auf diesem Demokratieverständnis argumentieren wir im Folgenden, dass die Stärkung internationaler Institutionen eine wichtige und richtige politische Antwort auf die wirtschaftliche Globalisierung ist. Internationale Organisationen sind in erster Linie ein Teil der Lösung, weniger ein Teil des Problems. Anders ausgedrückt: Ohne internationale Institutionen wäre die Weltpolitik nicht demokratischer. Die Forderung, die WTO abzuschaffen, überzeugt uns deswegen nicht. Andererseits wollen wir keineswegs bestreiten, dass die wichtigsten internationalen Organisationen – für uns sind dies die EU, die WTO und die VN – vom Ideal einer postnationalen Demokratie in vielerlei Hinsicht noch ein gutes Stück entfernt sind. Über Reformen nachzudenken und Reformen einzufordern ist daher wichtig und notwendig. Aus demokratietheoretischer Sicht sind gute Reformen dabei solche, die vor allem den schwächeren Teilen der „Weltgesellschaft" Partizipationschancen eröffnen. Das bringt aber zwei Dinge mit sich: Zum einen kann eine Demokratisierung der Weltpolitik durchaus bedeuten, dass Interessen der Bürger westlicher Industriegesellschaften – also etwa auch die Interessen deutscher, österreichischer und schweizerischer Bürger – relativ zu den Interessen der Bürger aus Entwicklungsländern an Einfluss verlieren. Zum anderen lässt sich die Demokratisierung der internationalen Politik nicht ausschließlich, und vielleicht nicht einmal vorrangig, durch eine Reform der Vereinten Nationen, der Welthandelsorganisation oder der Europäischen Union erreichen. Sie setzt

Demokratieverständnis des Buches

vielmehr voraus, dass Ungleichheiten – etwa im Zugang zu Bildung, Wissen und Gesundheit – abgebaut werden. Ohne eine solche Angleichung kann auch die grenzüberschreitende Demokratie nur ein Ideal bleiben.

1.1 Demokratie und Internationale Beziehungen nach 1990

Ausbreitung der Demokratie ...

Innerhalb der westlichen Welt – häufig auch nach den Mitgliedern der Organisation für wirtschaftliche Zusammenarbeit und Entwicklung (OECD) als OECD-Welt bezeichnet –, aber auch in anderen Weltregionen, hat sich die Demokratie nach dem Zweiten Weltkrieg als wichtigste Quelle der Legitimität staatlicher Herrschaft durchgesetzt. Mit anderen Worten: Die Ausübung von Regierungsgewalt wird vielerorts nur dann als rechtmäßig anerkannt, wenn sie demokratischen Grundsätzen folgt. Auch wenn keineswegs alle Staaten demokratisch regiert werden, hat die Rede vom „demokratischen Zeitalter" (Held und Koenig-Archibugi 2004: 125) ihre Berechtigung. Nach 1945 bzw. 1970 haben mehrere Wellen der Demokratisierung Gesellschaften in Westeuropa, Südeuropa, Lateinamerika, Ostasien und nach 1989 schließlich auch in Mittel- und Osteuropa erfasst (Huntington 1991). Die Demokratie hat sich als Regierungsform „globalisiert".

... und wirtschaftliche Globalisierung

Eine Ironie der Geschichte ist dabei, dass die Globalisierung der nationalstaatlichen Demokratie gerade zu einem Zeitpunkt erfolgt, als die Handlungsmöglichkeiten von Nationalstaaten im Zuge der wirtschaftlichen Globalisierung eingeschränkt werden. Der neu gewonnenen Freiheit im Innern stehen nunmehr äußere Zwänge gegenüber. Nicht zuletzt diese Entwicklung verstärkt den Eindruck, dass die Globalisierung der nationalen Demokratie ohne die Demokratisierung der globalen Politik unvollständig bleiben muss.

Demokratie in den Internationalen Beziehungen

Auf der Grundlage dieser Diagnose hat auch die politikwissenschaftliche Teildisziplin der Internationalen Beziehungen die Frage der grenzüberschreitenden Demokratie für sich entdeckt. Im Gegensatz zu anderen Teildisziplinen spielten demokratietheoretische Überlegungen in den Internationalen Beziehungen lange Zeit keine Rolle. Im Verständnis der klassischen Theorien der internationalen Politik bedarf die internationale Politik keiner demokratischen Legitimation. Dafür gibt es zwei unterschiedliche Begründungen: Entweder wird argumentiert, dass internationale Institutionen auf der freiwilligen Kooperation zwischen souveränen Staaten gründen und dementsprechend keiner eigenständigen Legitimation bedürfen. Oder es wird argumentiert, dass zwischenstaatliches Handeln durch Zwänge geprägt ist, die sich aus der Struktur des internationalen Systems ergeben. Infolge dieser Systemzwänge ist die Handlungsfreiheit von Staaten – die sich primär um ihr eigenes Überleben sorgen – so stark eingeschränkt, dass staatliches Handeln gegenüber anderen Staaten ebenfalls keiner eigenständigen normativen Rechtfertigung bedarf.[1] Internationalen Organisationen wie der Weltbank oder den Vereinten Nationen messen beide Sichtweisen

---

1 Die erste Position kennzeichnet institutionalistische Theorien internationaler Beziehungen, die zweite neorealistische Theorien internationaler Beziehungen. Gute Einführungen in beide Ansätze geben Schörnig (2006) und Zangl (2006).

zumeist nur eine geringe Akteursqualität zu. Sie gelten bestenfalls als Foren zur zwischenstaatlichen Koordination (Ruggie 1993a:11), deren Zweck in der Erleichterung der Kommunikation und der Schaffung von Erwartungssicherheit zwischen Staaten, nicht aber im „Regieren" im engeren Sinne besteht. Insbesondere dort, wo keine Autorität an eine den Mitgliedstaaten übergeordnete Einrichtung abgegeben wird, spielen Fragen der demokratischen Gestaltung also zunächst keine große Rolle (Bernstein 2004: 3).

Mit der Intensivierung der wirtschaftlichen Globalisierung nimmt das Interesse der Internationalen Beziehungen an demokratietheoretischen Überlegungen jedoch zu. Inzwischen hat sich dieses Interesse zu einer breit geführten Debatte ausgeweitet, an der sich sowohl innerhalb als auch außerhalb des deutschsprachigen Raums Hauptvertreter der politischen Philosophie und der Internationalen Beziehungen rege beteiligen.[2] Ausgelöst wurde diese Diskussion über das demokratische Regieren jenseits des Staats unter anderem durch die eingangs erwähnte Kritik von Seiten globalisierungskritischer Bewegungen. Im Zuge dieser Kritik gelangte das „Demokratiedefizit" der internationalen Politik auf die Tagesordnung von Nichtregierungsorganisationen (NRO), sozialen Bewegungen und auch der Sozialwissenschaften.

Der Kern der Argumentation ist dabei folgender: Durch die wirtschaftliche Globalisierung und den damit verbundenen Bedarf an grenzüberschreitender politischer Steuerung wird der demokratische Grundsatz der Kongruenz zwischen den Trägern politischer Entscheidungen und den von politischen Entscheidungen betroffenen Personen immer häufiger in Frage gestellt. Diejenigen, die in New York (VN), Washington (IWF und Weltbank), Genf (WTO) oder Brüssel (EU) Entscheidungen treffen, repräsentieren nur mittelbar diejenigen, die von den Entscheidungen in Buenos Aires, Bordeaux oder Brazzaville betroffen sind. Internationale Entscheidungen selbst haben zudem immer häufiger weitreichende Konsequenzen für die unmittelbare Lebenswirklichkeit zahlreicher Bürger. Während das Problem fehlender Kongruenz selbst keineswegs neu ist – auch der Bau eines Atomkraftwerks nahe der Grenze zu benachbarten Staaten stellt eine solche Inkongruenz dar – hat sich das Ausmaß des Problems deutlich verschärft. Hierfür wird insbesondere der kontinuierliche Transfer politischer Autorität von demokratisch gewählten Regierungen hin zu internationalen Institutionen verantwortlich gemacht, in welchen die Vertreter nationaler Regierungen Vereinbarungen treffen, die von den jeweiligen Bürgern nur noch schwer kontrolliert werden können (Zürn 1998b; Wolf 2000).

Darüber hinaus werden auch die normativen Implikationen außenpolitischen Handelns unter dem Stichwort der demokratischen Verantwortlichkeit *(democratic accountability)* thematisiert (Keohane 2003; Grant und Keohane 2005). Denn auch hier ist offensichtlich, dass insbesondere das Handeln mächtiger Staaten außerhalb des eigenen Staatsgebiets Betroffenheit verursachen kann, die handelnden Regierungen gegenüber der dortigen Bevölkerung aber zumin-

Grundprobleme:

1. Mangelnde Kongruenz von Entscheidern und Betroffenen

2. Demokratische Verantwortlichkeit

---

2   Vgl. für die politische Theorie etwa Dahl (1999), Habermas (1998); Höffe (1999) und für die Internationalen Beziehungen Keohane (2003); Moravcsik (2002; 2004); Nye und Keohane (2001); Risse (2004) und Zürn (1998a, b; 2000; 2004).

dest formal nicht rechenschaftspflichtig sind. So hat etwa die Besetzung des Irak durch die USA seit 2003 massive Folgen für die dortige Bevölkerung, ohne dass die Bürger des Irak geeignete Möglichkeiten hätten, an der Entwicklung der US-Politik gegenüber dem Irak mitzuwirken. Auch hier ergibt sich also eine Inkongruenz zwischen denjenigen, die über Politik entscheiden und denjenigen, die die Konsequenzen dieser Entscheidungen tragen müssen.

Lösung: Demokratisierung internationaler Entscheidungen

Ganz allgemein trifft die Idee, dass das *globale Regieren* demokratisch organisiert sein *sollte* und dass sich aus der Diskrepanz zwischen dem *Sein* (tatsächlicher Zustand) und dem *Sollen* (wünschenswerter Idealzustand) eine Notwendigkeit zur Demokratisierung ergibt, inzwischen also auf fruchtbaren Boden. So spricht beispielsweise die 1992 ins Leben gerufene Commission on Global Governance (1995: xiv) von der Notwendigkeit,

> „ein engeres Gewebe internationaler Normen herzustellen, das Prinzip der Rechtsstaatlichkeit weltweit zu verbreiten und den Bürgern zu ermöglichen, globale Prozesse auf demokratische Weise zu beeinflussen."

Die zentrale Herausforderung sieht die Kommission darin, die Politik zur Lösung globaler Fragen in einer Art und Weise zu organisieren, die eine Responsivität gegenüber den Interessen der Betroffenen sicherstellt. Um dies zu erreichen, rät die Kommission, zivilgesellschaftliche Gruppen stärker an internationalen Entscheidungen zu beteiligen (ebd.: xvii). In vergleichsweise allgemein gehaltener Sprache argumentiert sie (ebd.: 6):

> „Die Vision *globaler governance* kann nur gedeihen (…), wenn sie sich klar auf die Prinzipien der Gleichheit und Demokratie, fußend auf der Zivilgesellschaft, verpflichtet."

Vielfalt der Lösungsansätze

Wie diese allgemeine Aussage in konkrete Maßnahmen übersetzt werden soll, lässt die Kommission allerdings offen. Eine Antwort wird überdies dadurch erschwert, dass die Vielfalt an Argumenten, welche im Namen einer Demokratisierung der internationalen Politik vorgebracht werden, kaum größer sein könnte. Während einige Autoren argumentieren, dass Demokratisierung einer neuen Weltordnung und der wirksamen Zähmung der Marktkräfte bedürfe (Falk 1995), plädieren andere für Reformen bestehender politischer Institutionen (South Centre 1996). Während einige in der stärkeren Beteiligung der Zivilgesellschaft einen Beitrag zur Demokratisierung sehen (Gordenker/Weiss 1996; Willetts 2000: 207-208), äußern sich andere skeptisch (Schmidt/Take 1997). Und während die einen Demokratisierung durch Dezentralisierung (Falk 1995; Rosenau 1998) oder Entflechtung (Scharpf 1993a) herbeiführen wollen, setzen andere ihre Hoffnung auf die Herausbildung einer „globalen Bürgerethik" (Commission on Global Governance 1995), eine im Entstehen begriffene Weltgesellschaft (Archibugi 1998: 222; Barber 2000) oder einen Weltstaat (Lutz-Bachmann/Bohman 2002).

Unklarer Begriff des „demokratischen Regierens" jenseits d. Staates

Die Auflistung zeigt zweierlei: Einerseits gibt es keinen Mangel an Literatur zum Demokratiedefizit des globalen Regierens. Andererseits fehlt in der gesamten Debatte ein klares Bild dessen, was mit dem Begriff des „demokratischen Regierens" jenseits staatlicher Politik gemeint sein könnte. Ein solches Verständnis ist aber notwendig, um sich über das demokratische Regieren verständigen zu können und um die Qualität konkreter politischer Institutionen zu bewerten. Es ist daher wenig überraschend, wenn der Schlussbericht der Enquete-Kommission des Deutschen Bundestags *Globalisierung der Weltwirtschaft* im Kapitel über das „globale Regieren" eine Reihe von Fragen unbeantwortet lässt. Unter der Überschrift „Offene Fragen" heißt es dort (Deutscher Bundestag 2002: 451-452):

> „Das Regieren in *Mehr-Ebenen-Systemen* wirft unter anderem die Frage auf, wie die *Verzahnung* der verschiedenen Ebenen gelingen kann, so dass Kooperation, Kohärenz und Koordination gewährleistet sind. Auch müssten konkrete Formen globaler Demokratie – für die notwendige *Transparenz und Demokratisierung* dieses komplexen Mehr-Ebenen-Regierens – entwickelt werden."

Bevor wir uns in den Kapiteln 2 und 3 mit der Frage befassen, was „demokratisches Regieren" im Kontext internationaler Politik bedeuten kann, skizzieren wir im Folgenden einige Kernfragen der politischen und politikwissenschaftlichen Diskussion. In den Kapiteln 4 bis 6 greifen wir diese Fragen insbesondere dort wieder auf, wo wir Vorschläge zur Demokratisierung der Europäischen Union, der Welthandelsorganisation und der Vereinten Nationen diskutieren.

1.2 Kernfragen postnationaler Demokratie: Die Rolle von Regierungen, Parlamenten und Zivilgesellschaft

Fragen nach der demokratischen Qualität politischer Entscheidungsprozesse lassen sich kaum beantworten, ohne auf das Verhältnis zwischen Regierungen, gewählten Vertretern und der Öffentlichkeit einzugehen. Entsprechend lassen sich die Kernfragen demokratischen Regierens jenseits des Staats entlang dieser drei Begriffe strukturieren.

Die Rolle von Regierungen und die Organisation der Mehrebenenpolitik. Jenseits des Staates gibt es zwar Regierungen, aber keine Regierung im Sinne einer zentralen Autorität, die über die Möglichkeit verfügt, internationale Regeln auch gegen die Interessen einzelner Staaten durchzusetzen (Rosenau/Czempiel 1992). Das erschwert nicht nur die Kooperation zwischen Staaten. Es ist auch eine ungünstige Voraussetzung für demokratisches Regieren. So haben wir in der Regel Schwierigkeiten, uns Demokratie ganz ohne Staatlichkeit vorzustellen – man denke nur an Begriffe wie etwa den „demokratischen Verfassungsstaat". Eine zentrale Frage im Zusammenhang mit dem demokratischen Regieren jenseits des Staats lautet daher: Wie viel Staatlichkeit ist jenseits des Staats erforderlich, um demokratische Entscheidungsprozesse überhaupt zu ermöglichen? Oder konkreter: Über wie viel Autorität müssen internationale Institutionen wie der VN-Sicherheitsrat, die Streitschlichtungsgremien der Welthandelsorganisation oder die Europäische Kommission verfügen, damit Demokratie auf der zwischenstaatlichen Handlungsebene überhaupt möglich ist?

> Staatlichkeit jenseits des Nationalstaats?

Dies führt gleich zu einer weiteren wichtigen Frage: Wenn es auch jenseits des Staats zumindest minimaler staatlicher Elemente bedarf, wie soll dann das Verhältnis der verschiedenen Ebenen zueinander geregelt sein? Welche Kompetenzen sollen bei den Nationalstaaten verbleiben? Welche an die regionale oder globale Ebene abgegeben werden? Und wer erhält die sogenannte Kompetenz-Kompetenz – also die Entscheidung über die Zuordnung von Kompetenzen an die verschiedenen Ebenen? Das Beispiel der EU verdeutlicht diese Schwierigkeiten. Dort werfen nicht nur die politischen Beziehungen zwischen den europäischen Institutionen – der Kommission oder dem Europäischen Gerichtshof – und den Mitgliedstaaten die Frage auf, welche Veränderungen *nationale* Demokratien durch die Verlagerung von politischer Autorität auf die *internationale* Ebene erfahren. Zudem sind nicht alle Sachbereiche gleich stark „vergemeinschaftet" – zwischen der Binnenmarktpolitik, dem Verbraucherschutz, der Sozialpolitik und der Außenpolitik gibt es diesbezüglich bedeutende Unterschiede. Wie verhalten sich internationale und nationale Demokratie also zueinander? Welche Sachbereiche bedürfen der Internationalisierung, welche nicht? Und wie können ganz allgemein *internationale* Entscheidungsprozesse so gestaltet werden, dass sie *nationale* demokratische Strukturen nach Möglichkeit fördern, zumindest aber möglichst wenig einschränken?

Frage der demokratischen Repräsentation

Die Rolle nationaler Parlamente. Demokratie lässt sich nicht nur schwer ohne Regierung, sondern auch schwer ohne Parlamente vorstellen. Das liegt vor allem daran, dass Demokratie in großräumigen Gemeinschaften in erster Linie repräsentative Demokratie meint. Formen der direkten Demokratie mögen für Stadtstaaten wie das antike Athen noch handhabbar gewesen sein, und einzelne Elemente der direkten Demokratie lassen sich auch in Flächenstaaten wie der Schweiz noch beibehalten. In internationalen Zusammenschlüssen ist es noch einmal schwieriger, alle (EU- oder gar Welt-)Bürger gemeinsam über die richtige Politik diskutieren und abstimmen zu lassen. Entsprechend gehen nahezu alle gegenwärtigen Demokratietheorien davon aus, dass es in modernen Demokratien *Volksvertretungen* bedarf. Ein zweiter wichtiger Themenkomplex für Fragen des demokratischen Regierens jenseits des Staats betrifft daher die Rolle nationaler und internationaler Parlamente in der Mehrebenenpolitik. Eine Reihe von Autoren argumentiert in diesem Zusammenhang, dass die nationalen Parlamente angesichts der zentralen Rolle der Exekutive in internationalen Entscheidungsprozessen geschwächt seien (Scharpf 1999, Zürn 1998a, Wolf 2000). Zentrale Fragen für die postnationale Demokratie lauten daher: Welche Rolle können und sollen internationale Parlamente – wie etwa das Europäische Parlament – im internationalen Regieren spielen? Und wie kann die Kontrollfunktion nationaler Parlamente im globalen Regieren gefestigt werden?

Rolle der Parlamente

Rolle von Zivilgesellschaft und Öffentlichkeit

Die Rolle von Zivilgesellschaft und Öffentlichkeit. Als dritte Säule kommt der Rolle der Öffentlichkeit in demokratischen Entscheidungsprozessen eine zentrale Bedeutung zu. Damit rücken auch Fragen bezüglich der Zusammenarbeit zwischen staatlichen und gesellschaftlichen Akteuren ins Zentrum internationalen demokratischen Regierens. Die Formen dieser Zusammenarbeit haben sich seit den weltpolitischen Umwälzungen nach 1990 stark differenziert. Dabei hat sich eine Vielfalt verschiedener Interaktionsmodi zwischen zwischenstaatlichen Akteuren (z. B. den VN), staatlichen Akteuren (z.B. nationaler Ministerien) und nichtstaatlichen Akteuren (z.B. Unternehmensverbänden oder NRO) herausgebildet, die in der Literatur meist unter dem Stichwort der transnationalen Netzwerke zusammengefasst werden. Prominente Beispiele sind etwa der Globale Pakt *(Global Compact)* zwischen den Vereinten Nationen und mehr als 500 multinationalen Konzernen oder die Regulierung des Internet durch die nicht-staatliche *Internet Corporation for Assigned Names and Numbers (ICANN)*. Wie diese Formen der Zusammenarbeit zwischen staatlichen und nichtstaatlichen Akteuren demokratisch gestaltet werden können, ist eine weitere Kernfrage der internationalen Demokratie (Clark 2003: 94-95).

Beispiele:
Global Compact

ICANN

Die Diskussion um die Rolle nichtstaatlicher Akteure schließt darüber hinaus auch Fragen nach den Möglichkeiten und Grenzen einer grenzüberschreitenden Öffentlichkeit selbst mit ein. Insbesondere Jürgen Habermas (1994) hat die Bedeutung öffentlicher Diskurse als einem zentralen Bestandteil demokratischer Politik betont. Transnationale Diskurse sehen sich dabei verschiedenen Schwierigkeiten gegenüber. Unter anderem erschweren die Sprachenvielfalt und die Aufteilung in vorwiegend nationale Medienöffentlichkeiten die grenzüberschreitende Kommunikation. Trotz dieser Schwierigkeiten sehen einige Beobachter in einer grenzüberschreitend organisierten Zivilgesellschaft Initiatoren und Träger transnationaler Diskurse (Dryzek 1999). Ein Beispiel hierfür ist etwa der Antiglobalisierungs-Diskurs, der von Aktivisten aus verschiedenen Ländern getragen wird und sich als Gegenöffentlichkeit zu einem neoliberalen Konsens in der globalen Wirtschafts- und Finanzpolitik weltweit Gehör verschafft. Zentrale Fragen im Zusammenhang mit Öffentlichkeit und Zivilgesellschaft lauten entsprechend: Wie lässt sich sicherstellen, dass internationales Regieren an öffentliche Diskurse über politische Richtungsentscheidungen rückgebunden ist? Wie lässt sich die Herausbildung transnationaler Öffentlichkeiten fördern? Welche Rolle können und sollen gesellschaftliche Akteure im internationalen Regieren spielen?

Grenzüberschreitende
Öffentlichkeit

1.3 Theorie und Praxis postnationaler Demokratie: Aufbau des Buchs

Das Buch gliedert sich in drei Teile. Der *erste Teil* dient dazu, die begrifflichen und theoretischen *Grundlagen postnationaler Demokratie* zu skizzieren. Im Anschluss an dieses einleitende Kapitel befassen wir uns in Kapitel 2 mit dem empirischen Kontext des Regierens jenseits des Staats. Was sind die Kernmerkmale des inter- und transnationalen Regierens? Welche Anforderungen ergeben sich aus ihnen für die Idee der postnationalen Demokratie? Und wie lässt sich die Forderung nach einer „Demokratie jenseits des Staates" überhaupt begründen? In Kapitel 3 beantworten wir die Frage, was Demokratie jenseits des Staats bedeutet. Wir stellen zunächst drei unterschiedliche demokratietheoretische Denkschulen vor – konstitutionelle, pluralistische und deliberative Ansätze – und überprüfen sie auf ihre Tauglichkeit für den Kontext des inter- und transnationalen Regierens. Anschließend konkretisieren wir die in den jeweiligen Ansätzen enthaltenen Ideen, um sie für die empirische Analyse nutzbar zu machen. Dabei unterscheiden wir zwischen drei Aspekten, die für uns den Kern des Demokratiebegriffs ausmachen: der Inklusivität, der demokratischen Kontrolle und der diskursiven Qualität. Zu jedem dieser Aspekte entwickeln wir einen Fragenkatalog, der uns als Leitfaden für die Evaluation internationaler Organisationen dient.

Die folgenden drei Kapitel bilden den zweiten Teil des Buches. Ihr Ziel ist eine Bestandsaufnahme. Erstens sollen die Kapitel einen Überblick über die bestehende Literatur zum Demokratiedefizit der EU (Kapitel 4), der WTO (Kapitel 5) und der Vereinten Nationen (Kapitel 6) geben. Zweitens nehmen wir eine differenzierte Bewertung der demokratischen Qualität der drei Organisationen vor. Drittens überprüfen wir ausgewählte Reformvorschläge zur Demokratisierung der EU, der WTO und der VN auf ihre Tauglichkeit.

In Kapitel 7, dem *dritten Teil* des Buchs, führen wir die Diskussion der vorangehenden Kapitel schließlich zusammen. Wir ziehen *die wichtigsten Schlussfolgerungen* aus unserer Diskussion der demokratietheoretischen Grundlagen, unserer vergleichenden Bestandsaufnahme der demokratischen Qualität von EU, WTO und VN und unserer Analyse verschiedener Vorschläge zu ihrer Demokratisierung und diskutieren, welcher Stellenwert internationalen Organisationen und ihrer Reform im breiteren Kontext der Demokratisierung globalen Regierens zukommt.

2 Regieren jenseits des Staats

In diesem Kapitel befassen wir uns mit dem empirischen und normativen Hintergrund der Diskussionen über das Demokratiedefizit der internationalen Politik. Konkret geht es uns um drei Fragen:

- Was sind die Kernmerkmale des Regierens jenseits des Staats?
- Welche Anforderungen ergeben sich aus diesen Merkmalen für die Idee und Praxis einer postnationalen Demokratie?
- Und wie lässt sich die Forderung nach einer internationalen (oder gar globalen) Demokratie überhaupt begründen?

In unseren Antworten auf diese Fragen zeigen wir, dass sich das gegenwärtige Regieren jenseits des Staats sowohl vom nationalen als auch vom klassischen internationalen Regieren unterscheidet. Es ist „postnational", weil sich sowohl die Formulierung als auch die Umsetzung politischer Programme zunehmend auf die internationale Ebene verlagert (Zürn 2002). Damit bedarf aber auch die internationale Politik einer eigenständigen demokratischen Legitimation. Modelle für ein demokratisches „postnationales" Regieren sollten dabei allerdings berücksichtigen, dass dieses Regieren ohne eine zentrale Regierung *(government)* auskommen muss und zumindest bis auf Weiteres auch nicht auf die Existenz starker sozialer Bindungen zwischen den (Welt-)Bürgern zählen kann (Wolf 2002b).

Postnationales Regieren

2.1 Regieren jenseits des Staates

Der Begriff des Regierens *(governance)* bezeichnet gemeinhin (Zürn 1998b: 93)

Begriff des Regierens

> „die zielgerichtete Steuerung problematischer gesellschaftlicher Beziehungen und der ihnen zugrunde liegenden Konfliktlagen mittels verlässlicher und dauerhafter Regelungen und Institutionen statt durch unvermittelte Macht- und Gewaltanwendung."

In diesem Abschnitt gehen wir zunächst der Frage nach, wie sich das Regieren jenseits des Staats als Antwort auf die zunehmende Entkopplung gesellschaftlicher Handlungszusammenhänge von nationalstaatlichem Kontext herausgebildet hat. Anschließend diskutieren wir die wichtigsten Merkmale und Erscheinungsformen des Regierens in der „postnationalen Konstellation" (Habermas 1998).

2.1.1 Herkunft des Regierens jenseits des Staats

Regierungsfähigkeit und Globalisierung

Im Zentrum der Diskussion um das Regieren *jenseits des Staats* steht die Beobachtung, dass die Regierungsfähigkeit einzelner Staaten im Kontext der wirtschaftlichen (aber auch: politischen und kulturellen) Globalisierung abnimmt. Wo territoriale Grenzen an Relevanz verlieren und der grenzüberschreitende Fluss an Waren, Dienstleistungen, Informationen und Ideen sich in immer kürzeren Zeitabständen vervielfacht, stößt eine nationalstaatlich organisierte Politik an ihre Grenzen (Zürn 1998b, 2002; Scharpf 1999). Diese Entwicklung hat nicht zuletzt die Wahrnehmung der Bürger zahlreicher OECD-Gesellschaften geprägt, dass ihre Regierungen – anders als in der „goldenen Ära des Nationalstaats" in den 70er- und 80er-Jahren – nicht mehr in der Lage sind, die Lebensbedingungen nationaler Gesellschaften wirksam zu gestalten (Leibfried/Zürn 2006). So entfalten einige politische Maßnahmen im „globalen Zeitalter" (Albrow 1996) als nationale Alleingänge kaum die erwünschte Wirkung – dies betrifft zum Beispiel Gesetze zum Klimaschutz oder zur Bekämpfung des internationalen Terrorismus – während andere Maßnahmen, etwa Zölle zum Schutz einheimischer Unternehmen vor ausländischer Konkurrenz, durch das Welthandelsrecht zunehmend ausgeschlossen sind. Doch Staaten und ihre Regierungen verfallen angesichts der Globalisierung keinesfalls in Lethargie. Vielmehr setzen sie der wirtschaftlichen eine politische Denationalisierung entgegen, die historisch einmalig ist. Das Ergebnis ist eine wachsende Bedeutung des Regierens *jenseits des Staats*, die sich unter anderem im Rahmen der Europäischen Union, der Welthandelsorganisation und der Vereinten Nationen vollzieht.

Drei Schritte zur postnationalen Konstellation

Michael Zürn (1998a: 9-22) zeichnet den Weg von der Krise staatlicher Regierungsfähigkeit zum Regieren jenseits des Staates in drei Schritten nach. In einem *ersten Schritt* richten Individuen und kollektive Akteure ihr Handeln zunehmend weniger an territorialen Grenzen aus. Der Anteil menschlichen Handelns, der selbst oder dessen Folgen Staatsgrenzen überschreitet, nimmt rapide

1. gesellschaftiche Denationalisierung

zu. Durch diese *gesellschaftliche Denationalisierung* verliert die für das traditionelle Staats- und Demokratieverständnis zentrale Annahme der Kongruenz gesellschaftlicher und politischer Handlungszusammenhänge an Überzeugungskraft. Der Wirkungsbereich des Staates und die Menge der von ihm gesteuerten gesellschaftlichen Handlungszusammenhänge sind immer weniger deckungsgleich. Während der Staat weiterhin nur in seinem Staatsgebiet Gesetze erlassen und Steuern erheben kann, weiten sich die gesellschaftlichen Handlungszusammenhänge über die Staatsgrenzen aus.

2. Abnahme der nationalen Steuerungsfähigkeit

Dies führt in einem *zweiten Schritt* dazu, dass die Fähigkeit des Staates abnimmt, gesellschaftliche Prozesse zielgerichtet zu steuern. Denn Teile dieser Prozesse liegen nun immer öfter außerhalb seines eigenen Wirkungsbereichs. Ein prominentes Beispiel ist die Diskussion um eine angemessene „Standortpolitik", die verhindern soll, dass Unternehmen in Länder abwandern, in denen sie kostengünstiger produzieren können. Der durch die wirtschaftliche Denationalisierung hervorgerufene Wettbewerb schränkt hier die staatliche Wirtschafts- und Sozialpolitik ein, weil die Höhe von Unternehmenssteuern und Lohnkosten ebenso permanent zur Diskussion steht wie der Umfang sozialer Sicherungssysteme. Die wirtschaftliche Denationalisierung stellt Staaten daher vor drei zentrale

Herausforderungen: Die abnehmende Effizienz staatlicher Politik, die gleichzeitige Zunahme von Externalitäten – also der Wirkungen der Politik anderer Staaten – und die Gefahr einer durch die Mobilität von Kapital und Menschen verur-
sachten Abwärtsspirale (*„race to the bottom"*) in Steuer- und Regulierungsfra-
gen, wenn sich der jeweils niedrigste Umwelt-, Steuer- oder Sozialstandard „am
Markt" durchsetzt. Alle drei Herausforderungen stellen dabei auch die Fähigkeit
des Staates zum demokratischen Regieren in Frage. Wo Staaten sich gezwungen
sehen, ihr Handeln immer stärker von Faktoren abhängig zu machen, die außerhalb ihres eigenen Wirkungsbereiches liegen, nimmt der Spielraum demokratischer Selbstbestimmung ab.[3]

Angesichts dieser Entwicklung gehen Staaten in einem *dritten Schritt* vermehrt dazu über, gesellschaftliche Handlungszusammenhänge gemeinsam mit
anderen Staaten und nichtstaatlichen Akteuren zu steuern. Sie entwickeln Formen des *Regierens jenseits des Staats*. Diese Regierungsformen vermögen es,
die abnehmende Effizienz staatlichen Regierens aufzufangen und den Regierungen durch gemeinsames Handeln neue Handlungsoptionen zu eröffnen. Beispiele
für die Erweiterung von Handlungsspielräumen durch gemeinsames Vorgehen
liefern etwa das Wettbewerbsrecht in der Europäischen Union, die Terrorbe-
kämpfung, die Bekämpfung der Geldwäsche oder der internationale Klimaschutz.[4]

> **3. Zunahme der internationalen Kooperation**

Doch die Verlagerung von Regierungskompetenzen in internationale Organisationen und transnationale Regulierungsinstanzen hat Nebenwirkungen. Solange die internationale Politik nur mittelbar – nämlich durch die nationalen
Regierungen – demokratisch legitimiert ist, wirft der wachsende Einfluss internationaler Institutionen neue Fragen hinsichtlich der demokratischen Qualität
politischer Entscheidungsprozesse auf. Dies gilt insbesondere dort, wo politische
Institutionen jenseits des Staats mit der Mehrheit ihrer Mitglieder entscheiden
können – wo neben rein *intergouvernementalen* Verfahren also auch *supranationale* Verfahren der Entscheidungsfindung existieren. Dort müssen gewählte
Regierungen dann auch solche internationale Entscheidungen gegenüber ihrer

> **Demokratietheoreti-sche Folgeprobleme**

---

3   Empirisch sind allerdings weder alle Staaten noch alle Politikbereiche von der abneh-
    menden Regierungsfähigkeit gleichmäßig betroffen. Wo Staaten durch eigene Regulie-
    rung ein Vorteil im internationalen Wettbewerb erwachsen kann, ist staatliche Politik
    weiterhin wirksam. Beispiele sind produktbezogene Qualitätsstandards, welche es ermög-
    lichen, den heimischen Markt vor Produkten, die Umwelt oder Gesundheit gefährden, zu
    schützen. Wo die Mobilität des Kapitals und der Produktionsmittel hoch ist, sind staatli-
    che Handlungsspielräume dagegen ungleich kleiner. Dies gilt etwa in der Beschäftigungs-
    und Lohnpolitik, aber auch der standortbezogenen Regulierung in Umwelt- und Arbeiter-
    schutz. Von der gesellschaftlichen Denationalisierung ist daher insbesondere der Sozial-
    staat westeuropäischer Prägung betroffen, da er sowohl auf einen hohen Grad an Regulie-
    rung in der Arbeits- und Lohnpolitik als auch auf ein bedeutendes Steueraufkommen an-
    gewiesen ist, das keinem grenzüberschreitenden Steuerwettbewerb unterworfen ist
    (Scharpf 1999: 116-120).
4   Auch hier gilt, dass nicht alle Staaten und Politikbereiche gleichmäßig betroffen sind.
    Gould (2006: 161) identifiziert vier Problemfelder, in denen sich das Regieren am stärks-
    ten vom Staat losgelöst hat: inter- und transnationale ökonomische Beziehungen, Medien
    und Internet, globale und regionale Umweltprobleme und das internationale und transna-
    tionale Recht.

Bevölkerung durchsetzen, denen sie nicht selbst zugestimmt haben (Holzinger 2005: 94-105). Wenn etwa der VN-Sicherheitsrat mehrheitlich ein Handelsembargo gegen einen Staat beschließt – ein Beispiel ist das 1990 gegen den Irak verhängte und äußerst kontrovers diskutierte Handelsembargo, das 1995 in das „Oil for Food"-Programm umgewandelt wurde –, so ist dieses Embargo für alle Mitgliedstaaten der Vereinten Nationen rechtlich bindend, egal ob sie zum Zeitpunkt des Beschlusses selbst Mitglieder des Sicherheitsrats waren oder im Sicherheitsrat für oder gegen die entsprechende Resolution gestimmt haben. Am weitesten fortgeschritten ist dieser Kompetenztransfer in der EU, wo Mehrheitsentscheidungen in vielen Fragen zum Erlass von europäischen Richtlinien und Verordnungen ausreichen, die dann von allen EU-Mitgliedstaaten umgesetzt werden müssen. Mehr noch: einige Sachbereiche, etwa die Wettbewerbspolitik der Kommission oder die Geldpolitik der Europäischen Zentralbank (EZB), wurden sogar soweit supranationalisiert, dass sich selbst eine Mehrheit von Regierungen nicht mehr ihrem Einfluss entziehen könnte.

2.1.2 Grundbegriffe des Regierens jenseits des Staats

In den bisherigen Ausführungen in diesem Kapitel haben wir uns vor allem damit befasst, unter welchen gesellschaftlichen Bedingungen es zur Entwicklung von Regierungsformen jenseits des Staates kommt. Damit haben wir jedoch noch wenig über das eigentliche Wesen dieser Regierungsformen gesagt. In den folgenden beiden Abschnitten beschreiben wir daher, was unter Regieren jenseits des Staates zu verstehen ist. Dabei diskutieren wir zunächst die für das Regieren jenseits des Staats zentralen Begriffe der *Autorität*, der *Governance* und der *funktionalen Differenzierung*. In Abschnitt 2.1.3 wird es dann konkreter: Dort stellen wir verschiedene Formen des Regierens jenseits des Staats vor. In beiden Abschnitten geht es uns darum aufzuzeigen, wie sich das Regieren *jenseits des Staats* einerseits vom Regieren *im Staat* und andererseits vom Regieren *zwischen Staaten* unterscheidet.

Territorialität   Traditionelle Konzepte des Regierens sind eng an die Vorstellung des westfälischen Staates geknüpft – an ein politisches System also, welches die souveräne Herrschaft über die in einem definierten Gebiet lebenden Menschen und gesellschaftlichen Handlungszusammenhänge ermöglicht (Ruggie 1993b: 148-152). Diese territorial definierten Räume politischer Herrschaft sind eindeutig voneinander abgegrenzt: Über ein Territorium übt jeweils eine Institution politische Herrschaft aus. Auch wenn dieses System von klar unterscheidbaren, sich wechselseitig ausschließenden politischen Räumen in seiner reinen Form nie existiert haben mag, so haben die ihm zugrunde liegenden Ideen seit der frühen Neuzeit maßgeblich das Verständnis politischer Herrschaft und ihrer Legitimität geprägt (Spruyt 1994: 540-543). Regieren jenseits des Staates ist dagegen nicht
funktionale   primär auf ein bestimmtes Territorium bezogen. Es bezieht sich in erster Linie
Differenzierung   auf funktionale Bereiche wie etwa den Handel mit Gütern oder Dienstleistungen, wie er im Rahmen der Welthandelsorganisation reguliert wird.

Des Weiteren beinhaltet die Idee des Regierens auch die Idee des zielgerichteten Steuerns. Anders als *im Staat* steht *jenseits des Staats* hierfür keine

Regierung zur Verfügung. Die Fähigkeit, hierarchisch zu steuern *(Government)* verbleibt also auch im Zeitalter der Globalisierung bei den national organisierten Staaten. Darüber hinaus sind vermehrt Fähigkeiten zum nicht-hierarchischen Steuern *(Governance)* jenseits des Staates angesiedelt. Allerdings beruht *Governance* nicht auf der ultimativen Drohung, die Einhaltung von Regeln notfalls mit Gewalt durchzusetzen. Gerade darum benötigt es andere Instrumente, um Folgebereitschaft für Regeln herzustellen – etwa instrumentelle Anreize oder die Überzeugung der Regeladressaten, dass die Regeln selbst richtig oder angemessen sind. Diese „anderen Instrumente" lassen sich abstrakt in einem Begriff zusammenfassen: Um wirksam regieren zu können, benötigen Institutionen jenseits des Staats politische *Autorität*. Governance

politische Autorität

Territorialität und politische Autorität galten im Verständnis des westfälischen Staatsmodells noch als Konzepte, die sich gegenseitig bedingen und deren gemeinsames Auftreten die Grundlage politischer Herrschaft und staatlicher Souveränität war (Krasner 1999: 9-25). Im Regieren jenseits des Staates ist auch politische Autorität nicht mehr primär territorial, sondern funktional begründet. Mit anderen Worten: Das „Autoritätsgebiet" ist nicht mehr in erster Linie geographisch, sondern im Sinne der jeweiligen Politikfelder (oder: Funktionsbereiche) definiert, in denen konkrete politische Institutionen agieren. Die Autorität der Welthandelsorganisation bezieht sich auf die Liberalisierung des Welthandels, die Autorität der Kerninstitutionen der Vereinten Nationen auf die Friedenssicherung und jene der ICANN auf die Regulierung des Internet.[5]

In konzeptioneller Hinsicht hat die Denationalisierung gesellschaftlicher Handlungszusammenhänge damit zu einer doppelten Veränderung des Regierens geführt. Waren im westfälischen Modell sowohl politische Autorität und Territorialität als auch *Governance* und *Government* in der Institution des Staats vereint, so treten beide Begriffspaare im Regieren jenseits des Staats auseinander. Während Territorialität und die mit dem Begriff *Government* in Verbindung gebrachten Aspekte des Regierens weiterhin unter Kontrolle des Staats verbleiben, ist die Ausübung politischer Autorität und die Fähigkeit zur horizontalen Steuerung *(Governance)* zunehmend jenseits des Staates angesiedelt. Doppelter Wandel des Regierens

2.1.3 Formen des Regierens jenseits des Staates

In welchen Formen tritt das Regieren jenseits des Staats nun auf? Ganz grundlegend lassen sich je nach beteiligten Akteuren vier Formen unterscheiden: *Inter-*

---

5   Das heißt nicht, dass nicht auch das Regieren jenseits des Staats häufig territorial begrenzt ist. Neben regionalen Organisationen wie der Afrikanischen Union oder dem Gemeinsamen Markt des Südens (Mercosur) sind auch die Aktivitäten anderer Organisationen zumindest der Form nach auf ihre Mitgliedstaaten beschränkt. Im Vordergrund des Regierens stehen jedoch spezifische funktionale Handlungszusammenhänge. Einen Sonderfall stellt sicherlich die Europäische Union dar, denn sie ist klar territorial begrenzt und hat zudem im Laufe des Integrationsprozesses eine funktionale Reichweite erlangt, die kaum noch einen Politikbereich unberührt lässt.

gouvernementales Regieren, supranationales Regieren, transgouvernementales Regieren und *transnationales Regieren* (vgl. Abbildung 1).

Abbildung 1:   Vier Säulen des Regierens jenseits des Staats

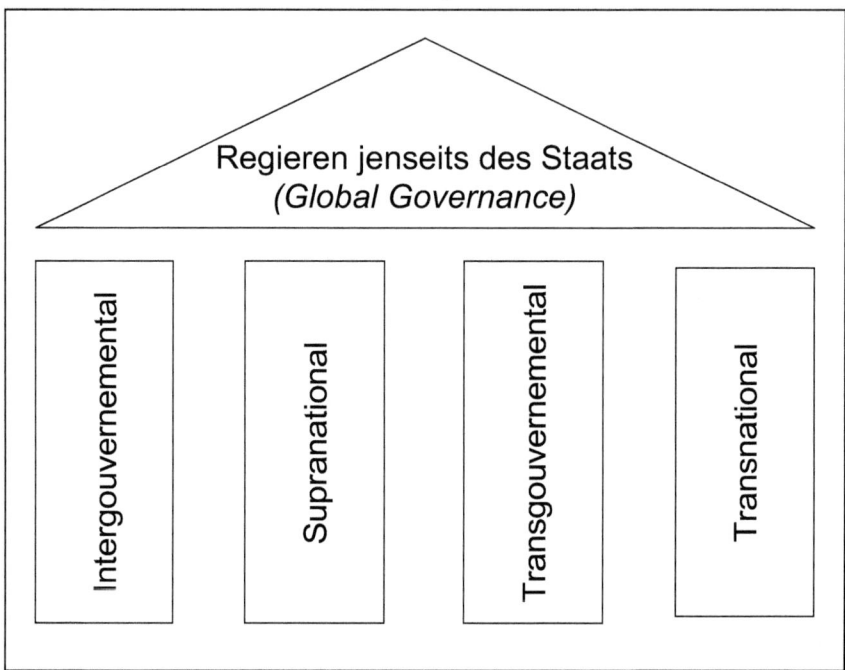

Regieren jenseits des Staats
(Global Governance)

Intergouvernemental

Supranational

Transgouvernemental

Transnational

Intergouverne-
mentales Regieren

Intergouvernementales Regieren. Wenn Staaten miteinander kooperieren, müssen sie nicht notwendigerweise Kompetenzen an übergeordnete Institutionen abgeben. Stattdessen können sie auch das Prinzip der Einstimmigkeit beibehalten. Beschlüsse erlangen dann nur Gültigkeit, wenn ihnen alle Mitglieder einer zwischenstaatlichen Organisation oder eines zwischenstaatlichen Regimes zugestimmt haben. Diese horizontale Steuerung zwischen Staaten, bei der durch Konsens und nicht durch Mehrheitsabstimmung regiert wird, wird mit dem Begriff des intergouvernementalen – oder zwischenstaatlichen – Regierens bezeichnet.

Beispiele

In der EU gilt dies etwa für Beschlüsse des EU-Ministerrats in weiten Teilen der Kulturpolitik, der Steuern oder der Sozialpolitik (Holzinger 2005: 97). Im System der Vereinten Nationen ist Einstimmigkeit außerhalb des Sicherheitsrats ebenfalls die vorherrschende Entscheidungsregel. Dies gilt insbesondere für Beschlüsse, aus denen sich völkerrechtliche Verpflichtungen für die Mitgliedstaaten ergeben – etwa für die Beschlüsse der jährlich stattfindenden Klimakonferenzen. Ähnliches gilt auch für die Welthandelsorganisation: Neue Regeln für den Welthandel werden im Konsens verabschiedet. Darüber hinaus fallen auch Verhandlungen neuer internationaler Abkommen – etwa zum Verbot von Landminen oder über den Internationalen Strafgerichtshof – unter das zwischenstaatliche Regieren.

Aus demokratietheoretischer Perspektive ist das zwischenstaatliche Regieren weniger problematisch als das supranationale Regieren, da keine gemeinsamen Beschlüsse gegen den Willen einzelner Regierungen verabschiedet werden können. Die nationale Souveränität wird geschont, wenngleich asymmetrische Machtstrukturen zwischen den Verhandlungspartnern die Frage aufwerfen können, wie freiwillig die Kooperation in der Praxis tatsächlich ist. So wurden die WTO-Verhandlungen in Seattle von der Mehrheit der ärmeren Staaten als undemokratisch kritisiert, da sie von wichtigen Entscheidungsprozessen ausgeschlossen waren, die daraus resultierenden Beschlüsse aber letztlich hätten mittragen sollen. Darüber hinaus werden zwischenstaatliche Verhandlungen in erster Linie von Regierungsvertretern geführt. Den eigentlichen Volksvertretern, den Mitgliedern der nationalen Parlamente, bleibt dagegen manchmal nur noch die Aufgabe, getroffene Vereinbarungen ihrer Regierungen „durchzuwinken". Unter anderem um diese Kritik zu entkräften und dem geplanten europäischen Verfassungsvertrag eine größere demokratische Legitimität zu verschaffen, wurde dieser unter breiter Beteiligung nationaler Parlamentarier im sogenannten Konvent ausgehandelt und anschließend in mehreren Ländern in Referenden zu Abstimmung gestellt (Risse/Kleine 2007). Nach den gescheiterten Referenden in Frankreich und in den Niederlanden sind die EU-Mitgliedstaaten jedoch wieder zur früheren Praxis exklusiver Regierungskonferenzen zurückgekehrt.

demokratietheoretische Bewertung

Trotz relativ günstiger Voraussetzungen kann das Modell einer Demokratie „zweiter Ordnung" daher nach Gould (2006: 163-164) nur dann im eigentlichen Sinne als demokratisch angesehen werden, wenn das intergouvernementale Regieren drei Bedingungen erfüllt: Erstens müssen alle an einer Entscheidung beteiligten Staaten intern demokratisch organisiert sein. Zweitens müssen die Bürger vor dem Beitritt ihres Staats zu einer zwischenstaatlichen Institution in genügender Weise über die Entscheidungsprozeduren und die Konsequenzen der Entscheidungen informiert werden. Drittens müssen die von einer Entscheidung betroffenen Staaten in angemessener Weise in der jeweiligen intergouvernementalen Institution repräsentiert werden. Je nach Sachlage kann diese Forderung auch die Anrainerstaaten oder andere betroffene Staaten einschließen, die nicht selbst Mitglied der Organisation sind.

demokratische Grundbedingungen intergouvernementalen Regierens

Supranationales Regieren. Die gemeinsame Ausübung politischer Autorität von Staaten durch supranationale Organisationen wird auch als „Regieren oberhalb des Staates" bezeichnet. Bei dieser Form des Regierens schließen sich Staaten zusammen, um Probleme gemeinsam zu lösen, Externalitäten aufgrund von Interdependenzen zu vermindern und/oder um Politikwettbewerb einzugrenzen (Neyer 2004; Zürn 2002). Sie delegieren Kompetenzen an eine übergeordnete Ebene, indem sie unabhängige Institutionen schaffen, die Entscheidungen ohne die direkte Mitwirkung der Mitgliedstaaten treffen (z.B. der Internationale Strafgerichtshof), oder indem sie es internationalen Institutionen ermöglichen, Entscheidungen mit einer qualifizierten Stimmenmehrheit zu treffen. In beiden Fällen ist entscheidend, dass einzelne Beschlüsse der Organisation auch für diejenigen Mitglieder bindend werden können, die einer Beschlussvorlage nicht zugestimmt haben. Beispiele für supranationale Elemente des europäischen Regierens sind die qualifizierten Mehrheitsentscheidungen im Ministerrat, die starke Rolle der Europäischen Kommission im politischen System der EU oder die Kompetenzen des

Supranationales Regieren

Beispiele

Europäischen Gerichtshofs. Im globalen Maßstab bedürfen im VN-Sicherheitsrat Entscheidungen der Zustimmung von lediglich neun der fünfzehn Mitglieder, und die Streitschlichtungsgremien der Welthandelsorganisation können ebenfalls verbindliche Entscheidungen ohne die Zustimmung einzelner Mitglieder treffen.

**demokratietheoreti-
sche Bewertung**

Aus demokratietheoretischer Perspektive wirft das Regieren oberhalb des Staates insofern Probleme auf, als die demokratisch gewählten Regierungen einzelner Staaten in qualifizierten Mehrheitsentscheidungen überstimmt werden können. So können einzelne Staaten im Rahmen internationaler politischer Entscheidungen zu Maßnahmen gezwungen werden, die ihre demokratisch legitimierten Regierungen selbst nicht befürworten. Problematisch sind solche Entscheidungen vor allem in Verteilungsfragen, d.h. dort, wo sie bestimmten Staaten oder gesellschaftlichen Gruppen im Namen der Allgemeinheit Opfer aufbürden (Scharpf 1999: 18-19). Hier kann man entsprechend eine Legitimationslücke identifizieren, die – wenn überhaupt – nur durch eine eigenständige Legitimation supranationaler politischer Institutionen aufgefangen werden kann. Im Falle der EU hat das direkt gewählte Europäische Parlament gerade an dieser Stelle eine äußerst wichtige Funktion (Holzinger 2005: 94-105). Wo es dagegen vor allem um Fragen technischer Art oder wirtschaftlicher Effizienz geht, lassen sich supranationale Institutionen mit nationalstaatlichen Behörden – etwa Organisationen der Industrienormung, den Zentralbanken oder den Kartellbehörden – vergleichen, deren Entscheidungen ebenfalls häufig bindend sind und auch von unmittelbar demokratisch legitimierten Akteuren nicht ohne Weiteres ignoriert oder überstimmt werden können (Moravcsik 2002; 2004). Bei der Bewertung der demokratischen Qualität supranationaler Institutionen muss daher letztlich immer mit untersucht werden, inwieweit eine normativ begründbare Delegation staatlicher Aufgaben vorliegt und inwieweit die Entscheidung über eine solche Delegation bewusst und mit der expliziten oder zumindest impliziten Zustimmung der betroffenen Bürger gefällt wurde.

**Transgouvernementa-
les Regieren**

Transgouvernementales Regieren. Eine weitere Form des Regierens ist die grenzüberschreitende Politikkoordination zwischen Behörden, Gerichten und Parlamenten. Da es sich hier um die Kooperation zwischen öffentlichen Institutionen handelt, die jedoch zumindest teilweise autonom von ihren nationalen Regierungen interagieren, wird diese Form der Kooperation als transgouvernementales Regieren bezeichnet. Transgouvernementales Regieren kann sowohl in informellen Netzwerken – etwa durch Absprachen zwischen Behörden – als auch in formalen Institutionen erfolgen (Slaughter 2004).

Beispiele

Dass transgouvernementales Regieren effektiv sein kann, zeigen der Baseler Ausschuss zur Bankenaufsicht und die Internationale Organisation der Börsenaufsichtsbehörden *(International Organization of Securities Commissions, IOSCO).* Im Baseler Ausschuss entwickeln die Vorsitzenden der nationalen Bankenaufsichtsbehörden und Zentralbanken internationale Standards für den Bankensektor. Sie legen etwa fest, welches Eigenkapital Banken für die Vergabe von Krediten benötigen. In der IOSCO erfüllen entsprechende nationale Behörden dieselbe Aufgabe für die internationale Aufsicht über Börsen. Die aktuelle globale Finanzkrise mag nahe legen, dass die vereinbarten Regeln in den genannten Fällen inhaltlich nicht angemessen waren. Umgesetzt wurden sie von den beteiligten Behörden jedoch allemal; insofern lassen sie sich als wirksame (wenn auch möglicherweise unzureichende) Regeln beschreiben.

Die demokratische Legitimität ist im Fall des transgouvernementalen Regierens im Wesentlichen aus dem öffentlichen Mandat der beteiligten Akteure abgeleitet. Die Frage nach dem demokratischen Gehalt transgouvernementalen Regierens hängt also vor allem davon ab, inwieweit die Kooperation durch das jeweilige Mandat gedeckt ist und von Parlamenten und übergeordneten Behörden wirksam kontrolliert werden kann. Hier stehen also die Transparenz der Entscheidungsverfahren und die Rechenschaft *(accountability)* der handelnden Akteure im Vordergrund – die genaue Bedeutung dieser beiden Begriffe erläutern wir im folgenden Kapitel näher.

Transnationales Regieren. Schließlich gibt es grenzüberschreitende soziale Interaktionen, die in erster Linie von nichtstaatlichen Akteuren reguliert werden. Die grenzüberschreitende, auf Regeln basierende Kooperation nichtstaatlicher Akteure wird auch als *privates* oder *transnationales Regieren* bezeichnet. Private Selbstregulierung findet sich unter anderem in der globalen Regulierung des Internet, wo etwa die sogenannten „Top-Level-Domains" – also die Endungen „.de" für Deutschland, „.ch" für die Schweiz oder „.com" für Unternehmen – von der formal privaten ICANN vergeben werden. Daneben sind weltweite Sportverbände – etwa der Weltfußballverband (FIFA) oder das Internationale Olympische Komitee (IOC) – oder die Vergabe von Ökolabels durch private Standardisierungsorganisationen wie den Weltforstrat (*Forest Stewardship Council*, FSC) Beispiele für transnationales Regieren (Dingwerth 2007; Stone Sweet 2006: 122-124).

Das empirisch bedeutendste Beispiel transnationalen Regierens ist aber wohl die Regulierung des internationalen Handels durch ein vom Staat losgelöstes Normensystem. Dieses auch als *Lex Mercatoria* bekannte Normensystem umfasst ein eigenständiges Vertragsrecht und ein vom Staat unabhängiges Streitschlichtungsverfahren (Stone Sweet 2006: 133-136). Obwohl die nationalen Gesetzgebungen ebenfalls über ein Vertragsrecht für Handeltreibende verfügen und die Streitschlichtung auch durch nationale Gerichte möglich ist, hat sich die *Lex Mercatoria* als Regulierungssystem für den internationalen Handel in den vergangenen Jahrzehnten durchgesetzt. Die meisten grenzüberschreitenden Handelsverträge sind den Bestimmungen des transnationalen Handelsrechts unterworfen und die Streitschlichtung wird privaten Schiedsgerichten übertragen. Staatliche Gerichte erkennen die Urteile dieser privaten Schiedsgerichte an und vollstrecken sie bei Bedarf in ihrem Wirkungsbereich. Dabei prüfen sie im Zweifelsfall lediglich, ob die Prinzipien eines fairen Verfahrens eingehalten wurden. Die im internationalen Handel tätigen Akteure haben mit der *Lex Mercatoria* somit ein Regelsystem geschaffen, das es ihnen relativ unabhängig von staatlichen Grenzen und staatlichen Gesetzgebungen ermöglicht, die für ihre Tätigkeit relevanten Sachbereiche nach ihren Bedürfnissen zu regeln und sich in diesem Sinne selbst zu regieren.

Demokratietheoretisch ist die Bewertung transnationalen Regierens vergleichsweise komplex. Auf den ersten Blick scheint etwa im Falle der *Lex Mercatoria* die Kongruenzbedingung insofern gegeben, als in erster Linie Handelsbeziehungen reguliert werden und die Handeltreibenden die Wahl haben, ihr Handeln entweder den transnationalen oder staatlichen Regeln zu unterwerfen.

Margin notes:

demokratietheoretische Bewertung

Transnationales Regieren

Beispiel *Lex Mercatoria*

demokratietheoretische Bewertung

Solange die privaten Regeln keine staatlichen Regeln verletzen, erscheint diese konkrete Form des *Regierens ohne den Staat* also zunächst unbedenklich, da sie auf dem freiwilligen Konsens der beteiligten Akteure beruht. Andererseits sind durchaus Fälle denkbar, in denen private Selbstregulierung problematisch sein kann – etwa dann, wenn Nichtbeteiligte in bedeutendem Maß von der Regulierung betroffen sind oder wenn transnationale Regeln mehr oder weniger direkt in staatliches Recht übertragen werden und nationale demokratische Verfahren auf diesem Weg stark abgekürzt werden. Ein Beispiel für Ersteres sind die oben genannten Ökolabels für Holz aus nachhaltiger Forstwirtschaft. Die großen US-amerikanischen und westeuropäischen Baumärkte kaufen vor allem als nachhaltig zertifiziertes Holz, um öffentlichkeitswirksame Proteste radikaler Umweltgruppen zu vermeiden. Das zertifizierte Holz stammt aber zu rund 80 Prozent aus den Ländern des Nordens, in denen die Zertifizierungskosten schon alleine deshalb geringer sind, weil die für die Erteilung eines Zertifikats erforderlichen Auflagen meist ohnehin schon im nationalen Recht vorgeschrieben sind. Da dies in vielen Ländern des Südens nicht der Fall ist, steigen die Produktionskosten für Forstwirte aus dem globalen Süden auch für solche Akteure, die sich an der Ausarbeitung des Standards nicht beteiligt haben (Dingwerth 2007: 144-185). Ein gutes Beispiel für die Übernahme privater Regeln in nationales Recht sind dagegen die internationalen Standards für die Rechnungslegung von Unternehmen. Auch hier gibt es ein demokratisches Defizit, wenn Akteure auf der nationalen Politikebene – in diesem Fall etwa Arbeitnehmer und ihre Vertretungen – nicht ausreichend in die private grenzüberschreitende Standardisierung einbezogen werden, sie durch die Übernahme in das nationale Recht aber gravierende Konsequenzen zu tragen haben (Perry und Nölke 2005).

2.2 Demokratie in der Polis, im Nationalstaat und darüber hinaus?

Die Ausführungen im vorangehenden Abschnitt geben bereits einige Hinweise darauf, wo jenseits des Staats Demokratiedefizite auftreten können. Wenn wir uns überlegen, wie eine „globale Demokratie" aussehen könnte, fällt uns eine Antwort dennoch meist gar nicht so leicht. Das liegt unter anderem daran, dass wir uns daran gewöhnt haben, über Demokratie in lokalen oder nationalen Maßstäben nachzudenken. Als zentrale Orte der Demokratie gelten zum Beispiel in Deutschland die Wahlen zum Bundestag oder zu den Landtagen, in der Schweiz auch die Volksabstimmungen auf kommunaler, kantonaler oder nationaler Ebene. Doch das war nicht immer so. Im Gegenteil wird der Ursprung der Demokratie ja gerade im griechischen Stadtstaat (der *Polis*) gesehen, für deren Bewohner die Demokratie überhaupt nur in relativ kleinen Gemeinschaften, keinesfalls aber in Gemeinschaften von der Größe heutiger Nationalstaaten, denkbar war. So bemerkt Robert Dahl (1989: 5) vollkommen zurecht, dass ein Bürger aus dem Athen des Perikles (461-429 v. Chr.) unsere heutigen politischen Systeme wohl kaum als demokratisch erachten würde, da sie keine direkten, sondern repräsentative Demokratien seien.

Wir können davon ausgehen, dass eine Ausdehnung des Maßstabs der politischen Organisation von der nationalen auf die globale Ebene eine ähnliche Transformation der Idee und der Praxis demokratischen Regierens erfordert. Genauso wie die direkte Demokratie kein praktikables Modell für die nationalstaatliche Demokratie abgab, können wir uns das, was Demokratie *jenseits des Staats* sein kann, nicht einfach durch eine Analogie zu unseren nationalen politischen Systemen erschließen. Vielmehr müssen wir uns fragen, was Demokratie unabhängig von spezifischen politischen Ebenen bedeutet, warum wir die demokratische Regierungsform gegenüber ihren Alternativen bevorzugen, und wie sich solche Formen angesichts der Kontextbedingungen der internationalen Politik am besten umsetzen lassen. Diese Überlegungen können am Ende auf die Forderung nach einem „Weltparlament" hinauslaufen (vgl. etwa Boutros-Ghali 2009). Sie müssen es aber nicht.

Anpassung der Demokratie an neue Bedingungen

2.2.1 Die attische Demokratie und die römische Republik

Um den Kern dessen, was wir heute unter Demokratie verstehen, besser zu begreifen, scheint es uns sinnvoll, zunächst den historischen Wandel des Demokratiebegriffs noch einmal zu umreißen.[6] Dies ist einerseits hilfreich, da wesentliche Aspekte aus der frühen Geschichte der Demokratie noch immer zum demokratischen Gedankengut zählen; andererseits lässt sich an der Geschichte der demokratischen Idee und Praxis die prinzipielle Anpassungsfähigkeit demokratischer Normen und ihrer konkreten Umsetzung verdeutlichen. Diese Anpassungsfähigkeit wiederum ist eine wichtige Voraussetzung dafür, demokratische Verfahren auch in der internationalen Politik zu verankern.

Der Ursprung des Demokratiebegriffs geht auf das antike Athen zurück, in dem die Demokratie als eine mögliche Staats- und Regierungsform galt. Sie entsprach der „Herrschaft der Vielen" und stand so im Gegensatz zu alternativen Formen wie der „Herrschaft der Wenigen" (Oligarchie) und der „Herrschaft des Einen" (Monarchie). Anders als heute galt die Demokratie jedoch den meisten antiken Denkern zumindest in ihrer Reinform als wenig wünschenswert. Während sich etwa Platon bekanntermaßen für das Philosophenkönigtum stark machte und die „Herrschaft der Vielen" sehr kritisch kommentierte, sprachen sich andere Philosophen wie beispielsweise Aristoteles oder später Polybios für eine Mischverfassung aus, die Elemente der drei Staatsformen sinnvoll kombinierten (vgl. Dahl 1989: 13-23). Bei Aristoteles ist der Begriff der „Demokratie" noch überwiegend negativ besetzt: zwar diene sie nicht nur einem (wie die Tyrannis) oder einigen wenigen (wie die Oligarchie), sondern vielen (den Armen), aber auch nicht dem Gemeinwohl. Eine stabile Gemeinwohlorientierung sieht Aristo-

athenischer Ursprung des Demokratiebegriffs

---

6   Eine ausführliche Einführung in die Geschichte und Theorie der Demokratie geben unter anderem Robert Dahl's *Democracy and its Critics* (Dahl 1989) und, in aller Kürze, *On Democracy* (Dahl 1998). Eine deutschsprachige Einführung bieten unter anderem Vorländer (2003) und Meyer (2009).

teles am ehesten in der *Politie,* einer Mischung aus Demokratie und Oligarchie, als erreichbar an.

attische Demokratie

Die Praxis der attischen Demokratie steht vor allem in der Zeit des Perikles im 5. Jh. v. Chr. in ihrer Blüte. Die zentrale politische Institution ist die Volksversammlung, in der alle wichtigen Entscheidungen getroffen werden. Hier haben alle Bürger Athens gleiches Rede- und Stimmrecht. Vorbereitet werden die Entscheidungen der Bürgerversammlung vom Rat der 500, dessen Mitglieder jeweils für ein Jahr aus der Bürgerschaft Athens gewählt werden. Allerdings hat die Mehrzahl der Bewohner Athens, darunter alle Frauen, alle Zugewanderten und ihre Nachkommen (die sogenannten Metöken) und alle Sklaven, kein Bürgerrecht, so dass die attische Demokratie aus heutiger Sicht sehr exklusiv erscheinen muss (vgl. Dahl 1989: 13-23; vgl. auch Bleicken 1995 und Finley 1986).

römische Republik

Als eine Kombination überwiegend aristokratischer, aber auch monarchischer und demokratischer Elemente beschrieb Polybios die Römische Republik, wie sie sich nach der Vertreibung des letzten Königs 509 v. Chr. entwickelte. An der Spitze der Hierarchie standen zwei jeweils für ein Jahr gewählte Konsuln; das aristokratische Element verkörperten die in der Regel auf Lebenszeit tätigen Senatoren; demokratische Wahlen, jedoch mit abgestuftem Stimmrecht, fanden durch die sogenannten Volksversammlungen statt. Ein zentraler Gedanke der römischen Republik, der auch für unser heutiges Demokratieverständnis bedeutend bleibt, ist damit der einer wechselseitigen Kontrolle der politischen Institutionen, um eine dauerhafte Machtkonzentration und Willkür der Herrschenden zu verhindern. Damit verbunden ist auch die Entwicklung des Römischen Rechts, das bis heute unser Rechtsverständnis prägt und wesentliche Vorleistungen für die Entstehung des demokratischen Rechtsstaates lieferte.

Unterschiede zw. antiker und moderner Demokratie

Wichtig für das Verständnis der antiken Demokratie sind aber auch eine Reihe von Punkten, in denen gegenwärtige Demokratien stark vom historischen Vorbild abweichen (Dahl 1989: 18-19; vgl. auch Held 1995: 5-8): Erstens war die attische Demokratie eine direkte Demokratie – die Idee der Repräsentation spielte keine wesentliche Rolle. Zweitens setzte die antike Demokratie voraus, dass die Interessen der Bürger nicht allzu weit auseinander lagen, so dass die Bürger das „gemeinsame Gute" im Rahmen ihrer Polis erkennen und durch ihre gemeinsamen Entscheidungen verwirklichen konnten. Drittens musste die Bürgerschaft hinreichend klein sein, nicht zuletzt um eine Versammlung aller Bürger überhaupt zu ermöglichen. Viertens mussten auch die Bürger selbst willens und in der Lage sein, an den Versammlungen teilzunehmen und im Rahmen verschiedener Ämter an der politischen Gestaltung ihres Gemeinwesens zu partizipieren. Dies setzte einen starken „Bürgerethos" voraus, der im Falle Athens durch die Vorstellung gestützt wurde, dass die Bürger „sich nur in und durch die *Polis* selbst erfüllen und ein ehrenwertes Leben führen können" (Held 1995: 6). Viertens schließlich musste die Bürgergemeinschaft in wesentlichen politischen Fragen unabhängig bleiben; eine demokratische Polis musste daher wirtschaftlich und militärisch auf eigenen Füßen stehen können.

2.2.2 Der moderne Nationalstaat und die repräsentative Demokratie

Mit dem Untergang des Römischen Reiches versank die Idee der Demokratie in der Bedeutungslosigkeit. Erst mit dem Aufkommen des modernen Nationalstaats und nicht zuletzt vor dem Hintergrund zerstörerischer Religionskriege gewann die Demokratie wieder neue Vorreiter und Vordenker. In der Praxis können wir ganz unterschiedliche Pfade zur modernen Demokratie beobachten – über die schrittweise Stärkung des britischen Parlaments, die amerikanische Unabhängigkeitserklärung oder die französische Revolution. Auch in der politischen Philosophie begegnen sich gegensätzliche Vorstellungen, wie eine moderne Demokratie auszusehen hat: etwa die des Genfer Philosophen Jean-Jacques Rousseau, der sich stark am direkt-demokratischen attischen Vorbild orientiert, oder des Briten John Locke, der im Wesentlichen eine normative Begründung des britischen Parlamentarismus liefert.

Vielfalt der modernen Demokratie in Theorie und Geschichte

Dennoch ist das Wiederaufkommen der Demokratie in allen Fällen an die Entwicklung moderner Staatlichkeit geknüpft, und so können wir letztlich von einem allgemeinen Wandel im Demokratieverständnis an der Schwelle zur Moderne sprechen: Die *republikanische* Demokratie wandelt sich zu einer *liberalen* Demokratie, deren Ausgangspunkt nicht mehr die politische Gemeinschaft, sondern das Individuum bildet und in deren Zentrum nicht mehr die direkte Teilhabe aller Bürger an politischen Entscheidungen, sondern die Übertragung von Entscheidungskompetenzen an repräsentative Institutionen steht (vgl. Held 1995: 5-12, 31-72).

Der Mensch und der grundsätzliche Begründungsbedarf politischer Herrschaft stehen am Anfang der zentralen Denkfigur moderner politischen Theorie: dem Gesellschaftsvertrag. Ganz unterschiedliche Philosophen wie Thomas Hobbes, John Locke und Jean-Jeacques Rousseau gehen dabei jeweils von einem (fiktiven) Naturzustand aus, den die Menschen durch ihre Einigung auf eine gesellschaftliche Ordnung überwinden. Während Hobbes auf diesem Gedankengang eine Rechtfertigung des Absolutismus aufbaut, ist für unser heutiges liberales Demokratieverständnis insbesondere die Theorie John Lockes prägend. Demnach verfügt der Mensch über *vorstaatliche Rechte* – jene auf Schutz von Leben, Freiheit und Eigentum –, die ihm auch durch politische Herrschaft nicht genommen werden dürfen.

Gesellschaftsvertrag

Die Idee der *Repräsentation* gewann erst im 18. Jahrhundert weitreichende Anerkennung „als eine Lösung, die die früheren Grenzen bezüglich der Größe demokratischer Staaten eliminierte und die Demokratie von einer Doktrin, die sich nur für kleine und schnell verschwindende Stadtstaaten eignete, zu einer Lehre machte, die für die großräumigen Nationalstaaten des modernen Zeitalters anwendbar war" (Dahl 1989: 29). Auf der Grundlage der allgemeinen Akzeptanz repräsentativer Institutionen konnte die Idee der Selbstregierung politischer Gemeinschaften in die politischen Ordnungen der Moderne hinübergerettet werden. Diese sollten zum einen die Grenzen des Staats gegenüber dem Individuum festlegen – daher rührt das Attribut *liberal*. Zum anderen sollten sie aufgrund ihrer Größe in der Lage sein, zahlreiche drängende Probleme besser zu lösen als die kleinräumigen und faktisch eben schon lange nicht mehr unabhängigen politi-

Idee der Repräsentation

schen Einheiten der Vergangenheit. Um diese Aufgabe zu meistern, mussten sie *repräsentativ* organisiert sein (Dahl 1989: 29-30; Held 1995: 9-12).

Unterschiede zw. moderner und antiker Demokratie

Mit der Form der Demokratie änderten sich jedoch auch einige ihrer zentralen Eigenschaften. So galten der Parteigeist *(factionalism)* und Konflikte in der republikanischen Demokratie als problematisch, ja geradezu als Gegensatz einer am Gemeinwohl orientierten Politik. Auch bei Rousseau mit seiner Vorstellung eines absoluten Gemeinwillens (*volonté générale*) stoßen wir noch auf diese Ablehnung von Partikularinteressen im politischen Entscheidungsprozess. Dagegen glaubten insbesondere die Väter der amerikanischen Verfassung, die *Federalists*, nicht daran, dass sich Interessengegensätze in großen und heterogenen Gesellschaften dauerhaft überwinden ließen, sondern strebten vielmehr ein System des wechselseitigen Ausgleichs und der Machtkontrolle an. So wird der politische Wettstreit in der repräsentativen Demokratie als ein „normaler, unvermeidlicher, ja sogar wünschenswerter Teil der demokratischen Ordnung" (Dahl 1989: 30) betrachtet. Dies zeigt sich heute etwa in Wahlkämpfen, der alltäglichen Arbeit der parlamentarischen Opposition oder der Zergliederung der „politischen Landschaft" eines Staats in eine Vielzahl politischer Parteien, aus denen die „Wahlbürger" nunmehr die Partei wählen können, die ihren eigenen Interessen – und nicht dem „gemeinsamen Guten" der antiken Demokratie – am ehesten entspricht. Andere zentrale Elemente des Demokratiebegriffs haben sich dagegen seit der Antike nur geringfügig verändert. Zu ihnen zählt beispielsweise die demokratische Grundidee der Selbstregierung der Bürger auf der Grundlage der politischen Gleichheit. In der Summe ist unser heutiges Verständnis der Demokratie also einerseits noch immer von den Ideen und der politischen Praxis der Antike geprägt; andererseits hat es im Laufe der Zeit eine Reihe fundamentaler Veränderungen durchlaufen. Beides sollten wir uns vergegenwärtigen, wenn wir über die Möglichkeiten und Grenzen der Demokratie im 21. Jahrhundert nachdenken wollen.

2.2.3 Von der nationalen zur globalen Demokratie?

Die Konsolidierung liberaler, repräsentativer Demokratien ist, wie David Held (1995: 12) zutreffend bemerkt, ein „Phänomen des ausgehenden 20. Jahrhunderts". Sie erfolgt damit zu einem Zeitpunkt, an dem zahlreiche Beobachter die politische Unabhängigkeit der Nationalstaaten angesichts der Globalisierung insbesondere der Wirtschaftsbeziehungen in Frage stellen und die Frage aufwerfen, ob und wie eine weitere Transformation der demokratischen Idee möglich ist. Die Idee und Praxis der Demokratie müsste, so das Argument, dem neuen, „postnationalen" Kontext angepasst werden. Was aber bedeutet das? Was also müssen Modelle demokratischen Regierens *jenseits des Staats* leisten können?

Grundfragen der Demokratie im postnationalen Kontext

Anforderungen an demokratietheoretische Modelle:

Normative Angemessenheit

Zunächst einmal müssen sie natürlich eine überzeugende Antwort auf die Frage geben, was Demokratie jenseits des Staates bedeutet. Um zu überzeugen, muss diese Antwort zwei Dinge leisten. Sie muss erstens *normativ angemessen* erscheinen – also eine bestimmte Form politischer Entscheidungsfindung mit guten Gründen gegenüber alternativen Formen als „gut" oder „vernünftig" ausweisen. Und sie muss zweitens auch *empirisch angemessen* erscheinen – also den oben skizzierten spezifischen Kontext des Regierens jenseits des Staats berücksichtigen. Der ersten dieser beiden Anforderungen wenden wir uns in Abschnitt 2.3 und in Kapitel 3 zu. Zur zweiten Anforderung, der empirischen Angemessenheit, können wir unter Rückgriff auf unsere Überlegungen in den vorangehenden Abschnitten bereits jetzt einige Präzisierungen vornehmen. Demnach lassen sich die Kontextbedingungen für demokratisches Regieren jenseits des Staats insbesondere an vier Punkten festmachen:[7]

Empirische Angemessenheit

Vier Kriterien für Demokratiemodelle:

1. Internationales Regieren ist Regieren *jenseits des Staats*. Im Gegensatz zum Nationalstaat gibt es auf der internationalen Ebene in nahezu allen Bereichen keine zentrale Autorität, die die Einhaltung internationaler Regeln auch gegen den Willen der Betroffenen durchsetzen kann. In den Vereinten Nationen müssen Beschlüsse des Sicherheitsrats von den Mitgliedsstaaten umgesetzt werden – halten diese sich nicht an die Vorgaben der Sicherheitsratsresolutionen, können sie nur von anderen Staaten, nicht aber von „den VN" zur Umsetzung gezwungen werden. Dasselbe gilt für die Welthandelspolitik: Wenn die Mitgliedstaaten der Europäischen Union entgegen einem rechtskräftigen Urteil des WTO-Streitschlichtungspanels weiterhin den Import hormonbehandelten Fleischs aus den USA verbieten, können die USA – nicht aber „die WTO" – europäische Produkte mit Strafzöllen in Höhe eines vom Streitschlichtungspanel festgelegten Betrags belegen. Um dem Umstand Rechnung zu tragen, dass internationale Politik im Gegensatz zur nationalstaatlichen Politik *horizontal* und *nicht hierarchisch* strukturiert ist, dürfen also auch angemessene Modelle demokratischen Regierens nicht zu stark auf hierarchische (also quasi-staatliche) Strukturen angewiesen sein. Sie können sich zum Beispiel nicht einfach auf die Identifizierung geeigneter Verfahren zur Legitimierung von Regierungen beschränken, sondern müssen angeben können, wie Regieren auch ohne Regierung demokratisch gestaltet werden kann.

1. nicht-hierarchische Struktur internationaler Politik

2. Internationales Regieren ist *funktional* organisiert. Es gibt eine internationale Klimapolitik, eine internationale Handelspolitik, eine internationale Sicherheitspolitik, eine internationale Finanzpolitik usw. – und all diese Bereiche gliedern sich wiederum in eine Reihe von Unteraspekten, deren Regulierung nicht immer alle Staaten (und nicht immer alle Bürger in diesen Staaten) in gleichem Maße betrifft. Eine Schwierigkeit für Modelle demokratischen Regierens jenseits des Staats besteht demzufolge darin, den Kreis der berechtigten Teilnehmer an Meinungs- und Willensbildungsprozessen für die jeweils verhandelten Themenbereiche zu bestimmen. Sie sollten also zum Beispiel Auskunft darüber geben, ob und unter welchen Bedingungen abgestufte Teilnahmerechte für Personen(gruppen) mit unterschiedlich starker Betroffenheit gerechtfertigt sind, oder welches Mindestmaß an Betroffenheit einen Anspruch auf umfassende Partizipationsrechte begründet

funktionale Oraganisation internationaler Politik

---

7   Vgl. zum Folgenden Wolf (2000: 153-175), Wolf (2002b) und Schmalz-Bruns (1999: 221-223); vgl. auch Bohman (1998); Buchanan/Keohane (2006); Dahl (1999); Dryzek (1999); Keohane et al. (2009); Moravcsik (2004); Zürn (1998).

(Goodin 2007). Die zentrale Frage, die Modelle demokratischen Regierens jenseits des Staats beantworten müssen, ist also: Wer ist das Äquivalent zum „Bürger", wenn es um *internationale* Entscheidungen über *bestimmte Sachthemen* geht?

Qualität der Politikergebnisse

3. Modelle demokratischen Regierens jenseits des Staats sollten auch begründen können, dass und warum die von ihnen vorgeschlagenen Verfahren nicht nur demokratisch sind, sondern auch „gute Ergebnisse" erwarten lassen. Mit anderen Worten: Eine Demokratisierung der internationalen Politik sollte nicht um den Preis „schlechterer" Politikergebnisse erzielt werden. Der Maßstab zur Bewertung der substanziellen Qualität internationaler Politikergebnisse ist dabei nicht ganz einfach festzulegen; er sollte aber zentrale normative Kriterien wie die globale Wohlfahrtsmaximierung, Friedenssicherung, Gewährleistung der Menschenrechte, Verteilungsgerechtigkeit und Effizienz umfassen (vgl. Scharpf 2005).

Problem der sozialen Bindung in der internationalen Gesellschaft

4. Schließlich sollten Demokratiemodelle berücksichtigen, dass demokratische Prozesse jenseits des Staats nicht auf bereits bestehende soziale Bindungen aufbauen können. Die von ihnen anvisierten Verfahren der Meinungs- und Willensbildung sollten die Bindungen zwischen den „Weltbürgern" daher nach Möglichkeit stärken, zumindest aber nicht aufbrauchen. Anders gesagt: die Willensbildung sollte so gestaltet sein, dass die demokratische Meinungs- und Willensbildung mit „sozialisierenden" und „zivilisierenden" Wirkungen einhergeht (Schmalz-Bruns 1999). Das kann etwa der Fall sein, wenn die allgemein anerkannten Diskursnormen den Respekt vor den Positionen anderer betonen; wenn die Entscheidungsregeln sicherstellen, dass Minderheiten in für sie wichtigen Fragen nicht einfach überstimmt werden können; oder wenn demokratische Institutionen selbst zu positiv besetzten Symbolen für die politische Integration einer grenzüberschreitenden (Welt-)Gesellschaft werden.

Diese vier Kriterien dienen uns in Kapitel 3 als Maßstab für die Bewertung einzelner Demokratiemodelle und ihrer Übertragbarkeit auf die internationale Politik. Bevor wir uns der Diskussion dieser Modelle zuwenden, wollen wir zunächst aber noch eine letzte grundlegende Frage klären: Warum ist die Demokratisierung der globalen Politik eigentlich überhaupt wünschenswert?

2.3 Warum überhaupt internationale Demokratie?

Unser Buch basiert auf der Annahme, dass die Idee der Demokratie nicht zwingend an die Idee territorial verankerter politischer Autorität gebunden ist und dass prinzipiell auch internationale politische Prozesse demokratischen Grundsätzen folgen können. Aber *sollten* sie das auch? Auch wenn diese Frage in der Literatur meist bejaht wird, ist ihre Beantwortung keineswegs trivial. Wie kann der Ruf nach demokratischen Strukturen jenseits des Staats gerechtfertigt werden? Welche Argumente stützen oder unterminieren ihn? Zunächst einmal lässt sich zwischen zwei grundlegenden Begründungsansätzen unterscheiden – einem ersten, der in demokratischen Verfahren ein Instrument zur Erreichung individu-

Zwei Ansätze der Begründung:

eller Autonomie sieht und einem zweiten Ansatz, demzufolge Demokratie der Erreichung anderer wünschenswerter Ziele dient.

Demokratie als Mittel zur Erreichung von individueller Autonomie. Es gibt nur wenige, die Demokratie um ihrer selbst willen befürworten. Wer der Demokratie einen Eigenwert zuschreibt, tut dies daher meist, weil sie die Idee der Autonomie der Person und der daraus abgeleiteten Gleichwertigkeit aller Personen am besten verwirklicht. Die Idee der Autonomie geht im Zusammenhang mit politischen Entscheidungen davon aus, dass wir selbst am besten entscheiden können, was für uns gut ist (Dahl 1989: 99):

1. Demokratie und individuelle Autonomie

> „Keine andere Person als du selbst kann generell besser beurteilen, worin dein Nutzen oder Eigeninteresse besteht. Das heißt, niemand weiß besser als du selbst, ob ein bestimmtes Ergebnis – das von einer Entscheidung erwartete ebenso wie das tatsächliche Ergebnis – in deinem Interesse ist."

Infolgedessen können wir zwar die Wahl der Mittel an andere delegieren, die hierfür möglicherweise besser qualifiziert sind als wir selbst. Ob die beabsichtigten oder faktisch eingetretenen Ergebnisse in unserem Interesse sind, können jedoch nur wir selbst bewerten. Dass die Demokratie die Idee persönlicher Autonomie ihrer Bürger in diesem Sinne respektiert, zeichnet sie folglich gegenüber anderen Regierungsformen als überlegen aus.

Aus der Idee der Autonomie der Person folgt die Idee der Gleichwertigkeit aller Personen: Wenn jede Person in einem bestimmten Sinne als autonom zu betrachten ist, sind letztlich alle Personen als autonom und zumindest in dieser Hinsicht als Gleiche zu betrachten. Wie der Grundsatz der Gleichheit zu interpretieren ist und in welchem spezifischeren Sinne alle Personen als gleich oder gleichwertig betrachtet werden sollen, bleibt zunächst allerdings offen (vgl. Dahl 1989: 84-88). So verlangt der Gleichheitsgrundsatz nicht, dass alle Personen hinsichtlich aller Aspekte ihrer Persönlichkeit als Gleiche betrachtet werden müssen. Auch bezieht sich der Grundsatz Dahl zufolge nicht auf alle Arten von Beziehungen zwischen Personen. In der Version eines der klassischen Autoren heißt es hierzu (Locke 1974 [1690]: VI, 54):

Gleichheit

> „Obwohl ich (…) gesagt habe, daß alle Menschen von Natur aus gleich sind, so darf man doch nicht annehmen, daß ich darunter jede Art von Gleichheit verstehe. Alter oder Tüchtigkeit können einigen Menschen einen gerechten Vorrang verleihen. Hervorragende Talente und Verdienste mögen andere über den Durchschnitt heben. Geburt mag den einen verpflichten, Verwandtschaft oder Wohltaten einen anderen, denjenigen Ehrerbietung zu erweisen, welchen sie von Natur, aus Dankbarkeit oder sonstiger Rücksicht gebührt. Trotzdem ist dies vereinbar mit der Gleichheit aller Menschen in bezug auf die Rechtsprechung und die Herrschaft des einen über den anderen. Es ist jene Gleichheit, von der ich im Zusammenhang mit dem oben behandelten Thema gesprochen habe, nämlich jenes gleiche Recht eines jeden auf seine natürliche Freiheit, ohne dem Willen oder der Autorität irgendeines anderen Menschen unterworfen zu sein."

Für Locke besteht das zentrale Moment folglich in der Gleichheit vor dem Gesetz und in der Gleichheit hinsichtlich der Herrschaft über andere. Diese letzte Dimension kann dabei auch als Gleichheit hinsichtlich der Entscheidung über kollektiv bindende Regeln – also als Gleichheit im Rahmen der Gesetzgebung – verstanden werden. Locke folgert entsprechend, dass niemand ohne seine eigene Zustimmung der Ausübung politischer Macht durch andere unterworfen werden dürfe.

Konsequenzen für internationale Demokratie

Wo die Idee der Demokratie auf die Ebene jenseits des Staats übertragen wird, folgt daraus, dass Staatsgrenzen zumindest nicht ohne Weiteres als moralische Grenzen akzeptiert werden können. Anders gewendet: Wenn Individuen beiderseits territorialer Grenzen der gleiche Wert zugestanden wird, und wenn Demokratie die am besten geeignete Form des Regierens ist, um dem moralischen Grundsatz der Gleichwertigkeit aller Individuen zu genügen, dann müssen die Grenzen für demokratische Verfahren weniger nach territorialen als nach funktionalen Gesichtspunkten gezogen werden. Entscheidend ist weniger die Zugehörigkeit zu einer historisch gewachsenen lokalen oder nationalen Gemeinschaft, als die Zugehörigkeit zur Gemeinschaft der von der zu entscheidenden Frage betroffenen Personen. David Held (1995) spricht in diesem Zusammenhang auch von Schicksalsgemeinschaften *(communities of fate)*, welche die historisch gewachsenen sozialen Gemeinschaften als Subjekte demokratischer Entscheidungen ablösen.

Argumente gegen die liberale Theorie

So folgerichtig dieser Schluss auf den ersten Blick erscheint, so scheint er zumindest einigen unserer Intuitionen zuwider zu laufen. Wir mögen die Idee der Demokratie intuitiv für unterstützenswert halten. Gleichzeitig hängt die Wertschätzung, die wir der Demokratie entgegenbringen, jedoch zu einem großen Teil von unseren konkreten Erfahrungen mit bestehenden politischen Strukturen zusammen, die wir innerhalb der Gemeinschaften vorfinden, in denen wir leben. Es mag uns noch verhältnismäßig leicht fallen, Individuen innerhalb unserer eigenen Gemeinschaften als gleich oder gleichberechtigt anzuerkennen. Das muss aber nicht notwendigerweise bedeuten, dass wir auch bereit sind, diese Anerkennung auf Personen am anderen Ende der Welt auszudehnen, mit denen wir keine gemeinsame Lebenswelt teilen und von deren Lebenswirklichkeit wir selbst im günstigsten Fall nur sehr wenig wissen. Diese intuitive Ablehnung der Idee der internationalen Demokratie wird vor allem von der kommunitaristischen politischen Theorie diskutiert. So folgert etwa Friedrich Kratochwil (1998: 105) in einem Artikel mit dem provokativen Titel *Vergesst Kant!*:

> „Anders als im tatsächlichen Leben, wo die Einheit einer Gruppe durch Macht und Überredung und aufgrund praktischer Lösungen geschaffen und erhalten werden muß, schafft der universalistische Diskurs die Illusion, daß spezifische Rechte und Pflichten nicht mehr von den politischen Assoziationen, sondern direkt von den universal gültigen Prinzipien abgeleitet werden können."

Universalismus versus Gemeinschaft

Zentral ist hier der Begriff der Illusion: Für den Autor ist eine Ableitung moralischer Grundsätze aus universal gültigen Prinzipien eben *nicht* möglich. Statt sich wie die liberale Demokratietheorie auf Locke und Kant zu berufen, beruft sich die kommunitaristische Theorie stärker auf Aristoteles. Von ihm erbt sie insbesondere die Idee, dass Gerechtigkeit ihre Wurzeln in einer Gemeinschaft hat, deren wichtigstes Band ein gemeinsames Verständnis dessen ist, was für den Einzelnen und für die Gemeinschaft als Ganze gut ist (Gutmann 1995).

Kommunitarismus

Anders als die liberale politische Theorie geht die kommunitaristische Theorie von der Annahme aus, dass individuelle Rechte nur im Rahmen spezifischer politischer Gemeinschaften eine Bedeutung erlangen können und eine Diskussion über Fragen einer gerechten gesellschaftlichen Ordnung nur dann sinnvoll ist, wenn sie sich auf einen von der betreffenden Gemeinschaft geteilten Wertehorizont beziehen kann (Honneth 1995; Sandel 1982). Die Existenz einer gemeinsamen politischen Identität wird somit zur Voraussetzung für demokratische Verfahren. Oder anders: Demokratie kann es nur innerhalb von Gemeinschaften geben, die sich durch eine kollektive Identität auszeichnen (Sandel 1996: 342-344). Da solche kollektiven Identitäten und gemeinsamen Wertesysteme jenseits der Grenzen von Nationalstaaten nicht existieren – und nach Meinung zahlreicher Kommunitaristen auch gar nicht existieren können –, hält die kommunitaristische Theorie die Idee einer internationalen Demokratie letztlich für widersprüchlich.[8]

Demokratie als Mittel zur Erreichung anderer Ziele. Nun muss man die Idee der internationalen Demokratie auch angesichts der kommunitaristischen Kritik nicht gleich verwerfen.[9] Im Gegensatz zu den oben genannten philosophischen Argumenten für und wider die Demokratie stützen andere Autoren ihre Rechtfertigung der Demokratie auf empirische Beobachtungen. Robert Dahl (1989: 84) fasst diese empirische Fundierung der Demokratie in der Aussage zusammen, dass Demokratien nach allem, was wir wissen, die besten politischen Systeme seien – eine pragmatische Begründung, die an Winston Churchills Charakterisierung der Demokratie als „schlechteste Regierungsform mit Ausnahme aller anderen" erinnert. So argumentiert Dahl (1989: 84):

Demokratie als Mittel zur Erreichung anderer Ziele

Demokratie als die „beste" Regierungsform …

> „Ein nüchterner Blick auf die Menschheitsgeschichte zeigt, dass unter allen politischen Gesellschaften die einmal existiert haben bzw. heute existieren, diejenigen, die dem demokratischen Ideal am ehesten entsprechen (…) besser sind als der Rest."

In welcher Hinsicht genau die Demokratie „besser als der Rest" ist, ist in der Geschichte der Demokratietheorie unterschiedlich interpretiert worden. So schätzen Joseph Schumpeter (1950) und Karl Popper (1962) die Demokratie, weil sie den Wettbewerb zwischen verschiedenen Ideen und Interessen fördert und es ihren Bürgern im Gegensatz zu anderen Regierungsformen auch ohne Gewaltanwendung erlaubt, die Regierung auszuwechseln. Andere sehen einen Zusammenhang zwischen Demokratie und größerer Gerechtigkeit und Freiheit oder betonen den Wert der Demokratie für die Herausbildung bestimmter menschlicher Eigenschaften, die als wünschenswert erachtet werden. Empirische Studien stützen diese Erwartungen allerdings nicht immer. So hat beispielsweise Adam

… fördert Wettbewerb, Gerechtigkeit, Freiheit und gewaltfreien Machtwechsel

---

8 Darüber hinaus ist auch die Autonomie der Person für Kommunitaristen keine universell gültige oberste moralische Norm. Angesichts der im Text skizzierten Kritik ist es jedoch interessant zu beobachten, dass sich in jüngerer Zeit auch einige Kommunitaristen mit normativen Fragen der globalen Ordnung befassen; vgl. etwa Etzioni (2005).

9 Eine interessante Auseinandersetzung mit dieser Kritik liefert beispielsweise das nun auch in deutscher Sprache erschienene Buch *Kosmopolitismus und Demokratie* von Seyla Benhabib (2008).

Przeworski (1999: 43) beobachtet, dass demokratische Gesellschaften in erheblichem Maße Ungleichheit produzieren können.

Stabilität, Integration und Legitimität durch Demokratie

Über die genannten Gründe hinaus werden weitere Vorzüge demokratischen Regierens in Bezug auf den Zusammenhalt politischer Gemeinschaften genannt. So argumentiert beispielsweise Jürgen Habermas (1994), dass moderne Gesellschaften primär über die Institution demokratisch legitimierten Rechts integriert werden. In ähnlicher Weise geht Charles Taylor (2002: 19) davon aus, dass die Mitglieder einer Gesellschaft einen zentralen Identifikationspunkt teilen, der im Wesentlichen aus dem (demokratisch gesetzten) Recht als Symbol für die Institutionen und Verfahren des politischen Systems gewonnen wird. Verbunden mit diesen Annahmen ist schließlich auch die Idee, dass Legitimität – verstanden als „soziale Anerkennung als rechtens" (Kielmannsegg 1971: 371) – erforderlich ist, um den Anspruch der bindenden Wirkung kollektiver Entscheidungen zugleich wirksam und effizient durchzusetzen. Da gegenwärtige politische Systeme ihre Legitimität in der Hauptsache aus demokratischen Verfahren gewinnen, betrachten diese Argumente Demokratie letztlich also ebenfalls als Mittel zur Erreichung übergeordneter Ziele, nämlich effektiver und stabiler politischer Ordnungen, in denen Konflikte in der Regel gewaltfrei ausgetragen werden.

Ertrag für internationale Demokratie:

Was aber lehren uns diese Argumente, die ja alle auf *nationale* Demokratien gemünzt sind, im Hinblick auf mögliche Rechtfertigungen *internationaler* demokratischer Verfahren? Um ehrlich zu sein: nicht besonders viel. Denn es ist einerlei zu argumentieren, dass ein empirischer Zusammenhang zwischen Demokratie und Gleichheit, Gerechtigkeit, Freiheit, menschlicher Entwicklung oder politischer Stabilität auf der Ebene nationalstaatlich verfasster politischer Systeme besteht. Es ist etwas anderes daraus zu folgern, dass derselbe Zusammenhang auch auf der internationalen oder gar globalen Ebene zu beobachten wäre, wenn dort demokratischere Strukturen eingeführt würden. Der Zusammenhang zwischen Demokratie und Gleichheit bzw. menschlicher Entwicklung steht ohnehin auf einem vergleichsweise schwachen Fundament, und eine Übertragung auf eine

schwache theoretische Rechtfertigung

andere Politikebene würde seine analytische Kraft weiter schwächen. Freiheit oder der Respekt für individuelle Interessen sind ebenfalls problematische Kandidaten, da ihre Existenz durch die Definition von Demokratie häufig vorweggenommen wird. Und über mögliche Wirkungen einer Demokratisierung auf die Stabilität der internationalen politischen Ordnung lässt sich auch nur spekulieren. In der Summe lassen die vielfältigen und zweifellos guten Argumente für die Demokratie als Mittel zur Erreichung anderer wünschenswerter Ziele also kaum Schlussfolgerungen hinsichtlich der Wünschbarkeit einer Demokratisierung der internationalen Politik zu.

Empirische Rechtfertigung?

Allerdings kann sich eine Rechtfertigung internationaler Demokratie auch auf empirische Studien im Bereich der inter- und transnationalen Politik berufen. Wie oben bereits geschildert können geltende Regeln jenseits des Staats nicht wie innerhalb des Staats einfach hierarchisch durchgesetzt werden. Entsprechend sind internationale Regeln auf andere Quellen angewiesen, um ihre Bindewir-

Lgitimität

kung zu entfalten. Unter diesen Quellen spielt die Legitimität der Regeln eine gewichtige Rolle. Wenn wir unterstellen, dass die wahrgenommene Legitimität internationaler Regeln durch die demokratische Qualität ihrer Entstehung befördert wird, kommt demokratischen Verfahren zumindest auf diesem Wege eine

Bedeutung für die spätere Normeinhaltung zu (Franck 1990; Beisheim/Dingwerth 2010). Grenzüberschreitende Demokratie kann also zum Erfolg des Regierens jenseits des Staats beitragen.

Ein zweites, von David Held (1995: 23) vorgebrachtes Argument lautet, dass nationalstaatliche Demokratien der Ergänzung um internationale demokratische Elemente bedürfen, um sich auf Dauer zu erhalten und weiter zu entwickeln. Gemäß diesem Argument sollten wir eine „Globalisierung der Demokratie" befürworten, um die angesichts ökonomischer Globalisierungsprozesse unter Druck geratenen nationalen Demokratien zu verteidigen und zu stärken. Nur durch die Verzahnung nationaler mit internationalen demokratischen Verfahren erscheint Held eine sachgemäße Bearbeitung der durch Globalisierungsprozesse induzierten Probleme möglich.[10]

Internationale Demokratie als Stärkung der nationalen Demokratie

Ein drittes Argument schließlich geht davon aus, dass Demokratisierung eine Voraussetzung für die Vertiefung internationaler Kooperation darstellt. So führt beispielsweise Dahl (1994: 23) die überraschend starke Opposition gegenüber dem Maastrichter Vertrag über die Europäische Union zumindest teilweise auf die Sorgen der Bürger hinsichtlich eines wachsenden europäischen Demokratiedefizits zurück. In ähnlicher Weise stellt auch Held (1995: 140) sein Modell der kosmopolitischen Demokratie als eine Alternative zu einer Fragmentierung der Weltpolitik dar, in der Kooperation von den Bürgern weitgehend abgelehnt werden dürfte, solange ihr eine konstitutionelle Grundlage auf der internationalen Ebene fehlt.

Internationale Demokratie als Voraussetzung internationaler Kooperation

Zusammenfassend lässt sich dreierlei festhalten. Erstens: Demokratisches Regieren jenseits des Staats erscheint zahlreichen Autoren als wünschenswertes Ziel. Zweitens: Die normativen Begründungen für das Ziel unterscheiden sich deutlich. Drittens: Letztlich sehen sich alle Argumente für eine Demokratisierung der internationalen Politik mehr oder minder starken Einwänden gegenüber. Wenn wir akzeptieren, dass der Streit um die Demokratie und um ihre Begründung seit jeher zur Theorie und Praxis der Demokratie dazugehört, muss uns dies aber nicht resignieren lassen. Zugegeben: Dies mag ein schwacher Trost für eine fehlende universal-moralische Begründung sein. Aber eine solche Begründung ist eben – falls überhaupt – nicht einfach zu haben. Einen Ausweg aus dem Begründungsdefizit bietet höchstens die Argumentation Richard Rortys. In seinem Essay *Der Vorrang der Demokratie vor der Philosophie* erteilt Rorty der Nützlichkeit philosophischer Argumente hinsichtlich der Begründung der Institutionen der liberalen Demokratie eine Absage (Rorty 1988: 102-103):

Zusammenfassung

„Es ist keineswegs klar, dass [demokratische Institutionen] nach spezifischeren Maßstäben zu beurteilen sind als den intuitiven moralischen Anschauungen der jeweiligen historischen Gemeinschaft, die diese Institutionen geschaffen hat. Der Gedanke, bei moralischen und politischen Auseinandersetzungen sollte man stets ‚auf die Grundprinzipien zurückgehen', ist vernünftig, sofern er nichts weiter bedeutet, als daß wir eine gemeinsame Diskussionsgrundlage suchen sollten in der Hoffnung, Einigung zu erzielen. Irreführend ist er dagegen, wenn er im Sinne der These aufge-

---

10   Für eine ähnliche Argumentation vgl. auch den Bericht der Commission on Global Governance (1995).

faßt wird, es gebe eine natürliche Ordnung der Prämissen, aus denen moralische und
politische Schlüsse zu ziehen sind."

Heißt das, dass die Forderung nach einer Demokratisierung der politischen
Strukturen jenseits des Staats falsch ist? Eher nicht. Indem er sich auf die „intuitiven moralischen Anschauungen der jeweiligen historischen Gemeinschaft, die
diese Institutionen geschaffen hat," beruft, betont Rorty stattdessen, dass „wir" –
insbesondere die Bürger westlicher Industriegesellschaften – bestimmten Ideen
wie etwa der Autonomie und Gleichwertigkeit oder der „Demokratie" üblicherweise einen hohen Wert beimessen. Indem wir die Fundamente unserer spezifischen Wertschätzung der Demokratie ernst nehmen, können wir das Projekt
einer Demokratisierung globaler politischer Strukturen möglicherweise nicht als
ein aus rationalen moralphilosophischen Erwägungen gebotenes Projekt präsentieren. Stattdessen erlaubt uns die Anerkennung unserer partikularen Gründe für
die Demokratie aber, in einen Dialog mit skeptischeren Zeitgenossen zu treten
und die Demokratie als eine Option darzustellen, die auch bei ihnen einen gewissen Kredit verdient.

Am Ende führt Rortys Argument die Debatte über die Wünschbarkeit internationaler Demokratie somit wieder auf diejenigen zurück, in deren Namen die
Demokratisierung gefordert wird – nämlich auf die Bürgerinnen und Bürger der
„Weltgesellschaft". In verschiedenen Bereichen dieser Weltgesellschaft gedeihen
die Forderungen nach einer Demokratisierung internationaler Entscheidungsstrukturen ebenso wie konkrete Reformvorschläge zur Stärkung der Demokratie
jenseits des Staats. Und auch Organisationen wie die Europäische Union, die
Vereinten Nationen oder die Welthandelsorganisation bemühen sich darum, ihre
eigenen Verfahren inklusiver und transparenter – mit anderen Worten: demokratischer – zu gestalten. All diese Anstrengungen weisen darauf hin, dass von der
Politikwissenschaft möglichst klare Antworten auf zwei Fragen gefordert sind:
Was bedeutet „Demokratie" im Kontext supranationaler, internationaler und
transnationaler Politik? Und welche politischen Strukturen kommen der Idee
demokratischen Regierens jenseits des Staats am nächsten? Wir widmen uns
diesen beiden Fragen in den Kapiteln 3 bis 6.

3 Demokratie jenseits des Staats

Der Begriff der Demokratie enthält neben beschreibenden, auch wertende Elemente. Damit gehört er zu einer Klasse von Begriffen, über deren Bedeutung nur schwer Konsens herzustellen ist. Trotz dieser Schwierigkeit versuchen wir in diesem Kapitel, den Begriff des demokratischen Regierens zumindest in seinen Grundzügen zu umreißen und die inhaltlichen Schwerpunkte verschiedener Demokratiebegriffe aufzuzeigen. Dieses Mindestmaß an Begriffsklärung ist erforderlich, um in den Kapiteln 4 bis 6 die demokratische Qualität konkreter internationaler Organisationen miteinander vergleichen zu können. Im Zentrum des Kapitels stehen dabei die folgenden drei Fragen:

- Welche demokratietheoretischen Modelle sind geeignet, um die demokratische Qualität internationaler Organisationen zu bewerten?
- Welche Bewertungskriterien lassen sich aus diesen Modellen ableiten?
- Und für welche Arten von Entscheidungen in internationalen Organisationen sind diese Kriterien besonders relevant?

Kernfragen des Kapitels

In Anlehnung an die erste Frage stellen wir in Abschnitt 3.1 zunächst drei unterschiedliche Demokratieverständnisse vor, die wir als *konstitutionalistische, pluralistische* und *deliberative Demokratiemodelle* bezeichnen. Auf die zweite Frage antwortet Abschnitt 3.2. Dort entwickeln wir unsere Arbeitsdefinition, die den Begriff des demokratischen Regierens in drei Dimensionen zerlegt: *Inklusivität, Kontrolle* und *diskursive Qualität*. Für jede Dimension geben wir möglichst eindeutige Kriterien an, die es ermöglichen, demokratisches Regieren von nichtdemokratischem Regieren zu unterscheiden. In Antwort auf die dritte Frage diskutieren wir schließlich in Abschnitt 3.3, welche Faktoren darüber entscheiden, *wie viel* Demokratie internationales Regieren im Einzelfall benötigt.

3.1 Modelle demokratischen Regierens jenseits des Staats

In diesem ersten Abschnitt verfolgen wir zwei Ziele.[11] Zum einen wollen wir einen Überblick über zentrale theoretische Beiträge zur Debatte über das demokratische Regieren jenseits des Staats geben. Zum anderen wollen wir nach ihrem jeweiligen Nutzen für die Bewertung der demokratischen Qualität konkreter internationaler Politikprozesse fragen. Im Hinblick auf diesen Nutzen haben wir am Ende des vorhergehenden Kapitels Bedingungen formuliert, denen Modelle

---

11 Die folgenden beiden Abschnitte basieren in Teilen auf einer überarbeiteten Übersetzung von Kapitel 2 aus Dingwerth (2007).

demokratischen Regierens genügen sollten, um auf den spezifischen Kontext internationaler Politik anwendbar zu sein:

Kriterien demokrati-
schen Regierens
jenseits des Staates

- Sie sollten keinen „starken Staat" erfordern;
- sie sollten angeben können, welche Personengruppen einen legitimen Anspruch auf Teilhabe an konkreten politischen Entscheidungen internationaler Organisationen haben;
- sie sollten begründen können, warum ihre Verfahren nicht nur fair sind, sondern auch „gute Ergebnisse" erwarten lassen;
- sie sollten Verfahren beinhalten, welche die vergleichsweise schwachen sozialen Bindungen zwischen Bürgern aus verschiedenen Staaten nicht aufbrauchen, sondern nach Möglichkeit weiter stärken;
- und sie sollten demokratische Verfahren vor allem im Hinblick auf Entscheidungen oder Kompetenzen fordern, an die wir auch im nationalstaatlichen Kontext demokratische Maßstäbe anlegen.

In der weiteren Diskussion verwenden wir diese Kriterien als Grundlage unserer Bewertung verschiedener demokratietheoretischer Ansätze. Die Diskussion konstitutionalistischer, pluralistischer und deliberativer Ansätze demokratischen Regierens macht dabei deutlich, dass sich die verschiedenen Ansätze nicht notwendig widersprechen. Vielmehr betonen sie mit der *Inklusivität*, der *demokratischen Kontrolle* und der *diskursiven Qualität der Meinungs- und Willensbildung* unterschiedliche Aspekte der gemeinsamen abstrakten Idee demokratischen Regierens, die wir in diesem Kapitel herausarbeiten möchten.

3.1.1 Mehr Regierung: Konstitutionalistische Ansätze

Grundidee des
Konstitutionalismus

Die Grundidee des Konstitutionalismus ist die rechtliche Kodifizierung der Beziehungen zwischen Regierenden und Regierten, die als Teile einer politischen Gemeinschaft *(polity)* gedacht werden (Preuß 1996: 24). Im Kern geht es dem modernen Konstitutionalismus dabei um die Möglichkeit, politische Gemeinschaften auf der Grundlage der gegenseitigen Anerkennung individueller Rechte rechtsförmig zu organisieren. Den Hintergrund konstitutionalistischen Denkens bilden Ideen aus der Zeit der Aufklärung. In den Worten von Ulrich Preuß (ebd.: 13) ist der Konstitutionalismus

> „die Konzeption einer politischen Gemeinschaft, in der souveräne Macht und natürliche individuelle Freiheit koexistieren und eine politische Ordnung schaffen, die nicht auf vorgängige Beziehungen wechselseitiger Verpflichtungen gründen kann, sondern ihre ureigenen Verpflichtungsmechanismen generieren muss. Der Konstitutionalismus ist, mit anderen Worten, die Antwort auf die entsetzliche Erfahrung, dass weltliche Herrschaft immanent geworden ist; das heißt, dass von Natur aus freie Individuen eine gute Ordnung mit ihren eigenen, begrenzten Mitteln schaffen müssen."

rule of law

Als eines dieser „eigenen, begrenzten Mittel" ist die Herrschaft des Rechts *(rule of law)* das Kernstück konstitutionalistischer Demokratietheorien. Es bekommt eine doppelte Bedeutung insofern, als „Herrschaft in Form von Recht ausgeübt werden muss (Regieren durch das Recht) und die Regierung selbst ihre Macht den Beschränkungen des Rechts unterwirft (Regieren gebunden an das Recht)" (ebd.: 16).

Wie aus den bisherigen Ausführungen bereits zu erkennen ist, kommen konstitutionalistische Argumente vor allem im Kontext nationalstaatlich organisierter politischer Systeme zur Anwendung. Auf der Idee einer rechtlich umschriebenen politischen Ordnung, die Individuen ein Recht auf die angemessene Teilhabe an Entscheidungen einräumt, von denen sie maßgeblich betroffen sind, gründet darüber hinaus aber auch David Helds Modell der *kosmopolitischen Demokratie*.

David Held: kosmopolitische Demokratie

Helds Prämisse ist zunächst, dass eine angemessene Konzeption von Demokratie der Bedeutung liberaler und liberal-demokratischer Grundsätze Rechnung tragen muss (Held 1995: 15). In Anlehnung an diese Prämisse besteht der Kern seiner kosmopolitischen Demokratietheorie im sogenannten *Autonomieprinzip*. Diesem Prinzip zufolge sollen Personen gleiche Rechte und Pflichten hinsichtlich der spezifischen Ausgestaltung der politischen Rahmenbedingungen haben, welche ihre individuellen Möglichkeiten gleichzeitig begründen und begrenzen (ebd.: 147). Das Autonomieprinzip artikuliert „die Grundlage, auf welcher öffentliche Macht gerechtfertigt werden kann" (ebd.: 153). Als Prinzip politischer Legitimität besagt es, dass öffentliche Macht dann gerechtfertigt ist, wenn sie die Autonomie der ihnen unterworfenen Individuen befördert.

Autonomieprinzip

Held zufolge steht die Idee der Demokratie im Dienste der personalen Autonomie. Sie ist nur deshalb attraktiv, weil sie hilft, das primäre Ziel der individuellen und kollektiven Selbstbestimmung zu verwirklichen. Helds Theorie kreist daher um die Idee, dass die Mitglieder einer politischen Gemeinschaft in der Lage sein sollten, über ihre Lebensbedingungen als Freie und Gleiche zu entscheiden – eine Idee, die wiederum voraussetzt, dass es den Mitgliedern politischer Gemeinschaften möglich ist, an der offen zugänglichen Deliberation über Angelegenheiten öffentlichen Interesses teilzunehmen (ebd.: 155).[12]

Im Bezug auf die internationale Politik führt diese Forderung angesichts wachsender Interdependenz zwischen politischen Gemeinschaften zu einem Kongruenzproblem: Entscheidungen, die von Vertretern eines Staates getroffen werden, können auch für Bürger anderer Staaten massive Auswirkungen haben (ebd.: 17). Als Folge der zunehmenden Beziehungen zwischen nationalstaatlich organisierten Gesellschaften sieht sich die Idee kollektiver Selbstbestimmung mit dem Problem konfrontiert, wie für jeweils spezifische politische Entscheidungen eine „relevante Gemeinschaft" identifiziert werden kann. Mit anderen Worten: Wie kann mit Blick auf konkrete Entscheidungen die Gruppe derjenigen Bürger be-

Kongruenzproblem in der internationalen Politik

---

12 Im Original: "to participate in a process of deliberation, open to all on a free and equal basis, about matters of public concern." Diese Formulierung deutet auf Schwierigkeiten einer eindeutigen Grenzziehung zwischen kosmopolitischen und deliberativen Ansätzen hin. Die Trennung der beiden Ansätze ermöglicht es uns aber, ihre unterschiedlichen Akzentuierungen (Kodifizierung individueller Rechte versus Stärkung deliberativer Arenen) deutlicher hervorzuheben.

stimmt werden, die einen legitimen Anspruch auf Teilhabe an der Entscheidungsfindung hat? Die Folgen des Problems sind weitreichend (Held 2000: 401):

> „Es geht hier um das Wesen der politischen Gemeinschaft und darum, wie die Gren-
> zen einer politischen Gemeinschaft zu ziehen sind, mithin um die Bedeutung von
> Repräsentation und das Problem, wer wen auf welcher Grundlage und auf welche
> Weise repräsentieren soll – wer auf welche Weise und in welchen Bereichen mit-
> wirken soll."

Subsidiarität als Lösung

Die Lösung, die Held an dieser Stelle vorsieht, gründet in erster Linie auf dem
Prinzip der Subsidiarität. So versteht Held die kosmopolitische Demokratie als
ein „System einander überlagernder demokratischer Institutionen auf verschiedenen territorialen Ebenen von der Stadt bis hinauf zur globalen Ebene"
(Melchior 1999: 203; vgl. auch Held 1995: 235-236). Auf diese Weise bleibt der
Nationalstaat ein zentraler Referenzpunkt. Entscheidungszentren jenseits nationalstaatlicher Grenzen gelten dann als angemessen, wenn niedrigere Entscheidungsebenen ein politisches Problem nicht zufriedenstellend lösen können (vgl.
Held 1995: 136). Um die Kompetenzen angemessen auf die einzelnen Ebenen zu
verteilen, schlägt Held drei Tests vor. In einem *Extensitäts-Test* soll zunächst
geprüft werden, welche Gruppen überhaupt von einer Entscheidung betroffen
sind. In einem zweiten Schritt soll ein *Intensitäts-Test* klären, welche Gruppen in
ausreichendem Maße betroffen sind, um einen legitimen Anspruch auf Teilhabe
an einer Entscheidung geltend machen zu können. Drittens soll auch noch die
komparative Effizienz der Problemlösung auf verschiedenen Ebenen geprüft
werden (ebd.: 236) – also die Frage, welche Ebene das Problem am besten bzw.
am günstigsten lösen kann.

Individuelle Rechte als Grundlage

Die Grundlage für die Fähigkeit der Bürger, an der politischen Willensbildung teilzuhaben, sieht Held in der Institution des öffentlichen Rechts (vgl. Melchior 1999: 206). Da das Hauptaugenmerk der kosmopolitischen Demokratie
dem Einzelnen und nicht der Gemeinschaft gilt, ist das Autonomieprinzip am
besten in der Institutionalisierung individueller Rechte aufgehoben. Entsprechend formuliert Held (1995: 190):

> „Eine Demokratie hat ihren Namen nur dann voll verdient, wenn Bürger auch tat-
> sächlich die Macht haben, als Bürger aktiv zu sein – das heißt, wenn die Bürger ent-
> sprechende Rechte genießen, die ihnen demokratische Teilhabe erlauben und zwar
> im Sinne eines Rechtsanspruchs."

Auf diese Weise wird Demokratie letztlich als Summe individueller „demokratischer" Rechte begriffen. Der Kanon dieser Rechte ist vom Autonomieprinzip
und von der Anerkennung verschiedener Machtbereiche geleitet, welche die
Möglichkeiten der Bürger prägen und eingrenzen. Er umfasst mehrere Gruppen
von Rechten, wie etwa bürgerliche und politische, kulturelle und wirtschaftliche
Rechte, aber auch die Rechte auf Gesundheit und auf Frieden (ebd.: 191-197).
Analog zu dem von Held vorgeschlagenen Rechtekatalog kann Demokratie als
ein doppeltes Kontinuum verstanden werden. Ein politisches System ist umso
demokratischer, je mehr Gruppen „demokratischer Rechte" anerkannt sind und je

stärker die einzelnen Rechte innerhalb dieser Gruppen auch rechtlich und politisch durchgesetzt werden (ebd.: 191).

Held bezieht sein Modell ausdrücklich auf die internationale Politik. Entsprechend bietet er eine Reihe von Anknüpfungspunkten, um die normativen Anforderungen an politische Entscheidungsprozesse jenseits des Staats zu spezifizieren. Insbesondere die Idee der Selbstbestimmung und die zentrale Rolle, welche Werten wie Partizipation und Inklusivität, aber auch dem Subsidiaritätsprinzip zugemessen wird, drängen sich für die Aufnahme in einen Kriterienkatalog demokratischen Regierens jenseits des Staats auf. Darüber hinaus liegen in der Sensibilität für Machtzentren und in der Hervorhebung individueller Beteiligungsrechte weitere Anknüpfungspunkte für eine Konkretisierung der Idee demokratischen Regierens jenseits des Staats. *(Konstitutionalismus und internationale Politik)*

Andererseits ist auch das kosmopolitische Modell nicht vollständig kontextadäquat, so dass eine direkte Anwendung auf reale Politikprozesse schwer fällt. So stützt sich das Modell in starkem Maß auf Ideen, welche aus dem Kontext nationaler demokratischer Praxis entstammen. Das gilt beispielsweise, wenn Held mehrheitsdemokratische Verfahren oder die Etablierung einer Weltregierung vorschlägt. Das Welt*regieren (global governance)* wird bei Held im Kern immer noch von der Idee einer Welt*regierung (world government)* her gedacht (vgl. auch Wolf 2000: 192-195). Denn wie sollen beispielsweise die individuellen demokratischen Rechte garantiert werden? So haben konstitutionalistische Ansätze letztlich generell Schwierigkeiten, dem nicht-hierarchischen Charakter politischer Koordination jenseits des Staats Rechnung zu tragen und sich legitimes Regieren auch ohne einen übergreifenden Staat (oder zumindest Elemente von Staatlichkeit) vorzustellen. Ihre Reformvorschläge zielen zumeist auf eine Hierarchisierung der internationalen Politik ab, etwa durch die Stärkung supranationaler Institutionen und die Etablierung eines „Welt(minimal)staats" (Höffe 1999; 2002). *(Grenzen des Konstitutionalismus)*

3.1.2 Weniger Regierung: Pluralistische Ansätze

Pluralistische Modelle demokratischen Regierens kommen einem nicht-hierarchischen Politikstil eher entgegen. Dies gilt insbesondere, da sie dem Staat keine ganz so zentrale Rolle zuweisen wie ihr konstitutionalistischer Gegenpart. Statt dessen sehen sie die Kernelemente demokratischen Regierens in der ausgewogenen Interaktion zwischen verschiedenen gesellschaftlichen Kräften – die ihrerseits in Interessengruppen, politischen Parteien oder anderen freiwilligen Vereinigungen organisiert sind – und in der Verteilung politischer Macht auf eine Vielzahl gesellschaftlicher und politischer Akteure (vgl. Cunningham 2002: 73-90; Laclau 2001: 514). *(Grundidee: Breite Verteilung politischer Macht)*

Die Bezeichnung pluralistisch findet im Zusammenhang mit dem Demokratiebegriff sowohl in einem empirischen als auch in einem normativen Sinn Verwendung. In ihrer empirischen Verwendung spielt die Idee des Pluralismus darauf an, dass in bestehenden liberalen Demokratien eine Vielfalt gesellschaftlicher und politischer Akteure an der Auswahl und Umsetzung politischer Entscheidungen beteiligt ist – mit anderen Worten: dass demokratische Politik „pluralis- *(Empirischer und normativer Sinn des Pluralismus)* tisch" organisiert ist. Als normative Idee fordert der Pluralismus, dass die Verteilung der Macht auf eine Vielzahl kollektiver Akteure und die Austarierung unterschiedlicher gesellschaftlicher Interessen durch die (möglichst ungehinderte) Interaktion gesellschaftlicher Kräfte den Kern demokratischer politischer Systeme bilden *sollen*.

Normatives Modell   Das normative Modell pluralistischer Demokratie basiert dabei auf der Annahme, dass Assoziationen – „freiwillige Organisationen, die von Privatpersonen geschaffen werden, um ein gemeinsames Interesse oder eine gemeinsame Aktivität zu verfolgen" (Hirst 1995: 91) – ein äußerst wünschenswertes Kennzeichen demokratischer politischer Systeme sind. Für Robert Dahl, einen der Hauptvertreter des pluralistischen Ansatzes, sind sie eine Voraussetzung „für das Funktionieren des demokratischen Prozesses selbst, für die Minimierung von Zwang durch die Regierung, für politische Freiheit, und für menschliches Wohlergehen" (Dahl 1986: 1). Normativ-pluralistische Demokratiemodelle basieren letztlich auch auf der empirischen Anerkennung, dass moderne Gesellschaften durch ein hohes Maß an Differenzierung, eine Vielfalt an Lebensstilen und durch Interessenpluralität geprägt sind. In diesen pluralistischen Gesellschaften übernehmen freiwillige Vereinigungen eine wichtige Funktion, indem sie Interessen bündeln und artikulieren.

pluralistische Gesellschaft und der Staat   Eine Prämisse des pluralistischen Demokratiemodells ist, dass im Prinzip alle Interessen organisiert und artikuliert werden können und dass sich ein Gleichgewicht in der Interaktion der verschiedenen Interessen einstellen kann. Wenn wir aber anerkennen, dass die Organisation von Interessen Ressourcen – etwa Geld, Zeit oder Wissen – voraussetzt, die innerhalb der Gesellschaft ungleich verteilt sind, dann wird deutlich, dass diese Annahme problematisch ist. In realen Gesellschaften sind bei weitem nicht alle Interessen gleich gut artikulierbar und organisierbar.[13] Entsprechend kommt dem Staat im pluralistischen Modell die Rolle zu, „Waffengleichheit" zwischen den verschiedenen Interessengruppen herzustellen (vgl. Schmidt 1997: 151-161). Wenngleich der Staat also weniger zentral ist als im konstitutionalistischen Modell, so ist er doch auch im pluralistischen Modell mehr als bloß ein „Nachtwächterstaat". Vielmehr erscheinen staatliche Eingriffe in gesellschaftliche und wirtschaftliche Belange in dem Maße wünschenswert, wie sie schwach organisier- und artikulierbaren Interessen zu mehr Chancengleichheit verhelfen. Insbesondere die Institution des Rechts und die – parlamentarische und außerparlamentarische – Kontrolle der ausführenden Gewalt sind daher Kernelemente demokratischer politischer Systeme.

Unter dem Dach des pluralistischen Modells finden sich zahlreiche Varianten. Bezeichnungen wie Korporatismus und Neo-Korporatismus (vgl. Schmitter 1995 für einen Überblick), kompetitive Eliten-Demokratie (*competitive elitism*, Schumpeter 1950), Polyarchie (Dahl 1956, 1971, 1989, 1998) oder assoziative Demokratie (Cohen/Rogers 1995; Hirst 1994) stehen alle für demokratietheoretische Ansätze, deren gemeinsamer Kern in der Idee besteht, dass politische Macht in einer demokratischen Gesellschaft auf viele Akteure verteilt sein sollte und dass politische Entscheidungen dementsprechend auf der Interaktion zwischen

---

13   Zur Organisierbarkeit von Interessen vgl. insbesondere Olson (1968).

Interessengruppen bzw. der Interaktion zwischen Interessengruppen und der Regierung gründen sollten (Berry 1995: 619). Als Tugend des Pluralismus wird dabei gesehen, dass im besten Fall diejenigen, die sich von einer Angelegenheit am stärksten betroffen wähnen, das größte Mitspracherecht bei Entscheidungen über die Angelegenheit haben – etwa, weil sie im Gegensatz zu den nur geringfügig Betroffenen ausreichend Anreize zur Selbstorganisation haben. Dies setzt allerdings voraus, dass zwei Bedingungen erfüllt sind – nämlich, dass alle, die von einer politischen Maßnahme direkt betroffen wären, durch Interessengruppen vertreten wurden und dass alle Interessengruppen an der Verhandlung der politischen Maßnahme beteiligt waren.

Auf den ersten Blick erscheinen pluralistische Ansätze den spezifischen Anforderungen inter- und transnationaler Politik eher angemessen als die im vorigen Abschnitt diskutierten konstitutionalistischen Ansätze.[14] Erstens bieten sie eine Lösung für das Problem der Identifizierung relevanter Bezugsgruppen, indem sie die demokratische Qualität der Entscheidungsfindung daran binden, ob die selbst erwählten organisierten Interessen eine angemessene Chance haben, an politischen Verhandlungen teilzunehmen. Demokratisch ist ein Entscheidungsprozess also dann, wenn sich keine Gruppe zu Recht darüber beschwert, von der Entscheidungsfindung ausgeschlossen zu sein. Darüber hinaus gründet der pluralistische Ansatz zweitens auf einem horizontalen Politikstil; die Aufgabe hierarchischer Institutionen wird auf die Herstellung von Chancengleichheit begrenzt. Zu guter Letzt passt das Verständnis von Demokratie als Kontrolle der Macht gut auf die Praxis der internationalen Politik, wo sich Macht – wenn auch äußerst ungleich – auf eine Vielzahl von Akteuren und Machtzentren verteilt (vgl. Rosenau 1998). Die zunehmende Etablierung grenzüberschreitender Zusammenarbeit zwischen nichtstaatlichen Akteuren und die Beobachtung einer „Globalisierung des Korporatismus" (Ottaway 2001; vgl. auch Cerny 2010) sind weitere Indizien dafür, dass die normative Idee der Aushandlung politischer Entscheidungen zwischen gesellschaftlichen Kräften auf der Ebene der inter- und transnationalen Politik durchaus ein empirisches Gegenstück haben kann.

Anwendung auf die internationale Politik

Das pluralistische Demokratiemodell hat allerdings auch gravierende Schwächen. Eine erste Schwäche ist die bereits angesprochene Annahme, dass alle Interessen in ähnlicher Weise organisationsfähig sind. Faktisch lassen sich aber manche Interessen deutlich besser organisieren als andere. Entsprechend sind sie auch im politischen Prozess besser repräsentiert; schwieriger zu organisierende Interessen bleiben dagegen außen vor. Um nicht lediglich die ohnehin bereits mächtigen Interessen zu legitimieren, setzen pluralistische Ansätze also letztlich doch einen „starken Staat" voraus, der angesichts des Ausmaßes globaler Ungleichheit für „Waffengleichheit" sorgen müsste. Ein solcher Staat oder

Grenzen des pluralistischen Modells:

Repräsentation aller Interessen?

---

14 Vgl. etwa King (2003: 32-33): „Pluralistische Demokratieansätze (…) haben den klaren Vorteil, dass sie direkt auf multilaterale Organisationen angewandt werden können." Eine andere Sichtweise vertritt Cunningham (2002: 207), der trotz einiger Ähnlichkeiten zwischen beiden Ebenen der Auffassung ist, dass „pluralistische Empfehlungen (…) in globalem Maßstab schwer anwendbar" seien und dass der weltpolitische Koordinierungsbedarf für „gewaltenteiliges Weltregieren, die aktive Förderung globaler Interessengruppen und dergleichen (…) sogar die Ansprüche der Kosmopoliten" übersteige.

sein funktionales Äquivalent ist jenseits des Nationalstaats aber nicht in Sicht. Ohne ihn läuft das pluralistische Modell jedoch Gefahr, bestehende Machtunterschiede zwischen gesellschaftlichen Gruppen faktisch zu sanktionieren und die Idee der Gleichheit der Bürger wie auch den mit ihr verbundenen emanzipatorischen Anspruch aufzugeben.

Weitere Schwächung transnationaler Bindungen?

Ein zweiter Mangel besteht darin, dass das pluralistische Modell der Anforderung widerspricht, „Verfahren anzubieten, die kollektive Identitäten und gegenseitiges Vertrauen nicht verbrauchen, sondern vielmehr generieren" (Wolf 2002b: 46). Zumindest in ihrer Reinform gäbe eine Realisierung des pluralistischen Modells Anlass zur Sorge, dass die ohnehin schon schwachen transnationalen Bindungen zwischen Bürgern durch weitgehend unbeschränkte Aushandlungsprozesse zwischen mächtigen und weniger mächtigen Interessen weiter geschwächt würden. Die Verfahren der pluralistischen Demokratie würden in diesem Fall weder die Aktualisierung moralischer Orientierungen belohnen (also *qualifizierend* wirken), noch die Herausbildung von Solidarität zwischen den Bürgern unterstützen (also *zivilisierend* wirken). An dieser Stelle bedürfte das Modell der pluralistischen Demokratie also zumindest einer weiteren Spezifizierung, wie sie etwa Modelle der assoziativen Demokratie in der Verbindung pluralistischer und deliberativ-demokratischer Elemente vorschlagen (Cohen/Sabel 1997; Hirst 1994).

In der Summe liefern pluralistische Demokratietheorien ein Modell des Regierens jenseits des Staats, das ähnlich den konstitutionalistischen Ansätzen einige Anknüpfungspunkte für Konzeptionalisierung demokratischen Regierens anbietet. Die Betonung der Machtverteilung und die zentrale Bedeutung von Kontrollmechanismen *(checks and balances)* für die Demokratie erscheinen in dieser Hinsicht besonders relevant. Andererseits bedarf das pluralistische Modell einer weiteren Qualifizierung, um den oben genannten Defiziten begegnen zu können.

3.1.3 Bessere Diskurse: Deliberative Ansätze

Ansätze dazu, wie die Lücken pluralistischer Modelle geschlossen werden könnten, finden sich nicht zuletzt im Programm der deliberativen Demokratietheorie. Befürworter deliberativer Ansätze knüpfen die Idee der Demokratie nicht so sehr an die Frage, ob mehr oder weniger Staat vonnöten ist, sondern eher an die diskursive Qualität politischer Meinungs- und Willensbildungsprozesse. Das Rezept der deliberativen Demokratie kann daher in dem Ruf nach „besseren Diskursen" oder nach „mehr Deliberation" zusammengefasst werden.

Grundidee: Freie, zwanglose und öffentliche Deliberation als Basis legitimer Politik

Die Idee der deliberativen Demokratie. Wie andere Demokratietheorien auch sehen deliberative Ansätze ihre Aufgabe darin, die Bedingungen zu bestimmen, „unter denen politische Entscheidungen als legitimer Ausdruck des kollektiven Willens des Volkes angesehen werden können" (Hauptmann 1999: 858). Ausgehend von der Beobachtung, dass die Koexistenz verschiedener vernünftiger religiöser, philosophischer und moralischer Lehren kennzeichnend für zeitgenössische Gesellschaften ist (Rawls 1997: 96), gründet die deliberative Demokratie auf einer zunächst simplen Annahme: „Legitimität in komplexen Gesellschaften, so müssen wir voraussetzen, folgt aus der freien, zwanglosen und öffentlichen Deliberation aller über Fragen von allgemeinem Belang" (Benhabib 1996: 68).[15] Entsprechend hat Jon Elster (1998: 8) den Begriffsteil *demokratisch* als kollektive Entscheidungsfindung mit Beteiligung oder Repräsentation aller von der Entscheidung Betroffenen bezeichnet. Im Gegensatz dazu bezieht sich das Attribut *deliberativ* auf die Entscheidungsfindung über den Austausch von Argumenten zwischen den Beteiligten, „die sich den Werten der Vernunft und der Unparteilichkeit verpflichtet haben" (ebd.).[16] Der gemeinsame Kern der deliberativen Demokratie lässt sich in folgender Aussage zur Legitimität von Gesetzen zusammenfassen (Bohman 1996: 184):

> „Ein Gesetz ist nur dann legitim, wenn es auf den öffentlichen Gründen basiert, die aus einem inklusiven und fairen Verfahren der Deliberation resultieren, an dem alle Bürger teilnehmen und in dessen Rahmen sie frei miteinander kooperieren können."

Autoren wie John Rawls und Jürgen Habermas betonen, dass demokratische Verfahren der kollektiven Willensbildung angesichts der Pluralität umfassender Lehren die einzige post-metaphysische Legitimitätsquelle darstellen. Ihre Legitimität gründet dabei auf der Annahme, dass das demokratische Verfahren (Habermas 1994: 662)

> „das freie Flottieren von Themen und Beiträgen, Informationen und Gründen [ermöglicht], (...) der politischen Willensbildung einen diskursiven Charakter [sichert] und (...) damit die fallibilistische Vermutung begründet, daß verfahrensgerecht zustandegekommene Resultate mehr oder weniger vernünftig sind."

Kollektive Entscheidungen leiten ihre Legitimität also nicht aus ihrer *Form* – also ihrer Formulierung als allgemeine Gesetze – oder ihrem moralischen *Gehalt* ab, sondern vielmehr aus den *Verfahren* der Entscheidungsfindung selbst (ebd.: 169).[17]

Die deliberative Demokratie kreist letztlich um die Idee eines idealen Verfahrens der Deliberation und Entscheidungsfindung (Habermas 1999: 285). Die Konzeption eines idealen Verfahrens darf dabei jedoch nicht für bare Münze genommen werden. Sie hat vielmehr die Funktion eines kontrafaktischen Gedankenexperiments, gegenüber welchem tatsächliche Verfahren kritisch bewertet werden können. Die Idee des „idealen deliberativen Verfahrens" hat Joshua Cohen (1989: 22-23) am klarsten ausgearbeitet. Cohen zufolge sollten die Beratungen frei von Zwang sein und einem argumentativen Kommunikationsmodus folgen. Mit anderen Worten: Die Teilnehmer an den Beratungen sind aufgefordert, ihre eigenen Vorschläge zu begründen und die Vorschläge anderer Teilnehmer kritisch zu würdigen. Zweitens sollten Beratungen inklusiv und öffent-

Die Idee des deliberativen Verfahrens

---

15 Für ähnliche Formulierungen vgl. auch Elster (1998: 5) und Bohman (1998: 401).

16 Vgl. auch Gutmann und Thompson (2002: 156-157): „Eine Theorie ist ‚deliberativ', wenn sie faire soziale Kooperation so versteht, dass Bürger oder ihre Repräsentanten tatsächlich versuchen, sich gegenseitig akzeptable Gründe zu geben, um Gesetzesbeschlüsse zu rechtfertigen."

17 Vgl. auch die frühere Formulierung von Manin (1987: 351-352): „Die Quelle der Legitimität liegt nicht im vorgegebenen individuellen Willen, sondern im Prozess der Willensbildung, das heißt in der Deliberation selbst."

lich sein, so dass alle potenziell von einer Entscheidung Betroffenen Zugang zu den Beratungen haben. Drittens sollten die Beratungen auf einen Konsens ausgerichtet sein, das heißt, die Teilnehmer sollten offen und mit dem Ziel einer vernünftigen Einigung in die Beratungen gehen.[18]

Funktion des idealen deliberativen Verfahrens

Wie erwähnt hat das ideale Verfahren die theorieinterne Funktion eines Gedankenexperiments, das uns einen Standard für die Bewertung realer Politikprozesse vermitteln kann (Chambers 1996: 172).[19] Als kontrafaktische Idee hat das ideale Verfahren dabei den Vorzug, dass es einige der Kernelemente der deliberativen Demokratietheorie kenntlich macht. Erstens verdeutlicht das ideale Verfahren die Rolle von Unparteilichkeit und Respekt im deliberativen Prozess. Von den Beratenden wird erwartet, dass sie ihre Argumente so formulieren, dass auch andere Teilnehmer sie als vernünftig anerkennen können. So werden letztlich auch Partikularinteressen nur dann anerkannt, wenn es möglich ist, ein genügendes öffentliches Interesse an ihrer Durchsetzung diskursiv nachzuweisen (Elster 1998: 12; Cohen 1996: 106). Darüber hinaus kann der gegenseitige Austausch von Gründen als Ausdruck einer grundlegenden Norm verstanden werden, der zufolge Bürger einander als Personen mit gleichen Grundrechten und -freiheiten anerkennen sollen. In der Summe kann die Idee, dass die Legitimität von Gesetzen auf der Überzeugungskraft der Gründe beruht, die für die Gesetze angeführt werden können (Chambers 1996: 8), daher auch als Hinweis darauf interpretiert werden, dass Unparteilichkeit und Respekt in einer von vielfältigen umfassenden Lehren gekennzeichneten Gesellschaft die Grundlage gerechter kollektiver Entscheidungsprozesse bilden müssen.

Vermutung der vernünftigen Qualität deliberativer Beratung

Zudem weist das ideale Verfahren auch auf den epistemischen Wert von Deliberation hin – also auf die Vermutung, dass in deliberativen Verfahren gewonnene Entscheidungen auch substanziell „richtig" sind. Für Habermas (1994: 369) „gewinnt [die deliberative Politik] ihre legitimierende Kraft aus der diskursiven Struktur einer Meinungs- und Willensbildung, die ihre sozialintegrative Funktion nur dank der Erwartung einer vernünftigen *Qualität* ihrer Ergebnisse erfüllen kann". In Habermas' „idealer Sprechsituation" wären Bürger ungeachtet aller Unterschiede in punkto Macht, Ressourcen oder Fähigkeiten in der Lage miteinander zu kommunizieren. Infolgedessen kann erwartet werden, dass ihre Beratungen, in denen lediglich der berühmte „Zwang des besseren Arguments"

---

18   Weitere, von anderen Autoren genannte Elemente idealer deliberativer Verfahren sind die Freiheit von zeitlichen Beschränkungen und die inhaltliche Offenheit hinsichtlich aller Gegenstände, die der öffentlichen Regulierung bedürfen (Schmidt 1997: 178). Zum provisorischen Charakter von Entscheidungen vgl. auch Gutmann/Thompson (2002: 165): „Bürger sollten zumindest für ein gewisses Spektrum von Positionen, die sie heute ablehnen, die Möglichkeit einräumen, dass sich eine abgelehnte Position in der Zukunft als richtig erweist." Solche Korrekturen könnten beispielsweise erforderlich werden, wenn sich gesellschaftliche Normen verändern, neue wissenschaftliche Erkenntnisse verfügbar sind oder sich der Entscheidungskontext verändert.

19   Die Beziehung zwischen Gedankenexperiment und realen Diskursen kann daher als „Überlegungsgleichgewicht" *(reflective equilibrium)* bezeichnet werden, in dem die Ergebnisse individueller Gedankenexperimente mit den (moralischen) Urteilen anderer in einem diskursiven Verfahren abgeglichen werden (Chambers 1996: 168-169). Ein ähnliches Argument formuliert auch Shapiro (2002: 197).

am Werke ist, auch zu dem inhaltlich „besten" Ergebnis führen. Auch wenn reale Beratungen diesen Standards nicht gerecht werden können, ist das Rationalitätspotenzial, das der Forderung nach einem wechselseitigen Austausch von Gründen innewohnt, nichtsdestotrotz ein Plus des deliberativen Modells. Gerade im Hinblick auf den Ausgleich zwischen Input- und Output-Gründen der Legitimierung, die für den Kontext der internationalen Politik eingefordert wird, ist dieser Vorzug von Bedeutung (vgl. auch Wolf 2000).

Drittens schließlich ist das ideale Verfahren richtungsweisend für die Institutionalisierung und Bewertung sogenannter „diskursiver Designs" (Dryzek 1990). Die meisten Befürworter der deliberativen Demokratie dürften darin übereinstimmen, dass für die Institutionalisierung deliberativer Verfahren die Existenz von Arenen, „in denen Bürger Themen für die politische Tagesordnung vorschlagen können und an der Debatte über diese Themen teilnehmen können" (Cohen 1989: 31) zentral ist und dass die Funktion politischer Institutionen in der deliberativen Demokratie primär darin besteht, einen Rahmen für die freie öffentliche Deliberation bereit zu stellen (ebd.: 21). Solche allgemein gehaltenen Aussagen vermitteln allerdings noch kein besonders genaues Bild davon, was wir von realen Verfahren erwarten und wie wir tatsächliche Verfahren gestalten sollen. Auch hier können die verschiedenen Elemente des idealen Verfahrens als Vergleichsfolie eine Hilfestellung anbieten.

Das ideale Verfahren als Vergleichsfolie für konkrete Institutionen

Deliberative Demokratie und internationale Politik. Die meisten Autoren stimmen darin überein, dass deliberative Demokratiemodelle dem Kontext der internationalen Politik weitgehend angemessen sind. So bemerkt Dryzek (1999: 44) beispielsweise, dass das Fehlen eines übergeordneten Staats kein Problem, sondern vielmehr „ein Hindernis weniger für die diskursive Demokratie" sei (Dryzek 1990: 90). Darüber hinaus leitet das deliberative Modell seine Attraktivität daraus ab, dass es demokratisches Regieren nicht von der Existenz eines starken Gemeinschaftsgefühls abhängig macht (Wolf 2000: 196). Im Gegenteil: Den Verfahren der deliberativen Demokratie wohnt selber ein Potenzial inne, zur Herausbildung von Gemeinschaft und Solidarität beizutragen (Schmalz-Bruns 1999: 189). Und drittens spricht auch das Versprechen einer Output-Legitimierung durch die hohe inhaltliche Qualität deliberativ gefällter Entscheidungen für die Attraktivität des Modells im Kontext einer durch komplexe Problemlagen gekennzeichneten Weltpolitik.

Konsequenzen für die internationale Politik

Darüber hinaus sind deliberative Modelle auch anschlussfähig an bestehende Debatten in den Internationalen Beziehungen. Insbesondere die Debatte über die relative Bedeutung von Argumentieren *(arguing)* und Verhandeln *(bargaining)* in der internationalen Politik (Risse 2000, 2004a; Zürn 1998a) bietet hier Anknüpfungspunkte. So kann die deliberative Qualität von Entscheidungsprozessen in ein Kontinuum übersetzt werden, an dessen beiden Enden Argumentieren (als Ausdruck kommunikativen Handelns) und Verhandeln (als Ausdruck strategischen Handelns) liegen. Die deliberative Qualität des jeweiligen Prozesses könnte sich dann an seiner Nähe zum Argumentieren bemessen (vgl. Elster 1998: 13). Eine solch einfache Übersetzung übersieht allerdings, dass „argumentative" Prozesse im Gegensatz zu „demokratischen" Prozessen nicht notwendig öffentlich und inklusiv sind (Wolf 2000: 200; Schmalz-Bruns 1999). Der Handlungsmodus kann daher lediglich in der Bewertung der *deliberativen* Qualität herangezogen werden. Für die Bewertung der deliberativ-*demokratischen* Qualität sind zusätzlich die Publizität, der universelle Zugang und die Rückbindung kollektiver Entscheidungen an den öffentlichen Diskurs von Bedeutung.

Zusammenfassung
der Diskussion

Die Diskussion der drei Modelle lässt sich wie folgt zusammenfassen: Auf einer allgemeinen Ebene bieten alle drei Ansätze Anknüpfungspunkte für eine Konzeptionalisierung demokratischen Regierens jenseits des Staats. Darüber hinaus sind die drei Ansätze insofern komplementär, als sie unterschiedliche Aspekte der Idee der Demokratie betonen. Während konstitutionalistische Ansätze die Ideen der Selbstbestimmung, Inklusivität und Partizipation betonen, verweisen pluralistische Konzeptionen insbesondere auf die Bedeutung von Kontrollmöglichkeiten (*checks and balances*) in der Ausübung politischer Macht und auf die Rolle freiwilliger Assoziationen in der Aushandlung kollektiver Ziele. Deliberative Ansätze schließlich betonen den diskursiven Charakter der Meinungs- und Willensbildung und sehen daher im wechselseitigen Austausch von Gründen ein zentrales Element der Demokratie.

Grenzen des
deliberativen Modells

Im Hinblick auf die Kontexttauglichkeit der drei Modelle schneidet die deliberative Demokratietheorie am besten ab, da sie auf einen nicht-hierarchischen Politikstil setzt, Aspekte von Input- und Output-Legitimation miteinander verknüpft und die demokratische Qualität ihrer Verfahren mit sozialisierenden und zivilisierenden Wirkungen verbindet. Wie jedes theoretische Modell hat jedoch auch die deliberative Demokratietheorie Mängel. Zu diesen zählen mögliche Zielkonflikte zwischen Deliberation und anderen Zielen wie etwa der Transparenz, Rechenschaft oder Effizienz, aber auch Schwierigkeiten im Hinblick auf die Identifizierung relevanter Bezugsgruppen für politische Entscheidungen und hinsichtlich der Zuweisung von Entscheidungskompetenz an Funktionseinheiten, die spezifischer sind als bloße „Diskurse".[20] Da einige dieser Schwierigkeiten mit dem Abstraktionsgrad allgemeiner Demokratietheorien zusammenhängen, setzen wir im folgenden Abschnitt eine Abstraktionsebene tiefer an. Unser Ziel ist es, die Einsichten aus der bisherigen Diskussion unterschiedlicher theoretischer Ansätze in spezifischere *Dimensionen demokratischen Regierens* zu überführen und daran anschließend konkrete Fragen zu formulieren, die einer Bewertung der demokratischen Qualität realer internationaler Politikprozesse zugrunde gelegt werden können.

3.2 Dimensionen demokratischen Regierens: Ein Analyserahmen

Welche Lehren lassen sich aus der Diskussion der unterschiedlichen Modelle demokratischen Regierens im Hinblick auf konkrete Kriterien zur Beurteilung realer internationaler Politikprozesse ziehen? Welchen institutionellen Anforderungen sollten internationale Entscheidungsprozesse genügen? Im Anschluss an die oben skizzierten Demokratiemodelle unterscheiden wir zwischen drei Di-

---

20   Für Kritik an der deliberativen Demokratietheorie vgl. auch Sanders (1997), Stokes (1998) und Young (2001).

mensionen demokratischen Regierens: der von den konstitutionalistischen Mo- Drei Dimensionen
dellen betonten Dimension der Partizipation und Inklusivität; der von pluralisti- demokratischen
schen Modellen in den Vordergrund gerückten demokratischen Kontrolle; und Regierens
der von deliberativen Demokratiemodellen eingeforderten diskursiven Qualität
der Meinungs- und Willensbildung. Für jede dieser drei Dimensionen entwickeln
wir spezifische Kriterien, die in den nachfolgenden Kapiteln als Grundlage für
unsere empirische Analyse dienen.

3.2.1 Partizipation und Inklusivität

Die Forderung nach angemessener Partizipation wird besonders von der konsti- Partizipation als
tutionalistischen Demokratietheorie betont (vgl. oben: Abschnitt 3.1.1). Letztlich zentrales Element der
ist sie aber ein Kernbestandteil aller Demokratietheorien (vgl. z. B. Mas- Demokratietheorie
sing/Breit 2001; Waschkuhn 1998). Das Attribut demokratisch bezeichnet demnach politische Verfahren, die geeignet sind, den Willen der Personen, die von
einer politischen Entscheidung betroffen sind, erstens festzustellen und ihm
zweitens Durchsetzungskraft zu verleihen (Feindt 2001: 75). Ausgangspunkt für
die Forderung nach Partizipation ist dabei die sogenannte Kongruenzbedingung. Kongruenzbedingung
Sie besagt, dass der Kreis der Mitbestimmenden und der Kreis der Betroffenen
weitgehend übereinstimmen müssen, damit eine politische Entscheidung als
demokratisch legitimiert gelten kann (Zürn 1998: 17).

Wo ein Großteil der von einer Entscheidung betroffenen Personen von der
Entscheidungsfindung ausgeschlossen ist, lässt sich also kaum von Demokratie
sprechen. Andererseits werden Entscheidungen immer von einem bestimmten
Personenkreis getroffen, der sich in den meisten Fällen aus (gewählten, mit einem impliziten Mandat ausgestatteten oder selbsternannten) Repräsentanten
bestimmter Interessen zusammensetzt. Wenn man die Schwelle nur tief genug
ansetzt, gibt es also keine Entscheidungen ohne ein Mindestmaß an Partizipation
und Inklusivität. Die eigentliche Frage im Zusammenhang mit der demokratischen Legitimation von Entscheidungen ist daher: *Haben die Betroffenen einer
politischen Entscheidung ausreichende Möglichkeiten, an der Entscheidungsfindung mitzuwirken?*

Diese Frage hat ihrerseits zwei Aspekte, nämlich die *Reichweite* und die Reichweite der
Qualität der Beteiligung (Dahl 1999: 31-32). Die *Reichweite* der Beteiligung, Partizipation
ihre *Inklusivität,* bezieht sich darauf, *wer* an der Entscheidungsfindung beteiligt
ist. Sie steht in Zusammenhang mit der Forderung nach Kongruenz zwischen
dem Personenkreis, der von einer Entscheidung maßgeblich betroffen ist, und
dem Kreis derjenigen, die eine Entscheidung treffen. Hier stellt sich regelmäßig
die Schwierigkeit ein, den für eine spezifische Entscheidung jeweils angemessenen Personenkreis zu identifizieren – das bereits erwähnte Problem der relevanten Bezugsgruppen (vgl. Dahl 1989; Held 1995). Eine allgemein anerkannte
Lösung für dieses Problem gibt es nicht.[21] Im Bewusstsein dieser Schwierigkei-

---

21 Regierungen international anerkannter Staaten bieten sich zwar als vorrangige legitime
  Interessenvertreter an, zumal wenn sie selbst demokratisch legitimiert sind. Gleichzeitig

ten gilt es daher in der empirischen Analyse eine Sensibilität dafür zu bewahren, wie die „relevanten Bezugsgruppen" in realen grenzüberschreitenden Politikprozessen identifiziert werden. Eine erste Gruppe von Fragen kann dementsprechend wie folgt formuliert werden:

„Relevante Bezugsgruppen"

- Wie werden relevante Bezugsgruppen identifiziert und definiert, und wie werden die Teilnehmer an den jeweiligen Entscheidungsprozessen ausgewählt?
- Welche Alternativen zum gewählten Vorgehen sind denkbar?
- Und wie überzeugend erscheint das gewählte Vorgehen im Lichte dieser Alternativen?

Allgemein gesprochen bedeutet die Forderung nach Inklusivität, dass eine Entscheidung als umso demokratischer gelten kann, je größer die Kongruenz von Entscheidungsträgern und Betroffenen ist. Angesichts von Konflikten mit anderen wünschenswerten Zielen wie etwa der Effizienz politischer Entscheidungsfindung (vgl. Dahl 1994) fällt es allerdings schwer, einen allgemeinen Standard für die ideale Reichweite der Inklusivität anzugeben.

Qualität der Partizipation

Die *Qualität der Partizipation* bezieht sich demgegenüber darauf, *welche Formen der Beteiligung* den am Entscheidungsprozess beteiligten Personen eingeräumt werden. Hier sind unterschiedliche Grade der Partizipation vorstellbar,

Formen der Beteiligung

die von eher passiven Modi wie etwa der Rezeption von Informationen durch die Massenmedien bis hin zu aktiven Modi wie etwa der Beteiligung an öffentlichen Debatten, der Partizipation an Referenden, der Wahl von Repräsentanten oder der Repräsentation spezifischer Interessen in Verhandlungen reichen. Auch hier gilt ganz allgemein, dass eine stärkere Einbindung Betroffener und aktive Partizipationsmodi mehr Demokratie versprechen als eine schwächere Einbindung und passive Partizipationsmodi.

Kriterien angemessener Beteiligung

Während ein absoluter Standard abermals kaum anzugeben ist, können die verschiedenen Modelle demokratischen Regierens helfen, Kriterien für eine angemessene Beteiligung näher zu bestimmen. So würde beispielsweise die deliberative Demokratietheorie verlangen, dass diejenigen, die sich selbst als potenziell Betroffene sehen, eine Möglichkeit haben, sich am öffentlichen Austausch von Argumenten zu beteiligen (vgl. oben: Abschnitt 3.1.3). In dieser Hinsicht besteht die angemessene Qualität der Partizipation in *gleichen Zugangschancen zum öffentlichen Diskurs* und – dies etwa in Anlehnung an konstitutionalistische und pluralistische Modelle (vgl. oben: Abschnitte 3.1.1. und 3.1.2) – in der *angemessenen Repräsentation in den Entscheidungsgremien*. In der Analyse realer Entscheidungsprozesse gilt es also, danach Ausschau zu halten, ob bestimmte Gruppen entweder von der öffentlichen Debatte oder aber vom Zugang zu politischen Entscheidungsgremien ausgeschlossen sind. Entsprechend kann eine zweite Gruppe von Fragen formuliert werden:

---

ist aber gerade die Kritik am „exekutiven Multilateralismus" und am Ausschluss nationaler Parlamente und gesellschaftlicher Gruppen von internationalen Entscheidungsprozessen ein wichtiger Ausgangspunkt für die Diskussion um die Demokratisierung der internationalen Politik.

- Welche Formen der Partizipation stehen den an Entscheidungsprozessen Beteiligten offen?
- Verfügen verschiedene Gruppen über Partizipationschancen unterschiedlicher Qualität und erscheinen diese Unterschiede sachlich gerechtfertigt?
- Ist Repräsentation ein wichtiges Element der Partizipation? Falls ja: Wer repräsentiert wen auf welche Art und Weise?

3.2.2 Demokratische Kontrolle

Unsere zweite Dimension demokratischen Regierens gründet auf der Idee, dass die Entscheidungen der Regierenden einem Mindestmaß an Kontrolle durch die Regierten unterliegen sollten. Diese Idee ist ebenfalls in allen drei eingangs diskutierten Modellen enthalten, tritt aber im pluralistischen Modell in Gestalt der berühmten *checks and balances* am deutlichsten zutage (vgl. oben: Abschnitt 3.1.2).

Im Prinzip kommt die Idee demokratischer Kontrolle der Idee der Partizipation sehr nahe – sie stellt letztlich eine abgeschwächte Variante partizipativer Demokratieverständnisse dar. Wenn wir die Unterscheidung zwischen aktiver Partizipation und einer eher passiven Kontrolle aufrechterhalten, können wir die Konzepte der politischen Verantwortlichkeit *(accountability)*, der Transparenz und der Responsivität nutzen, um die Idee der demokratischen Kontrolle näher zu bestimmen. Unter den genannten Begriffen bezeichnet Responsivität – die Idee, dass Entscheidungsträger in Übereinstimmung mit den Interessen ihrer Bezugsgruppen *(constituencies)* handeln sollten – das normative Ziel. Politische Verantwortlichkeit ist dagegen ein Mittel, um Responsivität herzustellen, während Transparenz als Mittel fungiert, um Verantwortlichkeit sicherzustellen. In den folgenden Ausführungen konzentrieren wir uns auf die beiden letztgenannten Konzepte (vgl. auch Behn 2001). *(margin: Bestandteile demokratischer Kontrolle: Responsivität, Verantwortlichkeit, Transparenz)*

Politische Verantwortlichkeit (accountability) ist ein relationales Konzept. Robert Keohane (2003: 139-140) definiert eine Beziehung politischer Verantwortlichkeit als eine Beziehung, in der *(margin: Politische Verantwortlichkeit)*

> „ein Individuum, eine Gruppe oder eine andere Einheit von einem Amtsträger verlangt, dass er über seine Tätigkeit Bericht erstattet und ihn sanktionieren kann. Wir können von einer autorisierten oder institutionalisierten Verantwortlichkeitsbeziehung sprechen, wenn beide Seiten diese Berichtpflicht und das Sanktionsrecht verstanden und anerkannt haben. Andere Verantwortlichkeitsbeziehungen sind stärker umstritten. In solchen Situationen wollen Individuen, Gruppen oder Einheiten jemanden zur Verantwortung ziehen, der jedoch eine entsprechende Verpflichtung seinerseits verneint.“

Mit Blick auf die unterschiedlichen Formen der Institutionalisierung politischer Verantwortlichkeit können eine Reihe weiterer Unterscheidungen getroffen werden. So unterscheiden Keohane und Nye (2001: 4-5) zwischen der durch Wahl, durch Aufsicht und durch Reputation hergestellten Verantwortlichkeit *(electoral, supervisory* und *reputational accountability)* sowie zwischen rechtlicher Verantwortlichkeit und Marktverantwortlichkeit *(legal* und *market accountability)*. *(margin: Formen der Verantwortlichkeit)*

Keohane (2003: 141) führt zudem eine Unterscheidung zwischen internen und externen und zwischen demokratischen und nicht-demokratischen Formen der Verantwortlichkeit ein.[22] Insbesondere die letztgenannte Unterscheidung weist darauf hin, dass politische Verantwortlichkeit demokratisch sein kann, es aber nicht sein muss. Politische Verantwortlichkeit, so Keohane (2003: 140)

> „kann auch hierarchisch sein (so dass Untergebene gegenüber ihren Vorgesetzten rechenschaftspflichtig sind) oder pluralistisch (wie im Konstitutionalismus Madisons, wonach verschiedene Regierungsgewalten sich wechselseitig zur Verantwortung ziehen). Die tatsächlichen Systeme politischer Verantwortlichkeit in demokratischen Verfassungsstaaten kombinieren alle drei Formen miteinander: demokratische, hierarchische und pluralistische Verantwortlichkeit."[23]

Die vielfältigen Formen, Entscheidungsträger zur Verantwortung zu ziehen, weisen insofern auf einen wichtigen Unterschied zwischen den Dimensionen der Partizipation und der Kontrolle hin. Der Unterschied besteht darin, dass die Rede von der „demokratischen Kontrolle" häufig die Frage vernachlässigt, wer Kontrolle über die Entscheidungsträger ausüben kann, solange überhaupt hinreichend wirksame Kontrollen existieren. Vor diesem Hintergrund erscheint es sinnvoll, von *Kontrolle* als der Existenz von Gegengewichten zur Macht der Entscheidungsträger zu sprechen. *Demokratische Kontrolle* kann demgegenüber als Existenz solcher Gegengewichte verstanden werden, die außerdem dadurch qualifiziert ist, dass Individuen und Gruppen, die über einen berechtigten Anspruch auf die Kontrolle der Entscheidungsträger verfügen, mehr oder weniger gleichen Zugang zu den bestehenden Kontrollmechanismen haben (vgl. Behn 2001). Im Allgemeinen ist Kontrolle dabei wünschenswerter als die Abwesenheit von Kontrolle und demokratische Kontrolle wünschenswerter als nicht-demokratische Kontrolle. Eine dritte Gruppe von Fragen kann dementsprechend wie folgt formuliert werden:

- Welche wirksamen Mechanismen zur Gewährleistung politischer Verantwortlichkeit existieren?
- Welche Gruppen haben einen berechtigten Anspruch darauf, die Entscheidungsträger zur Verantwortung zu ziehen?
- Und welche Möglichkeiten stehen diesen Gruppen offen, um die bestehenden Kontrollmechanismen zu nutzen?[24]

Transparenz   Als ein weiterer Aspekt demokratischer Kontrolle kann das Maß der *Transparenz* daran bemessen werden, inwiefern Individuen, die von einer Entscheidung maßgeblich betroffen sind (oder sein könnten), in der Lage sind, sich über die Entscheidungsfindung zu informieren (vgl. Hood 2001). Dies schließt Informati-

---

22   Interne Verantwortlichkeit besteht, wenn Kontrollansprüche auf Autorisierung oder Unterstützung basieren; externe Verantwortlichkeit, wenn Kontrollansprüche auf der Wirkung *(impact)* von Institutionen beruhen (vgl. Keohane 2002: 14).

23   Zu verschiedenen Mechanismen und Instrumenten politischer Verantwortlichkeit im Bereich des globalen Regierens vgl. auch Benner, Reinicke und Witte (2004).

24   Vgl. hierzu auch Keohane (2002: 15).

onen über die Existenz des Entscheidungsprozesses, über seine Struktur und seinen jeweiligen Stand ebenso ein wie Informationen über die behandelte Materie. Der Begriff der Transparenz bezieht sich folglich einerseits auf die Qualität und Zugänglichkeit von Informationen, die entweder von den Entscheidungsgremien selbst oder von anderen Akteuren – etwa unabhängigen Medien – zur Verfügung gestellt werden. Andererseits umfasst ein weiteres Verständnis von Transparenz auch die Verarbeitungskapazitäten der Betroffenen, inklusive der technischen und intellektuellen Kapazitäten und der zeitlichen und finanziellen Ressourcen, die notwendig sind, um an die erforderlichen Informationen zu gelangen und sie zu verarbeiten. Eine vierte Gruppe von Fragen lässt sich daher wie folgt formulieren:

- Welche Informationen über die Existenz, Struktur und den jeweiligen Stand eines Entscheidungsprozesses sind öffentlich verfügbar?
- Wie und zu welchen Kosten können die von einer Entscheidung potenziell Betroffenen sich über den Entscheidungsprozess informieren?
- Und welche Barrieren gibt es hinsichtlich des Zugangs zu und der Verbreitung von relevanten Informationen über den Entscheidungsprozess?

3.2.3 Diskursive Qualität

Neben den bereits genannten Kriterien erfordert die Bewertung der demokratischen Qualität internationaler Politikprozesse Kriterien, die es erlauben, deliberative Verfahren von weniger deliberativen Verfahren zu unterscheiden. Das Maß, in dem die Teilnehmer am politischen Prozess kommunikativ und nicht strategisch handeln, ist dabei ein wichtiger Indikator. Konkreter lassen sich die praktischen Anforderungen, welche aus der Idee einer deliberativen Demokratie folgen, anhand der von Simone Chambers (1996: 197-211) unterschiedenen Begriffe der *Universalität*, der *Rationalität* und der *Reziprozität* festmachen.

Anforderungen an deliberative Demokratie

Das Kriterium der *Universalität* ist dem oben diskutierten Kriterium der Partizipation verwandt. Es fordert, dass keine Partizipationshindernisse bestehen, die spezifische Individuen oder Gruppen systematisch von den Beratungen ausschließen. Darüber hinaus benennt Chambers den Grad der tatsächlichen Beteiligung – das heißt die Frage, ob Beratungen über einen engen Elitenzirkel hinausgehen – und das Vorhandensein von Kanälen, durch welche eine kritische Öffentlichkeit ihre Meinungen einbringen kann, als weitere Indikatoren der Universalität von Entscheidungsprozessen (vgl. ebd.: 197-202).

1. Universalität

Das Kriterium der *Rationalität* verlangt zweitens, dass Zwang bei der Herstellung eines deliberativen Konsenses möglichst keine Rolle spielt. Der Versuch, diese Variable in der empirischen Analyse präzise zu bestimmen, trifft insofern auf methodische Schwierigkeiten, als kommunikative Prozesse äußerst komplex sind. Hinzu kommt, wie Chambers zurecht betont, dass ein Überzeugungswandel immer „in den Köpfen" der Beteiligten stattfindet und deswegen nicht zu beobachten ist. Ob eine Vereinbarung auf eine autonome Entscheidung der Beteiligten zurückzuführen ist, kann daher – wenn überhaupt – nur von den Beteiligten selbst beantwortet werden (ebd.: 203-205). Im Lichte dieser Schwie-

2. Rationalität

rigkeiten schlägt Chambers (ebd.: 203) für die Analyse realer Beratungs- und Entscheidungsprozesse vor, unser Augenmerk auf mögliche Verzerrungen in der Kommunikation und im Diskurs zu richten, die durch gesellschaftlichen, wirtschaftlichen oder physischen Druck (oder gar Zwang) hervorgerufen werden.

3. Reziprozität   Das Kriterium der *Reziprozität* schließlich bezieht sich auf das Maß, in dem sich Unparteilichkeit und Respekt in der Interaktion der an der Entscheidungsfindung beteiligten Personen und Gruppen manifestieren. Darüber hinaus spielt eine Rolle, inwieweit die Beteiligten die Beratung mit dem Ziel angehen, auch tatsächlich einen Konsens zu erreichen. Die Kohärenz der Argumentation, die Konsistenz von Argumenten und eigenem Handeln, die Anerkennung des moralischen Status des Gegenübers und eine „Disposition zur Offenheit" *(disposition to openness)* können hier als Indikatoren herangezogen werden (ebd.: 207-11). Entlang dieser Kriterien kann eine fünfte Gruppe von Fragen damit wie folgt formuliert werden:

- Inwiefern beinhaltet ein gegebener Entscheidungsprozess deliberative Elemente?
- Welche Rolle spielen Argumente innerhalb des Entscheidungsprozesses?
- Inwiefern gehen Beratungen über einen engen Elitenzirkel hinaus und schließen auch eine breitere Öffentlichkeit mit ein?
- Inwiefern sind die Beteiligten offen für die Argumente anderer Beteiligter?

Diskursive Ausgewogenheit   Im Gegensatz zu der Sichtweise, die in deliberativen Verfahren das zentrale Instrument demokratischer Entscheidungsfindung sieht, geht es einigen Vertretern der deliberativen Demokratietheorie eher um Prozesse kollektiver Identitäts- und Interessenbildung und um die langfristige und breitere Diskussion über die „richtige" Politik. Demokratie wird von diesen Autoren vor allem als Ausgewogenheit bestehender Diskurse verstanden (ebd.: 200; Dryzek 2000). Wenn wir diese umfassendere Interpretation deliberativer Ansätze, die in der Literatur auch *discursive democracy* als *discursive democracy* (Dryzek 1990) bezeichnet wird, ebenfalls berücksichtigen und Diskurse als Orte langfristiger Konsensbildung anerkennen, lässt sich ein sechster und letzter Fragenkomplex wie folgt formulieren:

- Inwiefern sind in den Sachbereichen, in denen kollektive Ziele und die Mittel zu ihrer Erreichung festgelegt werden sollen, bestimmte gesellschaftliche und politische Diskurse dominant? Welche Rolle spielen alternative Diskurse?
- Inwiefern sind die dominanten Diskurse offen für die Integration von Argumenten aus anderen diskursiven Kontexten?
- Und in welchem Verhältnis stehen konkrete Institutionen und ihre Entscheidungsprozesse zu verschiedenen Diskursen?

Tabelle 1:   Demokratisches Regieren jenseits des Staats

Dimension des Demokratiebegriffs	Kriterium	Zentrale Fragen
Partizipation	Reichweite der Partizipation (Inklusivität)	• Wie werden relevante Bezugsgruppen identifiziert und definiert, und wie werden die Teilnehmer an den jeweiligen Entscheidungsprozessen ausgewählt? • Welche Alternativen zum gewählten Vorgehen sind denkbar? • Und wie überzeugend erscheint das gewählte Vorgehen im Lichte dieser Alternativen?
	Qualität der Partizipation	• Welche Formen der Partizipation stehen den an Entscheidungsprozessen Beteiligten offen? • Verfügen verschiedene Gruppen über Partizipationschancen unterschiedlicher Qualität und erscheinen diese Unterschiede sachlich gerechtfertigt? • Ist Repräsentation ein wichtiges Element der Partizipation? Falls ja: Wer repräsentiert wen auf welche Art und Weise?
Kontrolle	Transparenz	• Welche Informationen über die Existenz, Struktur und den jeweiligen Stand eines Entscheidungsprozesses sind öffentlich verfügbar? • Wie und zu welchen Kosten können die von einer Entscheidung potenziell Betroffenen sich über den Entscheidungsprozess informieren? • Und welche Barrieren gibt es hinsichtlich des Zugangs zu und der Verbreitung von relevanten Informationen über den Entscheidungsprozess?
	Rechenschaft	• Welche wirksamen Mechanismen zur Gewährleistung politischer Verantwortlichkeit existieren? • Welche Gruppen haben einen berechtigten Anspruch darauf, die Entscheidungsträger zur Verantwortung zu ziehen? • Und welche Möglichkeiten stehen diesen Gruppen offen, um die bestehenden Kontrollmechanismen zu nutzen?
Diskursive Qualität	Deliberation	• Inwiefern beinhaltet ein gegebener Entscheidungsprozess deliberative Elemente? • Welche Rolle spielen Argumente innerhalb des Entscheidungsprozesses? • Inwiefern gehen Beratungen über einen engen Elitenzirkel hinaus und schließen auch eine breitere Öffentlichkeit mit ein? • Inwiefern sind die Beteiligten offen für die Argumente anderer Beteiligter?
	Diskursive Ausgewogenheit	• Inwiefern sind in den Sachbereichen, in denen kollektive Ziele und die Mittel zu ihrer Erreichung festgelegt werden sollen, bestimmte gesellschaftliche und politische Diskurse dominant? Welche Rolle spielen alternative Diskurse? • Inwiefern sind die dominanten Diskurse offen für die Integration von Argumenten aus anderen diskursiven Kontexten? • In welchem Verhältnis stehen konkrete Institutionen und ihre Entscheidungsprozesse zu verschiedenen Diskursen?

In diesem Abschnitt haben wir entlang der drei Dimensionen demokratischen Regierens – Inklusivität, Kontrolle und diskursive Qualität – Kriterien entwickelt, die uns eine Bewertung realer internationaler Politikprozesse ermöglichen. Tabelle 1 fasst die Ergebnisse noch einmal zusammen. Da die drei Dimensionen nicht gänzlich unabhängig voneinander sind, gibt es in der Praxis immer wieder Zielkonflikte zwischen einzelnen Kriterien. So lassen sich Transparenz und Deliberation nicht immer gleichzeitig erreichen, und auch Deliberation und Rechenschaft stehen in einem gewissen Spannungsverhältnis. Entsprechend sollten einzelne Kriterien nicht als absolute Standards verstanden werden. Um vorschnelle Urteile zu vermeiden, sollte die Frage nach möglichen Zielkonflikten in der Analyse realer Politikprozesse vielmehr stets mitbedacht werden. Bevor wir uns dieser Analyse zuwenden, vervollständigen wir im folgenden Abschnitt unseren analytischen Rahmen, indem wir fragen, wie viel Demokratie reale Politikprozesse angesichts ihres jeweils spezifischen Kontexts überhaupt benötigen.

3.3 Kontextspezifische Unterschiede: Wie viel Demokratie muss sein?

Maßstäbe und Kontextbedingungen demokratischer Qualität

Es scheint plausibel, dass nicht alle politischen Entscheidungsprozesse an gleich hohen Maßstäben der Inklusivität, demokratischen Kontrolle oder diskursiven Qualität gemessen werden müssen. Aber wodurch lassen sich unterschiedliche Ansprüche begründen? Aus der Literatur zum demokratischen Regieren jenseits des Nationalstaats lassen sich fünf mögliche Kriterien ableiten:

1. Autorisierung

Erstens unterscheiden sich politische Entscheidungsprozesse jenseits des Staats hinsichtlich ihrer *Autorisierung*. Einige Entscheidungen internationaler Organisationen sind beispielsweise explizit durch nationales oder internationales Recht autorisiert. Andere können als implizit autorisiert gelten, wenn Staaten sie faktisch anerkennen bzw. ihnen nicht offen widersprechen. Als dritte Variante ist auch die nachträgliche Anerkennung einer Entscheidung durch eine autorisierte Behörde denkbar; eine vierte Möglichkeit ist die Selbstmandatierung der Entscheidungsträger, und schließlich kann Autorisierung auch durch die Regierten erfolgen (Wolf 2002a: 15-18). In der empirischen Analyse internationaler Politik sollte also auf die jeweilige Form der Autorisierung geachtet werden. Je eindeutiger Entscheidungsgremien durch ihrerseits von den betroffenen Bürgern legitimierte Institutionen autorisiert sind, desto eher erscheinen Abstriche im Hinblick auf die oben genannten Kriterien der Inklusivität, der Kontrolle und der Deliberation vertretbar.

2. Grad der Betroffenheit der Bürger

Ein zweiter Aspekt ist das Ausmaß, in dem die Bürger von der jeweils verhandelten Materie *betroffen* sind. Der Bedarf an Inklusivität, Kontrolle und Deliberation ist umso höher, stärker eine Entscheidung in die Lebenswirklichkeit betroffener Bürger eingreift. Mit anderen Worten: „Je höher die Bedeutung (...) internationaler Institutionen, desto größer der Bedarf an demokratischer Legitimation ihrer Entscheidungen" (Zürn 1998a: 7).[25] Eine solche Unterscheidung steht auch im Einklang mit Robert Keohanes (2003: 141) Beobachtung, dass Betroffenheit alleine nicht ausreichen kann, um einen gültigen Anspruch darauf zu haben, Entscheidungsträger zur Verantwortung zu ziehen. Wäre dem so, so wäre politisches Handeln aufgrund der überaus zahlreichen Ansprüche schlicht nicht mehr möglich. Eine Unterscheidung zwischen unterschiedlichen Graden der Betroffenheit ist daher unumgänglich. Idealerweise sollte sie in einen kontextsensitiven Grenzwert münden, welcher den Grad der Betroffenheit signalisiert, ab welchem politische Ansprüche sinnvoll geltend gemacht werden können (abweichend Cohen 1996: 114). Ein solcher Grenzwert ist aber schwer allgemein zu bestimmen. Unsere Empfehlung kann also auch hier nur lauten, in der Analyse realer Politikprozesse sensibel dafür zu sein, wie sich eine Entscheidung auf die Lebenswirklichkeit der betroffenen Individuen und Gruppen auswirkt. Je mehr sie dies tut, desto inklusiver, transparenter und diskursiver sollte die Entscheidungsfindung vonstatten gehen.

Drittens kann auch die unterschiedliche *Qualität der verabschiedeten Regeln* Unterschiede rechtfertigen. So erfordert die Grundlegung einer politischen Ordnung, also das Verfassungsrecht, mehr Inklusivität, Kontrolle und Deliberation als die Verabschiedung einfacher Gesetze, die spezifische Sachverhalte regeln. Diese Unterscheidung steht unter anderem im Einklang mit John Rawls' Argument, dass die Grundsätze der öffentlichen Vernunft insbesondere bei Entscheidungen über grundlegende Verfassungsfragen *(constitutional essentials)* und bei grundlegenden Gerechtigkeitsfragen zur Anwendung kommen sollten (Rawls 1997: 94; Chambers 1996: 196). Darüber hinaus sind auch Unterschiede im Verpflichtungsgrad, der Präzision und der Delegation von Kompetenzen im Bereich der Regelinterpretation und der Rechtsprechung relevant. Je stärker die in diesen Begriffen zusammengefasste Verrechtlichung der Weltpolitik ausgeprägt ist, desto höher ist der Bedarf an demokratischer Legitimation (Abbott et al. 2000; vgl. auch Zangl/Zürn 2004).

3. Qualität der verabschiedeten Regeln

Wenn wir die Idee der *Subsidiarität* ernst nehmen, ist viertens auch die Frage nach der Notwendigkeit globaler Regeln relevant (Held 1995). Die empirische Analyse sollte daher auch beantworten, ob eine internationale oder gar globale Regel in Bezug auf den verhandelten Sachverhalt überhaupt notwendig ist. Im konkreten Fall ist es hilfreich, nach den Interessen an einer internationalen oder globalen Entscheidung zu fahnden und die Argumente für und wider eine grenzüberschreitende Regulierung abzuwägen. Wo sich Argumente für grenzüberschreitende oder globale Regeln nicht überzeugend formulieren lassen, sollte umso mehr gewährleistet sein, dass Entscheidungsprozesse inklusiv, transparent und diskursiv sind und dass die Entscheidungsträger gegenüber den Entscheidungsnehmern rechenschaftspflichtig sind.

4. Subsidiarität

Über diese Kontextbedingungen hinaus kann der Legitimitätsbedarf internationaler Organisationen fünftens auch an ihrer *Akteursqualität* festgemacht wer-

5. Akteursqualität

---

25   Ähnlich auch Shapiro (2002: 209) für die deliberative Demokratietheorie: „Je stärker die eigenen grundlegenden Interessen bedroht sind, desto stärker der Anspruch auf Deliberation."

den – ein Aspekt, der in der Literatur über das demokratische Regieren jenseits des Staats häufig übersehen wird. Auch diese Annahme impliziert, dass unter dem Stichwort internationale Organisationen eine ganze Reihe unterschiedlicher Organisationen zusammengefasst werden, die nicht alle mit den gleichen Maßstäben gemessen werden sollten. Damit eine internationale Organisation unabhängig von staatlicher Politik wirkt, muss sie zumindest bis zu einem gewissen Grad eigenständige Entscheidungen treffen und/oder ausführen können. Die Frage, inwiefern internationale Organisationen eine solche Akteursqualität entwickeln können, ist in der Forschung der Internationalen Beziehungen umstritten. Neorealistische und liberal-institutionalistische Ansätze sehen internationale Organisationen und ihr Handeln in erster Linie als das Produkt ihrer Mitglieder, der Staaten. In diesem Sinne sind internationale Organisationen nur die Instrumente der Staaten und tun, was ihnen von Staaten aufgetragen wird. Dem steht ein Verständnis von internationalen Organisationen gegenüber, das über diese instrumentalistische Sichtweise hinausgeht (Barnett/Finnemore 2004; Biermann/Siebenhüner 2009; Cox 1969; Cox/Jacobson 1973; Hawkins et al. 2006; Zürn 2004). In dieser Sichtweise haben internationale Organisationen einen gewissen Grad an Autonomie, der es ihnen erlaubt, in einer Weise zu handeln, dass sie als eigenständige Akteure verstanden werden können. Je deutlicher und unumstrittener die Akteursqualität einer internationalen Organisation ausfällt, desto anspruchsvoller sollte der normative Maßstab hinsichtlich ihrer demokratischen Qualität sein.

3.4 Demokratisches Regieren jenseits des Staats: Zusammenfassung

Demokratie ist ein vielschichtiger und in seiner Bedeutung umstrittener Begriff. Als solcher führt er häufig zu Missverständnissen, wenn wir ihn in öffentlichen Ansprachen hören, in Zeitungsartikeln lesen oder ihn im Gespräch mit anderen selbst verwenden. Noch schwieriger wird es, wenn wir den Demokratiebegriff auf das Regieren jenseits des Staats übertragen und zur Analyse realer internationaler Politikprozesse nutzbar machen wollen.

In diesem Kapitel haben wir daher zwischen unterschiedlichen Demokratieverständnissen und zwischen drei verschiedenen Dimensionen des Demokratiebegriffs unterschieden – der Inklusivität, der Kontrolle und der diskursiven Qualität der Meinungs- und Willensbildung. Die Verbindung zwischen den unterschiedlichen Demokratiemodellen und den konzeptionellen Dimensionen besteht darin, dass zwar alle Modelle die Relevanz der drei Dimensionen anerkennen, die Schwerpunkte jedoch unterschiedlich setzen. Während konstitutionalistische Ansätze die Dimension der Inklusivität besonders betonen, ist für pluralistische Modelle die Idee der demokratischen Kontrolle zentral. Deliberative Ansätze schließlich betonen vor allem die diskursive Dimension des Demokratiebegriffs.

Neben der Identifizierung der zentralen Elemente des Demokratiebegriffs haben wir verschiedene Kontextbedingungen diskutiert, die darüber entscheiden, welches Maß an Inklusivität, Kontrolle und diskursiver Qualität im Einzelfall geboten ist. Hierbei spielen mehrere Faktoren eine Rolle: die mittelbare oder unmittelbare Autorisierung der Entscheidungsgremien durch die Betroffenen, der Grad der Betroffenheit, die formale Qualität der Beschlüsse, die Notwendigkeit internationaler Regeln im Bezug auf den jeweiligen Gegenstand und die Akteursqualität der jeweiligen internationalen Organisation bzw. ihrer Entscheidungsgremien.

Zusammenfassend sind internationale Politikprozesse – unter Berücksichtigung des jeweiligen gesellschaftlichen und politischen Kontexts, in den sie eingebettet sind – dann demokratisch, wenn sie jeweils in angemessenem Umfang inklusiv sind, Mechanismen zur Gewährleistung demokratischer Kontrolle bereitstellen und deliberativ sind. Das Verhältnis zwischen diesen Kriterien lassen wir dabei bewusst offen – in Kapitel 4 bis 6 behandeln wir sie zunächst einmal gleichrangig.

4 Die Europäische Union

„Durch den Vertrag von Lissabon wird die politische Willensbildung der Europäischen Union weiter entdemokratisiert."

Karl A. Schachtschneider (2008: 286)

„Mit dem Vertrag von Lissabon wird die Demokratie in der EU und ihre Fähigkeit gestärkt, sich Tag für Tag für ihre Bürgerinnen und Bürger einzusetzen."

Internetportal der EU[26]

Das Europäische Parlament sei kein Parlament im Sinne einer freiheitlichen Demokratie, die Mitglieder der Europäischen Kommission handelten wie europäische Minister, obwohl sie nicht ausreichend durch demokratische Wahl legitimiert seien, über Absprachen im Europäischen Rat umgingen nationale Regierungen ihre demokratisch gewählten Parlamente und der Europäische Gerichtshof treibe die weitere Integration unkontrolliert voran. So lässt sich die Verfassungsbeschwerde des CSU-Bundestagsabgeordneten Peter Gauweiler zusammenfassen, die im jüngsten Reformvertrag von Lissabon einen Verstoß gegen das im deutschen Grundgesetz verankerte Demokratieprinzip sieht (Schachtschneider 2008: 286-298).

Debatte über „europäisches Demokratiedefizit"
Die Verfassungsbeschwerde und das weit über Deutschland hinaus beachtete Urteil des Bundesverfassungsgerichts[27] sind weitere Beiträge in der Debatte um ein „europäisches Demokratiedefizit", die spätestens seit dem Vertrag von Maastricht von 1992 wachsende öffentliche Aufmerksamkeit erfährt. Der europäische Verfassungsvertrag und seine überarbeitete Fassung, der Vertrag von Lissabon, sollten ausdrücklich zu einer Demokratisierung der EU beitragen. Beide Verträge stießen in nationalen Referenden auf Ablehnung: der Verfassungsvertrag 2005 in Frankreich und in den Niederlanden sowie der Vertrag von Lissabon 2008 in Irland. Die Schlussfolgerungen könnten kaum gegensätzlicher sein. Auf der einen Seite wird argumentiert, die Bürger hätten sich von Populisten in die Irre führen lassen und so zeugten die gescheiterten Referenden von den Risiken einer zu weitgehenden Demokratisierung europäischer Politik. Auf der anderen Seite heißt es, die negativen Abstimmungsergebnisse hätten gezeigt, dass die Richtung des europäischen Integrationsprozesses immer weniger dem Willen der betroffenen Bürger entspreche; nötig sei daher mehr, nicht weniger Demokratie in Europa.

Diese unterschiedlichen Interpretationen machen bereits deutlich, wie vielfältig die Diagnosen und die dazugehörigen Rezepte in der Debatte um ein europäisches Demokratiedefizit sind. Die vertretenen Positionen unterscheiden sich im Hinblick auf drei Fragen (vgl. Schäfer 2006b: 350f.). Erstens: Weist die EU

---

26   Siehe online: http://europa.eu/lisbon_treaty/index_de.htm [letzter Zugriff: 5. März 2010].
27   BVerfG, 2 BvE 2/08 vom 30.6.2009, Absatz-Nr (1-421), http://www.bverfg.de/entschei dungen/es20090630_2bve000208.html [letzter Zugriff: 5. März 2010]

ein Demokratiedefizit auf? Zweitens, insofern ein Demokratiedefizit diagnostiziert wird: Lässt sich die EU demokratisieren? Schließlich drittens: Ist eine solche Demokratisierung überhaupt wünschenswert? Dieser Beitrag soll der Debatte keine weitere Diagnose hinzufügen. Auch können wir keine der drei Fragen abschließend beantworten. Vielmehr geht es uns darum, die oftmals unüberschaubare Diskussion, die darin wiederkehrenden Kritikpunkte und Reformvorschläge anhand des eingangs vorgestellten Rasters zu ordnen.

Das Kapitel ist folgendermaßen aufgebaut: Zunächst werden kurz wesentliche Etappen der europäischen Integration, die Hauptorgane der EU und ihre jeweiligen Entscheidungskompetenzen vorgestellt. Das Integrationsniveau in Europa, so ein erstes Zwischenfazit, reicht in mehrfacher Hinsicht über das aller anderen internationalen Organisationen hinaus – dementsprechend besteht ein besonderer Demokratiebedarf in der EU. Anschließend wird die demokratische Qualität der EU anhand unserer drei Kriterien Partizipation und Inklusivität, demokratische Kontrolle, diskursive Qualität bewertet. Die Meinungsvielfalt zu diesem Thema ist groß, doch gibt es kaum noch Stimmen, die ein Demokratiedefizit in der EU gänzlich abstreiten. Noch größer ist die Bandbreite der Reformvorschläge, die wir danach in vier Blöcken diskutieren. Abschließend wird die Analyse zur EU in einigen zentralen Thesen zusammengefasst.

Aufbau des Kapitels

4.1 Die Europäische Union: Geschichte, Aufgaben und Organisationsstruktur

Anhand von zwei großen Entwicklungslinien, *Vertiefung* und *Erweiterung*, wird im Folgenden in die Geschichte des europäischen Integrationsprozesses eingeführt. Mit der Vertiefung der Integration ist der Demokratiebedarf der EU gewachsen – gleichzeitig bezweifeln manche Autoren, ob mit den Erweiterungen und den gewachsenen kulturellen, wirtschaftlichen und politischen Gegensätzen in der EU die Voraussetzungen für ihre Demokratisierung (noch) gegeben sind. Anschließend werden die wichtigsten *Organe und Entscheidungsverfahren der EU* vorgestellt. Angesichts ihrer weitreichenden Kompetenzen werden die Organe der EU oft mit traditionellen Regierungssystemen anstatt mit anderen internationalen Organisationen verglichen. Um gleichzeitig die Besonderheiten und die Komplexität des europäischen Regierens zu erfassen, hat sich in der wissenschaftlichen Debatte der Begriff des „Mehrebenensystems" durchgesetzt (Jachtenfuchs/Kohler-Koch 2003: 18-27; Benz 2009a).[28]

Vertiefung und Erweiterung der EU als Leitfaden

---

28 Eine umfassende Einführung in die Entwicklung der europäischen Integration und in die Funktionsweise des EU-Systems kann hier nicht gegeben werden. Stattdessen sei auf gute Lehrbücher zu diesem Thema verwiesen (Kohler-Koch/Conzelmann/Knodt 2004; Hix 2005; Tömmel 2008a). Eine knappe Einführung in das Recht der EU bietet Herdegen (2008).

4.1.1 Die Vertiefung der europäischen Integration

Je nach Politikverständnis lässt sich die Geschichte der europäischen Integration als das Werk großer Staatsmänner (und neuerdings auch -frauen), als Spiegelbild der weltpolitischen Entwicklungen nach 1945 oder als Reaktion auf sachpolitische Zwänge schildern (Kohler-Koch/Conzelmann/Knodt 2004: 28f.). Ganz gleich, welche Perspektive wir wählen, so richtet sich unser Blick aber zunächst auf die großen *Regierungskonferenzen*. Wie andere internationale Organisationen auch, so gründet sich die Europäische Union auf *zwischenstaatliche Verträge*, die auf diesen Konferenzen von den Staats- und Regierungschefs ausgehandelt werden (Moravcsik 1998). Einen Überblick über die zentralen Verträge zur europäischen Integration, das Jahr ihrer Unterzeichnung sowie den Ort der jeweiligen Regierungskonferenz gibt Tabelle 2.

Regierungskonferenzen und zwischenstaatliche Verträge

Tabelle 2: Verträge zur europäischen Integration

Jahr	Ort	Vertrag
1951	Paris	Gründungsvertrag EGKS
1957	Rom	Gründungsverträge EWG und EURATOM
1986	Mailand	Einheitliche Europäische Akte
1992	Maastricht	Gründungsvertrag EU und Reform bestehender Verträge
1997	Amsterdam	Reformvertrag
2001	Nizza	Reformvertrag
2007	Lissabon	Reformvertrag, insb. Vertrag über die Arbeitsweise der EU

Zu einer Vertiefung der europäischen Integration haben diese Verträge in unterschiedlichem Maße beigetragen, je nachdem, ob sie den Integrationsprozess auf zusätzliche Politikbereiche ausgedehnt und die Entscheidungskompetenzen der europäischen Organe gestärkt haben.

Gründungsverträge EGKS, EWG und EURATOM

- Die drei Gründungsverträge von 1951 und 1957 – der Europäischen Gemeinschaft für Kohle und Stahl (EGKS), der Europäischen Wirtschaftsgemeinschaft (EWG) sowie der Europäischen Atomgemeinschaft (EURATOM) – konzentrierten sich auf den Bereich der wirtschaftlichen Integration, mit dem Ziel, insbesondere durch die Einbindung Deutschlands, Frieden und Wohlstand in Europa zu gewährleisten. Über den Bereich der Wirtschaftsintegration hinaus reichende Pläne einer Europäischen Verteidigungsgemeinschaft (EVG) sowie einer Europäischen Politischen Gemeinschaft (EPG) scheiterten dagegen bereits 1954 am Widerstand des französischen Parlaments. Die Gründungsverträge schufen jeweils separat für alle drei Gemeinschaften eine „Hohe Behörde" (heute die Europäische Kommission) und einen Ministerrat sowie eine gemeinsame „Beratende Versammlung" (heute das Europäische Parlament).

Stagnierende Integration in den 1960er und 1970er Jahren

- Wenngleich der Integrationsprozess niemals stehen blieb, so blieben große Vertragsreformen während der 1960er- und 1970er-Jahre aus. Die sogenannte „Politik des leeren Stuhls", mit der sich der französische Präsident DeGaulle gegen die Ausweitung von Mehrheitsentscheidungen wehrte, sowie sein Veto gegen die Aufnahme Großbritanniens sorgten für eine erste Integrationskrise. Die Zeit nach der internationalen Währungskrise von 1973 wird häufig als Phase der „Eurosklerose" bezeichnet, da die wirtschaftliche Integration nur langsam vorankam bzw. sogar Rückschritte hinnehmen musste. Erst mit der Einheitlichen Europäischen Akte (EEA) von 1986 und auf maßgebliche Initiative des damaligen Kommissionspräsidenten Jacques Delors wurde das Ziel einer „Vollendung des Binnenmarktes" bis zum Jahr 1993 formuliert. Neben der Binnenmarktintegration wurden mit der EEA auch gemeinschaftliche Kompetenzen in anderen Politikfeldern geschaffen, etwa in der Währungs- und Umweltpolitik, sowie die außenpolitische Zusammenarbeit der Mitgliedstaaten auf eine vertragliche Grundlage gestellt. *(Einheitliche Europäische Akte 1986)*

- Die Gründung der Europäischen Union (EU), so die Präambel des Vertrags von Maastricht, sollte den „Prozess der europäischen Integration auf eine neue Stufe" heben und zur „Schaffung einer immer engeren Union der Völker Europas" beitragen. Hierfür wurden die Entscheidungsstrukturen auf europäischer Ebene gestärkt, unter anderem durch die größere Mitwirkung des Europäischen Parlaments, und zusätzliche Gemeinschaftskompetenzen in einer Vielzahl von Politikfeldern, nicht zuletzt in der Währungspolitik, geschaffen. Nach einem Dreistufenplan zur Verwirklichung der Europäischen Wirtschafts- und Währungsunion wurde 1999 der Euro als gemeinsame Währung von inzwischen 15 Ländern eingeführt und die Verantwortung für die Geldpolitik auf die Europäische Zentralbank in Frankfurt übertragen. Schließlich wurden neben den wirtschaftlichen Gemeinschaften auch die Gemeinsame Außen- und Sicherheitspolitik (GASP) sowie die Zusammenarbeit in den Bereichen Inneres und Justiz (ZJI) in das Vertragsrecht mit aufgenommen, weshalb man heute gewöhnlich von den „drei Säulen" der EU spricht (vgl. Abbildung 2). Da der Vertrag von Maastricht neben den Regierungen nur geringe Mitwirkungsmöglichkeiten der Gemeinschaftsorgane in der zweiten und dritten Säule vorsah, nannte bzw. nennt man diese auch „intergouvernementale" Säulen (im Gegensatz zur „supranationalen" ersten Säule). *(Vertrag von Maastricht 1992)*

- Die beiden folgenden Vertragswerke, beschlossen in Amsterdam (1997) und Nizza (2001), führten eine Reihe von institutionellen Reformen in die geltenden europäischen Verträge ein, um auch nach der bevorstehenden Osterweiterung noch handlungsfähig zu sein und sie begründeten weitere europäische Zuständigkeiten, etwa in der Beschäftigungspolitik sowie durch die Aufnahme des Schengener Abkommens über den Abbau von Grenzkontrollen. Außerdem wurden durch den Vertrag von Amsterdam Fragen der Justizzusammenarbeit in Zivilsachen (JZZ) in die supranationale erste Säule übertragen, während die Polizeiliche und Justizielle Zusammenarbeit in Strafsachen (PJZS) in der intergouvernementalen dritten Säule verblieb. Mit dem Vertrag von Nizza wurde die Europäische Sicherheits- und Verteidigungspolitik (ESVP) als Teil der GASP in die zweite Säule aufgenommen. Der EGKS-Vertrag lief im Jahr 2002 aus, so dass seither auch die Bereiche Kohle und Stahl den allgemeinen Regeln der EG unterliegen. *(Verträge von Amsterdam (1997) und Nizza (2001))*

Abbildung 2:   Die drei Säulen der EU

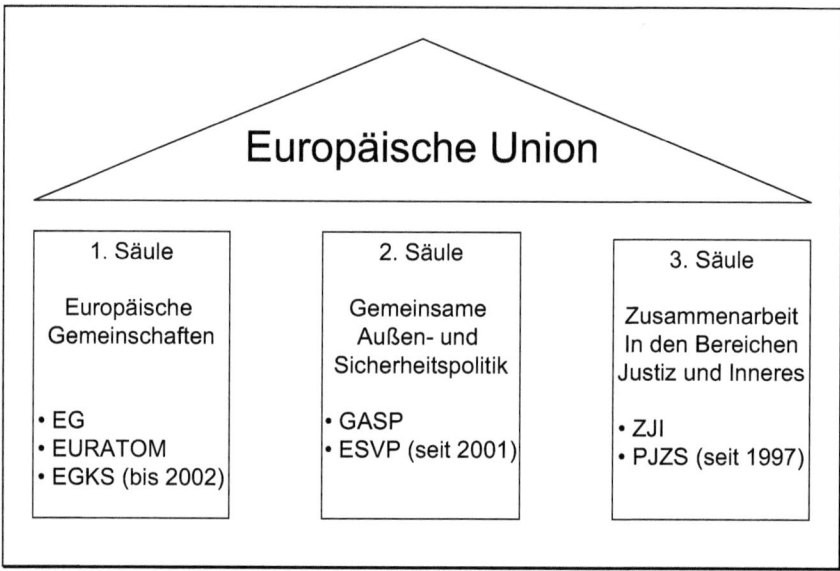

VVE 2004 ▪ Einen großen Integrationsschritt sollte der „Vertrag über eine Verfassung für Europa" (VVE) von 2004 bringen, doch – wie bereits eingangs erwähnt – scheiterte er an negativen Referenden in Frankreich und Holland. Der VVE war von einem sogenannten Verfassungskonvent vorbereitet worden und sollte die bestehenden Verträge durch ein einheitliches Vertragswerk ersetzen sowie um eine europäische Grundrechtecharta ergänzen. In einem zweiten Anlauf versuchten die Mitgliedstaaten wesentliche Inhalte des Verfassungs-vertrages zu retten und unterzeichneten 2007 den Vertrag von Lissabon. Wie der VVE, so sieht der Vertrag von Lissabon unter anderem die Schaffung ei-

Vertrag von Lissabon 2007 nes Präsidenten des Europäischen Rates, eine Stärkung des Europäischen Par laments sowie ein vereinfachtes Entscheidungsverfahren im Ministerrat vor. Das zunächst einzige Referendum über den Vertrag von Lissabon wurde 2008 in Irland abgehalten und fiel negativ aus. Das Referendum wurde im Oktober 2009 wiederholt, diesmal mit zustimmendem Ergebnis, so dass der Vertrag zum 1. Dezember 2009 in Kraft treten konnte. Auch wenn der Vertrag von Lissabon die Unterteilung in drei Säulen formal aufhebt, bleiben doch wesent-liche Unterschiede zwischen den Politiken bestehen, insbesondere im Hin-blick auf ihre stärker supranationale bzw. intergouvernementale Ausrich-tung.[29]

---

[29]   Das vorliegende Buch wurde verfasst, während die Zukunft des Vertrages von Lissabon noch als ungewiss galt. Zentrale Änderungen, die sich durch das Inkrafttreten des neuen Vertrages ergeben haben, wurden kurz vor Druck noch eingearbeitet. Die Nummerierung der Vertragsartikel folgt aber noch der alten Zählweise, wie sie vor dem Reformvertrag von Lissabon galt und wie sie die hier besprochenen Quellen fast ausnahmslos verwenden. Ei-nen umfassenden Überblick über die Änderungen durch den Vertrag gibt Leiße (2010).

Auch wenn Regierungskonferenzen und die dort ausgehandelten Verträge die
offensichtlichsten Wegmarken des Integrationsprozesses sind, so heißt dies
nicht, dass wir es in der Zwischenzeit von der einen zur anderen Vertragsreform
jeweils mit einem gleich bleibenden Integrationsniveau zu tun hätten. Auf der
Grundlage der europäischen Verträge (dem Primärrecht), beschließen die Gemeinschaftsorgane andauernd *europäisches Sekundärrecht*, sogenannte Richtlinien und Verordnungen, um Markthindernisse zu beseitigen und die mitgliedstaatlichen Politiken untereinander zu harmonisieren. Bei der häufig genannten
Zahl, wonach heute 80 Prozent aller nationalen Gesetze auf europäische Rechtsakte zurückzuführen seien, handelt es sich zwar um einen „Mythos" (König/
Mäder 2008) – doch lässt sich nicht bestreiten, dass der Umfang und die Bedeutung europäischen Sekundärrechts über Zeit kontinuierlich zugenommen hat.

    Schließlich wird ein weiterer bedeutender Faktor für den Integrationspro-
zess in der politikwissenschaftlichen Literatur häufig weniger beachtet: die
Rechtsprechung des Europäischen Gerichtshofs (EuGH). Gerade in Zeiten, in
denen sich die Mitgliedstaaten auf keine weiteren Integrationsschritte einigten,
hat der EuGH auf eine Vertiefung der Integration hingewirkt, die heute gemeinhin als „Konstitutionalisierung des Europarechts" bezeichnet wird (Weiler 1991:
12, 19-29). Gemeint ist damit in erster Linie eine Reihe von EuGH-Urteilen, mit
denen die *unmittelbare Anwendbarkeit* des Europarechts und sein *Vorrang* gegenüber nationalem Recht begründet wurden.

    Beginnend mit dem berühmten Urteil im Fall van Gend & Loos von 1963
hat der EuGH seine Doktrin konsequent ausgebaut. In dem Urteil heißt es:

> „Die Europäische Wirtschaftsgemeinschaft stellt eine neue Rechtsordnung des Völ-
> kerrechts dar, zu deren Gunsten die Staaten, wenn auch in begrenztem Rahmen, ihre
> Souveränitätsrechte eingeschränkt haben; eine Rechtsordnung, deren Rechtssubjekte
> nicht nur die Mitgliedstaaten, sondern auch die Einzelnen sind."

Auch wenn das Europarecht seine Grundlage in zwischenstaatlichen Verträgen
habe, so das Urteil, handle es sich um eine eigenständige Rechtsordnung neben
klassischem Völkerrecht und nationalem Recht. Im traditionellen Völkerrecht
sind Staaten, nicht Einzelpersonen, die wesentlichen Rechtssubjekte. Im Europarecht können dagegen auch Einzelpersonen bestimmte sich aus europäischen
Regeln ergebende Rechte direkt einklagen – beispielsweise die Grundfreiheiten
des Binnenmarktes oder das Gleichbehandlungsgebot von Mann und Frau im
Erwerbsleben. Die unmittelbare Anwendbarkeit, so Scharpf (1999: 55), sei ein
scheinbar kleiner Schritt mit weit reichenden Folgen, denn „er befreite das europäische Recht von der Kontrolle, die nationale Regierungen normalerweise über
die innerstaatliche Umsetzung völkerrechtlicher Verträge ausüben".

    Noch weiter geht die Doktrin des EuGH zum Vorrang des Europarechts, die
insbesondere seit dem Urteil im Fall Costa/ENEL von 1964 ausgebaut wurde.
Das Europarecht hat demnach absoluten Vorrang gegenüber den nationalen
Rechtsordnungen. Nicht nur das europäische Vertragsrecht, auch europäische
Verordnungen und Richtlinien stehen über nationalen Gesetzen und sogar über
den mitgliedstaatlichen Verfassungen. In dem Costa/ENEL-Urteil heißt es, dass
dem Gemeinschaftsrecht

Marginalien:

Weitere integrierende
Faktoren:

1. europäisches
Sekundärrecht

2. Europäischer
Gerichtshof und der
Vorrang europäischen
Rechts

Beispiele

„keine wie immer gearteten innerstaatlichen Rechtsvorschriften vorgehen können, wenn ihm nicht sein Charakter als Gemeinschaftsrecht aberkannt und wenn nicht die Rechtsgrundlage der Gemeinschaft selbst in Frage gestellt werden soll".

Ein prominentes Beispiel, in dem die EuGH-Doktrin von der unmittelbaren Anwendbarkeit und vom Vorrang des Europarechts zur Geltung kam, betraf die Frage nach der Beschäftigung von Frauen in der Bundeswehr. Nach dem ehemaligen Artikel 12a des deutschen Grundgesetzes (GG) durften Frauen in der Bundeswehr „auf keinen Fall", d.h. auch nicht freiwillig, „Dienst mit der Waffe leisten". Dies sei eine Diskriminierung von Frauen und somit ein Verstoß gegen eine EG-Richtlinie von 1976 über die „Gleichbehandlung von Männern und Frauen hinsichtlich des Zugangs zur Beschäftigung", so die Klägerin Tanja Kreil vor dem Verwaltungsgericht Hannover. Über das sogenannte Vorabentscheidungsverfahren befragte das Verwaltungsgericht den EuGH, der im Kreil-Urteil 2000 folgendermaßen antwortete: Die EG-Richtlinie sei unmittelbar anwendbar, d.h. es ließen sich direkte Rechte der Klägerin daraus ableiten. Die Vorschrift im deutschen Grundgesetz stelle eine unzulässige Ungleichbehandlung von Frauen und Männern dar und widerspreche somit dem Ziel der vorrangigen Richtlinie. Das Verwaltungsgericht folgte dem EuGH, die deutsche Bundesregierung beugte sich dem Richterspruch, und mit Zustimmung von Bundestag und Bundesrat wurde schließlich das Grundgesetz geändert. Frauen müssen zwar weiterhin keine Wehrpflicht leisten, können sich seit 2001 aber für alle Positionen in der Bundeswehr ebenso bewerben wie Männer.

4.1.2 Die Erweiterungsrunden

Noch deutlicher als bei den zahlreichen Vertragsreformen und wegweisenden Gerichtsurteilen wird der weite Weg, den der europäische Integrationsprozess zurückgelegt hat, wenn wir uns die Mitgliederentwicklung der EG/EU ansehen (vgl. Tabelle 3). Zu den sechs Gründungsmitgliedern, die 1957 die Römischen Verträge unterzeichnet haben, sind bislang 21 Mitgliedstaaten hinzugekommen; mit drei Staaten laufen offiziell Beitrittsverhandlungen und eine ganze Reihe weiterer Länder haben Assoziierungsabkommen mit der EU geschlossen, die als erster Schritt auf dem Weg zu einer späteren Mitgliedschaft gelten. Damit leben heute etwa 500 Millionen Menschen in der EU.

Auch frühere Beitrittsländer mussten sich in die bestehende europäische Rechtsordnung eingliedern. Als Voraussetzung für die Aufnahme der mittel- und osteuropäischen Länder formulierten die EU Staats- und Regierungschefs 1993 jedoch explizite Bedingungen, die sogenannten Kopenhagener Kriterien. Seither müssen Staaten bestimmte politische (Demokratie, Rechtsstaatlichkeit, Menschenrechte), wirtschaftliche und gemeinschaftsrechtliche Standards erfüllen, wenn sie in die EU aufgenommen werden möchten. Die Beitrittsperspektive soll somit einen Anreiz bieten, der eine demokratische und marktwirtschaftliche Entwicklung in den Kandidatenstaaten begünstigt.

Erweiterung seit 1957

Kopenhagener Kriterien zur Aufnahme neuer Mitglieder

Tabelle 3: Die Erweiterungen der EG/EU

Jahr	Gründungsländer / Beitrittsländer	Gesamt
1957	Belgien, Deutschland, Frankreich, Italien, Luxemburg, Niederlande	6
1973	Dänemark, Irland, Vereinigtes Königreich	9
1981	Griechenland	10
1986	Portugal, Spanien	12
1995	Finnland, Österreich, Schweden	15
2004	Estland, Lettland, Litauen, Malta, Polen, Slowakei, Slowenien, Tschechien, Ungarn, Zypern	25
2007	Bulgarien, Rumänien	27
?	Offizielle Beitrittskandidaten: Kroatien, Mazedonien, Türkei	30?
??	Mögliche weitere Beitrittskandidaten: Albanien, Bosnien & Herzegowina, Georgien, Island, Montenegro, Serbien, Ukraine, …	>35??

Mit jeder Erweiterung haben aber auch die politischen, kulturellen und wirtschaftlichen Unterschiede innerhalb der EU zugenommen. Seit jeher wurden Vertiefung und Erweiterung daher nicht immer als ergänzende, sondern teilweise als gegenläufige Entwicklungen verstanden (vgl. Wessels 1993).

Spannung zwischen Integration und Erweiterung

- Das Vereinigte Königreich gehört seit dem Beitritt 1973 oftmals zu den integrationsskeptischeren Ländern, insbesondere in Bereichen jenseits der wirtschaftlichen Integration. Für eine Integrationskrise sorgte etwa die damalige Premierministerin Margaret Thatcher, als sie Anfang der 1980er-Jahre eine Verminderung der britischen Beitragszahlungen durchsetzte.
- Mit der Aufnahme Irlands und der sogenannten Süderweiterung in den 1980er-Jahren wuchs das Wohlstandsgefälle innerhalb der Union. Zudem handelte es sich bei den südeuropäischen Beitrittsländern noch um sehr junge Demokratien.
- Mit Finnland, Österreich und Schweden traten weitgehend an europäische Standards angepasste Länder der EU bei – im Bemühen um eine gemeinsame europäische Außenpolitik musste jedoch fortan auf ihre Tradition der Neutralität Rücksicht genommen werden.
- Durch den Beitritt der mittel- und osteuropäischen Länder sind nicht nur die wirtschaftlichen Unterschiede in der EU gewachsen. Auch neue Themen, zum Beispiel der Umgang mit russischen Minderheiten in den baltischen Ländern oder die neuen Außengrenzen der EU, beschäftigen nun die europäische Politik.
- Künftige Beitrittsrunden könnten die Türkei sowie die ehemaligen jugoslawischen Teilrepubliken umfassen und damit die Heterogenität der Mitgliedstaaten noch erhöhen.

Eine Einigung auf gemeinsame europäische Politiken und Regeln erfordert Rücksicht auf die gestiegene Heterogenität (Scharpf 2003: 88-91). Mit jeder Erweiterung werden neue Integrationsschritte daher zu einer zusätzlichen Herausforderung. Die Institutionen und Entscheidungsverfahren müssen so gestaltet sein, dass überhaupt noch Kompromisse gefunden werden können, welche zu-

Herausforderung der gestiegenen Heterogenität

dem den Kriterien demokratischen Regierens genügen. Den Organen und Entscheidungsverfahren der EU wenden wir uns im nächsten Schritt zu; danach diskutieren wir Demokratiebedarf und demokratische Qualität.

4.1.3 Organe und Entscheidungsverfahren

Als Hauptorgane nennt der EU-Vertrag den Europäischen Rat (Artikel 4 EUV), Europäisches Parlament, Rat, Kommission, EuGH und Rechnungshof (alle Artikel 5 EUV). Auf den ersten Blick erscheint die Aufgabenverteilung einfach und ein Vergleich zu herkömmlichen Regierungssystemen bietet sich an (vgl. Hix 2005: 2; Tömmel 2008a: 57):

EU: ein
Regierungssystem?

- So werden wesentliche exekutive Aufgaben durch die Kommission erfüllt, die damit einer europäischen Regierung am nächsten kommt; die Kommissare wären demnach mit Ministern vergleichbar.
- In der Gesetzgebung teilen sich der Rat als Vertretung der Mitgliedstaaten und das direkt gewählte Europäische Parlament die wichtigsten Kompetenzen, so dass man im weitesten Sinne von einem Zwei-Kammer-System sprechen könnte.
- An der Spitze der Judikative steht der EuGH, der auf europäischer Ebene eine ähnliche Rolle einnimmt wie das deutsche Bundesverfassungsgericht.

Zu weit, so zeigt eine genauere Betrachtung, dürfen wir den Vergleich zu nationalen Regierungssystemen aber nicht treiben, um nicht die Besonderheiten der EU aus dem Blick zu verlieren.[30] Einen ersten Überblick über das Zusammenwirken der wichtigsten Gemeinschaftsorgane und ihre Verortung im Mehrebenensystem gibt Abbildung 3[31]:

---

30   Zu dieser Frage bezieht auch das Bundesverfassungsgericht in seinem Urteil zum Vertrag von Lissabon Stellung. Die Europäische Union sei „nicht staatsanalog", sondern weiterhin eine supranationale Organisation und ihre Hauptorgane seien daher nur vordergründig mit jenen nationaler politischer Systeme vergleichbar (Randnummern 271-272 im Urteil).

31   Stark vereinfacht in Anlehnung an Hix (2005: 6).

Abbildung 3:   Das europäische Mehrebenensystem

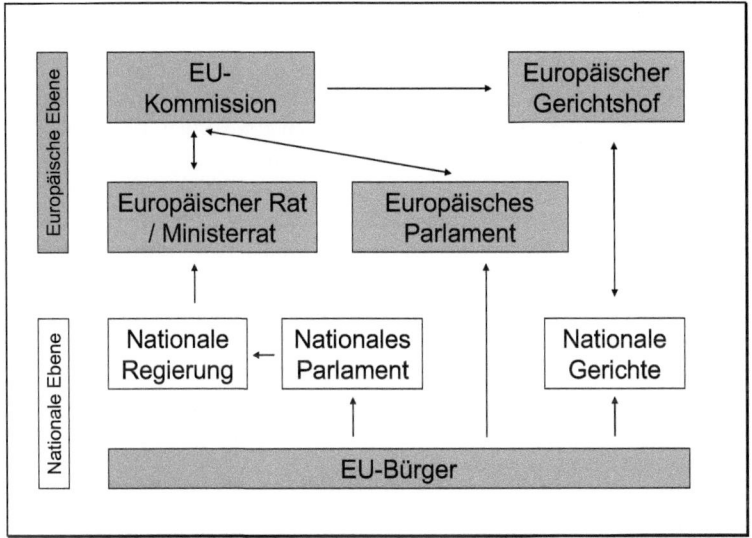

Kommission. Als Exekutivorgan ist die Kommission zuständig für die Durchfüh-   EU-Kommission als
rung von europäischen Richtlinien sowie Verordnungen und überwacht deren   Exekutivorgan
Einhaltung in den Mitgliedstaaten. In der Praxis sind die Durchführungskompe-
tenzen der Kommission beschränkt. So wird sie durch eine Vielzahl von Ausschüssen von den Mitgliedstaaten überwacht (siehe unten: Komitologie) und bei
der Umsetzung ist die Kommission mangels eigener Ressourcen zumeist auf die
nationalen Verwaltungen angewiesen. Weitreichende Kompetenzen besitzt die
Kommission in der Wettbewerbskontrolle. Nach außen vertritt sie die Gemeinschaft in Verhandlungen mit Drittstaaten sowie in internationalen Organisationen.
Darüber hinaus verfügt die Kommission über eine zentrale legislative Befugnis:
das *Gesetzesinitiativrecht.* So können europäische Rechtsakte in der Regel nur auf
Vorschlag der Kommission erlassen werden bzw. kann die Kommission ihre
Vorschläge im Gesetzgebungsprozess auch verändern oder zurücknehmen.

Zusammengesetzt ist die Kommission aus einem Präsidenten und derzeit 26   Organisation der
weiteren Kommissaren – je ein Posten pro Mitgliedstaat. Traditionell werden die   Kommission
Kommissare für fünf Jahre „im gegenseitigen Einvernehmen" durch den Rat, seit
dem Vertrag von Nizza mit qualifizierter Mehrheit, benannt und nach einer Anhörung vom Parlament bestätigt (Art. 214 EGV). Jedem Kommissar ist ein Politikfeld zugeordnet und in der Regel untersteht ihm ein dazugehöriger Verwal-
tungsapparat, eine sogenannte Generaldirektion. Auch wenn dieser Aufbau an
nationale Ministerien erinnert, überwiegt in der Kommission das Kollegialitäts-
gegenüber dem Ressortprinzip: wichtige Entscheidungen werden vom Kollegium
der Kommissare, soweit möglich, einstimmig getroffen und gemeinsam nach
außen verantwortet (Hix 2005: 41). Die Kommissare sind ausschließlich dem
Wohl der Gemeinschaft und zur *Unabhängigkeit* gegenüber den Mitgliedstaaten
verpflichtet (Artikel 213 EGV).

Rat der Europäischen
Union (Ministerrat)

Rat (der Europäischen Union). Verglichen mit der Kommission ist die Aufgabenstellung des Rates weniger komplex: Der Rat ist das oberste *Entscheidungs- und Rechtsetzungsorgan* der EU. Der Rat, oft auch Ministerrat genannt, setzt sich aus einem Minister oder Stellvertreter pro Mitgliedstaat zusammen. [32] Je nach Sachfrage tagen beispielsweise die nationalen Außen-, Finanz- oder Landwirtschaftsminister. Vertreter der nationalen Exekutiven nehmen damit auf europäischer Ebene zentrale legislative Kompetenzen wahr (Kohler-Koch/Conzelmann/Knodt 2004: 117). Für jeweils sechs Monate übernimmt ein Mitgliedstaat den Vorsitz im Rat, die sogenannte Ratspräsidentschaft.

Ratspräsidentschaft

Entscheidungs-
verfahren

Entscheidungen trifft der Rat selten mit einfacher Mehrheit, in vielen Politikfeldern mit qualifizierter Mehrheit und in Grundsatzfragen, zum Beispiel bei der Aufnahme neuer Mitglieder (Art. 49 EUV), einstimmig. Welches Entscheidungsverfahren in einem bestimmten Politikfeld gilt, ist in den Verträgen geregelt. Beginnend mit der Einheitlichen Europäischen Akte wurden qualifizierte Mehrheitsentscheidungen auf immer mehr Politikfelder ausgeweitet (vgl. Tömmel 2008a: 71). Für eine qualifizierte Mehrheit ist dreierlei nötig – a) eine bestimmte Zahl an Stimmen (derzeit 255 von 345), b) eine einfache Mehrheit an Ländern, die c) mindestens 62% der EU-Bevölkerung repräsentieren. Die Stimmengewichte der Mitgliedstaaten orientieren sich grob an der Bevölkerungsstärke, begünstigen jedoch kleinere Länder und stellen Deutschland als bevölkerungsreichstes Land mit Frankreich, Italien und dem Vereinigten Königreich auf eine Ebene (siehe Tabelle 4). In der Praxis werden aber viele Streitfragen bereits durch Verhandlungen auf Ebene der ständigen Vertreter in Brüssel beantwortet und auch die verbleibenden Punkte im Rat zumeist im *Konsens*, d.h. ohne förmliche Abstimmung geregelt (Hix 2005: 83, 87). Der Vertrag von Lissabon macht qualifizierte Mehrheitsentscheidungen im Rat zum Regelfall; ab 2014 bzw. 2017 sind hierfür nur noch die Anzahl der Mitgliedstaaten (mindestens 55%) sowie die von ihnen repräsentierte Bevölkerung (mindestens 65%) relevant.

Tabelle 4: Die Stimmenverteilung im Ministerrat

Stimmen	Mitgliedstaaten
29	Deutschland, Frankreich, Großbritannien, Italien
27	Polen, Spanien
14	Rumänien
13	Niederlande
12	Belgien, Griechenland, Portugal, Tschechien, Ungarn
10	Bulgarien, Österreich, Schweden
7	Dänemark, Finnland, Irland, Litauen, Slowakei
4	Estland, Lettland, Luxemburg, Slowenien, Zypern
3	Malta

---

32   Nicht zu verwechseln ist der Ministerrat mit dem Europäischen Rat, der sich aus den Staats- und Regierungschefs der Mitgliedstaaten sowie dem Kommissionspräsidenten zusammensetzt und die politischen Leitlinien für die gesamte Union festlegt (Art. 4 EUV). Durch das Inkrafttreten des Vertrages von Lissabon hat der Europäische Rat einen für zweieinhalb Jahre gewählten Präsidenten erhalten. Der ehemalige belgische Premierminister Herman van Rompuy bekleidet ls erste Person dieses Amt.

Eine Unterstützungs- und Überwachungsfunktion des Rates gegenüber der Kommission erfüllt das Ausschusswesen, die *Komitologie*, bei der Durchführung europäischer Rechtsakte. Die Komitologie-Ausschüsse werden von Kommissionsbeamten geleitet und setzen sich aus mitgliedstaatlichen Vertretern (Ministerialbeamten und Experten) zusammen. [33] Je nach Verfahren verfügen die Ausschüsse über mehr oder weniger ausgeprägte Mitspracherechte. In politisch wenig umstrittenen Fragen haben die Ausschüsse nur eine beratende Funktion. Möchte die Kommission Durchführungsmaßnahmen zu einzelnen Rechtsakten erlassen, zum Beispiel über die konkrete Umsetzung einer Umweltschutzrichtlinie, müssen die Ausschussmitglieder dem Kommissionsvorschlag aber mit qualifizierter Mehrheit zustimmen oder können diesen zumindest dem Ministerrat vorlegen lassen.

Komitologie

Europäisches Parlament. Das Europäische Parlament konnte seine Kompetenzen in der Rechtsetzung, bei der Kontrolle der anderen Gemeinschaftsorgane und beim Beschluss des Gemeinschaftshaushalts im Lauf der Zeit beträchtlich ausbauen. Dennoch ist seine Bedeutung im politischen System der EU noch nicht mit der nationaler Parlamente vergleichbar (Kohler-Koch/Conzelmann/Knodt 2004: 120). Nach dem *Mitentscheidungsverfahren*, das seit dem Vertrag von Nizza in den meisten Politikfeldern gilt, ist das Europäische Parlament in der Gesetzgebung dem Rat gleichberechtigt. In jeweils zwei Lesungen können Rat und Parlament Änderungen an einer Gesetzesvorlage der Kommission vorschlagen. Erfolgt keine Einigung, treten Vertreter von Rat und Parlament in einem Vermittlungsausschuss zusammen und stimmen schließlich nach einer dritten Lesung ab. Schließlich verfügt das Europäische Parlament über Kontrollrechte gegenüber der Kommission (siehe unten, Abschnitt 4.3.2).

Europäisches Parlament

Kompetenzen

Seit 1979 wird das Europäische Parlament direkt für fünf Jahre gewählt. Die Bestimmung der derzeit 736 Abgeordneten erfolgt jeweils nach nationalem Wahlrecht. Ähnlich wie bei den Stimmengewichten im Ministerrat orientiert sich die Zahl der Parlamentarier pro Mitgliedstaat grob an der Bevölkerungsstärke, ist aber zugunsten der kleineren Mitgliedstaaten verzerrt. So vertritt einer der 99 deutschen Abgeordneten eine etwa zehnmal so große Wählerschaft wie ein Abgeordneter aus Malta oder Luxemburg. Über nationale Grenzen hinweg haben sich die Europaparlamentarier zu Fraktionen zusammengeschlossen. Für eine absolute Mehrheit im Parlament bedarf es in der Regel der Zustimmung der beiden größten Fraktionen – der Fraktion der Europäischen Volkspartei und Europäischen Demokraten (EVP-ED) sowie der Sozialdemokratischen Partei Europas (SPE).

Wahl des Europäischen Parlaments

Europäischer Gerichtshof. Wie bedeutend die Rechtsprechung des EuGH für den Integrationsprozess war und ist, wurde bereits erläutert. Angesichts ständig wachsender Aufgaben wurde der EuGH 1989 durch die Einrichtung eines Gerichtshofs erster Instanz entlastet. Beide Gerichte bestehen derzeit aus 27 Richtern (je einer pro Mitgliedstaat), die für sechs Jahre benannt sind. Zwei Verfahren machen den Großteil der Arbeit des EuGH aus. In *Vertragsverletzungsverfahren*

Europäischer Gerichtshof

Vertragsverletzungsverfahren

---

33   Für eine Übersicht über die ca. 250 Komitologie-Ausschüsse, siehe online: http://ec. europa.eu/transparency/regcomitology/index.cfm?CLX=en [letzter Zugriff: 5. März 2010].

wendet sich normalerweise die Kommission an den EuGH, wenn ein Mitgliedstaat ihrer Ansicht nach seinen gemeinschaftsrechtlichen Verpflichtungen nicht
nachkommt. Zumeist handelt es sich hierbei um eine verspätete oder unvollkom-

Vorabentscheidungs-
verfahren

mene Umsetzung europäischer Gesetze. Zu einem *Vorabentscheidungsverfahren*
kommt es, wenn ein nationales Gericht Klärungsbedarf in einer europarechtlichen
Angelegenheit sieht. In diesem Fall richtet das nationale Gericht eine Anfrage an
den EuGH und unterbricht das eigene Verfahren, bis die Antwort aus Luxemburg
vorliegt. Der EuGH fungiert hier nicht als letzte Instanz, denn das abschließende
Urteil wird vom nationalen Gericht getroffen. Allerdings ist die Auslegung der
europäischen Richter verbindlich, und so tragen die nationalen Gerichte maßgeblich zur Durchsetzung europäischen Rechts bei (Alter 1998b).

Weitere Organe

Weitere Organe. Einige weitere Organe, die in der Debatte um ein europäisches Demokratiedefizit nur von geringer praktischer Bedeutung sind, sollen hier
kurz genannt werden. Zwei Ausschüsse, der Wirtschafts- und Sozialausschuss
als Vertretung zivilgesellschaftlicher Akteure sowie der Ausschuss der Regionen
als Vertretung regionaler und lokaler Körperschaften, konnten die anfangs in sie
gesetzten Hoffnungen kaum erfüllen (Kohler-Koch/Conzelmann/Knodt 2004:
124f.). Der Europäische Rechnungshof überprüft die zweckmäßige Verwendung
der Gelder aus dem EU-Haushalt. Die Europäische Zentralbank verantwortet
eine unabhängige Geldpolitik in der Eurozone. Schließlich existiert eine Vielzahl
von Gemeinschaftsagenturen, denen oftmals sehr spezielle regulative Aufgaben
übertragen wurden – etwa in Fragen der Arzneimittelzulassung oder der Flugsi-
cherheit (vgl. Coen/Thatcher 2008).

4.2 Demokratiebedarf

**Hoher Demokratie-
bedarf in der EU**

Je nach Kontext, so unsere These im dritten Kapitel, müssen wir unterschiedlich
hohe Anforderungen an die demokratische Qualität internationaler Organisationen stellen. Wie stark sind die Bürger von den Entscheidungen einer internationalen Organisation betroffen? Wie umfassend wurden bestimmte Politiken auf
internationaler Ebene verrechtlicht? Wie viel politischer Handlungsspielraum
verbleibt auf unteren Entscheidungsebenen? Inwiefern sind internationale Organisationen bzw. ihre Organe in der Lage, als eigenständige Akteure zu handeln?
Beantworten wir diese Fragen mit Blick auf Europa, so wird deutlich, dass der
Demokratiebedarf in der EU besonders hoch ist.

„Europäisierung"

Je stärker die Bürger von den Entscheidungen einer internationalen Organisation *betroffen* sind, desto größer ist der Bedarf an demokratischer Legitimation. Unter dem Schlagwort „Europäisierung" (Eising 2003) ist mittlerweile ein
ganzer Forschungsstrang entstanden, der sich mit den Auswirkungen europäischer Integration auf die Politik der Mitgliedstaaten beschäftigt. Eine gemeinsame Erkenntnis der Arbeiten zur Europäisierung lautet: Auch wenn der Binnenmarkt weiterhin im Zentrum europäischer Politik steht, bleibt kaum noch ein
Politikbereich unberührt vom Integrationsprozess. Anders als etwa im Fall der
WTO lässt sich die EU nicht mehr als funktional begrenzte internationale Organisation beschreiben. Vielmehr nimmt die Agenda europäischer Politik zunehmend „staatsähnliche" Züge an (Wessels 2005: 16-18).

Artikel 2 EGV formuliert die umfassende Zielsetzung der Gemeinschaft:

Umfassende
Zuständigkeit der EU

> „Aufgabe der Gemeinschaft ist es, durch die Errichtung eines Gemeinsamen Mark-
> tes und einer Wirtschafts- und Währungsunion [...] eine harmonische, ausgewogene
> und nachhaltige Entwicklung des Wirtschaftslebens, ein hohes Beschäftigungsni-
> veau und ein hohes Maß an sozialem Schutz, die Gleichstellung von Männern und
> Frauen, ein beständiges, nichtinflationäres Wachstum, einen hohen Grad von Wett-
> bewerbsfähigkeit und Konvergenz der Wirtschaftsleistungen, ein hohes Maß an
> Umweltschutz und Verbesserung der Umweltqualität, die Hebung der Lebenshal-
> tung und der Lebensqualität, den wirtschaftlichen und sozialen Zusammenhalt und
> die Solidarität zwischen den Mitgliedstaaten zu fördern."

Artikel 3 EGV listet alle erdenklichen Politikbereiche auf, in denen die Gemeinschaft mittlerweile – wenn auch in stark unterschiedlichem Maße – tätig ist.
Genannt sind die Zoll- und Handelspolitik, der freie Waren-, Personen-, Dienst-
leistungs- und Kapitalverkehr, Landwirtschaft und Fischerei, Wettbewerb, Angleichung im Bereich der Steuerpolitik, Verkehr, Energie, Beschäftigung, Sozia-
les, Kohäsion, Umwelt-, Verbraucher- und Katastrophenschutz, Industrie, Forschung und Entwicklung, Gesundheit, Bildung und Kultur, Entwicklungszu-
sammenarbeit, Tourismus und Nichtdiskriminierung. Artikel 4 EGV fügt Wirt-
schafts- und Währungspolitik hinzu; Artikel 2 EUV nennt Außen-, Sicherheits-
und Verteidigungspolitik sowie die Zusammenarbeit in der Innen- und Justizpo-
litik. Mit dem Vertrag von Lissabon kommen Raumfahrt (Artikel 4), Jugend und
Sport (Artikel 6) hinzu.

Großer Umfang
internationaler
Verrechtlichung

Insbesondere in ihrer ersten Säule, der vergemeinschafteten Politik, hat die
EU ein Ausmaß an internationaler *Verrechtlichung* erreicht, das seinesgleichen
sucht. Kenneth Abbott et al. (2000) nennen drei Kriterien internationaler Verrechtlichung: Verpflichtungsgrad, Präzision, Delegation. Der Großteil des europäischen Gemeinschaftsrechts, so die Autoren, käme dem Idealtyp „voller Verrechtlichung, entsprechend hochentwickelten staatlichen Systemen" am nächsten
(ebd.: 405). Das europäische Recht ist nicht nur verpflichtend für die Mitgliedstaaten – wie wir gesehen haben, beansprucht es sogar Vorrang vor nationalem
Recht. Zwar sind viele Vertragsartikel sehr allgemein formuliert und damit stark
auslegungsbedürftig. Durch die Rechtsprechung des EuGH und die Rechtsetzung
von Kommission, Rat und Parlament ist aber ein weit ausdifferenziertes System
präzisen Sekundärrechts entstanden. Dieser gemeinschaftliche Besitzstand, der
acquis communautaire, den etwa die mittel- und osteuropäischen Länder vor
ihrem EU-Beitritt national umzusetzen hatten, wird auf 80.000 Seiten geschätzt.
Die Streitbeilegung in Fragen des Europarechts wurde vollständig an den EuGH
delegiert. Nationale Gerichte letzter Instanz sind verpflichtet, in Auslegungsfra-
gen den EuGH über das Vorabentscheidungsverfahren anzurufen. Die Regeleinhaltung wird von der Kommission überwacht, und Regelverstöße werden von
dieser durch Vertragsverletzungsverfahren sanktioniert.

Verhältnis von euro-
päischer und nationa-
ler Politik

Angesichts dieser Regelungsdichte auf europäischer Ebene stellt sich die
Frage, wie viel Handlungsspielraum nationalen und regionalen Entscheidungsträgern verbleibt und ob alle europäischen Regeln tatsächlich notwendig sind,
d.h. ob sie dem im Kapitel 3 eingeführten Prinzip der *Subsidiarität* folgen. Sind
europäische und nationale Politik so aufeinander abgestimmt, dass sie sich als

Frage der
Subsidiarität

zugleich „autonomieschonend und gemeinschaftsverträglich" bezeichnen lassen (Scharpf 1993b)? Dort, wo einheitliches europäisches Recht gesetzt wird, obwohl Probleme auch auf niedrigerer Ebene gelöst werden könnten, bedarf es besonderer demokratischer Legitimation. Eine zentrale Herausforderung für die EU (und generell für föderale Systeme) besteht demnach in der Suche nach „kompatible(n) Formen des Mehrebenenregierens und der Demokratie" (Benz 2009b: 5).

Akteursqualität der EU

Schließlich verfügen die EU bzw. ihre Organe zweifellos über eigene *Akteursqualität*. Auch Autoren wie beispielsweise Moravcsik (1993: 509; 1998), die den Integrationsprozess weitgehend vom Willen nationaler Regierungen bestimmt sehen, räumen ein, dass die Mitgliedstaaten Teile ihrer Souveränität auf

pooled sovereignty

europäischer Ebene gemeinsam ausüben (*pooled sovereignty*) oder dorthin abgegeben haben (*delegated sovereignty*). Mit *pooled sovereignty* sind Mehrheitsentscheidungen im Ministerrat gemeint. Entscheidet der Rat mehrheitlich, vertritt er insofern eine eigenständige Position, als diese nicht mehr von allen Mitgliedstaa-

delegated sovereignty

ten gebilligt wurde. *Delegated sovereignty* bezieht sich auf unabhängige Organe wie die Kommission, den EuGH oder die stärker funktional beschränkte Europäische Zentralbank. Die Mitgliedstaaten haben Kompetenzen an diese Organe abgegeben, weil sie bestimmte Funktionen besser erfüllen können, z.B. eine glaubwürdige Wettbewerbskontrolle durch die Kommission oder die einheitliche Auslegung des Europarechts durch den EuGH. Angesichts ihrer Unabhängigkeit gelingt es Kommission und EuGH aber auch, eigene politische Ziele zu verfolgen. Moravcsik (2004: 350-352) selbst stuft die Akteursqualität der Organe als eher gering ein: Sie hätten nur beschränkte Zuständigkeiten, eine bescheidene finanzielle und personelle Ausstattung, und letztlich könnten die Mitgliedstaaten sie beispielsweise über Vertragsreformen eingrenzen. Dem widersprechen zahlreiche Autoren. So kann die Kommission durch ihr Gesetzesinitiativrecht maßgeblich die Agenda des Rates bestimmen und über verschiedene Strategien zustimmende Mehrheiten für ihre Vorschläge schmieden (Schmidt 2000). In vielen gesamteuropäischen Fragen hat die Kommission einen Informationsvorsprung gegenüber einzelnen Mitgliedstaaten (Hix 2005: 68f.). Auch können Kommission und EuGH vor einem längeren Zeithorizont agieren, da sie sich nicht wie nationale Regierungen in relativ knappen Abständen der Wiederwahl stellen müssen (Pierson 1996: 135f.). Durch die Ermächtigung privater Akteure oder die Einbindung nationaler Gerichte konnten Kommission und EuGH oft wichtige Verbündete gewinnen (Alter 1998b; Kelemen 2006). Schließlich sind Kommission und EuGH kaum über Vertragsreformen einzuhegen, da diese der Zustimmung aller Mitgliedstaaten bedürfen (Alter 1998a).

Letztlich steht somit nicht mehr die Akteursqualität der europäischen Organe in Frage, sondern allenfalls deren Ausmaß. Nach diesem sowie nach den vorherigen Kriterien können wir demnach einen hohen Demokratiebedarf der EU feststellen. Wie es angesichts eines strengen Maßstabs um die demokratische Qualität der EU bestellt ist, diskutieren wir im folgenden Abschnitt.

4.3 Die demokratische Qualität der Europäischen Union

Inwiefern können Bürger an europäischen Entscheidungen mitwirken? Werden Entscheidungen auf europäischer Ebene transparent getroffen und können die Entscheidungsträger zur Verantwortung gezogen werden? Welche Rolle spielen Argumente im Entscheidungsprozess? Im Folgenden analysieren wir die demokratische Qualität der EU nach unserem Kriterienkatalog aus Kapitel 3: Partizipation und Inklusivität, demokratische Kontrolle, diskursive Qualität.

4.3.1 Partizipation und Inklusivität

Zwei wesentliche Kanäle demokratischer Mitwirkung stehen allen (wahlberechtigten) Bürgern der EU zur Verfügung: (1) Sie können direkt Einfluss auf die europäische Politik nehmen durch die Wahlen zum Europaparlament. (2) Zudem wählen sie auf nationaler Ebene und sind damit indirekt ein zweites Mal auf europäischer Ebene repräsentiert, nämlich durch Regierungsvertreter im Ministerrat. Darüber hinaus hat sich insbesondere die Europäische Kommission dafür eingesetzt, nichtstaatliche Akteure jenseits von Wahlen in europäische Entscheidungsprozesse mit einzubinden.

Repräsentation und Möglichkeiten der Partizipation

1. Die Wahlen zum Europäischen Parlament. Im Zentrum der repräsentativen Demokratie steht im Nationalstaat das Parlament. Entsprechend konzentrieren sich die meisten Analysen zur Demokratie in der EU auf das Europäische Parlament (vgl. Abromeit 1998: 4, 27). Es am nationalen Maßstab zu messen, wäre dennoch zu hoch gegriffen. Für eine ursprünglich nur „Beratende Versammlung" hat das Europäische Parlament allerdings eine beachtliche Entwicklung durchlaufen (Kohler-Koch/Conzelmann/Knodt 2004: 119). Die Direktwahl der Abgeordneten wurde bereits erwähnt; ursprünglich hatte es sich um Abgesandte der nationalen Parlamente gehandelt. Die Kompetenzen des Europäischen Parlaments wurden seit Maastricht mit jeder Vertragsreform ausgeweitet, so dass es heute im Mitentscheidungsverfahren dem Rat gleichberechtigt an der Gesetzgebung beteiligt und nicht nur auf Anhörung oder Einspruchsrechte beschränkt ist. Die europäischen Fraktionen unterscheiden sich zunehmend kohärent nach bekannten ideologischen Trennlinien (Hix/Noury/Roland 2005). Schließlich regiert im Europäischen Parlament faktisch eine große Koalition aus Konservativen und Sozialdemokraten, so dass Entscheidungen meist mit großer Mehrheit getroffen werden und somit ein breites Wählerspektrum repräsentieren (Moravcsik 2002: 612).

1. Wahl des Europäischen Parlaments

Nichtsdestotrotz konstatieren viele Beobachter weiterhin demokratische Defizite des Europäischen Parlaments hinsichtlich (1) seiner Repräsentativität, (2) seiner Kompetenzen sowie (3) seiner Politisierung. Dass kleine Länder überproportional viele Abgeordnete ins Europäische Parlament entsenden, so der erste Kritikpunkt, entspreche nicht dem Gleichheitsgrundsatz bei demokratischen Wahlen (Murswiek 2008: 88). Eine luxemburgische Stimme zähle mehr als eine deutsche; das Europäische Parlament sei daher nur *verzerrt repräsentativ*. Dies, so lässt sich entgegen, ist ein vergleichsweise geringes Zugeständnis an die besondere Mehrebenenstruktur europäischen Regierens und kommt auch in födera-

Demokratische Defizite:

- verzerrte Repräsentation

len Staaten vor, etwa bei den Wahlen zum amerikanischen Kongress. Bei strikter Proportionalität könnten entweder die kleinen Länder nur noch ein bis zwei Abgeordnete entsenden und wären dann nicht mehr mit ihrem ganzen Parteienspektrum und in allen Ausschüssen vertreten, oder das Parlament müsste deutlich über die schon jetzt große Zahl von 736 Abgeordneten hinaus erweitert werden (Tömmel 2008a: 74).

- Fehlen wichtiger Kompetenzen

Dem Europäischen Parlament, so ein zweiter Kritikpunkt, fehlten weiterhin wichtige *Kompetenzen* (Follesdal/Hix 2006: 535). Nach wie vor verfügt es über kein Gesetzesinitiativrecht; auch der Vertrag von Lissabon ändert daran nichts. Das Mitentscheidungsverfahren gilt noch längst nicht in allen Politikbereichen europäischen Regierens. Viele Gesetzgebungsprozesse kann das Europäische Parlament daher nur verzögern, aber nicht entscheidend verändern. Die sogenannten „obligatorischen Ausgaben" aus dem EU-Haushalt, etwa in der Agrarpolitik, werden durch den Rat festgelegt. Auch darüber hinaus fehle es an Kontrollmöglichkeiten gegenüber Rat und Kommission (siehe unten, Kapitel 6.2.2).

- mangelnder demokratischer Wettbewerb

Schließlich wird kritisiert, dem Europäischen Parlament mangle es an *politischem Wettstreit* um alternative Programme, der für eine demokratische Willensbildung unverzichtbar sei (Follesdal/Hix 2006: 544-546; Holzinger 2005: 98-100). Die klassische Auseinandersetzung zwischen Regierungs- und Oppositionsfraktionen findet im Europäischen Parlament nicht statt, da dort keine Regierung zu bestimmen ist und die Entscheidungen zumeist von sehr großen Mehrheiten getragen werden. Seit den Anfängen wurde der europäische Integrationsprozess vor allem vom Konsens der politischen Eliten getragen und ohne große öffentliche Auseinandersetzungen vorangetrieben. Entsprechend gering fallen die programmatischen Unterschiede vieler Parteien in Europafragen aus (Mair 2005: 10f.). Die meisten Bürger nehmen Europawahlen denn auch nur als Nebenwahlen wahr: Nationale Themen dominieren den Wahlkampf, und die Abstimmung, das zeigen die Ergebnisse über alle Mitgliedstaaten hinweg, wird vorwiegend dazu genutzt, die amtierende nationale Regierung abzustrafen (Hix 2005: 193-196). Die Wahlbeteiligung bei Europawahlen liegt nicht nur systematisch niedriger als bei nationalen Parlamentswahlen, sie hat seit 1979 rapide abgenommen – trotz Kompetenzausweitung des Europäischen Parlaments (Schäfer 2006b: 363; vgl. Abbildung 4).

- EU als Elitenprojekt

Abbildung 4:   Wahlbeteiligung bei Europawahlen, 1979-2009[34]

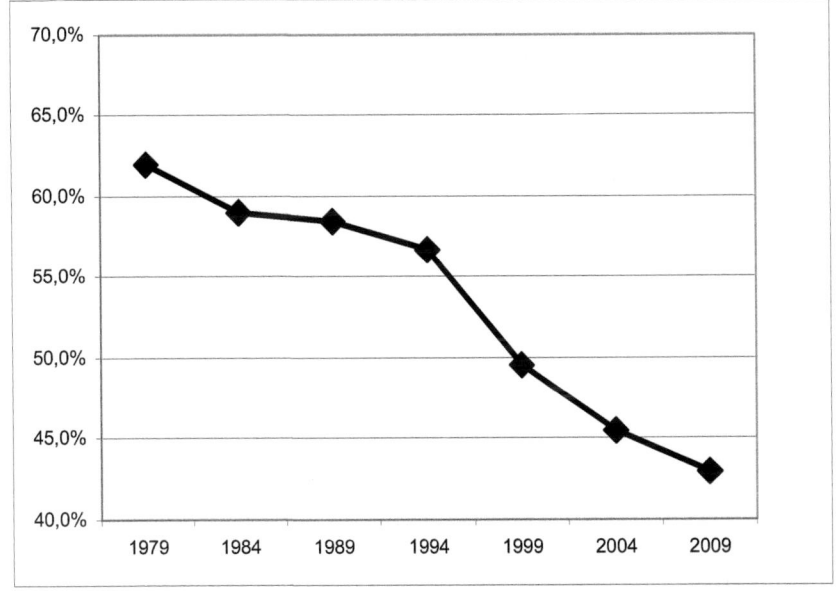

2. Indirekte Repräsentation über den Ministerrat. Auch wenn die Wahlen zum   2. Indirekte
Europäischen Parlament als alleinige Legitimation europäischen Regierens nicht   Repräsentation durch
ausreichen, so müsste uns dies noch nicht allzu sehr beunruhigen. Vermittelt   Ministerrat
über die Treffen der Staats- und Regierungschefs sowie über die regelmäßigen
Sitzungen des Ministerrats sind die Bürger indirekt ein zweites Mal auf europäischer Ebene repräsentiert. Grundsatzfragen werden von den Regierungen einstimmig beschlossen und auch bei einfachen Gesetzen streben die Regierungsvertreter einen größtmöglichen Konsens im Ministerrat an. So sei gewährleistet,
argumentiert etwa Moravcsik (2002: 611f.), dass europäische Entscheidungen
nicht gegen zentrale nationale Interessen verstoßen.

Zwei gewichtige Einwände lassen sich aber auch gegen diese Argumentati-   Repräsentationslücke
on vorbringen. Erstens ist durch die Einführung von Mehrheitsentscheidungen   durch Mehrheitsent-
im Ministerrat eine *Repräsentationslücke* entstanden. Wird ein Mitgliedstaat im   scheidungen
Rat überstimmt, so ist ein europäischer Beschluss nicht mehr durch die Wähler
in diesem Land legitimiert, muss dort aber ebenso umgesetzt werden wie in allen
anderen Ländern. Besonders problematisch sind Mehrheitsentscheidungen im
Rat, so argumentiert etwa Holzinger (2005: 94-98), wenn sie nicht durch eine
entsprechende Mitwirkung des Europäischen Parlaments kompensiert werden.
Beispielsweise in der Landwirtschafts- und Wettbewerbspolitik, in der Bildungs-
politik oder in Bereichen der Wirtschafts- und Währungsunion entscheidet der
Rat mit qualifizierter Mehrheit, das Parlament ist aber nicht oder nur mit Anhö-

---

34   Vgl. http://www.europarl.europa.eu/parliament/archive/elections2009/de/turnout_de.html
      [Letzter Zugriff: 5. März 2010].

rungsrechten beteiligt (ebd.: 97). Das Gegenargument, dass im Ministerrat gar nicht so häufig einzelne Mitgliedstaaten überstimmt werden (Hix 2005: 87), überzeugt nur teilweise. Allein schon die Möglichkeit, überstimmt zu werden, beeinflusst oft massiv die Kompromissbereitschaft der Regierungsvertreter (Tömmel 2008a: 120). Schließlich lässt sich gegen Mehrheitsentscheidungen im Ministerrat einwenden, dass die Stimmenverhältnisse hier sogar noch stärker als im Europäischen Parlament zugunsten kleinerer Staaten verzerrt sind (Murswiek 2008: 88).

Repräsentationsverlust der nationalen Parlamente Schwerer wiegt aber noch ein zweiter Einwand. Die legislative Funktion des Ministerrates, also der Vertreter der Exekutive, steht im Widerspruch zu der Idee der *Gewaltenteilung*. Haben die Regierungsvertreter im Rat einmal Einigkeit über eine komplizierte Frage erreicht, können sie ihre nationalen Parlamente unter Druck setzen, zuzustimmen und nicht der eigenen Regierung in den Rücken zu fallen (Abromeit 1998: 5). Regierungen können sogar bewusst den Umweg über die europäische Ebene wählen, um Gesetzesvorhaben auf den Weg zu bringen, die sich allein auf nationaler Ebene nicht durchsetzen ließen (Murswiek 2008: 82f.). EG-Ratsverordnungen haben zudem „Durchgriffswirkung", d.h. sie gelten unmittelbar in den Mitgliedstaaten, ohne weiteren Umsetzungsakt durch die nationalen Gesetzgeber. Die indirekte Repräsentation über den Rat ist somit nicht nur lückenhaft, sondern sie unterwandert auch die Kompetenzen der staatlichen Legislative und entwertet somit teilweise die Partizipation an nationalen Parlamentswahlen. Moravcsik (1993: 507f.) sieht in diesem Machtgewinn gegenüber den Parlamenten einen Hauptgrund für die Integrationsbereitschaft nationaler Regierungen. Wenn Kompetenzen auf die europäische Ebene verlagert werden, so die zentrale Aussage des Bundesverfassungsgerichts zum Vertrag von Lissabon, bedarf es daher einer besseren und frühzeitigen Beteiligung des Bundestages. Kritisch ist vor diesem Hintergrund auch der Beitrittsprozess der mittel- und osteuropäischen Länder zur EU zu bewerten. Um nicht den gesamten Beitrittsprozess aufs Spiel zu setzen, blieb den Parlamenten in diesen Ländern oft nichts anderes übrig, als im Schnellverfahren europäische Vorgaben in nationales Recht zu übertragen, an deren Erarbeitung oft nicht einmal ihre eigenen Regierungen mitgewirkt hatten. Ein Parteienwettbewerb um unterscheidbare politische Programme war so in vielen Fragen nicht möglich, da sich sämtliche Parteien – einmal an der Regierung – vor die gleichen vollendeten Tatsachen gestellt sahen (Innes 2002).

3. Partizipation durch nichtstaatliche Akteure *3. Nichtstaatliche Interessenvertreter in der europäischen Politik.* Neben der Repräsentation durch Parlament und Rat hat sich insbesondere seit Beginn der 1990er-Jahre eine dritte Form der Partizipation auf europäischer Ebene rapide fortentwickelt: die Interessenvertretung durch nichtstaatliche Gruppierungen und Lobbyisten. Hatten Mitte der 1980er-Jahre nur wenige hundert Interessengruppen einen Sitz in Brüssel, so waren es im Jahr 2001 etwa 2.300 (Hix 2005: 211f.); neueste Erhebungen gehen von ca. 2.600 Gruppen mit ständigem Büro in Brüssel aus, insgesamt geschätzte 15.000 Einzelpersonen (Steffek/Smismans 2008: 1). Wirtschaftsvertreter machen davon etwa zwei Drittel aus; daneben sind in größerer Zahl Lobby- und Rechtsfirmen, gemeinnützige Nichtregierungsorganisationen, Berufsvereinigungen sowie nationale, regionale und lokale Vertretungen präsent; Gewerkschaften sind insgesamt schwächer vertreten (vgl. Hix 2005: 212). Der Austausch zwischen EU-Organen und nichtstaatlichen Interessenvertretern erfolgt auf ganz unterschiedliche Arten – von informellen Kontakten bis hin zu regelmäßigen und strukturierten Treffen (Fazi/Smith 2006: 27-33).

Vor allem die Kommission hat sich für die *Inklusion* nichtstaatlicher Akteure in europäische Entscheidungsprozesse stark gemacht, um damit Expertise und politische Unterstützung zu gewinnen sowie um die eigene Legitimationsbasis zu verbessern. Nicht immer, so das Ergebnis verschiedener Studien, stehen jedoch die Rhetorik der Kommission und die tatsächliche Einbindung nichtstaatlicher Akteure im Einklang (Hüller/Kohler-Koch 2008: 173; Friedrich 2007: 160). Quittkat (2008: 65) unterscheidet drei Konsultationsformen nach ihrer Inklusivität: öffentliche Konsultationen, die Befragung potenziell Betroffener (sogenannte Politikforen) sowie Expertengremien. Im ersten Fall, insbesondere bei leicht zugänglichen Online-Konsultationen, können sich potenziell sehr viele Bürger und Nichtregierungsorganisationen äußern (Hüller 2008). Gerade bei selektiveren Konsultationen, so Quittkat (2008: 71), seien die Auswahlkriterien der Kommission aber wenig transparent. Anders als etwa bei den Vereinten Nationen ist der Zugang nichtstaatlicher Interessenvertreter in der EU kaum reguliert (Friedrich 2007: 143). Nur das Europäische Parlament verfügt über ein öffentliches Register aller Personen mit Zugangsrechten. Die Kommission bietet ein solches Register auf ihrer Homepage an – wie bei der Vorgängerdatenbank CONECCS ist die Aufnahme in das Register jedoch freiwillig und vielerorts ist das Register schlichtweg unbekannt (Steffek/Smismans 2008: 3f.). Es wurde im Frühjahr 2008 in Betrieb genommen, und bis Ende August 2008 hatten sich 290 Interessenvertretungen eingetragen.[35] Die Kommission stellt Gelder zur Verfügung, um zivilgesellschaftliche Akteure auf europäischer Ebene einzubinden. Bei der Geldervergabe, so Friedrich (2007: 145), mangle es jedoch an Transparenz und bevorzugt werden „wohl etablierte Nichtregierungsorganisationen mit hoher Reputation und Expertise".

Art und Ausmaß der *Partizipation* nichtstaatlicher Akteure auf europäischer Ebene variieren sehr stark nach Politikfeldern. Die bereits erwähnten Ausschüsse – der Wirtschafts- und Sozialausschuss sowie der Ausschuss der Regionen – können sich zu einem breiten Spektrum politischer Fragen äußern. Ihre Rechte beschränken sich dabei jedoch auf obligatorische oder fakultative Anhörung sowie Stellungnahmen auf eigene Initiative, so dass sie sich vor allem einen Ruf als „Papiertiger" erworben haben (Kohler-Koch/Conzelmann/Knodt 2004: 125). An den Befragungen durch die Kommission wird bemängelt, dass die Agenda den Nichtregierungsvertretern zumeist vorgegeben sei und dass die Kommission bei der anschließenden Auswertung kaum auf widerstreitende Argumente eingehe oder Rechenschaft darüber ablege, wie mit ihnen umzugehen sei (Hüller/ Kohler-Koch 2008: 172f.). Weiter reichende Mitwirkungsmöglichkeiten haben sich nichtstaatlichen Akteuren eher in spezifischen Politikfeldern erschlossen. Auf Initiative der Kommission (und ohne Beteiligung des Europäischen Parlaments)

Marginalien:
- Kommission und nichtstaatliche Akteure
- Partizipationsformen: Konsultation, Befragung, Expertengremien
- Art und Umfang der Partizipation

---

35 https://webgate.ec.europa.eu/transparency/regrin/welcome.do [letzter Zugriff: 5. März 2010].

können Arbeitgeber und Gewerkschaften im sogenannten „sozialen Dialog" europäische Richtlinien zur Sozialpolitik aushandeln, die schließlich noch vom Rat angenommen werden müssen (Tömmel 2008a: 190f.). Die „Offene Methode der Koordinierung" beteiligt nichtstaatliche Akteure an der Suche nach geeigneten Problemlösungen zum Beispiel in der Beschäftigungspolitik und der Innovationsförderung (Radaelli 2003: 37). Das „Partnerschafts-Prinzip" schließlich erfordert die dezentrale Einbindung nichtstaatlicher Akteure bei Durchführung strukturpolitischer Förderprogramme (Tömmel 2008a: 198f.). Auch wenn nichtstaatliche Akteure somit einige beträchtliche Partizipationsmöglichkeiten erlangt haben, muss dies aber nicht Ausdruck eines allgemeinen Demokratisierungstrends sein. Die Kommission, so argumentiert etwa Kohler-Koch (2003), habe in ihrem Weißbuch über das Europäische Regieren (2001) deutlich gezeigt, dass sie Interessengruppen als Kooperationspartner in ausgewählten Bereichen willkommen heiße, dafür aber nicht auf eigene Handlungsspielräume verzichten möchte.

Zusammenfassung   Wir fassen vorerst zusammen: Alle (wahlberechtigten) Bürger der EU sind zweifach, direkt und indirekt, über Wahlen in die politische Willensbildung der EU einbezogen. Insbesondere die Direktwahl des Europäischen Parlaments, welches sich beträchtliche Kompetenzen erstritten hat, sticht gegenüber anderen internationalen Organisationen hervor. Dennoch wurden in der Diskussion auch klare Defizite deutlich, etwa hinsichtlich des politischen Wettstreits im Europäischen Parlament sowie in Fragen der Gewaltenteilung zwischen nationaler Exekutive und Legislative. Zudem sind allgemeine Wahlen zwar sehr inklusiv, die Partizipation beschränkt sich aber weitgehend auf den Akt der Stimmabgabe. Dcmgegenüber besitzen organisierte Interessengruppen zumindest in einigen Politikfeldern weiter reichende Partizipationsmöglichkeiten. Der Zugang steht aber nicht in allen Phasen europäischer Entscheidungsprozesse und nicht allen Interessenvertretern gleichermaßen offen.

4.3.2 Demokratische Kontrolle

Zwei Positionen: Politische Entscheidungen, so unser zweites Kriterium, müssen nicht nur demokratisch legitimiert sein, sie müssen auch angesichts politischer Gegengewichte (*checks and balances*) an ihre Grenzen stoßen können, das heißt: unter Kontrolle bleiben. Eine wichtige Voraussetzung dafür ist, dass Entscheidungen transparent getroffen werden. Wiederum ist es Moravcsik (2002: 609, 612f.), der hier ein **- hohe Kontrolle** europäisches Defizit abstreitet. Angesichts der vielen Akteure, die im europäi- **durch Vielzahl** schen Mehrebenensystem an der Entscheidungsfindung mitwirkten und letztlich **von Akteuren** zustimmen müssten, seien unbemerkte und unkontrollierte Entwicklungen besonders unwahrscheinlich. Umgekehrt wird argumentiert, gerade die hohen Entscheidungshürden in der EU machten es für die Mitgliedstaaten schwer, einmal angestoßene Integrationsschritte unter Kontrolle zu halten und beispielsweise Verselb- **- unkontrollierte** ständigungstendenzen von Kommission (Majone 2005: 150) oder EuGH (Scharpf **Verselbständigung** 2007: 15) entgegen zu wirken. Im Folgenden werden (1) Ministerrat, (2) Kommission und (3) EuGH jeweils dahingehend untersucht, ob ihre Entscheidungen transparent erfolgen und inwieweit sie sich dafür verantworten müssen. Der wichtigste Mechanismus zur Kontrolle des Europäischen Parlaments, die Europawahlen, wurde bereits hinreichend im vorigen Abschnitt behandelt.

1. Der Ministerrat. „Entgegen weit verbreiteter Ansicht", so Moravcsik (2002: 612), sei die europäische Gesetzgebung nicht in den Händen einer „Gruppe geheimniskrämerischer Brüsseler Gnome", sondern biete mehr *Transparenz* als viele Mitgliedstaaten. Gerade der Rat wird häufig mit dem Vorwurf untransparenter Entscheidungen, auch von Seiten anderer EU-Organe, konfrontiert (Hix 2005: 63). Was die Gesetzgebung betrifft, wurde die Transparenz in den letzten zehn Jahren deutlich verbessert. Art. 207 EGV unterscheidet zwischen exekutiven und legislativen Aufgaben des Rates und fordert im Bezug auf letztere größere Transparenz. Bis 1993 wurden keinerlei Angaben über Abstimmungen im Rat veröffentlicht; seit 1999 erscheinen monatliche Aufstellungen über angenommene Rechtsakte. Alle Beratungen und Abstimmungsergebnisse über Rechtsakte, die im Mitentscheidungsverfahren beschlossen werden, sind zudem öffentlich.[36] Gleichwohl bestehen noch Defizite: Rechtsakte in anderen Entscheidungsverfahren werden nur zu Beginn öffentlich verhandelt. Außerdem wurde bereits erwähnt, dass im Rat relativ selten tatsächlich mehrheitlich abgestimmt wird. Das Streben nach einem möglichst breiten Konsens schützt zwar davor, dass Bedenken einzelner Mitgliedstaaten einfach überstimmt werden – es fördert aber nicht unbedingt die Entscheidungstransparenz. So wissen wir wenig darüber, wie häufig Mitgliedstaaten durch Zugeständnisse in anderen Fragen (sogenannte *package deals*) zum Einlenken bewegt werden, oder wie oft Mitgliedstaaten lieber widerwillig zustimmen, anstatt in aussichtsloser Situation eine Abstimmungsniederlage hinzunehmen (vgl. Hayes-Renshaw/Van Aken/Wallace 2006: 164). Auch werden gescheiterte Abstimmungen nicht protokolliert und gelangen somit nicht an die Öffentlichkeit. Im Bereich der exekutiven Aufgaben ist die Arbeit des Rates weniger transparent (Hix 2005: 64). Viele dieser Kritikpunkte, so lässt sich allerdings einwenden, treffen auch auf nationale Regierungen zu (Moravcsik 2002: 613).

Der Ministerrat ist die Vertretung der nationalen Regierungen und so erfolgt seine *Kontrolle* zuallererst durch die *nationalen Parlamente*. Deren Fähigkeit, die eigene Regierung in Europafragen zu kontrollieren, unterscheidet sich mitunter stark nach Ländern. In allen Mitgliedstaaten existieren mittlerweile Ausschüsse für Europafragen. Teilweise werden dort europäische Gesetzesvorhaben bereits vor den Sitzungen des Ministerrats behandelt und sogar Anweisungen für das Abstimmungsverhalten beschlossen – teilweise erfolgt die Kontrolle erst nachträglich, wenn bereits ein Kompromiss auf europäischer Ebene ausgehandelt wurde (Raunio 1999: 187-190; Hix 2005: 64). Die erschwerte parlamentarische Kontrolle im zweiten Fall ist in erster Linie ein nationales Defizit – möglich wird es allerdings erst durch die bereits diskutierte Problematik, dass im Ministerrat die nationale Exekutive für legislative Fragen zuständig ist. Jenseits der nationalen Parlamente ist auch eine direkte Kontrolle der Regierungen durch nationale *Referenden* möglich. Tatsächlich haben seit 1972 mehr als 40 nationale Referen-

Randnotizen:
1. Demokratische Kontrolle des Ministerrats

Transparenz und Öffentlichkeit der Rechtsakte

Defizite

Kontrolle durch nationale Parlamente, ...

... durch Referenden,

---

36 http://www.consilium.europa.eu/showPage.asp?id=1281&lang=de&mode=g [letzter Zugriff: 5. März 2010].

den zu Fragen der Mitgliedschaft und zu Vertragsrevisionen stattgefunden (vgl. Hix 2005: 198f.). Nach den gescheiterten Abstimmungen in Frankreich und den Niederlanden sind viele Regierungen aber offensichtlich zurückhaltender geworden und haben (mit Ausnahme Irlands) auf Referenden zum überarbeiteten Vertrag von Lissabon verzichtet (vgl. Schimmelfennig 2005).[37]

... durch das
Europäische
Parlament

Das *Europäische Parlament* besitzt jenseits der Gesetzgebung weniger Kontrollmöglichkeiten gegenüber dem Rat. Der Ratspräsident stellt jeweils sein sechsmonatiges Arbeitsprogramm dem Parlament vor, und einzelne Minister aus dem Land der Ratspräsidentschaft werden in die Parlamentsausschüsse geladen. Zudem stellen die Europaparlamentarier Anfragen an den Rat, die schriftlich im Amtsblatt der EU beantwortet werden (Hix 2005: 62). Mehr Kontrollmöglichkeiten hat das Parlament wiederholt im Bezug auf das Komitologie-Verfahren und die darin erarbeiteten Durchführungsmaßnahmen eingefordert. Durch einen Ratsbeschluss vom 17. Juli 2006 wurde die Komitologie deshalb reformiert und dem Europäischen Parlament unter bestimmten Bedingungen ein Vetorecht mit qualifizierter Mehrheit eingeräumt (Scheel 2006).

2. Kontrolle der EU-
Kommission

2. Kommission. Seit Beginn der 1990er-Jahre hat die Kommission viel zur Verbesserung der Transparenz europäischen Regierens getan, z.B. durch einen verbesserten Zugang zu EU-Dokumenten, durch öffentliche Anhörungen zu neuen Gesetzesvorhaben oder durch die frühzeitige Übermittlung von Gesetzesentwürfen an die nationalen Parlamente (vgl. Hix 2005: 63). Weitaus schwieriger als die Frage nach der Transparenz der Kommissionsarbeit ist aber die nach ihrer (demokratischen) Kontrolle. Wir stehen vor folgendem Zielkonflikt: Einerseits ist die *Unabhängigkeit* der Kommission, die sie als „Hüterin der Verträge" und als ehrliche Maklerin angesichts mitgliedstaatlicher Interessengegensätze braucht, vertraglich verankert. Andererseits muss auch die Kommission kontrolliert werden, um einen *Kompetenzmissbrauch* zu verhindern.

Kontrolle durch
das Europäische
Parlament ...

Demokratische Kontrollmöglichkeiten gegenüber der Kommission besitzt vor allem das *Europäische Parlament*, wenngleich in deutlich geringerem Maße als nationale Parlamente gegenüber ihren Regierungen. Mit einer Zweidrittelmehrheit könnte das Parlament der Kommission das Misstrauen aussprechen und ihren geschlossenen Rücktritt erzwingen, was bislang aber noch nie geschehen ist. Die Kommission unter Präsident Jacques Santer trat 1999 zurück und kam damit einem möglichen Misstrauensvotum zuvor, nachdem sich die Kommissarin Cresson geweigert hatte, individuelles Fehlverhalten zu verantworten (Topan 2002). Wird eine neue Kommission benannt, kann das Parlament diese ebenfalls nur als Ganzes bestätigen oder ablehnen. Im Gegenzug für die eigene Zustimmung gelang es dem Parlament 2004 jedoch, Änderungen bei der Neubesetzung der Kommission durchzusetzen (Tömmel 2008a: 64). Schließlich nutzt das Europäische Parlament ausgiebig seine Auskunftsrechte gegenüber der Kommission: Jährlich werden der Kommission mehrere Tausend Anfragen gestellt und

---

37   In Österreich ist 2008 die Regierungskoalition aus SPÖ und ÖVP auseinandergebrochen, nachdem die SPÖ einen Kurswechsel vollzogen und sich für Referenden zu künftigen EU-Vertragsrevisionen ausgesprochen hatte.

Kommissare bzw. Mitarbeiter der Generaldirektionen in die entsprechenden Parlamentsausschüsse geladen (Hix 2005: 62f.). Darüber hinaus haben auch die *Mitgliedstaaten* zunehmend versucht, die Kommission als stärkste Befürworterin immer neuer Integrationsschritte einzuschränken. Seit Beginn der 1990er-Jahre, so das Argument Majones (2006a: 612-616), haben die Mitgliedstaaten zahlreiche Maßnahmen beschlossen, die von der klassischen „Gemeinschaftsmethode" – gemeint ist die Gesetzgebung auf Initiative der Kommission – abweichen: In der zweiten und dritten Säule der EU wurden der Kommission kaum Kompetenzen übertragen; der „soziale Dialog" umgeht teilweise die Gesetzesinitiative der Kommission; über die Komitologie werden die Durchführungsmaßnahmen der Kommission kontrolliert; auf den Treffen der Staats- und Regierungschefs werden zunehmend Beschlüsse außerhalb des Gemeinschaftsrahmens gefasst.

... und durch Mit-
gliedstaaten

Diese Vorsichtsmaßnahmen der Mitgliedstaaten, so das weitere Argument Majones (2006a: 610-612), wären nicht notwendig gewesen, hätte man die Kommission auf *klar definierte Aufgaben* verpflichtet. Gemeint ist damit vor allem die effiziente Regulierung des europäischen Binnenmarktes. Unter dieser Bedingung wäre es vertretbar, dass die Kommission wirklich unabhängig und somit frei von demokratischer Kontrolle agierte. Entsprechend müsste sie sich an ihren Ergebnissen messen lassen, also daran, ob sie ihre klar definierten Aufgaben auch wirklich erfüllte (Majone 1998). Der „Sündenfall" besteht aus dieser Perspektive darin, dass man über die wirtschaftliche Integration hinausgegangen ist und immer mehr, oftmals widersprüchliche Ziele und Kompetenzen auf europäischer Ebene verankert hat (Majone 2005: 33-40). Andere Autoren bestreiten dagegen, dass sich eine solche klare Aufgabenbegrenzung auf „rein wirtschaftliche Fragen" überhaupt bewerkstelligen ließe. Die meisten politischen Probleme und Konflikte seien nicht nur Fragen wirtschaftlicher Effizienz – sie erforderten eine Abwägung zwischen verschiedenen Zielen und Interessen, brächten Gewinner und Verlierer hervor (Follesdal/Hix 2006: 542-544). Entsprechend ließen sich solche Entscheidungen aber nicht einfach als „effizient" legitimieren, sondern bedürften demokratischer Kontrolle (Schäfer 2006a: 199). Wie aber ließe sich überhaupt kontrollieren, ob die Kommission bzw. die EU als Ganzes „ihre Aufgaben" wirklich erfüllen? Man könnte die gescheiterten Verfassungsreferenden als Ausdruck einer wachsenden Unzufriedenheit der Bürger mit der EU interpretieren (Schäfer 2005b), doch ergeben die Umfragedaten hier kein einheitliches Bild. Ein anderer Maßstab für die Anerkennung der europäischen Politik könnte die Regeleinhaltung durch die Mitgliedstaaten sein, die im Vergleich zu anderen internationalen Organisationen in der EU sehr hoch ist (Zürn/Joerges 2005).

3. Europäischer Gerichtshof. Bei der Bewertung des EuGH schließlich stoßen wir auf den gleichen Zielkonflikt wie bei der Kommission. Um die „Wahrung des Rechts" (Art. 220 EGV) zu sichern, muss der EuGH mit unabhängigen Richtern besetzt sein. Gleichzeitig lassen viele Vertragsnormen großen Interpretationsspielraum. Diesen Spielraum, so argumentieren Kritiker, habe der EuGH dazu genutzt, um (1) fast durchweg pro Integration zu urteilen (Scharpf 2007: 14f.) und dies habe (2) zu einer Privilegierung wirtschaftlicher Integration gegenüber anderen Politiken geführt (Scharpf 1999: 52-80). Die Mitgliedstaaten hätten dieser Rechtsprechung bzw. „Rechtsetzung" durch den EuGH häufig

3. Kontrolle des
Europäischen
Gerichtshofes

Spannung zwischen
und Kontrolle

Fehlen wirksamer
Kontroll-
mechanismen

keine wirksamen Kontrollmechanismen entgegen zu setzen. Um dem EuGH substanzielle Grenzen zu setzen, müssten die Mitgliedstaaten sich einstimmig auf eine Vertragsreform einigen – doch gerade aufgrund der Interessenkonflikte, in die die Urteile des EuGH eingreifen, ist eine solche Einigung oft ausgeschlossen (Alter 1998a: 135-142).

Beispiele

Zwei aktuelle Urteile, die unter Europarechtlern für großes Aufsehen gesorgt haben (vgl. Joerges/Rödl 2008), sollen als Beispiele dienen. In den Fällen *Laval* und *Viking* hatten jeweils Gewerkschaften versucht, bestehende Lohn- und Arbeitsstandards in alten, reicheren Mitgliedstaaten (Schweden, Finnland) gegenüber niedrigeren Standards in den neuen, ärmeren Mitgliedstaaten (Lettland, Estland) durch Streikmaßnahmen zu verteidigen. Grob zusammengefasst urteilte der EuGH in beiden Fällen, dass die Arbeiter zwar zweifellos ein Streikrecht besäßen, dass die Ausübung dieses Grundrechts aber die Dienstleistungs- und Niederlassungsfreiheit im Binnenmarkt nicht über Gebühr einschränken dürfe (vgl. Höpner 2008). Die europäischen Marktfreiheiten wurden somit über das Streikrecht gestellt, wie es etwa in Art. 9 GG über die Tarifautonomie verankert ist. Kritiker der Urteile sehen auch die These bestätigt, dass der EuGH oftmals einseitig die wirtschaftliche Integration fördere. Angesichts des Interessenkonflikts – hier im Wesentlichen zwischen reicheren und ärmeren Ländern – erscheint es aber unwahrscheinlich, dass sich die EU-Mitgliedstaaten auf gemeinsame europäische Regeln zur Korrektur der EuGH-Urteile einigen (Scharpf 2008: 20).

Wirksame Kontrolle nur durch Anerkennung der Rechtsprechung in den Mitgliedstaaten

Wie lässt sich also die Rechtsprechung des EuGH kontrollieren? Letztlich gibt es nur einen wirksamen Kontrollmechanismus: Der EuGH ist auf die *Anerkennung* seiner Rechtsprechung in den Mitgliedstaaten angewiesen. So gesehen haben die europäischen Richter große Überzeugungsarbeit geleistet, denn die Doktrin von der unmittelbaren Anwendbarkeit und vom Vorrang des Europarechts wird heute nirgends mehr grundsätzlich angezweifelt. Weiler (1994) nennt insbesondere die nationalen Gerichtshöfe, die mitgliedstaatlichen Regierungen und die juristische Lehrmeinung, die der EuGH zu überzeugen hatte. Auch in den beiden diskutierten Fällen, so ließe sich argumentieren, habe der Gerichtshof abgewogen, um breite Anerkennung für seine Urteile zu sichern. Die „sozialdemokratische Kritik" von Fritz Scharpf bezeichnet etwa Moravcsik (2004: 619) als zu stark an nationalen Maßstäben orientiert – aus einer Perspektive transnationaler Solidarität zwischen alten und neuen Mitgliedstaaten erscheinen die EuGH-Urteile weniger radikal. Ganz gleich, wie man diese Einzelfälle bewerten mag, so bleibt doch zur Kontrolle des EuGH festzuhalten: Der Gerichtshof kann sich nicht auf seiner einmal erlangten Anerkennung ausruhen, sondern muss sich diese fortwährend für seine Rechtsprechung erarbeiten (Weiler 1994: 532f.). Der Kritiker Scharpf (2008) ruft auf zur Revolte: „Der einzige Weg ist, dem EuGH nicht zu folgen." In einem Zeitungsartikel haben sich der ehemalige Bundespräsident Herzog und sein Koautor diesem Aufruf angeschlossen. Unter dem Titel „Stoppt den Europäischen Gerichtshof" schreiben sie darin (Herzog/Gerken 2008):

> „Es kracht gewaltig im Gebälk der europäischen Rechtsprechung. Ursache ist der Europäische Gerichtshof, der mit immer erstaunlicheren Begründungen den Mitgliedstaaten ureigene Kompetenzen entzieht und massiv in ihre Rechtsordnungen eingreift. Inzwischen hat er so einen Großteil des Vertrauens verspielt, das ihm einst entgegengebracht wurde."

Bislang scheint kein Mitgliedstaat einen Bruch zu wollen, aber alleine die Dro- Kontrolle durch
Nichtbeachtung?
hung kann schon Eindruck beim EuGH hinterlassen. Das Bundesverfassungsgericht hat in seinem Urteil zum Lissabon-Vertrag eine deutliche, wenn auch juris-
tisch verklausulierte Warnung an den EuGH geschickt und betont, dass es in
gravierenden Fällen bereit wäre, den Konflikt zu wagen, bzw. den deutschen
Bundestag dazu befugt sieht (Randnummern 336 und 340 des Urteils):

> „Mitgliedstaatlichen Rechtsprechungsorganen mit verfassungsrechtlicher Funktion
> kann im Rahmen der ihnen übertragenen Zuständigkeit (…) nicht die Verantwortung
> für die Grenzen ihrer verfassungsrechtlichen Integrationsermächtigung und die
> Wahrung der unverfügbaren Verfassungsidentität genommen werden. (…) Insofern
> widerspricht es nicht dem Ziel der Völkerrechtsfreundlichkeit, wenn der Gesetzge-
> ber ausnahmsweise Völkervertragsrecht (…) nicht beachtet, sofern nur auf diese
> Weise ein Verstoß gegen tragende Grundsätze der Verfassung abzuwenden ist."

Wie ist es also insgesamt um die (demokratische) Kontrolle in der EU bestellt? Fazit
Der Rat, so haben wir festgestellt, hat zwar deutliche Fortschritte in Sachen
Transparenz gemacht, weist hier aber immer noch die größten Defizite der europäischen Organe auf. Seine demokratische Kontrolle ist in erster Linie die Aufgabe der nationalen Parlamente und wird von diesen unterschiedlich stark wahrgenommen. Die Bewertung von Kommission und EuGH ist schwierig: Gute
Gründe sprechen für die Unabhängigkeit dieser Organe, aber auch für ihre Kontrolle – teilweise entstehen dabei Widersprüche. Die Kommission verfolgt heute
eine solche Vielzahl von Politiken und Zielsetzungen, dass es nicht ausreicht, sie
nur im Nachhinein an ihren Ergebnissen zu messen. Stattdessen bedarf die Verständigung auf die Ziele selbst einer demokratischen Kontrolle. Hier hat vor
allem das Europäische Parlament eher bescheidene Rechte. Der einzige wirksame Kontrollmechanismus gegenüber dem EuGH bleibt die (Nicht-)Anerkennung
seiner Rechtsprechung durch die Mitgliedstaaten.

4.3.3 Diskursive Qualität

Schließlich haben wir als drittes Kriterium formuliert, dass sich die demokratische Qualität internationaler Organisationen auch danach bemisst, inwieweit sie
deliberative Prozesse zulassen. Sind die Entscheidungsverfahren in der EU so
gestaltet, dass sich letztlich überlegene Argumente durchsetzen, oder bestimmen
andere Faktoren – etwa das Machtwort einzelner Staaten – den Ausgang von
Verhandlungen? Natürlich ist es schwer zu unterscheiden, wann wir es in einer
Verhandlungssituation mit „guten Argumenten" und wann mit Überredung oder
Zwang zu tun haben. Auch haben wir eingeräumt, dass das Modell der deliberativen Demokratie einen Idealzustand beschreibt, den wir in der Praxis kaum Wichtige Foren der
Deliberation in der
EU
vorfinden. Im Folgenden werden wir daher nicht sämtliche Foren der EU nach
ihrer diskursiven Qualität untersuchen, sondern uns auf einige Verfahren konzentrieren, denen in der Debatte häufig ein besonderer Mangel bzw. ein besonderes Potenzial an deliberativen Elementen bescheinigt wird: (1) Grundsatzfragen
werden in der EU traditionell auf großen Regierungskonferenzen verhandelt –
alternativ wurde der Verfassungsvertrag durch den sogenannten „Konvent" vor-

bereitet. Im Alltag des europäischen Regierens haben insbesondere drei Verfahren Hoffnungen bei den Vertretern deliberativer Demokratie geweckt: (2) die Offene Methode der Koordinierung, (3) die Komitologie und (4) die Streitschlichtung durch den EuGH. Abschließend wenden wir uns der Frage zu, (5) inwieweit wir von einer europäischen Öffentlichkeit sprechen können, einer wesentlichen Voraussetzung für deliberative Demokratie in Europa.

1. Regierungs-
konferenzen und
Verfassungskonvent

Regierungskonferenz:
Verhandlung, nicht
Deliberation

Deliberatives
Verfahren im
Verfassungskonvent

1. Regierungskonferenzen und der Verfassungskonvent. Im Hinblick auf unsere beiden ersten Kriterien, Partizipation und Kontrolle, sind Regierungskonferenzen weitgehend unproblematisch: Vertragsrevisionen werden dort einstimmig von den Regierungen beschlossen und müssen von den nationalen Parlamenten ratifiziert werden (Risse/Kleine 2007: 73). Bis es jedoch zu einem gemeinsamen Beschluss der Regierungen kommt, so die gängige Beschreibung, wird hart und wenig transparent verhandelt, es wird taktiert und so mancher „Kuhhandel" abgeschlossen (Moravcsik 1998).

Der Verfassungskonvent unter der Leitung des ehemaligen französischen Präsidenten Giscard d'Estaing wich in mehrfacher Hinsicht von dieser Praxis ab. Beteiligt waren neben Regierungs- und Kommissionsvertretern auch europäische und nationale Parlamentarier. Die Arbeitsweise des Konvents, so betonen Risse und Kleine (2007: 76), stellte Argumentieren und Überzeugen in den Vordergrund. Die Konventsmitglieder wurden von Anfang an dazu aufgerufen, in ihrem eigenen Namen und nicht als Vertreter bestimmter Parteien oder Staaten zu sprechen. Die Arbeitsschritte wurden minutiös aufgezeichnet und öffentlich über das Internet dokumentiert. Entschieden wurde im Konvent mit „breitem Konsens", so dass einerseits niemand alleine blockieren konnte und andererseits keine sicheren Mehrheitsverhältnisse bestanden. Insgesamt, so Befürworter der Konventsmethode, war der Entscheidungsprozess dadurch weitaus deliberativer als traditionelle Regierungskonferenzen und das Ergebnis entsprechend ein besserer Vertragsentwurf als die vielfach kritisierten Vorgänger aus Amsterdam und Nizza (Göler 2006; Risse/Kleine 2007). Kritiker entgegnen, letztlich sei der Verfassungskonvent ein gescheiterter Versuch von EU-„Öffentlichkeitsarbeit" gewesen – wie die Umfragen zu den gescheiterten Referenden zeigten, sei die Überzeugung einer breiten Öffentlichkeit schlichtweg nicht gelungen (Moravcsik 2006: 220). Vertreter der Zivilgesellschaft seien zudem, wie bei früheren Regierungskonferenzen auch, auf eine Beobachterrolle beschränkt gewesen (Pérez-Solórzano Borragán 2007).

2. Offene Methode
der Koordinierung
(OMK)

2. Die Offene Methode der Koordinierung (OMK). Als Musterbeispiel einer „neuen Form des Regierens" (Héritier 2003: 106) wird häufig die OMK genannt, da sie auf hierarchische Steuerung verzichtet und private Akteure in die Politikformulierung mit einbindet. Die OMK wurde erstmals durch den Amsterdamer Vertrag 1997 als Teil der europäischen Beschäftigungsstrategie eingeführt und anschließend auf zahlreiche weitere Politikfelder übertragen (Schäfer 2005a:

130-138).[38] Die Grundidee dabei ist, dass sich die EU-Mitgliedstaaten auf gemeinsame Ziele einigen, etwa den Abbau der Arbeitslosigkeit, und anschließend regelmäßig über die erzielten Ergebnisse und geeignete Strategien berichten bzw. sich austauschen. Den Mitgliedstaaten werden also keine verbindlichen Vorgaben gemacht, sondern sie sollen voneinander lernen und durch den Vergleich mit anderen Staaten zu Reformen angespornt werden. Nach einem ähnlichen Muster funktionieren beispielsweise auch die PISA-Schulstudien der OECD. Die OMK, so argumentieren Eberlein und Kerwer (2004: 133), ermögliche dezentrale Politikgestaltung unter Beteiligung der betroffenen privaten Akteure und zugleich eine nicht-hierarchische Koordinierung über die verschiedenen Ebenen europäischer Politik hinweg. Damit besitze die OMK erhebliches Potenzial aus Sicht der deliberativen Demokratietheorie.

Grundidee

deliberatives Potenzial

Nach der anfänglichen Begeisterung in Politik und Wissenschaft über die Neuerungen der OMK sind in den letzten Jahren aber auch kritische Stimmen lauter geworden. Entgegen den hohen Erwartungen, die vielfach an die OMK geknüpft würden, sei sie in erster Linie als „Notlösung" in jenen Politikbereichen eingeführt worden, in denen sich die Regierungen auf keine weiter reichenden Integrationsschritte einigen konnten (Schäfer 2006c). Bisher gebe es kaum empirische Belege, dass die OMK tatsächlich zu sichtbaren Forschritten hinsichtlich der formulierten Ziele beigetragen habe (Idema/Keleman 2006 : 110). Auch mit Blick auf die demokratische Qualität der EU sei die OMK fragwürdig, da sie nicht zwangsläufig zu mehr und transparenter Beteiligung privater Akteure führe (vgl. de la Porte/Nanz 2004: 276). In einem Bericht über die OMK zur Beschäftigungspolitik kommt das Europäische Parlament zu dem harten Urteil (zitiert nach Idema/Keleman 2006 : 118):

kritische Stimmen

> „Derzeit ist die offene Koordinierungsmethode in vielen Fällen ein Prozess zwischen den und für die Eliten, das Ergebnis von zwischenstaatlichen Verhandlungen und Konzertierungen."

3. Komitologie.[39] Ähnlich wie bei der Politikformulierung durch die OMK bescheinigen verschiedene Autoren der Komitologie ein hohes deliberatives Potenzial bei der Politikimplementierung. Zwar ist die Kommission zuständig für die Durchführung von Ratsbeschlüssen, doch wollen die Mitgliedstaaten keinen Kontrollverlust riskieren. Die Komitologie-Ausschüsse, so Joerges und Neyer (1997), vermittelten zwischen den berechtigten Anliegen der supranationalen Kommission einerseits und des intergouvernementalen Rats andererseits. Die Kommission versuche in der Regel schon frühzeitig, Einwände der Regierungs-

3. Komitologie

diskursives Potenzial

---

38 Vgl. etwa die Selbstdarstellung der EU zur OMK im Bereich der Sozialpolitik, online: http://ec.europa.eu/social/main.jsp?catId=753&langID=de [letzter Zugriff: 5. März 2010].

39 Ähnlich wie der Komitologie wird auch den europäischen Regulierungsagenturen häufig ein besonderes deliberativ-demokratisches Potenzial attestiert. Da sich die Argumente weitgehend gleichen, gehen wir hier jedoch nicht näher auf das Agenturwesen ein. Für einen Überblick siehe Majone (2006b); als konkretes Beispiel diskutiert Dabrowska (2007) die Regulierung gentechnisch veränderter Organismen durch die Europäische Behörde für Lebensmittelsicherheit.

vertreter zu berücksichtigen, um einen breiten Konsens herzustellen. Insbesondere bei neuen, ungeklärten Fragen zeigten sich auch die Mitgliedstaaten sehr offen für den Meinungsaustausch. Zudem bezögen Kommission und nationale Delegierte ein breites Spektrum an zusätzlichen Informationsquellen mit ein. Insgesamt könne damit eine höhere diskursive Qualität erreicht werden. Das Komitologie-Verfahren verspreche somit eine Verschiebung „from power to reason" – frei übersetzt: von Verhandlungsmacht zur Überzeugungskraft des besseren Arguments (ebd.: 281).

Kritik

Allerdings zeigt sich an der Komitologie auch, dass Deliberation sowie demokratische Partizipation und Kontrolle mitunter in einem Spannungsverhältnis stehen. So werden die Komitologie-Ausschüsse immer wieder als exklusive und wenig transparente Expertenzirkel kritisiert (Hix 2005: 57). Dass hier der sonst mit legislativen Befugnissen ausgestattete Rat die exekutiven Aufgaben der Kommission überwacht, verstößt gegen die Gewaltenteilung auf europäischer Ebene (Tömmel 2008a: 239). Schließlich steht vor allem das Europäische Parlament der Komitologie kritisch gegenüber. Im normalen Gesetzgebungsverfahren, so die Kritik, werden häufig nur noch Rahmenbeschlüsse verabschiedet – oftmals entscheidende Details hingegen werden in der Komitologie und damit ohne angemessene Beteiligung des Parlaments festgelegt (vgl. ausführlicher Scheel 2006).

4. Schlichtung durch den EuGH

4. Streitschlichtung durch den EuGH. Schließlich wollen wir noch auf eine Entwicklung eingehen, die teilweise im Gegensatz zu mehr Deliberation in der EU steht. Immer häufiger werden Streitfälle in Europa vor Gerichtshöfen entschieden, anstatt im Konsens gelöst zu werden (Kelemen 2006: 107-114). Nicht nur die Kommission und die Mitgliedstaaten sind daran als Streitparteien beteiligt – zunehmend machen auch private Akteure von ihren Klagemöglichkeiten Gebrauch. Die Branche der europäischen Rechtsberatungsfirmen boomt. Dieses Phänomen ist vor allem aus den USA bekannt und wird dort als *adversarial legalism* bezeichnet (Kagan 1997). Kelemen (2006: 104) argumentiert, dass das Europarecht und die institutionelle Struktur der EU eine ähnliche Entwicklung in Europa begünstigt haben.

wachsende Zahl von Rechtskonflikten

Demokratische Qualität der juristischen Konfliktbewältigung?

Von einer zwanglosen, einvernehmlichen Lösung, wie sie dem Ideal der deliberativen Demokratie entspricht, kann bei einem Gerichtsurteil sicherlich kaum die Rede sein. Auch unter anderen Gesichtspunkten ist der Beitrag des „antagonistischen Legalismus" zur demokratischen Qualität der EU fraglich. Viele Gerichtsprozesse sind teuer und kompliziert, ihr Ausgang ungewiss (Kagan 1997: 168f.). Nicht alle Interessen(gruppen) sind unter diesen Bedingungen gleichermaßen in der Lage, sich vor Gericht zu streiten (Conant 2002: 21).

Trotzdem wird der zunehmende Konfliktaustrag vor Gericht von einigen Autoren als positiv für die Demokratie in der EU bewertet, da er den Bürgern einen zusätzlichen Weg eröffnet, ihre Interessen zu vertreten. Kelemen (2006: 123) plädiert dafür, das demokratische Potenzial von Klagerechten nicht zu unterschätzen:

„Gerichtsklagen sind womöglich nicht die Form der Partizipation, die die meisten Verteidiger der Demokratie im Sinn haben. Nichtsdestotrotz sind Klagen zur Vertei-

digung der eigenen Rechte in einem liberalen Rechtsstaat eine ebenso legitime Form
der Partizipation wie Wahlen oder Demonstrationen."

Darüber hinaus können starke Institutionen wie der EuGH durchaus deliberative
Prozesse in der EU fördern. Der Konfliktaustrag vor Gericht garantiert eine hohe
diskursive Qualität (Neyer 2003: 701):

Funktion der Gerichtsbarkeit für Deliberation

„So gesehen ist die wichtigste Funktion des Europarechts, dass es einen verbindlichen Maßstab liefert, der eine Unterscheidung zwischen guten und schlechten Argumenten ermöglicht [...] Der Gerichtshof bietet einen Anreiz zum Argumentieren."

5. (K)eine europäische Öffentlichkeit. Eine wesentliche Voraussetzung, damit die
beschriebenen Foren überhaupt wahrgenommen und von einem breiten Diskurs
über die politische Ausrichtung der EU beeinflusst werden können, ist die Entstehung einer europäischen Öffentlichkeit. Insbesondere Jürgen Habermas hat
die demokratische Bedeutung einer europäischen Öffentlichkeit immer wieder
betont und sich als Anstifter europäischer Debatten versucht. [40] Skeptiker wenden ein, die Sprachenvielfalt in Europa und die weitgehend nach Mitgliedstaaten
unterteilte Medienlandschaft stünden der Entstehung eines breiten europäischen
Diskurses im Wege (Grimm 1995). Denn um von einer wahrhaft europäischen
Öffentlichkeit sprechen zu können, müsste nicht nur das Interesse an europäischen Themen innerhalb der EU-Mitgliedstaaten wachsen, sondern Diskussionen
in verschiedenen Ländern müssten sich wechselseitig aufeinander beziehen.

5. Europäische Öffentlichkeit

skeptische Perspektive

Die Ergebnisse eines Bremer Forschungsprojekts zur europäischen Öffentlichkeit sind aus dieser Perspektive ernüchternd (Sifft et al. 2007). Das Projekt
hat die Berichterstattung zu Europathemen in Qualitätszeitungen aus Deutschland, Dänemark, Frankreich, Großbritannien und Österreich von 1982 und 2003
untersucht. In allen Ländern haben europäische Themen im Zeitverlauf an Bedeutung gewonnen – über die nationalen Grenzen hinweg hat sich jedoch wenig
geändert: Nur auf unverändert niedrigem Niveau beobachten die Zeitungen Diskussionsbeiträge aus anderen Ländern oder treten sogar in Diskussionen miteinander.

Empirische Belege

Auch unser Fazit zur diskursiven Qualität in der EU muss somit differenziert ausfallen. Zweifellos erfordert das Regieren im europäischen Mehrebenensystem von allen Beteiligten eine grundsätzliche Offenheit und Kompromissbereitschaft gegenüber anderen Interessen und Positionen. Kommission, Rat und
Parlament sind in der Regel um einen größtmöglichen Konsens bei ihren Entscheidungen bemüht. Inwiefern letztlich die Verhandlungsmacht der Akteure
ausschlaggebend ist oder die Überzeugungskraft von Argumenten, lässt sich in
der Praxis schwer feststellen. An einer Reihe von Beispielen haben wir Anspruch
und Wirklichkeit deliberativer Prozesse auf europäischer Ebene diskutiert. Eine
Gemeinsamkeit fällt dabei auf: Offensichtlich stehen auf europäischer Ebene

Fazit

---

40 So initiierte Habermas 2003 gemeinsam mit dem französischen Philosophen Jacques
Derrida eine Diskussion europäischer Intellektueller zur Außenpolitik der EU in wichtigen europäischen Tageszeitungen. Siehe: „Nach dem Krieg: Die Wiedergeburt Europas",
FAZ vom 31. Mai 2003.

zahlreiche institutionelle Arrangements zur Verfügung, die den Austausch von Argumenten und zumeist konsensuale Entscheidungsprozesse erleichtern. Gleichzeitig beschränkt sich dieser Dialog bzw. der erzielte Konsens aber häufig auf Eliten, während breitere Teile der Bevölkerung kaum teilnehmen möchten oder können.

4.3.4 Zusammenfassung: Wie demokratisch ist die EU?

Wie demokratisch ist also die EU im Vergleich zu den anderen internationalen Organisationen? Oder sollten wir die EU doch eher mit demokratischen Nationalstaaten vergleichen? Wir haben uns für einen Mittelweg entschieden: Einerseits haben wir gezeigt, dass sich die demokratische Qualität der EU durchaus an unserem Analyseraster für internationale Organisationen diskutieren lässt. Andererseits, so das Fazit des vorausgehenden Abschnitts, müssen wir die besondere Integrationstiefe der EU berücksichtigen und von einem entsprechend hohen Demokratiebedarf ausgehen.

Hoher Demokratiebdarf in der EU

Eine eindeutige und abschließende Antwort auf die Frage nach der demokratischen Qualität der EU können wir trotzdem nicht geben. Nur noch wenige Autoren würden die Position vertreten, dass es keinerlei Demokratiedefizit in der EU gibt. So stuft Zweifel (2006) die EU im Vergleich zu anderen internationalen Organisationen klar als die demokratischste ein. Er unterscheidet aber nicht nach Demokratiebedarf, sondern legt überall den gleichen Maßstab an. Umgekehrt hat unsere Analyse auch gezeigt, dass pauschale Kritik an einem „Europa-Komplott" (von Arnim 2006) oder am „Raumschiff Brüssel" (Oldag/Tillack 2003) stark überzeichnet ist und die vielfältigen Fortschritte an Partizipation, demokratischer Kontrolle und diskursiver Qualität in der EU verkennt.

Demokratiedefizit und demokratische Fortschritte

Eine ausgewogene Bewertung der Demokratie in der EU muss unserer Ansicht nach zumindest folgende drei Punkte enthalten:

Zwei Geschwindigkeiten von Integration und Demokratisierung

1. *Die wirtschaftliche und politische Integration in Europa sowie die Demokratisierung der EU haben nicht immer Schritt miteinander gehalten.* Sicherlich sind die Direktwahl des Europäischen Parlaments oder die individuellen Klagemöglichkeiten vor dem EuGH auf internationaler Ebene einmalige Beispiele demokratischer Mitwirkung und Kontrolle. Reichen sie aber aus, um den besonderen Demokratiebedarf der EU zu decken? Die große Mehrheit der Kommentatoren diagnostiziert der EU ein Demokratiedefizit, das sich zumeist darauf zurückführen lässt, dass die Integration schneller vorangeschritten ist als der Ausbau von demokratischen Mitwirkungs- und Kontrollmöglichkeiten. So wird etwa die Kommission in immer mehr Politikfeldern tätig, während sich die Kontrolle der Kommission durch das Europäische Parlament nur sehr langsam verbessert.

Vielfalt von Demokratiedefiziten

2. *Das europäische Demokratiedefizit setzt sich genau genommen aus einer Mehrzahl von Defiziten zusammen.* Im Hinblick auf jedes unserer drei Kriterien – Partizipation, Kontrolle und diskursive Qualität – haben wir mehr oder weniger ausgeprägte Schwächen in der demokratischen Verfasstheit der EU ausgemacht. Teilweise traten dabei auch Spannungen zwischen den

Kriterien zu Tage: So wird die Komitologie häufig für ihre Exklusivität kritisiert – aber trotzdem oder gerade deshalb für ihre diskursive Qualität gelobt. Hinzu kommt, dass „die EU" kein einfaches und einheitliches politisches System ist, sondern dass wir es mit einem Mehrebenensystem zu tun haben, das außerdem je nach Säule ganz unterschiedliche Gestalt annimmt. Schließlich betonen die Autoren, die der EU ein Demokratiedefizit bescheinigen, mitunter ganz unterschiedliche Aspekte. Wir können schon hier erahnen, dass es bei der Diskussion möglicher Reformen der EU nicht einfacher und übersichtlicher wird.

3. *Viele der europäischen Demokratiedefizite können wir auch auf nationaler Ebene beobachten.* Leider sinkt die Wahlbeteiligung nicht nur bei Europawahlen. Die Aushöhlung ihrer Mitwirkungs- und Kontrollmöglichkeiten durch Regierungsabsprachen auf höherer Ebene beklagen auch die Parlamente der deutschen Bundesländer oder anderer föderaler Staaten (vgl. Zweifel 2002). Die zunehmende Delegation von spezifischen Aufgaben an unabhängige, nur bedingt demokratisch kontrollierte Einrichtungen ist keine europäische Erfindung – Zentralbanken oder Wettbewerbsbehörden gab es zuvor schon auf nationaler Ebene (Majone 1998: 11). Als Argumente für die Übertragung von Entscheidungskompetenzen werden auch dort die Komplexität vieler Sachfragen oder mangelndes öffentliches Interesse genannt (Moravcsik 2002: 622). Dieser Vergleich soll die Schwächen der EU nicht entschuldigen oder verdrängen. Es erscheint uns aber angemessener, die Kritik am Demokratiedefizit der EU nicht isoliert zu betrachten, sondern sie in einen breiteren Kontext zu stellen.

Vergleichbarkeit der nationalen und europäischen Ebene

4.4 Reformvorschläge

Inwiefern lassen sich die demokratischen Defizite der EU beheben? Wir haben bereits angedeutet, dass die Reformvorschläge für die EU noch vielfältiger sind als die Diagnosen zum Demokratiedefizit. Ironisch spielt Moravcsik auf einen der Vordenker der amerikanischen Demokratie, James Madison, an: Wir bräuchten nicht zu fragen „Wo sind die europäischen Madisons?", sondern „Warum gibt es hier so viele Madisons?" (Moravcsik 2002: 604). Der Übersichtlichkeit halber fassen wir die Reformvorschläge grob in vier Blöcke zusammen: von einem zweifachen Mehr an Integration (mehr Rechte für das Parlament, mehr politischer Wettstreit), über eine verstärkte Integration in einigen Ländern (Kerneuropa) bis hin zu weniger Integration (mehr Rücksicht auf das Subsidiaritätsprinzip).

Arten von Reformvorschlägen

4.4.1 Parlamentarisierung

Die Forderung nach einer *Stärkung des Europäischen Parlaments* ist ebenso alt wie die Debatte um ein europäisches Demokratiedefizit selbst (Lodge 1994). Im Vergleich zu nationalen Parlamenten, so das Argument, mangle es dem Europäischen Parlament noch an zu vielen Kompetenzen. Erst durch eine weitere Auf-

Stärkung des EU-Parlaments

wertung rücke das Europäische Parlament ins Zentrum der europäischen Willensbildung sowie Entscheidungsfindung und werde so zum Garant demokratischer Legitimität der EU (vgl. Kohler-Koch/Conzelmann/Knodt 2004: 212).

Bisher erreichte Kompetenzen ... Nicht zuletzt mit dieser Argumentation konnte das Europäische Parlament seine Kompetenzen seit dem Vertrag von Maastricht beträchtlich erweitern. Die wichtigsten Elemente haben wir bereits genannt: die Einführung und Ausweitung des Mitentscheidungsverfahrens, die erreichten Zugeständnisse bei der Ernennung einzelner Kommissare, die Beteiligung am Verfassungskonvent, die stärkere Einbindung in das Komitologie-Verfahren von Rat und Kommission. In Anspielung auf die amerikanische Unabhängigkeitsbewegung argumentiert Rittberger, dass sich in Europa der Grundsatz durchgesetzt habe: „No integration without representation!". Der „demokratische Selbstheilungsmechanismus" in Europa bestehe darin, dass vertiefte Integration und der damit verbundene Kompetenzverlust nationaler Parlamente regelmäßig durch eine Stärkung des europäischen Parlaments kompensiert würden (Rittberger 2006: 1227). Auch intern ist das Europäische Parlament durch die Herausbildung zunehmend kohärenter und untereinander konkurrierender Parteien den nationalen Parlamenten ähnlicher geworden (Hix/Noury/Roland 2005). Nach außen ist die Arbeit des Europäischen Parlaments schließlich sichtbarer geworden (Hix 2005: 202). In verschiedenen Auseinandersetzungen, die großes öffentliches Interesse erzeugten, spielte das Europäische Parlament eine zentrale Rolle: etwa beim Rücktritt der Santer-Kommission 1999, bei der Ablehnung der Übernahmerichtlinie 2001 oder beim Beschluss der Dienstleistungsrichtlinie 2006.

... und zukünftige Schritte Nichtsdestotrotz gehen diese Entwicklungen den Befürwortern einer Parlamentarisierung der EU noch nicht weit genug. Die Liste der fehlenden Kompetenzen sei weiterhin ähnlich beeindruckend, wie die der errungenen Kompetenzgewinne. Auch hier haben wir die wesentlichen Defizite bereits angesprochen: nur die Kommission besitzt das Gesetzesinitiativrecht; das Mitentscheidungsverfahren gilt noch längst nicht in allen Politikfeldern; insbesondere in der zweiten und dritten Säule der EU hat das Europäische Parlament kaum formale Rechte; das Parlament kann der Ernennung bzw. dem Rücktritt der Kommission nur im Ganzen zustimmen, nicht aber einzelne Kommissare bzw. den Kommissionspräsidenten kontrollieren; große Teile des EU-Haushalts sind der Kontrolle durch das Parlament entzogen. Durch den Vertrag von Lissabon wurden diese Defizite teilweise behoben. So ist das Mitentscheidungsverfahren nun der Normalfall für eine wesentlich größere Zahl von Politikfeldern, und die Haushaltsrechte des Europäischen Parlaments wurden auch auf den Bereich der Landwirtschaft ausgedehnt.

Einwände gegen eine Stärkung des EU-Parlaments Ähnlich ausgereift wie die Vorschläge zu einer weiteren Stärkung des Europäischen Parlaments sind aber auch die *Einwände* dagegen. Das demokratische Potenzial des Europäischen Parlaments sei weitgehend ausgeschöpft (Abromeit 1998: 29) – alle weiteren Schritte in Richtung einer vollen Parlamentarisierung werden dagegen entweder (1) als wenig wünschenswert oder (2) als wenig aussichtsreich angesehen (vgl. Kohler-Koch/Conzelmann/Knodt 2004: 214-217; Schäfer 2006b: 354-359).

Als *wenig wünschenswert* kritisiert vor allem Moravcsik (2002: 615-617; 2006: 239) eine weitere Parlamentarisierung der EU. Demokratische Partizipation, so Moravcsik, sei kein Selbstzweck. Die Stärken der EU lägen gerade in jenen Bereichen, in denen spezifische Aufgaben an unabhängige Institutionen wie die Kommission, den EuGH oder die Europäische Zentralbank übertragen wurden. Oftmals genießen diese Institutionen höheres Ansehen als gewählte Parlamente (Moravcsik 2002: 615). Ihre Kompetenzen liegen vorwiegend in Politikbereichen, für die sich die Bürger kaum interessieren (ebd.: 616). Letztlich, so die skeptische Prognose Moravcsiks, würde eine Demokratisierung zu Ansehens- und Effizienzverlusten der EU führen (Moravcsik 2006: 238f.). Ein anders gelagertes Argument gegen eine weitere Parlamentarisierung führt Abromeit (1998: 35f) an. Sie sieht das Eigeninteresse des Parlaments darin, ähnlich wie die Kommission, die Integration in der EU voran zu treiben, um die eigene Bedeutung zu steigern. Eine Stärkung des Parlaments würde die Integration beschleunigen – angesichts der kulturellen und politischen Vielfalt in Europa bräuchten die Bürger aber eher ein Gegengewicht zu den herrschenden Zentralisierungstendenzen als eine weitere Integrationsbeschleunigung.

Der letztgenannte Aspekt der kulturellen Vielfalt ist auch für jene Autoren entscheidend, die eine Demokratisierung der EU durch eine Stärkung des Parlaments als *wenig aussichtsreich* betrachten. Es fehle der EU schlichtweg an den Voraussetzungen einer repräsentativen Demokratie: Es gibt kein „europäisches Volk", das vom Europäischen Parlament vertreten werden könnte. Diese sogenannte *„no demos*-These" vertritt in Deutschland unter anderem Kielmannsegg (2003). Den Europäern mangle es auf absehbare Zeit an einer gemeinsamen Identität, einer gemeinsamen Sprache, einer europäischen Öffentlichkeit sowie einer europäischen Zivilgesellschaft (ebd.: 57f). Die demokratische Legitimität der EU bleibe daher weiterhin über die nationalen Parlamente vermittelt; dem Europäischen Parlament komme nur eine nachrangige Bedeutung zu (ebd.: 61). Das deutsche Bundesverfassungsgericht hat in seinem viel beachteten Urteil zum Vertrag von Maastricht von 1993 eine ähnliche These vertreten. Darin heißt es:

> „Der Unionsvertrag begründet einen Staatenverbund zur Verwirklichung einer immer engeren Union der – staatlich organisierten – Völker Europas, keinen sich auf ein europäisches Staatsvolk stützenden Staat. [...] Im Staatenverbund der Europäischen Union erfolgt mithin demokratische Legitimation notwendig durch die Rückkoppelung des Handelns europäischer Organe an die Parlamente der Mitgliedstaaten; hinzu tritt – im Maße des Zusammenwachsens der europäischen Nationen zunehmend – innerhalb des institutionellen Gefüges der Europäischen Union die Vermittlung demokratischer Legitimation durch das von den Bürgern der Mitgliedstaaten gewählte Europäische Parlament."[41]

Das Urteil des Bundesverfassungsgerichts wurde breit diskutiert und vielfach kritisiert, unter anderem für die Betonung von Volk und Nation. Obwohl die ethnischen Unterschiede in Europa zweifellos von Dauer sind, so der Einwand von Weiler, Haltern und Mayer (1995: 17), sei es doch denkbar, dass sich die Europäer zunehmend auch als „europäische Bürger" verstehen. Zürn (2000: 196-

Gesichtspunk der Effizienz

weitere Integration versus europäische Vielfalt

Fehlende Voraussetzungen für europäische Demokratie: Volk, Identität, Sprache, Öffentlichkeit, Zivilgesellschaft

---

41   Urteil des Bundesverfassungsgerichts vom 12. Oktober 1993 (BVerfGE 89, 155 – Maastricht).

200) unterscheidet mehrere Aspekte eines potenziellen europäischen *demos* und findet dabei zumindest Hinweise auf seine Entwicklung: Über nationalstaatliche Grenzen hinweg teilten die Europäer wichtige Grundüberzeugungen, etwa die Anerkennung der Menschenrechte und das Vertrauen, dass zwischenstaatliche Übereinkommen auch eingehalten würden. In vielen Sachfragen, zum Beispiel in der Umweltpolitik, arbeiteten längst Experten über Grenzen hinweg an gemeinsamen Problemlösungen. Die größten Mängel bestünden dagegen hinsichtlich einer europäischen Öffentlichkeit und der grenzüberschreitenden Solidarität. Immerhin hat sich das Bundesverfassungsgericht in dem zitierten Urteil insofern nicht abschließend festgelegt, als es ein zunehmendes „Zusammenwachsen der europäischen Nationen" und damit verbunden eine wachsende Bedeutung des Europaparlaments nicht ausschließt.

Aber: gemeinsame Grundüberzeugungen

4.4.2 Politisierung

Stärkung des politischen Wettbewerbs …

Ein zweiter Block von Reformvorschlägen, die auf einen *stärkeren politischen Wettstreit in der EU* abzielen, ist mit der Forderung nach einer Parlamentarisierung verwandt, geht aber darüber hinaus. Viele Bürger, das räumen die Vertreter dieser Position ein, sind derzeit kaum an europäischen Fragen interessiert und nutzen die Europawahlen – wenn überhaupt – um ihre nationalen Regierungen abzustrafen. Die Schlussfolgerung daraus dürfe aber nicht sein, eine Demokratisierung der EU von vornherein auszuschließen. Auch reiche die formale Aufwertung des Europäischen Parlaments nicht aus. Notwendig sei vielmehr ein verstärkter politischer Wettbewerb auf europäischer Ebene, bei dem die Bürger zwischen alternativen Programmen zu wählen hätten und so ihr Interesse erst geweckt werde (Follesdal/Hix 2006).

… und alternativer Politikentwürfe in der EU

Follesdal und Hix (2006: 18-22; ausführlicher Hix 2008: Teil 2) präsentieren eine ganze Liste von Vorschlägen, die zu einer Politisierung europäischer Themen beitragen könnten: In den Europawahlen sollten die Parteien tatsächlich europäische Themen in den Vordergrund stellen. Das Abstimmungsverhalten im Rat muss noch transparenter werden, damit überhaupt klar ist, wer sich für welche Politik eingesetzt hat. Die Kommission sollte weniger ihre Rolle als neutraler Makler betonen, als vielmehr eine politische Richtung vorgeben wie nationale Regierungen auch. Reine Makleraufgaben wie etwa die Wettbewerbskontrolle könnten hingegen an unabhängige Einrichtungen weitergegeben werden. Eine Direktwahl des Kommissionspräsidenten durch die EU-Bürger oder zumindest seine Nominierung durch das Parlament würde die politische Auseinandersetzung intensivieren und könnte im Parlament eine stärkere Rollenverteilung in Regierungs- und Oppositionsparteien bewirken. Eine Ausweitung der Kompetenzen des Parlaments würde den Europawahlen mehr Gewicht verleihen. Andere Autoren machen sich für einzelne dieser Reformvorschläge stark oder fügen weitere hinzu. So hält etwa Grande zwar eine vollständige Parlamentarisierung der EU für ungeeignet, schlägt stattdessen aber europaweite Referenden vor (Grande 1996: 354f.). Solche Referenden könnten auch auf Bürgerinitiativen zurückgehen, ähnlich zu Volks- oder Bürgerbegehren in verschiedenen deutschen Bundesländern (Magnette/Papadopoulos 2008: 20). Auch eine stärkere

Einbindung von Nichtregierungsorganisationen in europäische Entscheidungsprozesse wird gefordert (vgl. Tömmel 2008a).

Eine Politisierung der EU, so die zugrunde liegende Annahme, hätte nicht nur unmittelbar legitimierende Wirkung – etwa bei Referenden oder einer Direktwahl des Kommissionspräsidenten (Grande 1996: 355). Darüber hinaus könnte sie überhaupt erst die Voraussetzungen einer Demokratisierung der EU schaffen. Die Bürger würden sich stärker für europäische Themen interessieren und womöglich ihre Präferenzen überdenken (Follesdal/Hix 2006: 22). Eine europaweite Willensbildung, so die Erwartung, könnte auch das Gemeinschaftsgefühl der Bürger stärken (Grande 1996: 354). *Politisierung als Voraussetzung von Demokratie in der EU*

Auch die Reformvorschläge zu einer Politisierung der EU stoßen jedoch teilweise auf *Kritik*. Wiederum wird argumentiert, die Realisierung der Vorschläge sei weder wahrscheinlich noch wünschenswert. Ein stärkerer politischer Wettstreit in Europa ist etwa aus Sicht Bartolinis (2006: 43-47) *unwahrscheinlich*, da es an erkennbaren politischen Alternativen fehlt. Mehr noch, die politische Architektur der EU lässt in vielen Fragen gar keine Alternativen zu. Die europäischen Verträge legen die Ziele der (vorwiegend wirtschaftlichen) Integration fest und schließen gleichzeitig andere Politikbereiche (etwa die Sozialpolitik) von der Integration aus. Der Rahmen für alternative Politikentwürfe ist somit eng, und wer sich darüber hinaus bewegen möchte, würde mit aller Wahrscheinlichkeit vom EuGH oder vom Veto des Rates eingehegt (ebd.: 47). Überhaupt, so etwa Moravcsik (2006: 222), beruhe die Forderung nach einer Politisierung der EU auf einer ganzen Reihung von zweifelhaften Annahmen und Erwartungen: dass mehr Mitwirkungsmöglichkeiten auch tatsächlich von den Bürgern wahrgenommen würden; dass Mitwirkung zu besser informierten Entscheidungen führe; sowie dass durch diese Entscheidungen das Gemeinschaftsgefühl und das Vertrauen der Bürger in die Legitimität der EU gestärkt würden. *Kritik*

Zudem befürchten die Gegner einer Politisierung der EU unerwartete und vor allem *unerwünschte* Konsequenzen. Bartolini (2006) kontert die Vorschläge von Follesdal und Hix mit einer ebenso eindrucksvollen Liste von Einwänden: Die Politisierung der EU könne leicht „außer Kontrolle" geraten und das bereits erreichte Integrationsniveau in Frage stellen. Ein verschärfter Parteienwettbewerb im Europaparlament würde die zaghaften Schritte zu einer Konsolidierung der europäischen Parteien aufs Spiel setzen. Mit zunehmender Politisierung würden sich die europäischen Institutionen nicht seltener, sondern häufiger gegenseitig blockieren, da es höchst unwahrscheinlich sei, dass Kommission, Rat und Parlament jemals alle drei die gleiche Parteifärbung besäßen. Mehr Diskussionen und Informationen über europäische Politik müssten sich nicht automatisch in größerer Zustimmung bei den Bürgern niederschlagen – im Gegenteil, warum sollte Politisierung nicht „ursprüngliche Gleichgültigkeit oder Unterstützung in informierten und qualifizierten Widerstand verwandeln"? Letztlich wird mit diesen Argumenten nicht die gute Absicht einer Demokratisierung der EU abgestritten, deren Erfolgsaussichten werden aber pessimistisch eingeschätzt (Bartolini 2006: 55f.): *Unerwünschte Folgen einer Politisierung*

> „Möglicherweise würden wachsender Parteienwettbewerb und Politisierung größere Erwartungen wecken, als sie einlösen könnten und so würde sich die Kluft zwischen

der EU und ihren Bürgern vergrößern, nicht verkleinern [...] So könnte sich die Me-
dizin als schlimmer als die Krankheit erweisen."

4.4.3 Kerneuropa

„Kerneuropa" als
Integrationsmotor

„Kerneuropa" ist nur einer von vielen Begriffen, mit denen eine *vertiefte Integration einer Gruppe von EU-Mitgliedstaaten* bezeichnet wird. Häufig ist auch von
„variabler Geometrie" die Rede, von einem „Europa der zwei Geschwindigkeiten", „flexibler" bzw. „differenzierter Integration", „Europa à la carte" etc. (vgl.
Schneider 2004: 18-22). Dabei dreht sich die Kerneuropa-Debatte zumeist vor
allem um die Frage, ob Integrationsfortschritte trotz des Widerstands einzelner
Mitgliedstaaten erreicht werden können, und eher nachrangig um das europäische Demokratiedefizit. Existierende Beispiele flexibler Integration sind etwa
das Schengener Abkommen, das von 22 EU-Mitgliedstaaten sowie Island, Nor-
wegen und der Schweiz angewandt wird oder die 15 EU-Mitgliedstaaten umfassende Eurozone, in der der Euro als Währung eingeführt wurde. In beschränktem
Umfang sieht Titel VII des EU-Vertrags die Möglichkeit einer verstärkten Zusammenarbeit der Mitgliedstaaten vor. Auch nach dem negativen irischen Referendum zum Vertrag von Lissabon wurden Forderungen nach einem Voran-
schreiten integrationswilliger Mitgliedstaaten laut.[42]

Jürgen Habermas,
Kerneuropa und
Demokratisierung

Vor allem Jürgen Habermas hat die Forderung nach einem Kerneuropa ausdrücklich mit dem Ziel einer Demokratisierung der EU verbunden. Habermas
teilt die zuvor diskutierte Absicht eines stärkeren politischen Wettstreits in der
EU, etwa durch europaweite Referenden, und fordert zugleich eine größere europäische Handlungsfähigkeit in bisher wenig integrierten Bereichen wie der Sozialpolitik oder der Außenpolitik. Chancen auf eine Verwirklichung dieser Ziele
sieht er aber nur in einem Kerneuropa der integrationswilligen Staaten. Insbesondere die jüngsten Erweiterungsrunden sowie die dadurch gewachsenen politischen, wirtschaftlichen und gesellschaftlichen Unterschiede, so Habermas
(2008), machten diesen Schritt notwendig:

> „Es trifft nicht zu, dass wir die 27 und demnächst 28 auseinanderdriftenden Mit-
> gliedstaaten ins selbe Korsett pressen und gleichwohl ‚mehr Demokratie verwirkli-
> chen' können [... da] auch nur ein wenig mehr an demokratisch legitimiertem Ges-
> taltungsspielraum auf europäischer Ebene nicht von allen gewollt wird und nur auf
> dem Wege einer abgestuften Integration für einige zu erreichen ist."

Einwände

Habermas' politische Vorstellungen eines europäischen Wohlfahrtsstaates und
einer europäischen Außenpolitik, die sich stärker von den Vereinigten Staaten
abgrenzt, werden sicherlich nicht von allen Kommentatoren geteilt (Schneider

---

42   In der ZEIT schrieb etwa Theo Sommer: „Schafft ein Kern-Europa! Schon 18 EU-
     Mitglieder haben den Lissabon-Vertrag ratifiziert. Ihnen darf der Weg in die gemeinsame
     Zukunft trotz der Ablehnung durch die Iren nicht versperrt werden", ZEIT Online vom
     16. Juni 2008: http://www.zeit.de/online/2008/25/eu-irland-kerneuropa [letzter Zugriff 5.
     März 2010].

2004: 32). Darüber hinaus werden auch *demokratierelevante Einwände* gegen
die Idee eines Kerneuropas vorgebracht. „Mehrere Geschwindigkeiten oder verschiedene Integrationsdichte", so der deutsche EU-Kommissar Günther Verheugen (2008), „haben wir schon, und das hat nicht mehr Demokratie, mehr Transparenz und mehr Effizienz gebracht". Vielmehr würden so die Entscheidungsprozesse und die politischen Verantwortlichkeiten in der EU noch undurch-
schaubarer. Auch widerspreche der Vorschlag eines Kerneuropas dem Prinzip
der souveränen Gleichheit der Mitgliedstaaten. Schneider (2004: 36f.) argumentiert, eine differenzierte Integration sei in jenen Politikfeldern am wahrschein-
lichsten, in denen zwischenstaatliche Verhandlungen vorherrschten, also insbesondere in der Außenpolitik. Die Entwicklung eines solchen Kerneuropas, so die
Befürchtung, könnte klassische Fragen der Verhandlungsmacht und zwischen-
staatlicher Koalitionen wieder in den Vordergrund rücken – zu Lasten des einheitlichen Gemeinschaftsrahmens und des Europarechts. Damit würde die EU
aber eine wesentliche Quelle ihrer bisherigen Legitimation aufs Spiel setzen.
Gerade kleine und neue Mitgliedstaaten müssten sich vor der Vorherrschaft eines
kerneuropäischen „Direktoriums" fürchten (ebd.: 37f.).

4.4.4 Subsidiarität

Wenn sich die immer weitere Verlagerung von Kompetenzen auf die europäische
Ebene nicht demokratisch gestalten lässt, so der gemeinsame Ausgangspunkt
von zahlreichen Reformvorschlägen, dann muss über die *Grenzen des Kompetenztransfers* nachgedacht werden. Unter dem Oberbegriff „Subsidiarität" werden abschließend diese ansonsten durchaus unterschiedlichen Vorschläge diskutiert. Nach dem Prinzip der Subsidiarität sollen Entscheidungen möglichst auf
der niedrigsten Ebene getroffen werden, die zur eigenständigen Lösung eines
Problems in der Lage ist. Dahinter steckt einerseits die Idee, dass Probleme kleineren Ausmaßes oftmals zweckmäßiger „vor Ort" gelöst werden können und
andererseits, dass solche lokalen Lösungen dem Ideal demokratischer Selbstbestimmung näher kommen (siehe oben, Kapitel 3.3).

[Randnotiz: Grenzen des Kompetenztransfers und Subsidiarität]

Das *Subsidiaritätsprinzip* ist seit Maastricht 1992 in Art. 2 EUV und Art. 5
EGV verankert und seit Amsterdam 1997 in einem Protokoll näher erläutert. Mit
dem Verfassungsvertrag sollte seine praktische Bedeutung erhöht werden: Innerhalb von sechs Wochen nach einem Gesetzesvorschlag durch die Kommission
sollten nationale Parlamente eine Stellungnahme dazu abgeben und gemeinsam
mit einem Drittel aller nationalen Parlamente eine Überprüfung des Vorhabens
einfordern können. Zudem sollten die nationalen Parlamente auf Einhaltung des
Subsidiaritätsprinzips vor dem EuGH klagen können und frühzeitiger über die
Aktivitäten von Kommission, Rat und Parlament informiert werden. Tatsächlich
ist bislang jedoch weitgehend unklar geblieben, wie das Subsidiaritätsprinzip in
der Praxis durchzusetzen ist (Hix 2005: 126). Skeptisch zeigt sich unter anderem
Scharpf. In vielen Bereichen schränke die EU die Nationalstaaten ein, ohne diese
Handlungsbeschränkung durch eine gemeinsame europäische Politik zu kompen-
sieren. In diesen wichtigen Fällen bleibe das Subsidiaritätsprinzip folgenlos
(Scharpf 2003: 97).

[Randnotiz: Vertragliche Verankerung der Subsidiarität]

Der EuGH erscheint nicht allen ein geeigneter Wächter über das Subsidiaritätsprinzip zu sein, denn in Zweifelsfällen entscheidet der Gerichtshof selbst über die Grenzen seiner Zuständigkeit und daher meist pro Integration. Herzog (2008) schlägt deshalb ein vom EuGH unabhängiges, europäisches *Kompetenzgericht* vor. Ein solches Gericht könnte gleichermaßen mit Richtern des EuGH und der nationalen Verfassungsgerichte besetzt sein und so europäische und nationale Anliegen besser gegeneinander abwiegen. Schon früher wurden ähnliche Vorschläge vorgebracht, aber – wenn überhaupt – nur sehr skeptisch in der Diskussion aufgenommen. Letztlich würde die Frage der Zuständigkeiten nur eine Instanz weitergereicht: „Was hilft es, über jeden Wächter einen weiteren zu stellen, der auch selbst menschlicher Schwäche unterliegt und deshalb wiederum eines Wächters bedürfte?" (Everling 2002: 357). Viele Fälle vor dem EuGH behandeln implizit Fragen der Kompetenzordnung. Wenn all diese Fälle auch noch von einem weiteren Gericht geprüft werden müssten, würden sich die Verfahren verzögern und es wäre keineswegs garantiert, dass die abschließenden Urteile eine größere allgemeine Anerkennung erhielten (ebd.: 362).

Einen anderen Vorschlag zur Sicherung der Subsidiarität, nämlich ein System *regionaler und funktionaler Vetorechte*, hat Abromeit (1998: 95-135) vorgeschlagen. Damit ist gemeint, dass je nach Betroffenheit von einer geplanten EU-Regelung die Bürger in bestimmten Regionen oder gesellschaftlichen Sektoren in Referenden befragt werden bzw. selbst Referenden initiieren können. Blockieren sie eine europäische Regelung, sind weiterhin die einzelnen Nationalstaaten zuständig. Die Gefahr ablehnender Referenden soll die europäischen Organe auf eine möglichst autonomieschonende Politik verpflichten (Kohler-Koch/Conzelmann/Knodt 2004: 225). Mögliche Einwände hat Abromeit (1998: 139-157) selbst mitbedacht: Direktdemokratische Verfahren gelten manchen Autoren als besonders anfällig für Populismus und als verzerrt zugunsten des *status quo*. Das System von Vetorechten könnte zusätzliche Integrationsblockaden erzeugen – die größere Legitimität europäischer Politik könnte somit zulasten ihrer Effizienz gehen.

4.5 Schlussfolgerungen und Politikempfehlungen

Zu Beginn dieses Kapitels haben wir die Leser gewarnt, keine einfachen Antworten auf die Fragen nach dem Demokratiedefizit der EU und nach möglichen Reformen zu erwarten. Zumindest, so hoffen wir, ermöglicht unsere Darstellung der vielfältigen Diskussionsbeiträge aber ein ausgewogenes Urteil über bestehende Defizite und Reformansätze. In drei Kernthesen fassen wir das Kapitel zusammen:

1. Zunächst haben wir einen *besonderen Demokratiebedarf* in der EU ausgemacht. Zwar werden wir auch in den Folgekapiteln gute Gründe diskutieren, weshalb sich die Vereinten Nationen und die Welthandelsorganisation an demokratischen Maßstäben messen lassen müssen – die thematische Reichweite und die Eingriffstiefe europäischer Politik sind auf internationaler Ebene jedoch einmalig, so dass wir besonders kritisch nach der demokrati-

schen Qualität der EU gefragt haben. Durch die andauernden Prozesse der Vertiefung und Erweiterung der europäischen Integration wird diese Frage auch auf absehbare Zeit nichts von ihrer Bedeutung einbüßen.

2. Anhand unseres Kriterienrasters haben wir eine *Mehrzahl von Demokratiedefiziten* in der EU benannt. Europäisches Regieren stützt sich auf eine komplexe Mehrebenenstruktur und auf eine zunehmend ausdifferenzierte, eigenständige Rechtsordnung; dabei wird eine Vielzahl verschiedenartig institutionalisierter politischer Ziele verfolgt – von supranationalen und nationalen, öffentlichen und privaten Akteuren, die sich über mittlerweile 27 Mitgliedstaaten verteilen. Je nachdem, auf welche Organe oder Politikfelder wir uns beziehen, können wir unterschiedliche Stärken und Schwächen im Hinblick auf Partizipation, demokratische Kontrolle und deliberative Qualität in der EU feststellen. Entsprechend sollten wir allzu einfachen Diagnosen ebenso skeptisch gegenüber stehen wie den dazugehörigen Lösungsansätzen.

2. Mehrzahl von Demokratiedefiziten

3. So kann es *keine Musterlösung* zur Behebung der europäischen Demokratiedefizite geben. Vielmehr bedarf es Reformanstrengungen auf mehreren „Baustellen" zugleich. Dabei erscheinen uns kleine Schritte auf bekannten Pfaden aussichtsreicher und erstrebenswerter, insbesondere die bessere Einbindung nationaler Parlamente, wie sie auch das Bundesverfassungsgericht in seinem Lissabon-Urteil gefordert hat, und die Stärkung des Europäischen Parlaments, als die Verheißungen neuartiger Formen europäischer Governance, die sich zu oft auf das Wunschdenken ihrer Befürworter stützen.

3. Keine Musterlösungen

5 Die Welthandelsorganisation

„In der Theorie ist die WTO eine demokratische Organisation, die auf den Grundsätzen des Konsens und der Stimmengleichheit der Mitglieder basiert und von einem neutralen Sekretariat unterstützt wird; und ihr Zweck ist es, auf der nationalen Ebene solche Handelspolitiken zu befördern, die dazu beitragen, den Lebensstandard der Bevölkerung ihrer Mitgliedstaaten zu erhöhen. In der Praxis (…) ist sie dies nicht."

Fatoumata Jawara und Aileen Kwa (2003: 271)

„Es gibt in der Welt zu wenig Verständnis der essenziellen ‚Legitimität' der WTO und des Ausmaßes an ‚demokratischem Regieren', das in der WTO vorherrscht. (…) [Es] gibt in der Welt zu wenig Verständnis dessen, was die WTO wirklich ist und wie sie wirklich funktioniert. (…) Die WTO ist nicht mehr und nicht weniger als – bei der letzten Zählung – 147 souveräne Nationalstaaten, die in einem Rahmen zusammenarbeiten, für den sie selbst den Namen ‚die WTO' gewählt haben."

James Bacchus (2005: 430)

Negatives Image der WTO
Es gibt nur wenige internationale Organisationen, denen so vehement die demokratische Legitimität abgesprochen wird wie der Welthandelsorganisation (*World Trade Organisation*, kurz: WTO). Die Bilder, die zur Beschreibung der WTO verwendet werden, sind entsprechend deutlich. So bezeichnen Fatoumata Jawara und Aileen Kwa (2003) die WTO als „Teufel" und das WTO-Sekretariat als „Wolf im Schafspelz"; Jean Ziegler (2005: 143, 155) bezeichnet sie in seinem Buch *Die neuen Herrscher der Welt und ihre globalen Widersacher* als „furchtbare Kriegsmaschine im Dienste der Piraten" und nennt den ehemaligen WTO-Generalsekretär Mike Moore „das Ungeheuer von der Rue de Lausanne" – der Straße, in der die Organisation in Genf ihren Hauptsitz hat.

Auf ähnlich gefestigte Meinungen treffen wir auch in unseren Lehrveranstaltungen. Während die Studierenden ihre Positionen zur Europäischen Union und zu den Vereinten Nationen im Laufe eines Seminars durchaus verändern und in ihren Seminararbeiten zu differenzierten Schlussfolgerungen gelangen, ist und bleibt die WTO für viele ein rotes Tuch. Sie gilt zwar nicht als Werkzeug des Teufels, aber wohl als Werkzeug der USA, des globalen Kapitals oder des westlichen Imperialismus. Die Frage nach der demokratischen Qualität der WTO scheint vor diesem Hintergrund von begrenztem Interesse – denn dass die Antwort nur negativ ausfallen kann, ist bereits bekannt.

Aufbau des Kapitels
Was aber sind die Vorwürfe gegenüber der WTO? Und wie begründet sind sie vor dem Hintergrund dessen, was wir in den vorangehenden Kapiteln über das demokratische Regieren jenseits des Staats ausgeführt haben? Wir wollen diesen beiden Fragen im Folgenden nachgehen. Zu diesem Zweck stellen wir zunächst die WTO vor (Abschnitt 5.1) und diskutieren ihren Demokratiebedarf (Abschnitt 5.2). Anschließend skizzieren wir, inwieweit die Entscheidungsfindung im Rahmen der WTO den Kriterien der Inklusivität, der demokratischen Kontrolle und der diskursiven Qualität entspricht (Abschnitt 5.3). Zum Abschluss des Kapitels bewerten wir eine Reihe von Reformvorschlägen im Hin-

blick auf ihren Beitrag zu einer möglichen Demokratisierung der Meinungs- und Willensbildung im Rahmen der WTO (Abschnitt 5.4).

5.1 Wer und was ist „die WTO"?

Wenn zivilgesellschaftliche Organisationen, Anhänger der globalisierungskritischen Bewegung oder nationale Parlamentsabgeordnete die WTO kritisieren, ist nicht immer klar, wer und was mit „der WTO" eigentlich gemeint ist. Aus den kritischen Tönen kann man schnell den Eindruck gewinnen, als gäbe es am Hauptsitz der WTO in Genf einen riesigen bürokratischen Apparat mit den Befugnissen eines allmächtigen Gerichtshofs. So sprechen Lori Wallach und Patrick Woodall (2004: 3) von der US-amerikanischen Nichtregierungsorganisation *Public Citizen* etwa von „der mysteriösen globalen Bürokratie namens Welthandelsorganisation".

Doch zunächst einmal ist die WTO – wie alle internationalen Organisationen – ein hybrides Gebilde, das einerseits aus einem zwischenstaatlichen Verhandlungssystem und andererseits aus einer eigenständigen Organisation im engeren Sinne besteht. Während Verhandlungssysteme dem Konsensprinzip folgen – neue Regeln treten nur dann in Kraft, wenn kein Staat widerspricht –, können im Rahmen einer Organisation auch Entscheidungen gegen den Willen einzelner Mitglieder für alle Staaten bindend werden. Grundlage hierfür können entweder Mehrheitsentscheide oder entsprechende Kompetenzen des Verwaltungsstabs sein – beispielsweise die Kompetenz zur Auslegung von Verträgen in Streitfällen zwischen zwei Vertragsparteien (Mayntz 2002). Im Fall der WTO ist das Verhandlungssystem der weitaus wichtigere Teil. In ihm werden die Regeln vereinbart, nach denen der grenzüberschreitende Handel mit Gütern und Dienstleistungen funktioniert. Mehrheitsentscheidungen kommen demgegenüber nur äußerst selten zum Einsatz, und die formale Kompetenz des relativ kleinen Verwaltungsstabs gegenüber den Mitgliedstaaten ist äußerst beschränkt. Allerdings gibt es im Streitbeilegungsmechanismus mit dem Experten-Panel und dem Berufungsgremium *(Appellate Body)* auch Einrichtungen, die nach der Anrufung durch ein WTO-Mitglied rechtsverbindliche Entscheidungen darüber treffen können, ob das Verhalten eines beklagten WTO-Mitglieds im Einklang mit dem geltenden Welthandelsrecht steht.[43]

Hybrider Charakter der WTO: Verhandlungssystem und Organisation

5.1.1 Vom GATT (1947/48) zur WTO (1995)

Die Welthandelsorganisation ist aus dem 1947/48 geschlossenen Allgemeinen Zoll- und Handelsabkommen (*General Agreement on Tariffs and Trade*, GATT) hervorgegangen. Das GATT regelte nach dem Zweiten Weltkrieg die Handelsbeziehungen zwischen den ursprünglich 23 Gründungsmitgliedern. Sein Ziel war

GATT als Vorläufer der WTO

---

43 Für eine ausführliche deutschsprachige Darstellung der WTO vgl. Hilf/Oeter (2005); Senti (1994); Stahl und Lüttiken (2007).

Liberalisierung des
Welthandels durch

die schrittweise Liberalisierung des Welthandels durch sogenannte Welthandelsrunden. In diesen Runden verhandeln die Mitgliedstaaten regelmäßig über die Senkung von Zöllen und seit den 1970er-Jahren auch über den Abbau von nicht-tarifären Handelsschranken. Zu letzteren gehörten etwa mengenmäßige Importbeschränkungen, Subventionen, Kennzeichnungsvorschriften oder andere Verwaltungsvorschriften, welche die Bearbeitung von Importen an der Grenze verzögern oder Produkte von ausländischen Erzeugern gegenüber einheimischen Gütern benachteiligen.

- Zollsenkungen

In insgesamt acht jeweils mehrjährigen Handelsrunden vereinbarten die Mitglieder des GATT, die Zölle auf grenzüberschreitend gehandelte Güter deutlich zu senken. Am erfolgreichsten waren die erste Zollrunde von 1947, bei der eine Zollsenkung um etwa 19 Prozent vereinbart wurde, die sogenannte „Kennedy-Runde" (1964-67) mit einer Zollsenkung um 36 Prozent über die nächsten fünf Jahre, die Tokio-Runde (1973-1979) mit einer Zollsenkung um 32 bis 40 Prozent über die folgenden acht Jahre und die Uruguay-Runde (1986-1994), in der Zollsenkungen um durchschnittlich 40 Prozent erreicht wurden (Andersen 1995: 16-18). Insgesamt sind die Zölle aufgrund der Vereinbarungen der GATT-Mitglieder seit 1947 im Durchschnitt von rund 40 Prozent des Einfuhrwerts auf etwa vier Prozent des Einfuhrwerts gesunken; die nicht-tarifären Handelshemmnisse haben demgegenüber im gleichen Zeitraum an Umfang und Bedeutung gewonnen (Neuschwander 2008a: 195).

- Meistbegünstigung
- Nichtdiskriminierung
- Reziprozität

Neben der Verpflichtung zur schrittweisen Senkung von Importzöllen basiert das GATT auf den Prinzipien der Meistbegünstigung, der Nichtdiskriminierung und der Reziprozität. Das Prinzip der Meistbegünstigung besagt, dass GATT-Mitglieder Vergünstigungen, die sie einem anderen GATT-Mitglied oder einem Drittstaat gewähren, auch allen anderen GATT-Mitgliedern zugestehen müssen. Der Grundsatz der Nichtdiskriminierung verlangt von GATT-Mitgliedern, Produkte, die einmal die Grenze passiert haben, so zu behandeln als wären sie inländische Waren. Eine Diskriminierung aufgrund der Herkunft ist „hinter der Grenze" nicht mehr erlaubt. Reziprozität schließlich bedeutet, dass GATT-Mitglieder zu gegenseitigen handelspolitischen Zugeständnissen verpflichtet sind (Yenal 1997: 565).

Zwischenkriegszeit
als Negativfolie des
GATT

Als Hintergrund des GATT wird zumeist die wirtschaftspolitische Erfahrung der Zwischenkriegszeit genannt. Die Weltwirtschaftskrise von 1929 hatte unter anderem zu einem wachsenden Protektionismus geführt, der zwischenstaatliche Handelskonflikte heraufbeschwor und ein Fundament für nationalistische Bewegungen bot. Zudem trug die protektionistische Politik durch ihre wohlfahrtsmindernden Folgen zur Radikalisierung europäischer Gesellschaften bei; sie legte damit ein Fundament für nationalistische Bewegungen, die für den Ausbruch des Zweiten Weltkrieges eine wichtige Rolle spielten (Andersen 2008: 573-574). Im Kern sollte die internationale Handelspolitik daher nach dem Zweiten Weltkrieg auf ein multilaterales Fundament gestellt werden, um die Gefahr des Protektionismus zu bannen.

1995: Gründung
der WTO

Die Gründung der WTO 1995 kann vor einem ähnlichen Hintergrund gesehen werden. Nicht zuletzt im Zuge der wirtschaftlichen Globalisierung hatten etliche Staaten ihre nicht-tarifären Handelsbarrieren ausgeweitet; die darin zum Ausdruck gebrachten „gewachsenen protektionistischen Neigungen, die zu vielfältigen Verstößen zumindest gegen den Geist des GATT geführt haben" (Andersen 1995: 18), gelten als eine wichtige Triebkraft hinter der Ergänzung des GATT durch die WTO. Solche protektionistischen Neigungen, die letztlich zu Wohlfahrtsverlusten für alle Parteien zu führen drohten, konnten in erster Linie durch eine glaubwürdigere Selbstbindung der GATT-Mitglieder an gemeinsame Regeln aufgefangen werden.

Antriebsfaktoren der Gründung

Konkret geht es beim Übergang vom GATT zur WTO um zwei Veränderungen: Zum einen wurde das Allgemeine Zoll- und Handelsabkommen durch zwei weitere inhaltliche Säulen ergänzt – das Abkommen über den Handel mit Dienstleistungen (*General Agreement on Trade in Services*, GATS) und das Abkommen über handelsbezogene geistige Eigentumsrechte (*Trade-Related Intellectual Property Rights*, TRIPS). Diese Ergänzung trägt der Bedeutungszunahme beider Bereiche für den grenzüberschreitenden Handel Rechnung. Während das GATS nationale Märkte für ausländische Telekommunikationsunternehmen, Stromversorger und Unternehmen aus anderen Dienstleistungssektoren öffnet, soll das TRIPS den Patentschutz auch grenzüberschreitend gewährleisten und es beispielsweise den Importeuren verbieten, Produkte ohne Einverständnis des Herstellers bzw. ohne die Zahlung entsprechender Lizenzgebühren nachzubauen und zu verkaufen.

Zwei Erweiterungen von GATT:

1. GATS
2. TRIPS

Neben dieser inhaltlichen Erweiterung regelt das WTO-Abkommen auch die Streitbeilegung neu. Anders als im alten GATT können die Empfehlungen von Experten-Panels nicht mehr von einzelnen Staaten blockiert werden. Im GATT war dies noch der Fall, was entweder dazu führte, dass der „Verlierer" eines Streits sein Veto gegen das „Urteil" einlegte oder das Welthandelsrecht dadurch verwässert wurde, dass die Positionen der Streitparteien vom Experten-Panel bereits antizipiert wurden, um ein solches Veto zu verhindern. Im Gegensatz dazu werden die Schiedssprüche der neuen Streitbeilegungsgremien rechtskräftig, sofern sie nicht von allen WTO-Mitgliedern im Konsens abgelehnt werden (vgl. Zangl 2006). Diese „Vergerichtlichung" der WTO erhöht damit die faktische Bindewirkung des Welthandelsrechts, zumal das Streitbeilegungsgremium Handelssanktionen gegen ein WTO-Mitglied erlauben kann, das sich andauernder Rechtsverletzung schuldig gemacht hat. Dies hat etwa die EU zu spüren bekommen, als das von ihr verordnete Einfuhrverbot für hormonbehandeltes Fleisch in allen Instanzen des Streitbeilegungsmechanismus als Verletzung geltenden Welthandelsrechts eingestuft wurde und die Streitbeilegungsgremien der WTO im Juli 1999 Strafzölle bis zu einer jährlichen Höhe von 116,8 Millionen US-Dollar autorisierten (vgl. ebd.: 183-197).

Wirksameres Streitbeilegungsverfahren der WTO

Der Wandel vom GATT zur WTO ist aus der Binnenperspektive der GATT-Mitglieder somit zumindest teilweise mit dem Erfolg des alten GATT zu erklären, dessen grundlegende Prinzipien in der WTO beibehalten wurden. Das GATT stellte eine wichtige Grundlage für das immer schnellere Wachstum des grenzüberschreitenden Handels dar. Angesichts der zunehmenden Verflechtung nationaler Volkswirtschaften wurden protektionistische Politiken jedoch zu einer wachsenden Bedrohung für Regierungen, Investoren, Unternehmer und zahlreiche gesellschaftliche Akteure. Diese Bedrohung lieferte wiederum einen wichtigen Anreiz dafür, das GATT inhaltlich zu ergänzen und die Glaubwürdigkeit der vereinbarten Regeln durch einen verbindlichen Streitbeilegungsmechanismus mit

vergleichsweise umfassender Sanktionsmacht zu erhöhen. Bevor wir die Konsequenzen diskutieren, die diese durchaus kontroverse Einigung für den Demokratiebedarf und für die demokratische Qualität der WTO hat, stellen wir zunächst
die wesentlichen Ziele und Funktionen sowie die Organisationsstruktur der
Welthandelsorganisation vor.

5.1.2 Organisation und Funktionsweise der Welthandelsorganisation

153 Mitgliedstaaten Die WTO umfasst mittlerweile 153 Mitgliedstaaten aus allen Weltregionen. 29
weitere Staaten haben Beitrittsverhandlungen mit der WTO aufgenommen; zu
ihnen zählen etwa Algerien, der Iran und die Russische Föderation. Der Anteil
94 % Anteil der GATT- bzw. WTO-Mitglieder am weltweiten grenzüberschreitenden Güter-
am Welthandel handel ist seit der Gründungszeit des GATT von ursprünglich 60 Prozent auf
mittlerweile mehr als 94 Prozent gestiegen (WTO 2008: 10).

Vertragliche Das *Vertragssystem der Welthandelsorganisation* besteht aus insgesamt
Grundlagen mehr als 60 Verträgen und Anhängen. Es lässt sich jedoch relativ übersichtlich
als ein Vertragskomplex aus sechs Elementen darstellen (WTO 2005: 23-53; vgl.
daraus entnommen auch Tabelle 5):

Tabelle 5:   Das Vertragssystem der WTO

	Güter	Dienst-leistungen	Geistiges Eigentum
Dach	WTO-Abkommen		
Rahmenverträge	GATT	GATS	TRIPS
Detailregelungen	Spezifische Abkommen und Anhänge		
Martktzugangs-verpflichtungen	Länderspezifische Zeit-pläne und Verpflichtungen		
Streitschlichtung	Abkommen über Streitbeilegung (DSU)		
Transparenz	Trade Policy Review Mechanism		

WTO-Abkommen ■   Das Dach des Vertragssystems bildet das WTO-Abkommen. Es benennt
unter anderem die Aufgaben (Art. III) und die Struktur (Art. IV) der WTO
und legt die Kompetenzen des WTO-Sekretariats (Art. VI) fest. Zudem gibt
es Auskunft darüber, wie Entscheidungen im Rahmen der WTO getroffen
(Art. IX) und bestehende Verträge im Rahmen des WTO-Systems geändert

werden können (Art. X), und wie Staaten der WTO beitreten können (Art. XII).

- Die drei Abkommen über den grenzüberschreitenden Handel mit Gütern (GATT) und Dienstleistungen (GATS) sowie den Schutz handelsbezogener geistiger Eigentumsrechte (TRIPS) legen allgemeine Prinzipien für diese drei zentralen Bereiche des Welthandels fest. So verbietet etwa das GATT den Mitgliedstaaten, festgelegte Höchstgrenzen für Importzölle auf verschiedene Güter zu überschreiten; auch bestimmt es, unter welchen Bedingungen Maßnahmen zum Schutz oder zur Unterstützung der einheimischen Industrie zulässig sind. *GATT, GATS, TRIPS*

- Eine Reihe von Anhängen zum GATT und zum GATS enthalten Detailregelungen für einzelne Sektoren und Themenbereiche. So wird das GATT etwa durch das Abkommen über technische Handelshindernisse (*Technical Barriers to Trade Agreement*, TBT) und das Abkommen über sanitäre und phytosanitäre Maßnahmen (*Sanitary and Phytosanitary Measures,* SPS) ergänzt. Beide legen fest, welche nationalen Produktstandards – etwa Gesundheitsvorschriften – im Rahmen der WTO erlaubt sind und welche als nicht WTO-konform gelten. *Detailregelungen*

- Ein viertes Element des WTO-Systems sind die konkreten Verpflichtungen, welche die einzelnen Länder im Bezug auf einzelne Aspekte des GATT und des GATS eingegangen sind. Hierzu zählen unter anderem Zeitpläne für die Öffnung der einheimischen Märkte für spezifische Güter und Dienstleistungen, etwa für den Telekommunikationssektor. Diese rechtlich bindenden Zusagen sind ebenfalls in Anhängen zum GATT und zum GATS festgehalten. *Länderspezifische Regelungen*

- Als fünftes Element regelt das Abkommen über die Streitbeilegung (*Dispute Settlement Understanding*, DSU), welche Möglichkeiten den Vertragsstaaten offen stehen, wenn sie sich mit anderen WTO-Mitgliedern in einem Handelsstreit befinden. Das Abkommen schafft einen neuen Streitbeilegungsmechanismus, der neben dem Bemühen um eine diplomatische Streitbeilegung auch die Möglichkeit zur rechtsverbindlichen Streitschlichtung durch ein Experten-Panel und ein Berufungsgremium vorsieht. *Streitschlichtung (DSU)*

- Schließlich legt ein weiteres Abkommen fest, dass die Handelspolitiken der WTO-Mitgliedstaaten in regelmäßigen Abständen durch die anderen WTO-Mitglieder und das WTO-Sekretariat evaluiert werden sollen. Die Handelspolitik der vier Staaten bzw. Regionen mit dem größten Anteil am Welthandel – der USA, der EU, Japans und Kanadas – wird dabei alle zwei Jahre überprüft; die der anderen Mitgliedstaaten im Abstand von vier bzw. sechs Jahren (WTO 2005: 53). Dieses Abkommen über den sogenannten *Trade Policy Review Mechanism* dient dazu, Transparenz unter den Mitgliedstaaten zu schaffen und das zugrunde liegende Kooperationsproblem zu lösen. *Transparenz und Evaluation*

Die oben genannten Abkommen wurden allesamt, wie das alte GATT, in multilateralen Verhandlungen zwischen den Vertragsparteien ausgehandelt. Auch Veränderungen und Ergänzungen der vier Abkommen unterliegen diesem für völkerrechtliche Verträge üblichen Verfahren. Die Welthandelsrunden ziehen sich dabei in der Regel über mehrere Jahre hin und umfassen meist eine Vielzahl an handelsbezogenen Themen, die in verschiedenen Arbeits- und Verhandlungs- *Welthandelsrunden*

gruppen behandelt werden (Kapoor 2004: 527). Die im November 2001 begon-
Dola-Runde   nene und seither mehrfach unterbrochene Doha-Runde, die auch als „Entwick-
lungsrunde" bezeichnet wird, zielt beispielsweise auf eine Liberalisierung der
Märkte für Textilien und landwirtschaftliche Produkte, eine weitere Liberalisierung des grenzüberschreitenden Dienstleistungshandels, den Schutz ausländischer Direktinvestitionen und Transparenz im öffentlichen Beschaffungswesen
(vgl. WTO 2005: 77-91; vgl. auch Jawara/Kwa 2003).[44]

Abbildung 5:   Organisationsstruktur der Welthandelsorganisation

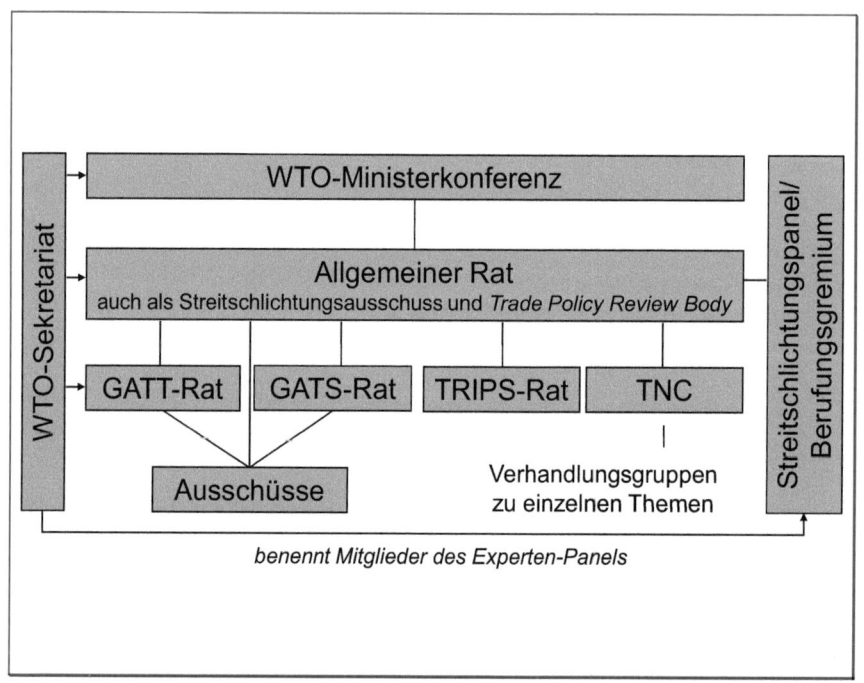

Organisationsstruktur   Die *Organisationsstruktur der WTO* richtet sich an der zentralen Funktion der
Aushandlung und Umsetzung internationaler Handelsabkommen aus. Neben den
bereits angesprochenen Welthandelsrunden, die in den Ministerrunden verhandelt und von sogenannten *Trade Negotiations Committees* vorbereitet werden,
lassen sich grob fünf Typen von Organen unterscheiden (vgl. Abbildung 5). Die
drei wichtigsten von ihnen sind strikt zwischenstaatlich und umfassen jeweils
alle WTO-Mitglieder, die zudem über gleiche Stimmrechte verfügen. Lediglich
die beiden verbleibenden Organe, das Sekretariat und die Streitschlichtungsgremien, geben der WTO neben der zwischenstaatlichen auch eine supranationale –
also „überstaatliche" – Komponente (vgl. zum Folgenden WTO 2005: 101-108):

---

44   Die beiden letztgenannten Punkte wurden im Verlauf der Verhandlungsrunde von der
Tagesordnung gestrichen.

- Die *WTO-Ministerkonferenz* ist das höchste Entscheidungsgremium der WTO. Sie besteht aus den Regierungsvertretern – in der Regel den Wirtschafts-, Handels- oder Außenhandelsministern – aller Mitgliedstaaten und tritt mindestens alle zwei Jahre zusammen. Die Ministerkonferenz kann Entscheidungen über alle Bereiche der unter dem Dach der WTO verabschiedeten Abkommen treffen.

  WTO-Ministerkonferenz

- Der *Allgemeine Rat* lenkt die Arbeit der WTO in der Zeitspanne zwischen den Ministerkonferenzen; auch in ihm sind alle Mitgliedstaaten mit gleichem Stimmrecht vertreten. Der Allgemeine Rat tritt auch als Streitschlichtungsorgan *(Dispute Settlement Body*, DSB*)* und als *Trade Policy Review Body* in Erscheinung und überwacht in dieser Funktion die Arbeit in den jeweiligen Teilbereichen der WTO. In seiner inhaltlichen Arbeit wird er von drei bereichsspezifischen Räten unterstützt: dem GATT-Rat, dem GATS-Rat und dem TRIPS-Rat. Auch in diesen Räten sind alle Mitgliedstaaten vertreten.

  Allgemeiner Rat

  GATT-, GATS-, TRIPS-Rat

- Neben den Räten gibt es noch die sogenannten *Ausschüsse*, die sich mit spezifischen Aspekten der Welthandelspolitik befassen. Insgesamt gibt es 19 Komitees (Stand: 2008), darunter den Ausschuss für Handel und Entwicklung, den Ausschuss für Handel und Umwelt, den Ausschuss für sanitäre und phytosanitäre Maßnahmen oder den Ausschuss für den Handel mit Finanzdienstleistungen. Auch die Ausschüsse stehen allen Mitgliedstaaten offen; sie sind ihrerseits entweder dem Allgemeinen Rat oder einem der drei spezifischen Räte (GATT, GATS oder TRIPS) unterstellt.

  Ausschüsse

- Das *WTO-Sekretariat* hat seinen Hauptsitz in Genf. An seiner Spitze steht der WTO-Generaldirektor; seit 2005 ist dies der vormalige EU-Kommissar für Außenhandel Pascal Lamy. Wie bei jeder internationalen Organisation besteht die Hauptfunktion des Sekretariats darin, die Staaten bei der Erreichung der Ziele, die der Organisation zugrunde liegen, zu unterstützen – in diesem Fall also bei den Verhandlungen zur internationalen Handelspolitik und bei der Umsetzung der einmal erzielten Verhandlungsergebnisse. Charakteristisch für eine eher programmatisch ausgerichtete Organisation wie die WTO ist dabei der relativ kleine Verwaltungsstab. Mit knapp mehr als 600 Mitarbeitern bleibt er deutlich unter dem Umfang von stärker umsetzungsorientierten Organisationen wie der Weltbank (mehr als 10.000 Mitarbeiter) oder dem IWF (ca. 2.500 Mitarbeiter). Auch die formalen Kompetenzen des WTO-Sekretariats sind im Vergleich zu anderen internationalen Bürokratien relativ begrenzt; im Unterschied zur Europäischen Kommission verfügt das Sekretariat insbesondere über keinerlei Regelsetzungskompetenzen (Howse/Nicolaidis 2003: 84).[45]

  WTO-Sekretariat

---

45 Bedeutsam ist die Kompetenz des WTO-Sekretariats, die Mitglieder der Experten-Panels auszuwählen, die im Rahmen des Streitbeilegungsmechanismus eingesetzt werden; zudem können die Panel-Mitglieder die Unterstützung des Sekretariats bei der Abfassung ihrer Berichte einfordern (Bogdandy 2001a: 267). Insgesamt ist das supranationale Element, das mit der Einrichtung internationaler Bürokratien stets verbunden ist, im Fall der WTO jedoch gering ausgeprägt (so auch Bacchus 2005: 431 und Bellmann/Gerster 1996: 34-39; für eine andere Sichtweise vgl. dagegen Jawara/Kwa 2003: 184-217)

Streitbeilegungs-
mechanismus

■ Die wichtigste supranationale Komponente des politischen Systems der WTO liegt demzufolge auch weniger im WTO-Sekretariat, sondern vielmehr im Rahmen des *Streitbeilegungsmechanismus*. Diesen können Staaten anrufen, wenn sie glauben, dass andere Staaten WTO-Recht verletzen. Der Streitbeilegungsmechanismus besteht einerseits aus dem oben erwähnten zwischenstaatlichen Streitbeilegungsorgan (DSB), in dem alle WTO-Mitgliedstaaten vertreten sind. Diesem unterstellt sind jedoch zwei weitere Gremien, nämlich die Experten-Panels und das Berufungsgremium. Die Berichte dieser Gremien werden zwar nur dann rechtskräftig, wenn sie vom Streitbeilegungsorgan angenommen werden. Dieser kann eine Annahme allerdings nur im Konsens aller abstimmenden Mitgliedstaaten verweigern – also nur in dem äußerst unwahrscheinlichen Fall, dass auch die Regierung eines im Streitfall obsiegenden Staats gegen die Annahme eines Berichts stimmt. Faktisch werden die Berichte des Panels bzw. des Berufungsgremiums, das im Falle rechtlicher Zweifel an einem Panel-Bericht von den Streitparteien angerufen werden kann, also beinahe automatisch rechtskräftig (vgl. Zangl 2006).

Mit Hilfe der verschiedenen völkerrechtlichen Abkommen haben die Mitgliedstaaten eine relativ komplexe Institution geschaffen. Nicht zuletzt das breite Spektrum der im Rahmen der WTO behandelten Themen sorgt dabei für eine rege politische Tätigkeit innerhalb der WTO. So zählen verschiedene Autoren etwa 70 parallel agierende WTO-Gremien und zwischen 1.000 und 2.800 Treffen von Staatenvertretern, die im Rahmen der WTO pro Jahr stattfinden (Jawara/ Kwa 2003: 22; Shaffer 2005a: 249). Unsere Diskussion in den folgenden Abschnitten zeigt dabei, dass alleine dieser Arbeitsumfang zu Problemen hinsichtlich der Inklusivität und der Transparenz der Entscheidungsfindung innerhalb der WTO führen kann.

Charakter der WTO

Insgesamt ist die Charakterisierung der WTO als einer „mitgliedergetriebenen, konsensbasierten Organisation" (WTO 2005: 101) allerdings zunächst einmal richtig. Artikel IX des WTO-Abkommens erlaubt es der WTO-Ministerkonferenz zwar, je nach Entscheidungsgegenstand mit unterschiedlichen Quoren auch mehrheitlich abzustimmen. Diese Praxis kommt aber faktisch kaum zur Anwendung und ist für die Änderung oder Neufassung bereits verhandelter Regeln ohnehin ausgeschlossen. Das Konsensprinzip, das der Entscheidungsfindung in der WTO zugrunde liegt, kann dabei als Anerkennung der Tatsache interpretiert werden, dass das WTO-Recht die „reale politische Autonomie eines Staats weit mehr berührt als die UN-Charta" – denn letztere kann im Gegensatz zu den relevanten WTO-Abkommen mit einer qualifizierten Mehrheit geändert werden (von Bogdandy 2001a: 273). Der Frage, inwieweit die „reale politische Autonomie" der Mitgliedstaaten durch ihre Mitgliedschaft in der Welthandelsorganisation eingeschränkt ist, wenden wir uns im folgenden Abschnitt zu. Die Antwort auf diese Frage gibt uns Auskunft darüber, an welchen Stellen und in welchem Umfang Entscheidungen innerhalb der WTO der demokratischen Legitimation bedürfen.

Konsensprinzip
der Entscheidungs-
findung

5.2 Der Demokratiebedarf der Welthandelsorganisation

Wenn Kritiker der WTO ein Demokratiedefizit attestieren, dann steckt hinter dieser Diagnose zunächst einmal die Annahme, dass die WTO einer eigenständigen demokratischen Legitimation bedarf – mit anderen Worten: dass Entscheidungen im Rahmen der WTO nicht einfach dadurch legitimiert sind, dass sie im Konsens durch die Regierungen souveräner Staaten verabschiedet oder Streitigkeiten in ihrem Auftrag gelöst wurden. Das ist insofern interessant, als eine ähnliche Kritik im Zusammenhang mit anderen internationalen Verhandlungen – etwa denen zum globalen Klimaschutz – eher selten zu vernehmen ist.

Einige Beobachter führen die Kritik daher auf die „beispiellosen Machtbefugnisse" der WTO zurück, die nicht nur die Nichtregierungsorganisationen, sondern auch Regierungen auf den Plan gerufen haben (Zweifel 2006: 118). Gemeinsam teilen beide die Furcht, die Kontrolle über wichtige nationale Entscheidungen an supranationale Instanzen zu verlieren. Damit ist auch der wichtigste Standard benannt, an dem der genuine Demokratiebedarf der WTO in der Regel festgemacht wird. So formuliert etwa Meinhard Hilf (2004: 414): „Je mehr die WTO in die Ausübung öffentlicher Autorität involviert ist, indem sie die Regulierung auf der nationalstaatlichen Ebene beeinflusst, desto mehr muss diese Autorität legitimiert werden." Insofern ist die zentrale Frage für die Ermittlung des Demokratiebedarfs, inwieweit die WTO „in die Ausübung öffentlicher Autorität involviert" ist. In diesem Zusammenhang werden verschiedene Argumente geltend gemacht, um einen vergleichsweise hohen Legitimationsbedarf der WTO zu begründen:

(Randnotiz: Hohe Machtbefugnisse der WTO)

(Randnotiz: Demokratiebedarf)

- Die Entscheidungen der Streitbeilegungsgremien haben eine hohe rechtliche Verbindlichkeit, die nationalen Gerichtsurteilen nahe kommt. Dementsprechend sollten auch die Regeln, über deren Einhaltung die Streitbeilegungsgremien wachen, in ähnlich demokratischen Verfahren zustande kommen wie nationale Gesetze.
- Die Vertragsgrundlagen der WTO binden nicht nur die nationalen Regierungen, die an ihrer Ausarbeitung beteiligt waren, sondern auch künftige Regierungen. Einmal geschlossene Verträge können von zukünftigen Regierungen nur noch schwer verändert werden.
- Die WTO-Abkommen regulieren zwar primär den grenzüberschreitenden Handel, sie haben aber auch erhebliche Implikationen für andere Politikbereiche wie etwa den Umweltschutz oder die Gesundheitsversorgung.
- Auch wenn die Förderung des Welthandels allen WTO-Mitgliedstaaten Wohlfahrtsgewinne ermöglichen soll, haben die Regeln und Entscheidungen der WTO-Organe erhebliche Verteilungseffekte und erzeugen nicht nur Gewinner.

(Randnotiz: Gründe für Demokratiebedarf)

1. Die rechtliche Verbindlichkeit von WTO-Entscheidungen. Weil das WTO-Recht bindende Regeln für die nationale Wirtschafts- und Sozialpolitik vorgebe, müsse es, argumentiert etwa Markus Krajewski (2001: 168), nicht nur völkerrechtliche, sondern auch nationale demokratische Legitimitätsstandards erfüllen. Ein ähnliches Argument bringen auch Christophe Bellmann und Richard Gerster

(Randnotiz: 1. Rechtliche Verbindlichkeit von WTO-Entscheidungen)

(1996: 31) an, die schon 1996 beobachteten, dass in Themenfeldern mit WTO-Bezug „nationale Parlamente nicht mehr länger die Gesetzgebung dominierten".

Die Parlamente verlören einen Teil ihrer Funktionen als Gesetzgeber, da sie nur noch abzunicken hätten, was Diplomaten und Regierungen in komplexen Verhandlungen vereinbart hätten. „Die nationale Politik", schlossen Bellmann und Gerster (ebd.: 54) seinerzeit, „wird zunehmend auf der multilateralen Ebene bestimmt." Auf die Beobachtung, dass weite Teile der Handelspolitik inzwischen auf der internationalen Ebene beschlossen werden, folgt dann häufig die Forderung, dass auch auf dieser Ebene demokratische Entscheidungsverfahren vonnöten seien.

Diese Argumentation ist insgesamt durchaus plausibel. Sie übersieht allerdings, dass es faktisch gravierende Unterschiede in der Beteiligung nationaler Parlamente an der Entscheidungsfindung in der WTO gibt und dass zumindest einzelne Volksvertretungen wie etwa der US-Kongress durchaus eine wirksame Kontrolle über das Handeln ihrer Regierungen im Rahmen internationaler Verhandlungen ausüben (vgl. unten: Abschnitt 5.3.2).

Zudem ist strittig, ob das WTO-Recht tatsächlich eine ähnliche Qualität wie das EU-Recht oder gar das nationale Recht hat. Einige Kommentatoren sehen im WTO-Recht ein „funktionales Äquivalent zum supranationalen Recht" (Krajewski 2001: 170-171). Zwar fehlen wichtige Elemente im Vergleich zum Europarecht, etwa die Direktwirkung – also die unmittelbare Geltung internationaler Rechtsbeschlüsse auch ohne die gesonderte Umsetzung in nationales Recht. Da die Mitgliedstaaten gemäß Artikel XVI, Absatz 4 des WTO-Abkommens zur Anpassung nationalen Rechts an WTO-Recht verpflichtet seien und das WTO-Recht durch den Streitbeilegungsmechanismus auch wirksam umgesetzt werde, bestehe der Unterschied zum europäischen Recht aber nur auf dem Papier. Die Qualität des WTO-Rechts sei vergleichbar mit der Qualität des Europarechts; darum bedürften Beschlüsse der WTO letztlich derselben demokratischen Legitimation wie das europäische Recht.

Dem widersprechen andere Beobachter mit dem Hinweis, dass die WTO im Unterschied zur EU nicht explizit ein „gemeinsames Gut", sondern lediglich die Interessen der einzelnen Mitgliedstaaten verfolge (Howse/Nicolaidis 2003: 83; vgl. auch von Bogdandy 2001a, 2001b). So stelle die WTO lediglich ein Forum für Verhandlungen zwischen ihren Mitgliedern bereit. Eigene Rechtsetzungskompetenzen habe sie demgegenüber nicht; die Rechtsetzung erfordere stattdessen die Ratifikation durch die Mitglieder. Ein Hauptunterschied zur EU besteht also letztlich darin, dass in der EU auch ohne Zustimmung der nationalen Parlamente Recht geschaffen werden kann; in der WTO ist dies dagegen nicht möglich (von Bogdandy 2001a: 269, Fn. 28; vgl. auch Oppermann 2001: 583).

2. Die Schwierigkeit, einmal vereinbarte Verträge abzuändern. Verträge, auf die sich alle Mitglieder der WTO einmal im Konsens geeinigt haben, lassen sich auch nur im Konsens ändern. Diese Praxis des sogenannten „hands-tying", durch welches zukünftige Regierungen faktisch an heutige Entscheidungen gebunden werden, kann man durchaus als ein „antidemokratisches Element" bezeichnen – denn sie verhindert ja, dass sich veränderte gesellschaftliche Mehrheiten auch in einer veränderten Politik widerspiegeln (Howse/Nicolaidis 2003: 82). Dementsprechend sieht etwa Robert Howse (2003: 94) in der Tatsache, dass das WTO-Recht und seine Interpretation nur im Konsens aller Mitglieder geändert werden können, das größte Demokratiedefizit der WTO.[46]

Nun muss man allerdings anerkennen, dass ähnliche Probleme auch aus dem Nationalstaat bekannt sind. Auch dort lassen sich bestimmte Entscheidungen nur schwer revidieren. So sind etwa in Deutschland einzelne Artikel des Grundgesetzes von einer Änderung ausgenommen, während alle anderen nur mit einer Zweidrittelmehrheit von Bundestag und Bundesrat geändert werden können. In der Regel gelten aber für solche Entscheidungen, die zukünftigen Regierungen die Hände binden, selbst besonders hohe Anforderungen – etwa Referenden oder die Zustimmung eines besonders hohen Anteils der nationalen oder regionalen Abgeordneten. Da die WTO-Verträge dagegen in den meisten Staaten wie einfache nationale Gesetze behandelt und lediglich mit den einfachen Mehrheiten der nationalen Parlamentsabgeordneten verabschiedet werden, kann man hier durchaus ein Demokratiedefizit erkennen (Howse/Nicolaidis 2003: 82).

Einwände und Diskussion

Ein mit dem oben genannten Punkt verwandter Aspekt ist, dass sich das Welthandelsrecht nicht nur durch die Verhandlungen der Mitgliedstaaten, sondern auch durch die unabhängige Rechtsprechung der Streitschlichtungsgremien weiterentwickelt. Mit anderen Worten: dass der Rechtsprechungsmechanismus „ein rechtserzeugendes Verfahren" innerhalb der WTO ist (von Bogdandy 2001a: 274). Das gilt zwar wiederum auch im Nationalstaat – auch in Deutschland tragen etwa das Bundesverfassungsgericht und andere Bundesgerichte zur Rechtsfortbildung bei. Im Gegensatz zum demokratischen Nationalstaat fehlt im Rahmen der WTO allerdings ein Gesetzgeber, der in die richterliche Rechtsfortbildung jederzeit korrigierend eingreifen kann (ebd.: 274, 279). Während der Bundestag ein vom Bundesverwaltungsgericht in unliebsamer Weise interpretiertes Gesetz relativ zügig mit einfacher Mehrheit ändern kann, ist in der WTO immer der Konsens aller Mitglieder erforderlich.

3. Die Auswirkungen des WTO-Rechts auf andere Politikbereiche. Einige Beobachter begründen den Demokratiebedarf der WTO vor allem damit, dass die Entscheidungen der WTO nicht nur die Handelspolitik, sondern auch die Gesundheits-, Umwelt- oder Verbraucherschutzpolitik nationaler Regierungen massiv einschränken. So durfte die thailändische Regierung die Einfuhr US-amerikanischer Tabakerzeugnisse nicht verbieten, obwohl die Hersteller das landesweit geltende Werbeverbot für Zigaretten relativ leicht unterlaufen konnten und somit die gesundheitspolitischen Strategien der thailändischen Regierung gefährdeten (Howse 2001: 392). In anderen Fällen kam es gar nicht erst zu einem Urteil. Die österreichische Regierung gab Ende der 1990er-Jahre aus Furcht vor einem möglichen Rechtsstreit ihre ursprüngliche Absicht auf, in der Ausschreibung öffentlicher Bauaufträge die Verwendung von Holz aus nachhaltiger Forstwirtschaft vorzuschreiben. Und auch im Bereich der Klimapolitik ist ungewiss,

3. Wirkung des WTO-Rechts auf weitere Politikbereiche

---

46   Den WTO-Mitgliedern bleibt zwar stets die Möglichkeit eines Austritts aus der Organisation offen. Er stellt aber aufgrund der damit verbundenen Wohlfahrtsverluste in der Regel keine realistische Option dar und erscheint daher als Instrument der demokratischen Kontrolle letztlich unzureichend (Bogdandy 2001a: 271; vgl. auch unten).

inwieweit es etwa den EU-Staaten erlaubt wäre, „Umweltzölle" auf US-Importe zu erheben, deren Produzenten einen Wettbewerbsvorteil daraus ziehen, dass ihre Regierung das Kyoto-Protokoll zum Schutz des globalen Klimas nicht ratifiziert hat. Auch wenn einige Beobachter solche „Grenzausgleichsabgaben" mit Verweis auf Artikel XX des GATT durchaus für WTO-konform halten (vgl. Biermann/Brohm 2005), schrecken die Mitgliedstaaten der EU zumindest bislang davor zurück.

Die Beispiele zeigen, dass sich das WTO-Recht von anderen internationalen Verträgen unterscheidet. So schreibt Markus Krajewski (2001: 170) zusammenfassend:[47]

> „Die Normen der WTO (...) definieren detaillierte individuelle Rechte und öffentliche Verpflichtungen und schränken dadurch die politischen Handlungsmöglichkeiten nationaler Gesetzgeber stärker ein als viele andere Verträge. (...) Überdies funktioniert der WTO-Streitschlichtungsmechanismus in den meisten Fällen als ein wirksamer Mechanismus zur Rechtsdurchsetzung. Ein Blick auf die jüngeren Fälle zeigt, dass die Streitbeilegung in der WTO nicht nur den Bereich des Außenhandels berührt, sondern Einfluss auf die Umweltpolitik, den Verbraucherschutz, die Gesundheitspolitik, die Steuerpolitik, die nationale Sicherheit und sogar die Menschenrechtspolitik hat."

4. Politischer Charakter der WTO

4. Der politische Charakter der WTO. Der vierte Punkt schließlich knüpft an den dritten an. Ginge es in der WTO ausschließlich darum, die optimale Lösung für ein technisches Problem zu finden, dann könnten die Bürger der Mitgliedstaaten diese Aufgabe ohne Weiteres an eine entsprechende Agentur delegieren, die vor allem mit Experten besetzt ist. In anderen Bereichen ist dies ja durchaus der Fall – die Entscheidungen von Arzneimittelaufsichtsbehörden oder zivilen Luftfahrtbehörden sind ja gerade deshalb der demokratischen Meinungs- und Willensbildung entzogen, weil sie eher technischer Natur sind und eine hohe Sachkenntnis erfordern, über die die meisten Bürgerinnen und Bürger nicht verfügen. In dem Maße, in dem Entscheidungen, die Staaten im Rahmen der WTO treffen, jedoch unmittelbare Verteilungswirkungen entfalten – also Gewinner und Verlierer produzieren – dringt die WTO aber in den Kernbereich des Politischen vor. Dasselbe gilt zudem, wenn im Rahmen der WTO Fragen behandelt werden, die Werturteile darüber erfordern, was für die (Welt-)Gesellschaft wünschenswert ist.

Verteilungseffekte des WTO-Rechts

Gerade im Bezug auf die Verteilungseffekte ist die Wirkung des WTO-Rechts äußerst umstritten. So sind viele der Vorhersagen von Freihandelsbefürwortern bislang nicht eingetreten. In vielen Entwicklungsländern profitiert vor allem eine kleine Elite von der Marktöffnung. Die erhofften *trickle-down*-Effekte, die sicherstellen sollen, dass die gesamte Gesellschaft einen Nutzen aus der Handelsliberalisierung zieht, bleiben dagegen häufig aus. Und prominente Beispiele wie die Patentierung von Saatgut und deren Schutz durch das TRIPS-Abkommen lassen die Verteilungswirkung der WTO in einem schlechten Licht

---

47   Vgl. zum selben Punkt auch Bogdandy (2001a: 265); Esty (2002: 14); Hilf (2005: 414); Howse/Nicolaidis (2003: 79-80)

erscheinen, da sie Kleinbauern ihre jahrhundertealte Existenzgrundlage zu nehmen drohen.[48]

Das Vordringen der WTO in diese Bereiche genuin politischer Entscheidungen macht Daniel Esty (2002: 13-14) letztlich auch für die zunehmende öffentliche Kritik an der Organisation verantwortlich:

> „Die Akzeptanz eines Entscheidungsprozesses, der auf bürokratischer Rationalität gründet, kann nur bestehen, solange die Öffentlichkeit überzeugt ist, dass die Entscheidungen, die getroffen werden, ihrer Natur nach ‚technisch' und ‚wissenschaftlich' untermauert sind. Der Einfluss der WTO geht inzwischen eindeutig über den engen Bereich der Handelsökonomie hinaus; ihre Entscheidungen beinhalten unweigerlich Zielkonflikte mit anderen politischen Zielen, betreffen maßgeblich andere Bereiche und erfordern ganz eindeutig Werturteile. (…) In dem Umfang, in dem die auf Rationalität gründende Legitimität erodiert, steigt der Bedarf an demokratisch fundierter Legitimität und an Beziehungen zur Öffentlichkeit, deren Interessen betroffen sind."

Wenn wir die verschiedenen Argumente vor dem Hintergrund der in Kapitel 3 entwickelten Kriterien bewerten, dann ergibt sich zumindest für drei der vier Kriterien ein hoher Demokratiebedarf: Hinsichtlich des Kriteriums der *Autorisierung* ist relativ eindeutig, dass die Entscheidungsgremien der WTO durch formale Beschlüsse der Mitgliedstaaten befugt sind, Entscheidungen zu treffen. Hier gibt es also nur insofern ein Problem, als einige Mitgliedstaaten selbst intern nicht demokratisch organisiert sind und die „geliehene" Legitimität der WTO damit zumindest teilweise auf wackligen Füßen steht (vgl. hierzu auch unten: Abschnitt 5.3.2). Hinsichtlich des *Ausmaßes der Betroffenheit* durch die WTO-Regeln weisen insbesondere das dritte und vierte der oben genannten Argumente auf einen hohen Demokratiebedarf hin. Mit Bezug auf die *Qualität der Regeln* ergibt sich aus den relativ präzisen und umfangreichen Vorgaben, aus dem Verpflichtungsgrad und aus der Delegation der Rechtsprechung an einen unabhängigen Streitbeilegungsmechanismus ebenfalls ein hoher Demokratiebedarf. Und hinsichtlich des Kriteriums der *Subsidiarität* leuchtet die Begründung für globale Regeln zwar durchaus ein. Ob diese notwendigerweise so umfassend und detailliert ausfallen müssen, wie dies im WTO-Recht der Fall ist, darf allerdings zumindest bezweifelt werden. Entsprechend attestieren wir der WTO einen relativ hohen Demokratiebedarf.

Folgerung: Hoher Demokratiebedarf der WTO

5.3 Die demokratische Qualität der Welthandelsorganisation

5.3.1 Die Inklusivität der Welthandelsorganisation

Ob die WTO diesem Demokratiebedarf auch gerecht wird, hängt zunächst davon ab, ob diejenigen, die von Entscheidungen im Rahmen der WTO betroffen sind, auch angemessen am Entscheidungsprozess beteiligt werden. In der Diskussion

---

48   Wir danken Ulrike Ehling für den Hinweis auf diesen Punkt.

um die Inklusivität der WTO lassen sich dabei grob vier Positionen unterscheiden, die wir im Folgenden näher beleuchten:

Vier Positionen zur
Inklusivität der WTO

1. Die WTO ist trotz ihrer gegenüber dem GATT erweiterten Kompetenzen in
    angemessenem Umfang inklusiv, da die wichtigsten Entscheidungen nur im
    Konsens der Regierungen aller Mitgliedstaaten getroffen werden können.
2. Die WTO ist nur auf dem Papier in angemessenem Umfang inklusiv. In der
    Praxis ist sie es nicht, weil zahlreichen Entwicklungsländern die Kapazitä-
    ten fehlen, um effektiv an den Verhandlungen teilzunehmen.
3. Die WTO ist nicht in angemessenem Umfang inklusiv, weil wichtige Ent-
    scheidungen in informellen und exklusiven Verhandlungen zwischen den
    mächtigsten Mitgliedstaaten getroffen werden.
4. Die WTO ist nicht in angemessenem Umfang inklusiv, weil Nichtregie-
    rungsorganisationen von den Verhandlungen weitgehend ausgeschlossen
    sind.

*1. WTO als
Verhandlungsforum
souveräner Staaten*

1. Die WTO als Verhandlungsforum für souveräne Nationalstaaten. Die Vertreter dieser ersten Position sehen in der WTO nicht mehr als ein Forum für zwischenstaatliche Verhandlungen, das sich mit anderen Verhandlungsforen wie
etwa den jährlichen Treffen der Vertragsstaaten der Klimarahmenkonvention
vergleichen lässt. Die Regierungen der Mitgliedstaaten treffen sich in regelmäßigen Abständen, um bestehende Abkommen zu präzisieren und zu ergänzen und
um neue Abkommen auszuhandeln. Ist ein Vertrag einmal ausgehandelt, verpflichtet er nur diejenigen Staaten, deren Regierungen ihm auch zugestimmt
haben. Kurzum: Die WTO ist eine „mitgliedergetriebene, konsensbasierte Organisation" (WTO 2005: 101) und „alles, was [sie] tut, ist das Ergebnis von Verhandlungen" (ebd.: 9).

*Stimmengleichheit
der Mitglieder*

Entsprechend sieht etwa Sumitra Chishti (2000: 95) in der Stimmengleichheit der Mitglieder einen demokratischen Grundpfeiler der WTO: „Die WTO
besitzt ein demokratisches System der Entscheidungsfindung, nämlich den
Grundsatz ‚one country – one vote'." Zumindest formal kann keinem Staat gegen den Willen seiner Regierung – und in vielen Fällen auch nicht gegen den
Willen der Mehrheit des nationalen Parlaments – eine Entscheidung „der WTO"
aufgezwungen werden. Vielmehr sind Entscheidungen „der WTO" Entscheidungen aller Mitgliedstaaten.[49]

Einwände

WTO-Kritiker betonen dagegen, dass die tatsächliche Praxis der Entscheidungsfindung in der WTO maßgeblich von den formalen Vorgaben abweicht –
dass „Verfassung" und „Verfassungswirklichkeit" also auseinanderfallen (vgl.
die folgenden Positionen 2. und 3.). Zudem bezweifeln sie, dass die Regierungen

---

49 Der Streitbeilegungsmechanismus wäre in dieser Interpretation lediglich ein unabhängi-
    ger Mechanismus, der mit der einheitlichen Auslegung des WTO-Rechts betraut ist, je-
    doch selbst keine neuen Regeln setzen kann. Und auch die Tatsache, dass in den ver-
    schiedenen WTO-Ausschüssen zwar im Konsens entschieden wird, aber selten alle Staa-
    ten dabei sind, spricht nicht gegen diese Interpretation – wichtig ist in erster Linie, *dass*
    formal im Konsens entschieden wird und kein Staat gegen seinen Willen an Entscheidun-
    gen „der WTO" gebunden werden kann.

die Interessen ihrer Bürger angemessen repräsentieren und fordern eine stärkere Beteiligung von Nichtregierungsorganisationen (vgl. Position 4.)

2. Die mangelnden Verhandlungskapazitäten der (kleinen) Entwicklungsländer. Vertreter dieser WTO-kritischen Position argumentieren, dass die Interessen der Entwicklungsländer im Rahmen der Organisation „routinemäßig ignoriert" würden (Jawara/Kwa 2003: 3). Akzeptiert man diese These, ist es allerdings überraschend, dass die Entwicklungsländer den Verhandlungsergebnissen dennoch zustimmen. Ein Argument, das in diesem Zusammenhang häufig angeführt wird, verweist auf die fehlenden Verhandlungskapazitäten und die geringe Verhandlungsmacht der Entwicklungsländer.

> 2. Fehlende Verhandlungskapazität der Entwicklungsländer

Die Chancen eines Staates, sich in Verhandlungen durchzusetzen, hängen in Handelsfragen insbesondere von vier Faktoren ab: dem Anteil am Weltmarkt; der Fähigkeit, Koalitionen mit anderen Staaten einzugehen; dem Zugang zu Handels- und Wirtschaftsdaten der beteiligten Staaten; und der Existenz von einheimischen politischen Institutionen zur Unterstützung der internationalen Verhandlungen (Drahos 2003: 82-83; vgl. auch Steinberg 2002). Letztlich schneiden Entwicklungsländer im Hinblick auf alle vier Faktoren deutlich schlechter ab als Industrieländer. Während sich die beiden ersten Aspekte vor allem auf die Fragen der Verhandlungs*macht* beziehen, sind im Zusammenhang mit den Verhandlungs*kapazitäten* vor allem die beiden letztgenannten Punkte von Bedeutung. Im Gegensatz zur Verhandlungsmacht, die sich danach bemisst, was ein Staat im Austausch gegen Zugeständnisse anderer Staaten anzubieten hat, bezieht sich die Verhandlungskapazität vor allem auf personelle und informationelle Ressourcen der WTO-Mitgliedstaaten.

Die *Verhandlungsmacht* der Mitgliedstaaten unterscheidet sich offensichtlich voneinander. Während es den meisten Produzenten in den USA oder in Europa relativ egal sein dürfte, ob sie einen guten Zugang zum bolivianischen Markt bekommen, gilt das andersherum nicht: Der Zugang zum US-Markt und zum europäischen Markt ist für viele ausländische Hersteller aufgrund der Größe überlebenswichtig. Wenn sich die USA, die Mitglieder der EU und Japan im Bezug auf einzelne Aspekte des Welthandels dann auch noch einig sind, haben diese Staaten eine entsprechend große Verhandlungsmacht. Zugeständnisse der mächtigen Staaten müssen dann von den anderen Mitgliedstaaten teuer erkauft werden. So willigten beispielsweise viele Länder nicht zuletzt aufgrund des Drucks der USA und der EU ein, das GATT durch die Abkommen GATS und TRIPS zu ergänzen: Sie konnten entweder alle drei Abkommen als Paket unterzeichnen und der neu gegründeten WTO beitreten oder keines der Abkommen unterzeichnen und der WTO fern bleiben.

> Unterschiedliche Verhandlungsmacht der Mitgliedsländer

Doch auch im Bereich der *Verhandlungskapazitäten* gibt es gravierende Unterschiede. So haben vor allem die Regierungen kleiner Entwicklungsländer häufig Schwierigkeiten, systematisch all diejenigen Daten zu erheben und auszuwerten, die sie bräuchten, um einerseits eine nationale Verhandlungsposition zu den verhandelten Themen zu entwickeln und andererseits die Vorschläge anderer Delegationen zu bewerten. Zudem fehlt es häufig an Unterhändlern, die kompetent und verhandlungserfahren sind (Chasek 2001: 169; vgl. auch Sjöstedt/Spector 1993: 311). Die Folge ist, dass Entwicklungsländer zwar bei den

> Unterschiedliche Verhandlungskapazitäten der Länder

Verhandlungen zugegen sein mögen, jedoch häufig keine effektiven Teilnehmer an den Verhandlungen sein können (Gupta 1997: 132). In den äußerst komplexen Verhandlungen zum Welthandel zeigt sich dieses Problem besonders deutlich. Sie umfassen zumeist ein sehr breites Themenspektrum; zudem sind im Zusammenhang mit einzelnen Verhandlungsthemen in der Regel eine Vielzahl möglicher und nicht immer leicht vorhersehbarer Konsequenzen für die eigenen Volkswirtschaften zu bedenken.

Beispiele   Während sich in Industrieländern wie den USA und Korea mehrere hundert Experten in Ministerien und staatlichen Behörden mit der Welthandelspolitik befassen, zählten Bellmann und Gerster (1996: 59) in den ersten Jahren der WTO für Sri Lanka vier und für Nicaragua drei Mitarbeiter staatlicher Behörden, die sich ausschließlich mit der WTO befassten. Die Situation in Genf stellte sich ähnlich dar. Während die USA oder Japan etwa 20 Mitarbeiter vor Ort hatten, die sich primär oder ausschließlich mit WTO-Angelegenheiten befassten und regelmäßig von Experten aus Washington bzw. Tokio unterstützt wurden, hatten Nicaragua oder Bangladesch jeweils einen Vertreter und nur geringfügige Unterstützung aus den Hauptstädten. Im Falle Bangladeschs war ein und dieselbe Person gar für WTO und die VN-Konferenz über Handel und Entwicklung (UNCTAD) zuständig. Andere Länder wie Guinea oder Mozambique hatten zumindest zu Beginn der WTO gar keine Vertretung in Genf, während sich Sierra Leone durch einen Vertreter der Stiftung für internationales Umweltrecht und Entwicklung (FIELD) vertreten ließ (ebd.: 59-60).

Neuere Forschungen   Aktuellere Arbeiten weisen darauf hin, dass sich die Lage in den vergangenen Jahren nicht grundsätzlich verändert hat. So zählt etwa Thomas Zweifel (2006: 121) insgesamt 16 WTO-Mitglieder, die keine ständige Vertretung in Genf haben. Ilan Kapoor (2004: 529) zählt alleine unter den 30 Ländern des südlichen Afrika 15 ohne eigene Vertretung in Genf und berichtet überdies, dass auch die kleinen Entwicklungsländer, die über eine ständige Vertretung verfügen, über die hohe Zahl an Treffen, über das Fehlen eines Berichtswesens und über den mangelnden Zugang zu technischer und rechtlicher Analyse klagen. In der Praxis führt dies vor allem dazu, dass Entwicklungsländer im Ausschusswesen der WTO oft kaum mitreden können, weil sie zu wenig Personal in Genf haben.[50]

Verbesserungen für Entwicklungsländer ...   Vergleicht man die gegenwärtige Doha-Runde mit den früheren Handelsrunden, so kann man jedoch zumindest einen kleinen Hoffnungsschimmer erkennen: Die Entwicklungsländer haben „eindeutig von der Erfahrung aufeinander folgender Verhandlungsrunden profitiert" und aus ihrer Beteiligung an der Uruguay-Runde gelernt (Page 2003: 5; vgl. auch Page 2002). In den aktuellen Verhandlungen beteiligen sich zahlreiche Entwicklungsländer aktiver als noch in der letzten Handelsrunde und stimmen auch ihre Verhandlungsstrategien besser miteinander ab.

---

50   Zur Liste der praktischen Mängel, die sich prinzipiell beheben ließen, gehört auch das von Jawara und Kwa monierte Fehlen von Übersetzungsdiensten wie etwa im Rahmen der Verhandlungen in Doha; dort habe es beispielsweise keine Übersetzungen in die offiziell anerkannten WTO-Sprachen Französisch und Spanisch gegeben (Jawara/Kwa 2003: 98).

Zudem stellt die WTO ihren Mitgliedern auch eine organisationsinterne Unterstützung zur Verbesserung der Verhandlungskapazitäten zur Verfügung. So bieten etwa das *Institute for Training and Technical Cooperation* (ITTC) und das der WTO angegliederte, aber formal eigenständige *Advisory Centre on WTO Law* (ACWL) Entwicklungsländern rechtliche Beratung im Rahmen der WTO-Verhandlungen und der Beilegung von handelsrechtlichen Konflikten mit anderen Mitgliedstaaten an. Die angebotenen Dienstleistungen sind für die am geringsten entwickelten Mitgliedsländer (*Least Developed Countries,* LLDCs) kostenlos; anderen Entwicklungsländern stehen sie gegen Zahlung eines Mitgliedsbeitrags zur Verfügung (WTO 2005: 94). Daneben bietet das WTO-Sekretariat regelmäßige handelspolitische und handelsrechtliche Seminare und Workshops in Genf, aber auch in Entwicklungsländern selbst an. Die rund sieben Millionen Schweizer Franken (Stand: 2005), die jährlich in diese Aktivitäten investiert werden, stammen zum Teil aus dem regulären WTO-Budget und zu anderen Teilen aus freiwilligen Beiträgen der Mitglieder, den Mitgliedsbeiträgen der beteiligten Staaten und aus Töpfen anderer internationaler Organisationen (WTO 2005: 96-97).

Die WTO-eigenen Aktivitäten zum Aufbau von Kapazitäten *(capacity building)* in den Mitgliedstaaten stoßen allerdings nicht bei allen Beobachtern auf Gegenliebe. So wird etwa bemängelt, dass die Programme darauf abzielen, in Entwicklungsländern vor allem diejenigen Kapazitäten zu stärken, die erforderlich sind, um die internationalen Handelsvereinbarungen auf der nationalstaatlichen Ebene *umsetzen* zu können. So hilft etwa die 2002 von verschiedenen internationalen Organisationen ins Leben gerufene *Standards and Trade Development Facility* Entwicklungsländern, das WTO-Abkommen über sanitäre und phytosanitäre Maßnahmen umzusetzen. Der viel wichtigere Aufbau von Kapazitäten im Bezug auf die *Verhandlungsführung*, so die Kritiker, sei gegenüber der Umsetzungshilfe dagegen nur ein untergeordnetes Ziel (vgl. Shaffer 2005a). In diesem Zusammenhang forderte die indische Regierung, dass die entsprechenden Programme des WTO-Sekretariats stärker an der Nachfrage ausgerichtet werden müssten und die Angebote nicht von den Interessen des Sekretariats oder der größten Geldgeber bestimmt werden dürften (ebd.: 259). Gregory Shaffer zitiert den Vertreter eines Entwicklungslandes mit den Worten, dass die vom WTO-Sekretariat eingesetzten Experten und Mitarbeiter „in die Länder gehen, um ihnen zu sagen, was sie tun sollen, und nicht, wie sie ihre Optionen und deren Implikationen analysieren und überdenken können" (ebd.: 268).

So haben wir es im Bereich des *capacity building* mit einem Bereich zu tun, in dem die zugrunde liegenden Ideen durchaus demokratiefördernd sind, die Umsetzung aber nicht ausreicht, um die unterschiedlichen Analyse- und Verhandlungskapazitäten zwischen den Mitgliedstaaten auszugleichen. Das Grundproblem ist hier – und auch im Bezug auf die unterschiedliche *Verhandlungsmacht* – ein strukturelles: Um dem Ziel einer „inklusiven" und „demokratischen" Welthandelspolitik näher zu kommen, müssten die Industrieländer im Rahmen der WTO eigentlich Aktivitäten anbieten, die die Entwicklungsländer langfristig stärken. Erst dann würden die Verhandlungen nicht mehr durch bestehende Machtunterschiede und Abhängigkeiten verzerrt, sondern könnten „zwischen Gleichen" stattfinden. Eine Stärkung der Entwicklungsländer bedeutet aber in

... und Unterstützung durch WTO

Kritik

Systematische Schwächen des *capacity building*

der Regel eine relative Schwächung der Industrieländer – und diese liegt selten im Interesse von Wählermehrheiten in den Industrieländern. Eine Bundestagswahl lässt sich mit dem Versprechen von handelspolitischen Zugeständnissen gegenüber Entwicklungsländern wohl kaum gewinnen. Solange sich hieran nichts ändert, sind auch im Bereich des Kapazitätsaufbaus und der Verringerung der Machtunterschiede der WTO-Mitglieder eher symbolische als substanzielle Verbesserungen zu erwarten.

3. Entscheidungs-
findung im
„Green Room"

3. Die Entscheidungsfindung im „Green Room". Ein zweiter großer Kritikpunkt an der WTO ist, dass wesentliche Entscheidungen in kleinen, informellen Zirkeln vorbereitet werden, von denen die Mehrzahl der Mitgliedstaaten ausgeschlossen ist. In den informellen Treffen werde die Agenda der Verhandlungen von wenigen mächtigen Mitgliedstaaten festgelegt, und die ausgeschlossenen Mitglieder stünden anschließend unter großem Druck, diese Tagesordnung zu akzeptieren (Jawara/Kwa 2003: 67). Da diese informellen Verhandlungen oft im grünen Konferenzraum des WTO-Generalsekretärs stattfanden, hat sich für sie im WTO-Jargon der Begriff der „Green-Room-Verhandlungen" etabliert (WTO 2005: 104).

Informelle
Entscheidungs-
findung

Die Kritik an den Green-Room-Verhandlungen ist weit verbreitet. So berichtet etwa Ilan Kapoor (2004: 528), dass die meisten der wichtigen Verhandlungen in der Uruguay-Runde in informellen Zirkeln stattfanden, zu denen nicht alle WTO-Mitglieder Zutritt gehabt hätten. Üblicherweise hätten die EU, die USA, Japan und Kanada – die sogenannte „Quad" der vier stärksten Verhandlungsparteien – zunächst so lange untereinander verhandelt, bis sie eine gemeinsame Position entwickelt hätten; anschließend seien die Verhandlungen auf eine Gruppe von 20 bis 30 Mitgliedern ausgeweitet worden. Die Verhandlungsentwürfe, die aus den Gesprächen in diesen Gruppen hervorgingen, seien dann in formalen Sitzungen aller GATT-Mitglieder vorgestellt und in der Regel ohne weitere Änderungen angenommen worden. Für Kapoor (ebd.: 529; vgl. auch Krajewski 2001: 170; Schott/Watal 2000) stellt gerade diese Praxis die Legitimität der WTO in Frage:

> „Der ausschließende Charakter und die Exklusivität der von westlichen Ländern organisierten ‚Green-Room'-Treffen sind das offensichtlichste Zeichen von Illegitimität. Es mag durchaus unrealistisch und praktisch unmöglich sein zu erwarten, dass alle Länder in allen Ausschüssen repräsentiert sind. Zudem organisieren die Länder des Südens auch ihre eigenen informellen Treffen (…). Der wiederholte und systematische Ausschluss (...) vieler Entwicklungsländer in zentralen Ausschusssitzungen ist jedoch besorgniserregend. Das Hauptproblem ist, dass es keine klaren und transparenten (und im Dialog generierten) Regeln gibt, an denen sich solche Treffen ausrichten und die zum Beispiel gewährleisten, dass alle Mitglieder zumindest zu ihnen eingeladen werden oder die, so dies nicht der Fall ist, die Kriterien für die Einbeziehung und Ausschluss ausbuchstabieren. Die Abwesenheit solcher Regeln bedeutet, dass die mächtigsten westlichen Mitglieder das Recht des Stärkeren ungestraft durchsetzen können."

Einwände und
Diskussion

Eine andere Position nehmen Schott und Watal (2000) ein, die unter anderem darauf hinweisen, dass der Kreis der Länder, die an den informellen Verhandlungen teilnehmen, in der Vergangenheit deutlich gewachsen ist, und dass üblicherweise die Mitglieder beteiligt seien, die ein besonderes Interesse an den jeweiligen Verhandlungsgegenständen zeigten. Neben der „Quad" und einigen weiteren Industrieländern nähmen auch eine Reihe von Schwellen- und Entwicklungsländern häufig an den Verhandlungen teil – die Autoren nennen etwa Argentinien, Brasilien, Chile, Kolumbien, Ägypten, Hongkong, China, Indien, Südkorea, Mexiko, Pakistan, Südafrika und mindestens ein südostasiatisches WTO-Mitglied. Die meisten kleineren Entwicklungsländer blieben von den Treffen aufgrund fehlender Ressourcen bzw. Verhandlungskapazitäten jedoch in der Tat ausgeschlossen.

Das WTO-Sekretariat schließlich nimmt eine Mittelposition ein und rechtfertigt informelle Verhandlungen als ein Element, ohne das die Handelsrunden angesichts der inzwischen 153 WTO-Mitglieder (Stand: 2010) schlicht nicht funktionieren könnten: „Schwierigere Themen müssen in kleineren Gruppen ausgehandelt werden" (WTO 2005: 104). Zudem erscheint es schlichtweg unmöglich, den USA, der EU, Japan und Kanada zu verbieten, sich auf gemeinsame handelspolitische Präferenzen zu verständigen. Gleichzeitig verweist jedoch auch das WTO-Sekretariat auf die Notwendigkeit, alle WTO-Mitglieder über den Fortgang der Verhandlungen zu informieren und sicherzustellen, dass auch die Mitglieder, die an einem bestimmten Treffen nicht teilnehmen, Gelegenheit haben, ihre Sicht der Dinge in die Verhandlungen einzubringen (ebd.).

Wie sollen wir uns also zu der Kritik an den Green-Room-Verhandlungen stellen? Einerseits gehören informelle Verhandlungen zu nahezu jedem Verhandlungssystem dazu; andererseits kann man dort, wo ihre Ergebnisse maßgebliche Auswirkungen für viele Mitglieder haben, durchaus ein Inklusivitätsdefizit attestieren. Dieses hängt aber mindestens so sehr mit den unter Punkt 2 angesprochenen Unterschieden im Hinblick auf Verhandlungsmacht und -kapazitäten zusammen wie mit dem Green-Room-Verfahren selbst.

4. Der fehlende Zugang für Nichtregierungsorganisationen. Ein letzter Kritikpunkt sieht ein Demokratie- bzw. Inklusivitätsdefizit darin begründet, dass Nichtregierungsorganisationen nur in sehr geringem Umfang Beteiligungsrechte an den Verhandlungen der WTO eingeräumt werden. Die Regierungen der Mitgliedstaaten, so das Argument, würden ihre Abkommen weitgehend abgeschottet von der Zivilgesellschaft aushandeln; gesellschaftliche Interessen bzw. die Interessen bestimmter gesellschaftlicher Gruppen würden auf diese Weise vernachlässigt.

4. Fehlender Zugang von NGOs

Aus einer historischen Perspektive ist die Beobachtung eines sehr beschränkten Zugangs für gesellschaftliche Akteure zweifellos richtig. So war das ursprüngliche GATT geradezu darauf angelegt, die Regierungen durch vertrauliche Verhandlungen und verbindliche Verpflichtungen vom Einfluss mächtiger Lobbygruppen abzuschirmen. Auf diese Weise konnten, so die zugrunde liegende Annahme, gesamtgesellschaftliche Wohlfahrtsgewinne erzielt werden, die im Falle offenerer und partizipativer Verfahren durch das Veto starker Partikularinteressen verhindert worden wären (Steffek/Kissling 2006: 22). So kommen etwa Bellmann und Gerster (1996: 36) zu dem Ergebnis, dass das GATT „niemals formale Beziehungen mit der Öffentlichkeit" hatte.

Historische Gründe dafür im GATT

Im Rahmen der WTO ist dies teilweise anders. So sieht Artikel V, Absatz 2 des WTO-Abkommens vor, dass der Allgemeine Rat Arrangements für die Konsultation und Kooperation mit solchen Nichtregierungsorganisationen verabschieden kann, die sich mit Inhalten befassen, die auch im Rahmen der WTO behandelt werden. Die Mitglieder der WTO haben von dieser Möglichkeit bereits kurz nach der Gründung Gebrauch gemacht und Richtlinien verabschiedet, die die Beziehungen zwischen der WTO und Nichtregierungsorganisationen regeln (vgl. Bellmann/Gerster 1996: 62-63). Darüber hinaus erlaubt auch das Abkommen über den Streitschlichtungsmechanismus der WTO die Kooperation mit Nichtregierungsorganisationen. So legt Art. 13, Absatz 2 des Abkommens fest, dass die Streitbeilegungspanels Informationen „von jeder relevanten Quelle" beziehen dürfen und Expertenmeinungen zu bestimmten Aspekten eines Handelsstreits einholen dürfen. Gerade in jüngerer Zeit haben die Streitbeilegungsgremien ihre Möglichkeit relativ weit ausgelegt, Stellungnahmen von Nichtregierungsorganisationen – sogenannte *amicus curiae briefs* – einzuholen (Charnovitz 2005: 439).

Trotzdem gehört die WTO nicht zu denjenigen internationalen Organisationen, die besonders offen für Nichtregierungsorganisationen sind – die Zugangsmöglichkeiten bleiben letztlich „beschränkt und kontrolliert" (Kapoor 2004: 531). So beobachten Jens Steffek und Claudia Kissling (2006: 24), dass NGOs „immer noch von den Treffen fast aller WTO-Organe ausgeschlossen sind, selbst auf der Ebene der stark spezialisierten Ausschüsse". Von dieser allgemeinen Regel gebe es nur eine Ausnahme, nämlich die seit 1996 bestehende Möglichkeit der Akkreditierung für die alle zwei Jahre stattfindenden Ministerkonferenzen der WTO. Die NGO-Beteiligung an diesen Treffen hat dabei kontinuierlich zugenommen. Während für die Ministerkonferenz 1996 in Singapur noch 159 Nichtregierungsorganisationen akkreditiert waren, ist diese Zahl bis zur Konferenz 2003 in Cancún auf 961 Organisationen gestiegen (ebd.).

Neben den formalen Zugangsmöglichkeiten zu den Ministerkonferenzen gibt es vor allem informelle Arrangements, in deren Rahmen Nichtregierungsorganisationen ihre Stellungnahmen und Diskussionspapiere einbringen und sich mit den Vorsitzenden der WTO-Räte und WTO-Ausschüsse „in deren persönlicher Kapazität" zu Hintergrundgesprächen treffen könnten (Kapoor 2004: 531). Die meisten Autoren erkennen allerdings an, dass das WTO-Sekretariat in den vergangenen Jahren – und nicht zuletzt als Reaktion auf die Legitimationskrise der WTO selbst – eine Politik der Öffnung gegenüber Nichtregierungsorganisationen betrieben habe (vgl. ebd.; Steffek/Kissling 2006: 25). Das WTO-Sekretariat (2005: 111) beschreibt seine eigene Entwicklung in diesem Zusammenhang wie folgt:

> „Über die Jahre hinweg hat das WTO-Sekretariat seinen Dialog mit der Zivilgesellschaft - mit Nichtregierungsorganisationen (NGOs) mit Interesse an der WTO, Parlamentariern, Studenten, Akademikern und anderen Gruppen – ausgeweitet. In der Vorbereitung der Ministerkonferenz in Doha 2001 haben WTO-Mitglieder sich auf mehrere neue Aktivitäten zur Einbeziehung von NGOs geeinigt. 2002 hat das WTO-Sekretariat die Zahl der *Briefings* für NGOs zu allen größeren WTO-Treffen erhöht und damit begonnen, die Termine für diese *Briefings* auf seiner Internetseite zu veröffentlichen. NGOs werden auch regelmäßig zur WTO eingeladen, um ihre neuesten

Studien *(policy research)* und Analysen den Mitgliedern direkt vorzustellen. Eine Liste der Positionspapiere, die das Sekretariat von NGOs bekommt, wird monatlich zusammengestellt und zur Information an die Regierungen der Mitgliedsländer weitergeleitet."

Zudem gibt es, zumindest in demokratisch organisierten Gesellschaften, immer noch die Möglichkeit der gesellschaftlichen Beteiligung an der nationalen Positionsfindung zu den Fragen, die im Rahmen der WTO entschieden werden. Nichtregierungsorganisationen sind, häufig durch ihre Dachverbände, in die nationale Politikformulierung eingebunden und werden auf dieser Ebene auch regelmäßig von ihren Regierungen konsultiert (vgl. etwa Bellmann/Gerster 1996: 41-44).

In der Summe sind es also vor allem die fehlenden Verhandlungskapazitäten in Entwicklungsländern, die die Rede von einem „Inklusivitätsdefizit" der WTO rechtfertigen. Betroffen sind kleine und arme Entwicklungsländer, deren Gesellschaften zwar die Auswirkungen der Welthandelsregeln zu spüren bekommen, an der Formulierung dieser Regeln jedoch nur geringfügig beteiligt sind. Hier wird letztlich deutlich, dass das „Demokratiedefizit der WTO" zu einem beträchtlichen Teil in einem Gerechtigkeitsdefizit des Weltwirtschaftssystems begründet ist. Die Kritik an den Green-Room-Verhandlungen und am fehlenden Zugang für Nichtregierungsorganisationen geht dagegen zumindest teilweise am Kern des Problems vorbei – eine Lösung des „Inklusivitätsdefizits" muss aus unserer Sicht primär bei der Stärkung der Analyse- und Verhandlungskapazitäten der schwachen WTO-Mitglieder ansetzen und zudem zumindest die extremsten Unterschiede im Bezug auf die Verhandlungsmacht der Mitgliedstaaten in den Griff bekommen.

Fazit

5.3.2 Demokratische Kontrolle in der Welthandelsorganisation

Neben Kritik im Hinblick auf die fehlende Inklusivität werden der WTO auch im Bereich der demokratischen Kontrolle Defizite attestiert. Wir stellen diese Kritik im Folgenden unter den Stichworten der Transparenz und der Rechenschaft vor.

Nach unserem Bewertungsrahmen aus dem dritten Kapitel fordert die Norm der *Transparenz*, dass denjenigen, die von den Entscheidungen einer internationalen Organisation betroffen sind, in angemessenem Umfang die Möglichkeit gegeben wird, sich über die jeweiligen Entscheidungsprozesse zu informieren. Sie sollten wissen können, welche politischen Vereinbarungen im Rahmen der WTO vorbereitet werden – also etwa, über welche Themen und konkreten Vorschläge zur Zeit im Rahmen der Doha-Runde verhandelt wird. Zudem sollten die Informationskosten nicht zu hoch sein. Die Informationen sollten daher nicht nur öffentlich zugänglich, sondern auch möglichst verständlich aufbereitet sein.

Transparenz der WTO-Entscheidungen

Inwieweit ist nun die Entscheidungsfindung in der WTO in „angemessenem Umfang" transparent? Auch hier gibt es verschiedene Positionen, die wir im Folgenden getrennt voneinander diskutieren. In aller Kürze lassen sich die Positionen wie folgt zusammenfassen:

Grundpositionnen
zur Transparenz der
WTO

1. Die WTO-Verhandlungen sind für Außenstehende nicht in angemessenem Umfang transparent, da wichtige Informationen nicht öffentlich zugänglich sind; die Situation hat sich jedoch in den vergangenen Jahren schrittweise verbessert.

2. Die WTO-Verhandlungen sind für Außenstehende nicht ausreichend transparent. Das Defizit liegt aber in erster Linie bei den Mitgliedstaaten, deren politische Prozesse zur Bestimmung nationaler Verhandlungspositionen häufig intransparent sind.

3. Die Entscheidungsfindung in der WTO ist nicht transparent; das Problem besteht aber weniger im Hinblick auf die Verhandlung neuer Handelsabkommen, als vielmehr im Zusammenhang mit dem Streitbeilegungsmechanismus, in dem Verhandlungen in der Regel nicht öffentlich zugänglich sind.

1. Zugang zu
Informationen

1. Der Zugang zu Informationen. Im Bezug auf diesen ersten Punkt vertritt beispielsweise Armin von Bogdandy (2001a: 270) einen sehr klaren Standpunkt: „Das GATT 1947 und die WTO gehören zu den intransparentesten internationalen Organisationen." Diese Einschätzung wird zumindest teilweise durch die Regeln über die Verbreitung von WTO-Dokumenten gestützt, die der Allgemeine Rat der WTO 1996 verabschiedet hat. Sie sahen zwar im Grundsatz vor, dass WTO-Dokumente nicht nur unter den Mitgliedstaaten verbreitet, sondern auch öffentlich zugänglich gemacht werden. Allerdings erlaubten die Regeln eine ganze Reihe von Ausnahmen und Einschränkungen. So sollte etwa die Veröffentlichung von Berichten von Sitzungen der WTO-Gremien erst sechs Monate nach den jeweiligen Sitzungen geprüft werden (vgl. Bellmann/Gerster 1996: 37,

kritische Stimmen:
Veröffentlichungs-
praxis der WTO

63-66). Zudem wurden alle Dokumente erst veröffentlicht, nachdem sie von den Mitgliedstaaten diskutiert bzw. verabschiedet worden waren; die Zeitspannen dazwischen variieren zwischen 60 Tagen und sechs Monaten. Entsprechend kritisieren etwa Bellmann und Gerster (ebd.: 38), dass das Interesse an den zugänglich gemachten Informationen dadurch verloren ginge, dass die jeweiligen Dokumente zum Zeitpunkt ihrer Veröffentlichung nicht mehr aktuell seien. Auch Thomas Zweifel (2006: 123) hält diese Form der Transparenz für unzureichend und argumentiert, dass „vollständige Transparenz (...) eine strengere Politik im Bezug auf die Offenlegung von Informationen erfordern" würde.

Positive Stimmen:
Internetpräsenz der
WTO

Andere Beobachter sehen die Entwicklung der WTO in diesem Bereich etwas positiver. So sprechen etwa Steffek und Kissling (2006: 23-24) von einem „beachtlichen Fortschritt" im Vergleich zum alten GATT und loben vor allem die vorbildliche Internetpräsenz der WTO:

> „Die Internetseite der Organisation wurde als eine der besten im Bereich internationaler Organisationen bewertet. (…). Verglichen mit dem elektronischen Dschungel, den die EU und die UN aufgebaut haben, ist die Präsenz der WTO im Internet beachtenswert zugänglich, nutzerfreundlich und angemessen aktuell. Am 14. Mai 2002 hat der Allgemeine Rat schließlich auch seine Verfahren für die Zirkulation und Veröffentlichung *(derestriction)* von Dokumenten verabschiedet. Gemäß dieser Entscheidung sollen alle offiziellen WTO-Dokumente unbeschränkt zugänglich sein und über die Internetseite in den offiziellen Sprachen der Organisation verfügbar gemacht werden. Diese Regelung schließt die Berichte von Sitzungen ein, die auto-

matisch 45 Tage nach ihrer Verbreitung an die Mitgliedstaaten zugänglich gemacht werden sollen. Im Bezug auf die Dokumentation ihres Politikprozesses ist die WTO also eine vergleichsweise transparente internationale Organisation geworden."

Diese Sicht deckt sich weitgehend mit der Position des WTO-Sekretariats, das neben den überarbeiteten Regeln ebenfalls die Qualität seiner Internetpräsenz betont. Dort würden Nachrichten über die jüngsten Entwicklungen im Rahmen der WTO bzw. der WTO-Verhandlungen täglich veröffentlicht und Hintergrundinformationen zu einer breiten Themenspanne angeboten. Für diejenigen, die die Arbeit der WTO im Detail verfolgen wollen, seien mehr als 150.000 offizielle Dokumente online einsehbar. Die überarbeiteten Regeln für die Veröffentlichung von WTO-Dokumenten sorgten zudem für kürzere Sperrfristen und erlaubten den Mitgliedstaaten weniger Ausnahmen von der allgemeinen Regel, die einen öffentlichen Zugang zu WTO-Dokumenten vorsehe. Zumindest ein Teil der ursprünglichen Kritik an der mangelnden Transparenz der WTO läuft damit mittlerweile ins Leere. Und schließlich betont das WTO-Sekretariat auch noch die eigene Pressearbeit, mit deren Hilfe Journalisten und Nichtregierungsorganisationen über die Aktivitäten im Rahmen der WTO auf dem Laufenden gehalten würden (WTO 2005: 110-111).

> *Entwicklung zu mehr Transparenz*

Insgesamt halten sich Lob und Kritik an diesem Punkt also in etwa die Waage. Auffallend ist allerdings, dass die Maßstäbe dafür, ob die WTO für ihre Bemühungen um mehr Transparenz zu loben oder für ihre insgesamt immer noch unzureichende Leistung in diesem Bereich zu kritisieren ist, in vielen Publikationen sehr unbestimmt sind. Ein Beispiel gibt etwa Steve Charnovitz (2005: 439), der die WTO einerseits pauschal lobt, wenn er schreibt, dass sie „insbesondere durch ihre Internetseite ein großes Maß an Transparenz in ihren eigenen Aktivitäten erreicht habe", dann jedoch als Beispiel lediglich nennt, dass jeder Internetnutzer sich das Abkommen über handelsbezogene geistige Eigentumsrechte – also das *Endergebnis* jahrelanger Verhandlungen – auf der WTO-Seite herunterladen könne.

2. Die mangelnde Transparenz nationaler Entscheidungsprozesse. Andere Kritiker konzentrieren sich stärker auf die (In-)Transparenz nationaler Entscheidungsprozesse zur Vorbereitung von WTO-Verhandlungen. Bellmann und Gerster (1996: 44-46) sehen hier große Unterschiede zwischen einzelnen WTO-Mitgliedstaaten.

> *2. Mangelnde Transparenz nationaler Entscheidungsprozesse*

So sei etwa die Entscheidungsfindung in den USA relativ transparent. Informationen über die eigene Verhandlungsposition würden breit gestreut, Berichte der Verhandlungsdelegationen würden veröffentlicht, Debatten der zuständigen parlamentarischen Ausschüsse seien öffentlich und das *Federal Register* sei eine „exzellente Informationsquelle im Bezug auf die Regierungsaktivitäten und die Absichten der USA in [internationalen] Verhandlungen" (ebd.: 44).[51] Die

> *- USA*

---

51 Das täglich veröffentlichte *Federal Register* ist das offizielle Bulletin der US-amerikanischen Bundesbehörden, in dem alle „Regeln, vorgeschlagene Regeln und Bekanntmachungen von Bundesagenturen und -organisationen sowie Anordnungen der US-Regierung und anderer präsidentieller Dokumente" abgedruckt werden. Das *Federal Re-*

- Großbritannien,
Österreich,
Niederlande

Regierungen Großbritanniens, Österreichs und der Niederlande machten Verhandlungsdokumente zudem einigen privilegierten Nichtregierungsorganisationen zugänglich, bevor sie im Rahmen der WTO diskutiert würden, um diesen Organisationen so die Möglichkeit zu geben, ihre Positionen zu einzelnen Verhandlungsaspekten darzulegen.

- Schweiz,
Deutschland,
Italien

In der Schweiz, in Deutschland und in Italien dagegen könne die Öffentlichkeit weder die Berichte der Verhandlungsdelegationen einsehen noch die Debatten der zuständigen Ausschüsse verfolgen. Für Informationen seien die Bürger dieser Länder somit auf Pressemitteilungen, Antworten auf direkte Anfragen an die Verwaltung und auf die Plenardebatten in den nationalen Parlamenten angewiesen (ebd.: 44-46). Die insgesamt eher skeptische Einschätzung wird auch von der deutschen Nichtregierungsorganisation Forum Umwelt und Entwicklung (2001) geteilt:

> „Ein transparenter und offener Informationsprozess zu WTO-relevanten Fragen ist auch auf nationalstaatlicher Ebene kaum gewährleistet. Die zuständigen Ministerien informieren ParlamentarierInnen und zivilgesellschaftliche Akteure (nicht nur in Deutschland) in der Regel kaum oder zumindest unvollständig und verspätet. Dies trägt nicht dazu bei, dass sich die demokratischen Gremien und andere gesellschaftlich wichtige Gruppen ausreichend und frühzeitig in einem umfassenderen Meinungsbildungsprozess verständigen können."

Während die Einwände im Hinblick auf die nationale Transparenz durchaus ernst zu nehmen sind, unterscheidet sich die Entscheidungspraxis im Bezug auf die Formulierung handelspolitischer Verhandlungspositionen nur graduell von der „normalen" politischen Entscheidungsfindung, etwa im Bezug auf die nationale Gesetzgebung. Auch dort werden viele Gesetzentwürfe in den Ministerien vorbereitet, in Parlamentsausschüssen diskutiert und häufig erst in einem späten Stadium der Öffentlichkeit zugänglich gemacht. Anders als bei nationalen Gesetzen, so haben wir oben bereits betont, sind die einmal akzeptierten internationalen Vereinbarungen allerdings kaum wieder rückgängig zu machen. Zudem können Regierungen die Verlagerung von Entscheidungskompetenzen mitunter nutzen, um sich von den Forderungen gesellschaftlicher Gruppen „freizuschwimmen" und sich neue Handlungsspielräume gegenüber ihren Wählern zu verschaffen (Wolf 2000).

3. Mangelnde Transparenz der Streitschlichtungsgremien

3. Die mangelnde Transparenz der Streitschlichtungsgremien. Neben den Verhandlungen wird auch die Streitbeilegungspraxis der WTO für ihre mangelnde Transparenz kritisiert. So bemängelt etwa die deutsche Nichtregierungsorganisation Forum Umwelt und Entwicklung (2001):

> „Anders als bei einem echten Gerichtsverfahren sind die Verhandlungen nicht öffentlich und können somit auch nicht von Medien, BeobachterInnen oder der interessierten Öffentlichkeit nachvollzogen werden. Dadurch bleibt auch der Einfluss

---

gister ist auch online erhältlich; vgl. http://www.gpoaccess.gov/fr/about.html (letzter Zugriff: 5. März 2010).

wirtschaftlicher Interessen, wie z.B. multinationaler Unternehmen, auf die Verfahren weitgehend undurchsichtig."

Unterstützt wird diese Kritik von anderen Beobachtern, die ebenfalls fordern, dass die Verhandlungen der Panels für Nichtregierungsorganisationen und die Medien geöffnet werden sollten, und dass die Stellungnahmen von Experten, die Zusammenfassungen der Verhandlungen und die Berichte des Panels im Internet zugänglich gemacht werden sollten. Was in anderen Organisationen längst gängige Praxis sei, solle endlich auch in der WTO umgesetzt werden, schreibt etwa Thomas Zweifel (2006: 128). Faktisch hat die WTO jedoch bereits seit einiger Zeit auf diese Kritik reagiert. So wurden die Panel-Verhandlungen zumindest teilweise geöffnet und die Berichte der Panels werden in der Tat generell zugänglich gemacht.

Zudem bleibt bei dem gesamten Argument weitgehend offen, mit welchen Organisationen die WTO hier eigentlich verglichen wird – denn vergleichbare Streitbeilegungsgremien sind, wie ja gerade von etlichen WTO-Kritikern immer wieder betont wird, in der internationalen Politik eher selten. Zieht man den Vergleich mit Gerichten im Nationalstaat, so schreibt etwa das bundesdeutsche Gerichtsverfassungsgesetz von 1975 die Öffentlichkeit von Verfahren grundsätzlich vor, sieht jedoch in Fällen, in denen „ein wichtiges Geschäfts-, Betriebs-, Erfindungs- oder Steuergeheimnis zur Sprache kommt, durch dessen öffentliche Erörterung überwiegende schutzwürdige Interessen verletzt würden", ebenfalls die Möglichkeit vor, die Öffentlichkeit auszuschließen.[52] Insofern erscheint der Unterschied zwischen der gängigen Praxis im Nationalstaat und der Rechtsprechungspraxis der WTO-Streitbeilegungsgremien zumindest in diesem Punkt weniger grundsätzlich als von den WTO-Kritikern moniert wird, zumal Panel-Verhandlungen bereits heute öffentlich stattfinden, sofern die Streitparteien dem zustimmen.[53] Zudem verkennt das Argument, dass Gerichtsverfahren zwar ein wichtiger Bestandteil der Rechtstaatlichkeit sind, jedoch selbst gerade nicht „demokratisch" organisiert sein sollten. Gerichte sind stattdessen absichtlich als „expertokratische" Institutionen konzipiert, die sicherstellen sollen, dass bestehende Regeln möglichst neutral angewandt werden. Transparenz ist hierfür „nur" in einem Maß erforderlich, das es den Regierungen und Bürgern der WTO-Mitgliedstaaten erlaubt zu überprüfen, ob die Regeln auch tatsächlich einheitlich und neutral angewandt werden.

Argumente gegen umfassende Transparenz

Letztlich ist Transparenz somit weniger ein Selbstzweck, sondern vor allem die Voraussetzung für funktionierende *Rechenschaftsmechanismen*. Denn nur, wenn die Bürger der WTO-Mitgliedstaaten wissen, wie sich ihre Regierungen im Rahmen der WTO verhalten, können sie auch beurteilen, ob die Regierungen im

Transparenz kein Selbstzweck, sondern Voraussetzung demokratischer Kontrolle

---

52 Gerichtsverfassungsgesetz in der Fassung der Bekanntmachung vom 9. Mai 1975 (BGBl. I S. 1077), zuletzt geändert durch Artikel 3 des Gesetzes vom 8. Juli 2008 (BGBl. I S. 1212), § 169 bzw. § 171 (2).

53 Vgl. etwa Welthandelsorganisation, "WTO Meeting on zeroing dispute openend to the public", WTO News Item vom 10. Oktober 2008, online zugänglich unter http://www.wto.org/english/news_e/news08_e/dispu322_10oct08_e.htm (zuletzt aufgerufen am 5. März 2010).

Einklang mit den Interessen ihrer Bürger handeln, und das Handeln ihrer Regierung wirksam kontrollieren. Die beiden zentralen Kritikpunkte hinsichtlich der Rechenschaft der WTO lassen sich wie folgt zusammenfassen:

Zwei zentrale Kritikpunkte

1. Die WTO hat ein Defizit hinsichtlich ihrer Rechenschaft, weil die formal vorhandene Legitimationskette zu lang ist, um den Bürgerinnen und Bürgern der Mitgliedstaaten noch eine wirksame Kontrolle über das Handeln ihrer Parlamente und Regierungen zu erlauben, und weil die Parlamente ihrer Funktion, das Handeln der Regierung zu kontrollieren, im Rahmen der WTO nur unzureichend nachkommen.
2. Die WTO hat ein Defizit hinsichtlich ihrer Rechenschaft, weil das Handeln der Regierungen nicht-demokratischer Mitgliedstaaten weitgehend der Kontrolle durch das Volk entzogen ist.[54]

1. Länge der Legitimationskette und Kontrolle durch nationale Parlamente

1. Die Länge der Legitimationskette und die unzureichende Kontrolle durch nationale Parlamente. Rein formal ist die Legitimationskette in demokratischen WTO-Mitgliedstaaten zwar intakt (Krajewski 2001: 176; vgl. auch von Bogdandy 2001a: 270):

> „Regierungsbeamte werden von ihren Vorgesetzten ernannt und können von diesen entlassen werden; die Vorgesetzten sind von ihrem nationalen Minister abhängig, der selbst von nationalen Wahlen abhängig ist."

Aber, so die Kritik Markus Krajewskis, „dieser formale Punkt spiegelt die Wirklichkeit nur oberflächlich wider" (ebd.). Die Legitimationskette sei in WTO-Verhandlungen zu lang und zu undurchsichtig und damit letztlich unwirksam. Krajewski illustriert etwa am Beispiel des Hormon-Falls, dass die Entscheidungen in den WTO-Verhandlungen und im Streitschlichtungsprozess „zu weit von der Wählerentscheidung" entfernt seien, um noch als demokratisch durchgehen zu können (ebd.).

Am oberen Ende der Legitimationskette ist es prinzipiell durchaus möglich, dass ein Ministerialbeamter, der in Genf, Doha oder anderswo schlecht verhandelt, von seinen Vorgesetzten dadurch bestraft wird – und darauf läuft die Idee der politischen Rechenschaft ja letztlich hinaus –, dass er beispielsweise nicht mehr zu Verhandlungen entsandt wird. Allerdings benötigt das entsprechende

---

54 Einen dritten Punkt, die fehlende Kontrolle des Sekretariats durch die Mitgliedstaaten, diskutieren wir nicht weiter, da er letztlich sowohl auf einer Überschätzung der Kompetenzen und Handlungsmöglichkeiten des WTO-Sekretariats als auch auf einer Unterschätzung der Kontrollmöglichkeiten durch die Staaten beruht. Das WTO-Sekretariat ist im Vergleich zu anderen internationalen Verwaltungsstäben sehr klein und hat praktisch keine Kompetenzen, die es missbrauchen könnte. Die wichtigste Ausnahme ist die Kompetenz, die Mitglieder der Streitbeilegungspanels aus einer von den Staaten verabschiedeten Liste auszuwählen; die Streitparteien können die Auswahl lediglich unter Angabe „überzeugender Gründe" ablehnen. Selbst diese Kompetenz ist aber ohne allzu große Wirkung, da das Berufungsgremium unabhängig vom Sekretariat agiert, so dass sowohl eine (antizipierte) *ex-ante*-Kontrolle als auch eine wirksame *ex-post*-Kontrolle besteht (vgl. Howse 2001: 371).

Ministerium dazu bereits detaillierte und oft schwer zugängliche Informationen über den Verlauf der Verhandlungen. In größeren Delegationen, an denen auch Parlamentarier und Vertreter gesellschaftlicher Interessen beteiligt sind, funktioniert die Kontrolle hier besser; für kleine Delegationen ist sie sehr schwierig (vgl. auch Jawara/Kwa 2003). In der unteren Hälfte der Legitimationskette gibt es drei Möglichkeiten der Kontrolle: die Kontrolle der Regierungen durch die Bürger; die Kontrolle der Parlamentarier durch die Bürger; und die Kontrolle der Regierungen durch das Parlament. Die beiden ersten Mechanismen scheinen problematisch, da die Bürger in repräsentativen Demokratien in relativ großen Abständen zur Wahl aufgerufen werden und dann jeweils über ein breites Spektrum an politischen Themen abstimmen.[55] Dass der Misserfolg oder das Fehlverhalten der Regierung im Rahmen von WTO-Verhandlungen oder die mangelhafte Kontrolle der Regierung durch den eigenen Wahlkreisabgeordneten dann eine Rolle spielt, ist eher unwahrscheinlich. Zum einen würde eine solche Form der Abstrafung auch hier Wissen voraussetzen, das selten vorhanden ist – etwa das Wissen, dass die eigene Regierung im Rahmen der WTO schlecht verhandelt hat oder der eigene Abgeordnete sich nicht im Interesse seiner Wähler verhalten hat. Zum anderen ist die außenpolitische und außenhandelspolitische Leistung von Regierungs- und Oppositionsparteien bei der individuellen Wahlentscheidung immer nur ein Kriterium unter vielen.

Das Argument der langen Legitimationsketten ist also durchaus plausibel. Dies gilt umso mehr, wenn man die oben angesprochene Neigung von Regierungen bedenkt, sich im Rahmen internationaler Institutionen von gesellschaftlichen Forderungen „freizuschwimmen" und die Schuld für unerwünschte Entscheidungen auf die Verhandlungsführung anderer Regierungen abzuschieben. Dennoch gilt in demokratischen politischen Systemen nach wie vor, dass das Regierungshandeln nicht allzu lange und nicht allzu weit von den Präferenzen der Wählermehrheit abweichen wird, da Regierungen andernfalls ihre Abwahl befürchten müssen. So tritt im Rahmen internationaler Handelsverhandlungen möglicherweise in etwas verschärfter Form auf, was wir im Grundsatz auch aus der innerstaatlichen Politik kennen – nämlich, dass Regierungen und Parlamentsmehrheiten nicht in allen Einzelentscheidungen stets so abstimmen, wie es die Mehrheit der wahlberechtigten Bürger etwa in einem Volksentscheid tun würde, und/oder sie Sachzwänge vorschieben, um ihre unpopulären Entscheidungen zu begründen.

Die Funktionsfähigkeit der oben diskutierten Legitimationskette hängt in demokratischen Mitgliedstaaten also letztlich vor allem davon ab, wie gut es den nationalen Parlamenten gelingt, das Handeln ihrer Regierungen zu kontrollieren. Gerade hier melden einige Kritiker jedoch erhebliche Zweifel an. *Zweifel an der Kontrolle durch nationale Parlamente*

Um die Regierung zu kontrollieren, stehen den Parlamenten grundsätzlich zwei Wege offen – einerseits die vorsorgliche (*ex-ante*) Kontrolle und anderer- *Zwei Möglichkeiten der Kontrolle:*

---

55 In politischen Systemen mit direktdemokratischen Elementen bietet das Referendum eine weitere und in der Regel äußerst wirksame Möglichkeit der Kontrolle der Regierung durch die Bürger. Allerdings sehen die Verfassungen der meisten WTO-Mitgliedstaaten diese Möglichkeit nicht vor. Eine Ausnahme ist die Schweiz; dort wurden die für die Referendumsinitiative im Zusammenhang mit dem WTO-Beitritt erforderlichen 50.000 Unterschriften allerdings verfehlt (Bellmann/Gerster 1996: 48).

1. Vorgängige Kontrolle (ex ante)

seits die nachträgliche (*ex-post*) Kontrolle (Howse 2003: 84-89; vgl. auch Hilf 2005: 415). Eine *ex-ante*-Kontrolle steht etwa dem US-Kongress zur Verfügung. Er kann dem Handelsbeauftragten der US-Regierung in beschleunigten Gesetzgebungsverfahren die Möglichkeit einräumen, in internationalen Verhandlungen verbindliche Zusagen zu machen, über deren Annahme der Kongress anschließend nur noch mit einem Ja oder Nein abstimmen kann. Der Kongress knüpft diese Möglichkeit jedoch an vorher festgelegte inhaltliche Bedingungen. Dies ist eine äußerst wirksame Kontrollmöglichkeit, die jedoch einen Mangel hat: Wenn alle WTO-Mitglieder ähnlich verfahren würden, wäre kaum noch Spielraum für Verhandlungen vorhanden und die Wahrscheinlichkeit einer Einigung relativ gering.

2. Nachträgliche Kontrolle (ex post)

Die *ex-post*-Kontrolle besteht in der Möglichkeit des Parlaments, internationalen Vereinbarungen die Ratifikation zu verweigern. Einige Beobachter sind jedoch der Auffassung, dass auch diese Form der Kontrolle lediglich in den USA funktioniert. So schlussfolgert etwa Robert Howse (2003: 82-89), dass im Zusammenhang mit der WTO-Gründung die parlamentarische Kontrolle nur in den USA über eine oberflächliche Kontrolle hinausgegangen sei. Die geringfügige Kontrolle kann dabei durchaus eine bewusste Entscheidung der Parlamentarier sein. Abgeordnete müssen letztlich abwägen, wo sie ihre knappe Zeit am besten einsetzen können, und insbesondere die frühen WTO-Verhandlungen haben zahlreichen Abgeordneten noch als Fortsetzung der eher „technischen" Verhandlungen aus dem GATT gegolten. Wenn die Informationskosten für die Abgeordneten dann noch sehr hoch sind und die Parlamentarier annehmen, dass die Interessen der Verhandlungsdelegationen nicht allzu weit von den Parlamentsinteressen abweichen werden, können Abgeordnete durchaus zu dem Schluss kommen, dass sie andernorts mehr erreichen können. Zudem sind die Kosten der *ex-post*-Kontrolle relativ hoch, da die Parlamentsmehrheit lediglich die Möglichkeit hat, ein bereits ausgehandeltes Gesamtpaket abzulehnen (vgl. ebd.).

Wenig parlamentarische Beteiligung an WO-Verhandlungen

In der Praxis, so die Kritik, besteht die Möglichkeit der *ex-post*-Kontrolle somit nur auf dem Papier. Eine parlamentarische Beteiligung an den WTO-Verhandlungen sei „beinahe nicht vorhanden" (Krajewski 2001: 176); die Abgeordneten investierten „wenig Zeit und Diskussion" (Kapoor 2004: 532) und stimmten „einfach dem zu, was Handelsdiplomaten in einem komplexen Prozess des Gebens und Nehmens (...) ausgehandelt haben" (Bellmann/Gerster 1996:31).

Unterschiede in einzelnen Ländern

Systematische Untersuchungen der Rolle nationaler Parlamente in den Verhandlungen der Uruguay-Runde bestätigen das Bild, zeigen aber auch hier gravierende Unterschiede zwischen einzelnen Staaten. So sehen vergleichende Studien in zahlreichen Staaten tatsächlich eine schwache parlamentarische Beteiligung; sie weisen unter anderem darauf hin, dass beispielsweise der Bundestag nur indirekt und der schweizerische National- und Ständerat überhaupt nicht an der Formulierung der nationalen Verhandlungsposition im Rahmen der Uruguay-Runde beteiligt gewesen sei (ebd.: 52-53). Gleichzeitig betonen jedoch so gut wie alle Studien die starke Beteiligung des US-Kongresses an den Verhandlungen und zeigen damit, dass eine bedeutsame parlamentarische Kontrolle nicht grundsätzlich ausgeschlossen ist (vgl. etwa Bellmann/Gerster 1996: 50-51; Krajewski 2001: 176; Shaffer 2005b: 388-391).[56]

So weist etwa Shaffer (2005b: 388-391) darauf hin, dass sowohl der US- Senat als auch das Repräsentantenhaus eigene Handelsausschüsse haben, deren Mitglieder sich regelmäßig, in besonders „heißen" Phasen der WTO-Verhandlungen sogar täglich, mit den US-amerikanischen WTO-Delegierten treffen und auf diese Weise sehr gut über die Verhandlungen informiert sind. Zudem kann der Kongress auf das Wissen des *Congressional Research Service*, der *International Trade Commission* und anderer Institutionen im eigenen Haus zurückgreifen. Diese bereits beachtliche Kontrollmaschinerie hat der Kongress 2002 noch erweitert, als er die Verleihung der handelspolitischen Autorität an die Bush-Regierung an die Einrichtung eines parlamentarischen Aufsichtsgremiums knüpfte. In diesem Gremium sind Mitglieder verschiedener parlamentarischer Ausschüsse – also nicht mehr nur des Handelsausschusses – vertreten. Der Handelsbeauftragte der US-Regierung muss dem Gremium detailliert über den Verlauf internationaler handelspolitischer Verhandlungen berichten.

Ein Grund für die stärkere parlamentarische Kontrolle in den USA ist dabei sicher, dass die USA sich eine solche Kontrolle leisten können. Da die meisten WTO-Mitglieder an einem Abkommen interessiert sind, an dem auch die USA beteiligt sind, erhält die US-Regierung einen größeren Verhandlungsspielraum als andere Regierungen. Erst dadurch ergeben sich auch für den Kongress Anreize, selbst an den Verhandlungen beteiligt zu sein und das Verhalten der Verhandlungsdelegationen darüber hinaus wirksam zu kontrollieren. Dennoch können – und sollten – andere Parlamente dem Beispiel der USA folgen und zumindest sicherstellen, dass Mitglieder der relevanten Parlamentsausschüsse die Verhandlungen verfolgen und das Parlament frühzeitig in die Verhandlungen einbinden. Die Teilnahme von Parlamentariern in nationalen Verhandlungsdelegationen und die grenzüberschreitende Vernetzung von Parlamentariern können in diesem Zusammenhang wirksame Mittel sein, um die demokratische Kontrolle im Rahmen der WTO zu verbessern.

2. Das Problem nichtdemokratischer WTO-Mitglieder. Der oben genannte Kritikpunkt gilt nur für demokratisch organisierte Mitgliedstaaten und damit bei weitem nicht für alle WTO-Mitglieder. Legt man den Demokratieindex *Polity IV* zugrunde, dann gelten mindestens 32 der derzeit 153 Mitglieder als eher autokratisch denn demokratisch.[57] Für diese Mitgliedstaaten kann von einer wirksamen

Marginalia: USA

Marginalia: 2. Das Problem nichtdemokratischer Mitglieder

Marginalia: 32 nichtdemokratische Mitgliedsländer

---

56 Dabei gilt natürlich auch hier, dass eine starke Kontrolle durch nationale Parlamente nicht unbedingt im Sinne „globaler" demokratischer Strukturen geschehen muss. So sind nationale Parlamente strukturell wenig offen für legitime Interessen der Bürger anderer Staaten – denn um wiedergewählt zu werden, müssen die Abgeordneten ja vor allem zeigen, dass sie die Interessen der eigenen Wählerschaft schützen. Insofern ist die starke Rolle des US-Kongresses nur aus der Perspektive einer „internationalen Staatendemokratie" positiv zu bewerten; aus der Perspektive einer „globalen" (oder „kosmopolitischen") Demokratie ist sie dagegen problematisch, da sie gerade den partikularen Interessen des mächtigsten WTO-Mitglieds den stärksten Schutz verleiht.

57 Der *Polity IV Index* bewertet die demokratische Qualität nationaler politischer Systeme anhand einer kombinierten Skala für „institutionalisierte Demokratie" und für „institutionalisierte Autokratie". Die kombinierte Polity-Skala reicht von einem Wert von -10 (in

Kontrolle des Regierungshandelns durch die Bevölkerung nur in einem sehr begrenzten Umfang die Rede sein. So argumentiert etwa James Bacchus (2005: 432):

> „Der drängendste Aspekt des ‚demokratischen Regierens' im Bezug auf die WTO ist nicht die alltägliche Arbeit innerhalb der WTO selbst. Aus meiner Sicht ist das ‚Demokratiedefizit', das im Bezug auf die WTO am meisten Aufmerksamkeit verdient, die anhaltende Abwesenheit des vollen Umfangs an repräsentativer Demokratie in einigen Staaten der WTO."

In dem Maß, wie die Mitglieder der WTO sich intern demokratischer organisieren und ihre außenhandelspolitischen Entscheidungen auf demokratischen Wegen treffen, würden demzufolge auch die gemeinsamen Bemühungen der WTO-Mitglieder – und damit „die WTO" – demokratischer (ebd.).

Lösung des Problems: Demokratisierung oder Nichtaufnahme in die WTO? Dieses Argument erscheint uns insgesamt als überzeugend – die Frage ist allerdings, welche Konsequenzen wir aus ihm ziehen wollen. Während Bacchus vorzuschlagen scheint, dass wir auf eine Demokratisierung der WTO-Mitgliedstaaten hinarbeiten sollten, schlagen andere vor, nicht-demokratische Staaten erst gar nicht in die WTO aufzunehmen (Hilf 2005: 420). Damit würde die WTO zu einer Art „League of Democracies" für den Bereich des Welthandels. Das zugrunde liegende Argument liefe darauf hinaus, dass das WTO-Recht dadurch delegitimiert wird, dass Autokratien an der Rechtsetzung beteiligt sind. Mit anderen Worten: Dadurch, dass beispielsweise die chinesische Regierung auf das Welthandelsrecht Einfluss nimmt, kann dieses Recht nicht legitim sein – und zwar nicht nur in China, sondern überall, denn auch einer deutschen Bürgerin ist letztlich nur schwer vermittelbar, dass sie durch Recht gebunden sein soll, welches die von ihrem Volk nicht demokratisch legitimierte chinesische Staatsführung mit gesetzt hat.[58]

League of Democracies Eine einfache Antwort scheint uns hier nicht möglich. Eine *League of Democracies* könnte laufende Demokratisierungsbemühungen in zahlreichen Staaten mindestens ebenso gut behindern wie befördern. Dies würde in erster Linie die Bürger in autokratischen Staaten treffen und wäre auch aus friedenspolitischen Erwägungen ein falscher Weg. Auch die von Bacchus angedeutete Demokratisierung „von außen" ist aber nicht ohne Probleme. Die Mittel des „Demokratieexports" reichen bekanntlich vom Rechtsstaatsdialog zwischen Deutschland und China bis hin zur Kriegsführung der USA und ihrer „Koalition der Willigen" im Irak. Sicher ist aus unserer Sicht nur, dass das untere, gewaltfreie Ende dieses Kontinuums noch moralisch vertretbar ist, während das obere, kriegerische Ende nicht mehr vertretbar ist. Für den großen Bereich dazwischen lassen sich pauschale Urteile kaum fällen.[59]

---

starkem Maß autokratisch) bis zu einem Wert von +10 (in starkem Maß demokratisch); vgl. Marshall/Jaggers (2007: 12-15). Für das Jahr 2006 zählt der Index 97 WTO-Mitglieder mit einem Wert zwischen 1 und 10 und 32 Mitgliedstaaten mit einem Wert zwischen 0 und -10; für 23 Staaten ist im betreffenden Jahr kein Wert angegeben.

58 Wir danken Bernhard Zangl für den Hinweis auf diesen Punkt.
59 Für eine ausführliche Diskussion vgl. Müller (2008: 53-87).

5.3.3 Die diskursive Qualität der Meinungs- und Willensbildung in der Welthandelsorganisation

Als dritte Dimension demokratischen Regierens haben wir in Kapitel 3 die diskursive Qualität der Meinungs- und Willensbildung identifiziert. Um als demokratisch anerkannt zu werden, sollten Entscheidungsprozesse in diesem Zusammenhang an öffentliche und möglichst herrschaftsfreie Diskurse rückgebunden sein. Auch an diesem Punkt ist die WTO für viele Beobachter weit, und für einige Beobachter zu weit, vom demokratietheoretischen Ideal entfernt. Dabei lassen sich in der Literatur wiederum drei Positionen unterscheiden:

1. Die diskursive Qualität der Meinungs- und Willensbildung in der WTO ist mangelhaft, weil rationale Argumente in den Verhandlungen der Mitgliedstaaten bestenfalls eine untergeordnete Rolle spielen.
2. Die diskursive Qualität der Meinungs- und Willensbildung in der WTO ist mangelhaft, weil sich die WTO ausschließlich einer neoliberalen Agenda verschrieben hat und andere Argumente im Rahmen der Organisation kein Gehör finden.
3. Die diskursive Qualität der Meinungs- und Willensbildung in der WTO mag im Bezug auf die Verhandlungen mangelhaft sein; im Zusammenhang mit den Schiedssprüchen des Berufungsgremiums sorgt jedoch die Verrechtlichung der Welthandelspolitik dafür, dass das Gewicht rationaler Argumente deutlich zunimmt.

Drei Positionen zur diskursiven Qualität der Meinungs- und Willensbildung

1. Die diskursive Qualität von Handelsverhandlungen. In internationalen Handelsverhandlungen geht es primär um wirtschaftliche Vorteile. Entsprechend kann man erwarten, dass sich Staaten weniger von guten Argumenten als vielmehr von guten Angeboten überzeugen lassen. So bezeichnet etwa Kapoor (2004: 533) den Abschluss der Uruguay-Runde als „Kuhhandel". Triumphiert hätten nicht die besseren Argumente, sondern wirtschaftliche Macht. Eine ähnliche Position vertritt Krajewski (2001: 177):

1. Diskursive Qualität von Handelsverhandlungen

„Kuhhandel" statt besseres Argument

> „Der Entscheidungsfindungsprozess in der WTO (…) wird durch Verhandeln anstelle von Argumentieren dominiert. Die Verhandelnden erreichen ihre Lösungen und Kompromisse nicht dadurch, dass sie versuchen, einander durch rationale Argumente davon zu überzeugen, was die beste Lösung ist. Um Konzessionen von seinen Verhandlungspartnern zu bekommen, muss ein Unterhändler genügend ‚Häppchen' in einigen Bereichen anzubieten haben, ohne in Schlüsselbereichen selbst zu viele Angebote zu machen. WTO-Unterhändler versuchen nicht, einen ‚guten Kompromiss' im Sinne einer vernünftigen Lösung zu erreichen, sondern ein ‚Paketgeschäft'. Unterschiedliche Interessen werden kombiniert, aber nicht in einem gemeinsamen Rahmen zusammengeführt."

Andere Autoren verweisen in diesem Zusammenhang auch auf gezielten Druck, der auf Verhandlungsdelegationen ausgeübt werde. So seien Drohungen gegenüber Delegierten von kleineren Staaten ein gängiges Verhandlungsinstrument (Jawara/Kwa 2003: 151-152). Die Furcht vor Konsequenzen – etwa dem Entzug von Entwicklungshilfe oder Handelspräferenzen – halte die Regierungen von

Einsatz von Druckmitteln

Entwicklungsländern davon ab, ihre Ablehnung bestimmter Verhandlungspunkte öffentlich zum Ausdruck zu bringen (Chimni 2006: 16).

Kritik am WTO-Sekretariat

Jawara und Kwa (2003: 184-217) üben an dieser Stelle auch scharfe Kritik am WTO-Sekretariat, das zu Beginn der aktuellen Doha-Verhandlungsrunde keineswegs als neutraler Mittler zwischen den Positionen der WTO-Mitglieder aufgetreten sei, sondern sich immer wieder auf die Seite der EU, Kanadas, Japans und der USA gestellt habe. Als Beispiele nennen sie Zeitungskommentare des damaligen WTO-Generalsekretärs Mike Moore, in denen er die Entwicklungsländer zu Zugeständnissen aufforderte; das Verhalten von Moore und anderen Sekretariatsmitarbeitern in den Verhandlungen selbst; und die Personalpolitik des Sekretariats, in der Mitarbeiter aus Entwicklungsländern stark unterrepräsentiert seien. So machen Jawara und Kwa (ebd.: 208) „ideologische Unterschiede" zwischen der Mehrheit der WTO-Mitarbeiter und der Mehrheit der WTO-Delegierten der Entwicklungsländer aus und sprechen insgesamt von einer „Politisierung des Sekretariats" (ebd.: 206):

> „Zwischen ihren Verkündungen der Neutralität beteuern Spitzenbeamte [des Sekretariats] und Vertreter nördlicher Mitgliedstaaten regelmäßig – und anscheinend ohne darin eine Inkonsistenz zu sehen –, dass die grundlegende Rolle des Sekretariats darin besteht, die Handelsliberalisierung in einem multilateralen Rahmen zu fördern (...). Der Grundsatz, dass ,Handels- und Wirtschaftsbeziehungen auf die Erhöhung der Lebensstandards gerichtet sein sollten' (…) – eines der Gründungsprinzipien der WTO, wie sie im Marrakesch-Abkommen festgehalten sind – wird nie erwähnt."

Fehlendes nationales Interesse an WTO-Themen

Neben der internationalen sehen einige Kommentatoren zudem auch Mängel auf der nationalen Ebene. So fehle beispielsweise eine offene gesellschaftliche Auseinandersetzung über die Themen der WTO-Verhandlungen, an welche die Entscheidungen der Regierungen rückgebunden werden könnten (von Bogdandy 2001a: 270; vgl. auch Howse/Nicolaidis 2003: 82). In den Entwicklungsländern teilten die wirtschaftlichen und gesellschaftlichen Eliten zudem häufig die neoliberale Ideologie der WTO, so dass ein stärkerer Protest gegen die Verletzung der deliberativ-demokratischen Grundsätze ausbleibe (Chimni 2006: 16).

Argumentationspraxis der Regierungen

Die vorgebrachten Argumente sind insgesamt plausibel, zumal auch das Reden und Handeln der Regierungen im Rahmen der WTO nicht immer konsistent erscheint. So machen sich etwa die Regierungen der EU-Staaten häufig für den Grundsatz der Handelsliberalisierung stark, wollen ihn aber auf den Agrar- und Textilmarkt nicht oder nur sehr zögerlich anwenden. Gleichwohl kann man gerade an diesem Beispiel sehen, dass Argumentationsprozesse auch im Rahmen der WTO stattfinden und nicht ohne Wirkung bleiben. So nutzen die Entwicklungsländer die Diskrepanz zwischen dem Reden und Handeln der EU, um die europäischen WTO-Mitglieder – oder zumindest relevante gesellschaftliche Gruppen in den Mitgliedstaaten – von der Öffnung ihres Agrarmarkts zu überzeugen. Peter Drahos (2003: 92) beschreibt diesen Mechanismus wie folgt:

> „Die Kosten des Schutzes der eigenen Landwirtschaft durch die Vereinigten Staaten und die Europäische Union wurden transparent gemacht, mit dem Ergebnis, dass es für beide Parteien schwieriger wurde, den Beginn eines globalen Reformprozesses im Rahmen des GATT zu verhindern. Hinzu kam, dass die Vorschläge der Gruppe

gute internationale Praxis im Bezug auf die Freihandelstheorie darstellten and ihnen daher eine gewisse Überzeugungskraft innewohnte."

Auch wenn in diesem Fall eine wichtige Voraussetzung für die Wirksamkeit des Argumentationsprozesses darin gelegen haben dürfte, dass sich die EU, die USA, Japan und Kanada im Bezug auf die angesprochene Politik nicht einig waren (ebd.), zeigt das Beispiel, dass es prinzipiell auch in der internationalen Handelspolitik möglich ist, Regierungen im Bezug auf die grundlegenden Werte und Ziele der WTO in Argumentationsprozesse zu verstricken und ihnen auf diesem Weg Zugeständnisse abzuringen, die andernfalls nicht zu erzielen wären. Auch die 2001 verabschiedete Doha-Erklärung zum TRIPS-Abkommen und dem öffentlichen Gesundheitsschutz kann als Beispiel für die Wirksamkeit öffentlichen Drucks und eines Argumentationsprozesses zwischen den Mitgliedstaaten gelesen werden, in dem wirtschaftliche Partikularinteressen zumindest teilweise zugunsten des „Gemeinwohls" – in diesem Fall dem verbesserten Zugang zu AIDS-Medikamenten in Entwicklungsländern – zurückgestellt wurden. So stellt die Erklärung klar, dass das TRIPS-Abkommen es den Mitgliedstaaten der WTO nicht verbietet, in nationalen Notstandssituationen den Patentschutz für Medikamente zu begrenzen, sofern dies für den öffentlichen Gesundheitsschutz erforderlich ist (WTO 2001).[60]

> „Logik des Argumentierens" in der Handelspolitik

Die „Logik des Argumentierens" (Risse 2000) mag in der internationalen Handelspolitik insgesamt weniger stark ausgeprägt sein als etwa in der internationalen Menschenrechtspolitik, in der die Identität eines der Normverletzung bezichtigten Staats sehr viel direkter angesprochen wird. Wie die oben genannten Beispiele andeuten, bedeutet das nicht, dass Argumente und der Bezug auf gemeinsam geteilte Grundnormen in der internationalen Handelspolitik keine Rolle spielen. Es bedeutet aber, dass es entsprechend schwerer ist, die Macht der Mächtigen durch „gute Argumente" zu beschränken.

2. Die neoliberale Agenda der WTO. Dies leitet zu einer zweiten Kritik über, die zwar nicht ausschließt, dass Argumente in der internationalen Handelspolitik eine Rolle spielen, aber davon ausgeht, dass nur bestimmte Argumente in der internationalen Handelspolitik überhaupt anschlussfähig sind. Konkret lautet der Vorwurf, dass die WTO sich einer neoliberalen Agenda verschrieben habe und dass Argumente, die anderen wirtschaftspolitischen Konzeptionen entlehnt seien und nicht auf den Freihandel abzielten, im Rahmen der WTO kein Gehör fänden (vgl. etwa Kapoor 2004: 534; vgl. auch Ziegler 2005). Das in Kapitel 3 genannte Kriterium der Offenheit für verschiedene gesellschaftliche Diskurse würde die WTO damit eindeutig verfehlen.

> 2. Neoliberale Agenda der WTO

> Kritik an der neoliberalen Agenda der WTO

Dieses Argument hat einen wahren Kern, ist aber letztlich überbewertet. Zum einen zielt die WTO nicht auf unbeschränkten Freihandel, sondern auf die schrittweise Liberalisierung des internationalen Handels ab. Die Richtung ist zwar in beiden Fällen die gleiche. Wie weit die Liberalisierung reicht, entschei-

> Berechtigung der Kritik?: - Liberalisierung, nicht unbeschränkter Freihandel

---

60   Wir danken Ulrike Ehling für diesen Hinweis; vgl. auch die vom WTO-Sekretariat verfassten Erläuterungen zur Erklärung unter http://www.wto.org/english/thewto_e/minist _e/min01_e/mindecl_trips_e.htm (zuletzt aufgerufen am 5. März 2010).

den aber die Staaten im Rahmen der Welthandelsrunden. An der äußerst zähen Doha-Runde kann man dabei gut ablesen, dass ein Scheitern neuer Handelsrunden gar nicht einmal unwahrscheinlich ist. Zum anderen ist die Kritik auch deswegen etwas einseitig, weil das WTO-Abkommen und das GATT die Liberalisierung des Welthandels nicht als ausschließlichen Zweck benennen, sondern deutlich breitere Ziele formulieren, die etwa die Erhöhung des Lebensstandards und eine nachhaltige Entwicklung mit einschließen. Zwar lässt sich auch hier argumentieren, dass diese Ziele entweder faktisch keine Rolle im WTO-Diskurs spielen oder aber als protektionistischer Vorwand der reicheren Mitgliedstaaten dienen, der verhindern soll, dass billigere Produkte aus dem Süden auf heimische Märkte drängen. Als übergeordnete Organisationsziele der WTO können – und sollten – sie aber prinzipiell ebenso gut von den Entwicklungsländern als argumentative Stütze für ihre Belange genutzt werden. Und drittens erkennt das GATT – und letztlich auch das TRIPS-Abkommen – an, dass handelspolitische Ziele mit anderen politischen Zielen, etwa im Umwelt- oder Gesundheitsbereich, in Konkurrenz stehen können. So heißt es in Artikel XX GATT zu „Allgemeinen Ausnahmen":

> „Unter dem Vorbehalt, daß die folgenden Maßnahmen nicht in einer Weise durchgeführt werden, daß sie ein Mittel zur willkürlichen oder ungerechtfertigten Diskriminierung zwischen den Ländern, bei denen die gleichen Verhältnisse vorliegen, oder eine verschleierte Beschränkung im internationalen Handel darstellen, soll keine Bestimmung des vorliegenden Abkommens so ausgelegt werden, als ob sie einen Vertragspartner hindern würde, folgende Maßnahmen zu beschließen oder durchzuführen:
> a) Maßnahmen, die für den Schutz der öffentlichen Moral erforderlich sind;
> b) Maßnahmen, die für den Schutz des Lebens und der Gesundheit von Personen und Tieren oder die Erhaltung des Pflanzenwuchses erforderlich sind;
> (…)
> g) Maßnahmen zum Schutz natürlicher Hilfsquellen, bei denen die Gefahr der Erschöpfung besteht, wenn solche Maßnahmen gleichzeitig mit Beschränkungen der einheimischen Produktion oder des einheimischen Verbrauches durchgeführt werden."

Und schließlich liegt eine weitere Schwäche des Arguments darin, dass „die WTO" auch hier kaum mehr als die Summe ihrer Mitgliedstaaten ist. So bestimmen letztlich die Mitglieder der WTO darüber, welche Diskurse anschlussfähig sind, wie sich Handelsliberalisierung und Entwicklung, Handelsliberalisierung und Umweltschutz oder Handelsliberalisierung und Gesundheitsschutz zueinander verhalten sollen und welche Argumente im Rahmen der WTO als angemessen gelten.[61] Freilich sieht sich auch hier der „zwanglose Zwang des besseren

Marginalien (linke Spalte):

- weitere Ziele der WTO: z. B. Erhöhung des Lebensstandards oder nachhaltige Entwicklung

- Anerkennung konkurrierender Ziele

Beispiel

---

61 Neben den Mitgliedstaaten bestimmen auch die Streitbeilegungspanels in entsprechenden Streitfällen das Verhältnis von WTO-Recht und anderen völkerrechtlichen Bestimmungen. Demokratietheoretisch ist dieser Fall unter Umständen insofern problematischer, da es sich hierbei um Grundfragen der (welt-)politischen Ordnung handelt, die eher politisch als durch Expertenurteile gelöst werden sollten. Gleichzeitig kann es jedoch nicht zuletzt aus pragmatischen Erwägungen sinnvoll sein, grundlegende Fragen, über die kein Kon-

Arguments" (Habermas 1983: 174) mit harten wirtschaftlichen Interessen konfrontiert, die sich nicht wegdiskutieren lassen. So ist es wenig überraschend, dass auch die Behandlung der oben genannten Fragen nicht im Rahmen einer „idealen Sprechsituation" stattfindet und beispielsweise den Argumenten und Interessen der USA oder der EU auch bei ihrer Beantwortung deutlich mehr Gewicht zukommt als den Argumenten und Interessen Malaysias oder Marokkos.

3. Argumentieren im Streitschlichtungsmechanismus. Im Gegensatz zu diesen kritischen Stimmen weist ein drittes Argument auf die demokratiefördernde Funktion der Streitschlichtungsgremien hin. So erkennt etwa Robert Howse (2003: 90) eine solche Funktion in der Rechtsprechung des Berufungsgremiums im Rindfleisch-Hormon-Fall. In diesem Fall, in dem die USA die EU-Staaten wegen eines Importverbots für hormonbehandeltes Fleisch verklagten, forderte das Berufungsgericht, dass derartige Verbotsregeln in Verfahren der öffentlichen Rechtfertigung zustande kommen und sich zudem auf wissenschaftliche Evidenz beziehen müssen. Beides, so Howse, fördere eine informierte öffentliche Auseinandersetzung als Kern demokratischer Verfahren.

Jenseits dieses Falls betont vor allem Armin von Bogdandy (2001b: 436-438), dass das Berufungsgremium eine wichtige Rolle dabei spielt, die für die Idee einer postnationalen Demokratie grundlegende Norm der Welthandelspolitik, der zufolge Mitgliedstaaten die legitimen Handelsinteressen ausländischer Bürgerinnen und Bürger berücksichtigen müssen, in der handelspolitischen Praxis der Mitgliedstaaten zu verankern:

> „Wenn eine hoheitliche Entscheidung eines WTO-Mitglieds die wirtschaftlichen Interessen der Bürger anderer Staaten massiv berührt, dann müssen deren Interessen berücksichtigt werden, entweder mittels einer paktierten Lösung zwischen den betroffenen Staaten, oder, sollte dies unmöglich sein, durch ‚simulierte Multilateralität' in den internen Verfahren. (...) Die ‚simulierte Multilateralität' dient dem demokratischen Prinzip, da sie bezweckt, betroffene ausländische Interessen anzuerkennen und bei der Ausgestaltung des Rechts zu berücksichtigen. Nur wenn im innerstaatlichen Rechtsetzungsverfahren diese Interessen angemessen berücksichtigt wurden, ist nach WTO-Recht eine Importbeschränkung zum Schutz von Gemeinwohlinteressen zulässig. (...) Zusammenfassend ist festzuhalten, dass das Berufungsgremium Grundelemente des Rechtsstaatsprinzips und des demokratischen Prinzips auf Ausländer erstreckt. Nur wenn diese verfahrensrechtlichen Voraussetzungen erfüllt sind, kann der importierende Mitgliedstaat seine inländischen Interessen und Präferenzen verfolgen."

Von Bogdandy (2001b: 439; vgl. auch Joerges 2005: 18) spricht hier von einer „Prozeduralisierung" des WTO-Rechts in solchen Fällen, in denen die internationalen Handelsregeln unbestimmt sind. Diese Prozeduralisierung zwinge Staaten dazu, „legitime ausländische Interessen zu berücksichtigen, die andernfalls in den einschlägigen Verfahren keine Stimme hätten". Mit anderen Worten: Wird

---

sens zu erwarten ist, in den entsprechenden Abkommen eher vage zu halten und entsprechende Entscheidungen von Fall zu Fall durch unabhängige Gremien bearbeiten zu lassen.

3. Argumentiren im Streitschlichtungs-mechanismus

demokratiefördernde Funktion der Streit-schlichtungsgremien

WTO-Recht zwingt zur Berücksichtigung ausländischer Interessen nationales Recht ohne Rücksicht auf legitime ausländische Interessen gesetzt, so gilt es als nicht WTO-konform.[62] Nach diesem Verständnis würde das WTO-Recht „das Prinzip demokratischer Souveränität ergänzen und nicht verletzen" (von Bogdandy 2001b: 441) und zudem einen Weg aufzeigen, wie durch die Koppelung von Recht und Politik dem „dilemmatische[n] Auseinanderfallen von *demos* und Betroffenheit im Zuge der sich globalisierenden Wirtschaft" begegnet werden kann (ebd.).

Berufungsgremien als
Ort argumentativer
Prozesse

Ähnlich wie etwa die Verfassungsgerichte im Nationalstaat oder der Europäische Gerichtshof auf europäischer Ebene sind also auch in der WTO gerichtsähnliche Gremien ein Ort, an dem argumentative Prozesse zum Zug kommen. Um demokratiefördernd zu sein, muss die Rechtsprechung dabei eine Balance herstellen zwischen der Gewährung nationaler Handlungsspielräume auf der einen und der Berücksichtigung berechtigter Interessen anderer Mitgliedstaaten auf der anderen Seite. Glaubt man der Beurteilung in der rechtswissenschaftlichen Literatur, dann spricht einiges dafür, dass die Rechtsprechung des Berufungsgremiums dieser Aufgabe bislang durchaus nachkommt.

5.4 Reformvorschläge

Lässt man die vorangehenden Abschnitte Revue passieren, dann fällt zunächst einmal auf, dass die Bewertung der demokratischen Qualität der WTO deutlich komplexer ist als man angesichts der weit verbreiteten und zum Teil sehr pauschalen Kritik an der Organisation vielleicht vermuten könnte. So erweisen sich einige Standardargumente der Kritiker als wenig überzeugend, während an anderen, von der Kritik mitunter sogar übersehenen Stellen, deutliche Defizite bestehen. Aus unserer Sicht liegen die drängendsten Probleme im Bezug auf die in Kapitel 3 identifizierten Dimensionen demokratischen Regierens an vier Punkten:

Vier zentrale
Probleme

- erstens in der ungleichen Verteilung von Verhandlungsmacht und Verhandlungskapazitäten, die es schwachen Verhandlungspartnern oft nicht erlaubt, ihre nationalen Anliegen gleichberechtigt in den Entscheidungsprozess einzubringen bzw. die wirtschaftlichen und sozialen Konsequenzen verschiedener Verhandlungsvorschläge überhaupt adäquat zu beurteilen;
- zweitens in der zumindest teilweise unzureichenden Kontrolle durch nationale Parlamente, die die Formulierung nationaler Verhandlungspositionen in vielen Mitgliedstaaten den zuständigen Ministerien überlässt;

---

62 In diesem Sinne könnten wir diesen Aspekt auch unter der Rubrik der Inklusivität diskutieren, da er beispielsweise den Interessen australischer Bürgerinnen und Bürger eine „Stimme" im deutschen Gesetzgebungsprozess gibt. Da es in der Praxis aber in der Regel bei der von Bogdandy erwähnten „simulierten Multilateralität" bleiben dürfte, fassen wir diesen Punkt unter die Rubrik der diskursiven Qualität der Meinungs- und Willensbildung: Der nationale Gesetzgeber muss nachweisen, dass er „gute Argumente" (bzw. hier: berechtigte Ansprüche) anderer Mitgliedstaaten erwogen und in der Gesetzgebung angemessen berücksichtigt hat.

- drittens in fehlenden öffentlichen Diskursen, in denen die Bürger der Mitgliedstaaten einerseits das erforderliche Wissen über die Grundzüge der Welthandelspolitik erlangen und sich andererseits über ihre Interessen und über die legitimen Interessen der Bürger anderer Mitgliedstaaten verständigen könnten;
- und viertens in der Tatsache, dass einmal erreichte und durch die Mitgliedstaaten ratifizierte Verhandlungsergebnisse nur sehr schwer zu verändern sind und somit auch zukünftige Mehrheiten in den Nationalstaaten an die Zustimmung aktueller Mehrheiten binden.

Welche Reformen könnten an diesen Punkten Abhilfe schaffen? Da es in der Diskussion über die WTO keineswegs an Reformvorschlägen mangelt, wollen wir in diesem letzten Abschnitt einige dieser Reformvorschläge auf ihren Beitrag zu einer möglichen Demokratisierung der Welthandelspolitik hin überprüfen. Dabei diskutieren wir im Wesentlichen vier Vorschläge:

Auswahl von Reformvorschlägen

- die Schaffung eines WTO-Parlaments analog zum Europäischen Parlament oder zur parlamentarischen Versammlung der Nordatlantikvertrag-Organisation (NATO);
- die Stärkung öffentlicher Diskurse durch die umfassendere Beteiligung von Nichtregierungsorganisationen an der Arbeit der WTO;
- die weitere Verrechtlichung der WTO;
- die Schonung nationalstaatlicher Autonomie durch ein „Moratorium" im Bezug auf die weitere Liberalisierung des Welthandels.

5.4.1 Parlamentarisierung

Eine Möglichkeit, die von Akademikern, aber auch von Politikern immer wieder ins Spiel gebracht wird, ist die Schaffung eines WTO-Parlaments. So hat das Europäische Parlament mehrmals vorgeschlagen, ein ständiges parlamentarisches Organ bei der WTO einzurichten (Shaffer 2005b: 391-394; vgl. auch Bellmann/Gerster 1996: 55; Mann 2005: 424-426). Gemeinsam mit der Inter-Parlamentarischen Union (IPU) hat das Europäische Parlament bislang vor allem den Austausch zwischen nationalen Abgeordneten gefördert. Es organisierte beispielsweise Treffen der Parlamentarier der WTO-Mitgliedstaaten, an denen jeweils 300 bis 500 Teilnehmer aus etwa 75 Staaten teilnahmen (Mann 2005: 425). Die Befürworter sehen dabei vor allem drei Vorzüge eines parlamentarischen Forums bei der WTO (Shaffer 2005b): Erstens könne ein solches Forum dazu beitragen, Abgeordneten aus Entwicklungsländern besseres Wissen über die WTO und die im Rahmen der WTO verhandelten Themen zu vermitteln und ihre Rolle in der Formulierung nationaler handelspolitischer Ziele auf diese Weise zu stärken. Zweitens könne ein parlamentarisches Forum die Abgeordneten aller WTO-Mitglieder sensibler für die Folgen machen, die internationale handelspolitische Entscheidungen *für andere Länder* haben (ebd.: 404; vgl. auch Mann 2005: 423-424). Und drittens könne ein interparlamentarisches Gremium auch zur besseren Information der Öffentlichkeit über WTO-Angelegenheiten beitragen.

Schaffung eines WTO-Parlaments

Initiativen der EU

Konkret plädiert etwa Shaffer (2005b: 408) für jährliche interparlamentarische Treffen, die nicht notwendigerweise formell in die WTO-Struktur eingebunden werden müssten. Andere Kommentatoren sprechen sich für ein ständiges Gremium aus, das „so nah wie möglich" an die WTO angebunden sein sollte (Mann 2005: 427) oder sie befürworten eine beratende parlamentarische Versammlung mit bis zu vier Abgeordneten pro WTO-Mitgliedsland, die den wechselseitigen Informationsfluss zwischen WTO und nationalen Parlamenten verbessern, die Vernetzung nationaler Parlamente mit Blick auf Fragen der internationalen Handelspolitik stärken und zivilgesellschaftlichen Akteuren eine zusätzliche Anlaufstelle für ihre Anliegen geben soll (Hilf 2005: 418-420).

Insbesondere vor dem Hintergrund des letztgenannten Vorschlags mag überraschen, dass zivilgesellschaftliche Organisationen selbst eher zu den Kritikern eines solchen Vorschlags zählen. So spricht sich etwa die AG Handel des Forums Umwelt und Entwicklung (2001) in einer Stellungnahme gegen die Einrichtung einer parlamentarischen Versammlung aus:

> „Ob die Errichtung einer parlamentarischen Versammlung bei der WTO gegenwärtig sinnvoll ist, erscheint eher zweifelhaft. Es ist unwahrscheinlich, dass eine derartige Versammlung über echte parlamentarische Kompetenzen verfügen würde. Die konkreten Probleme der mangelnden Transparenz, Partizipation und Demokratie bei den fortlaufenden Sitzungen der WTO-Gremien würde sie nicht lösen. (…) Wichtiger als ein neues Gremium, dessen Aufgaben und Kompetenzen unklar sind, wäre der Austausch zwischen den nationalen Parlamenten in Nord und Süd."

Auch Robert Howse und Kalypso Nicolaidis (2003: 85) äußern sich skeptisch und argumentieren, dass eine zentrale Voraussetzung für eine parlamentarische Versammlung angesichts der Heterogenität der WTO-Mitglieder fehle, nämlich die Existenz einer sozialen Gemeinschaft, die gemeinsame und verschiedene Kulturen übergreifende Vorstellungen eines „(Welt-)Gemeinwohls" habe. Damit verkennen sie allerdings, dass eine parlamentarische Versammlung, die ja nur einen äußerst geringen Teil der Funktionen nationaler Parlamente übernehmen würde, gerade zur Stärkung einer gemeinsamen Identität beitragen soll, indem sie die Kooperation zwischen Abgeordneten stärkt und die nationalen Parlamente für die politischen Interessen anderer Staaten sensibilisiert.

Vor dem Hintergrund der oben genannten demokratischen Defizite der WTO hat die verbesserte Zusammenarbeit nationaler Abgeordneter aus unserer Sicht durchaus einen Mehrwert. Sie kann zur Kapazitätsbildung in Entwicklungsländern beitragen, die Beteiligung der Parlamente an der Formulierung nationaler Verhandlungspositionen verbessern und, etwa durch die massenmediale Berichterstattung über die Treffen einer parlamentarischen Versammlung, auch zur Stärkung öffentlicher Diskurse über die Welthandelspolitik beitragen. Aus diesen Gründen wäre eine Institutionalisierung der grenzüberschreitenden parlamentarischen Zusammenarbeit durchaus wünschenswert. Die konkrete Form einer solchen Zusammenarbeit scheint uns derzeit eher zweitrangig – messen lassen sollte sich eine parlamentarische Versammlung in jedem Fall am Erfolg im Hinblick auf die oben genannten Ziele.

5.4.2 Stärkung der Beteiligung zivilgesellschaftlicher Akteure

Neben der Parlamentarisierung der WTO schlagen zahlreiche Kommentatoren immer wieder auch vor, die Einbindung zivilgesellschaftlicher Organisationen in die WTO zu stärken. Die entsprechenden Vorschläge setzen dabei an den unterschiedlichsten Punkten an. So wird etwa gefordert,

- Nichtregierungsorganisationen bei der WTO „klare und transparente Beteiligungsrechte" zu verschaffen und zu diesem Zweck „die entsprechenden Einladungs- und Akkreditierungsverfahren des Wirtschafts- und Sozialrates (ECOSOC) der Vereinten Nationen" auch für die WTO zu übernehmen (Forum Umwelt und Entwicklung 2001); *Vorschläge zur Beteiligung nichtstaatlicher Akteure*
- die Rechte nichtstaatlicher Akteure im Rahmen der *Trade Policy Review* zu stärken (Bellmann/Gerster 1996: 47; Forum Umwelt und Entwicklung 2001);
- nichtstaatliche Beratungsgremien bei verschiedenen WTO-Ausschüssen einzurichten (Bellmann/Gerster 1996: 40);
- die Beteiligung zivilgesellschaftlicher Akteure an der Formulierung nationaler handelspolitischer Positionen zu stärken (Howse/Nicolaidis 2003: 88-90); und
- Nichtregierungsorganisationen den Zugang zum Streitschlichtungsverfahren zu erleichtern (Forum Umwelt und Entwicklung 2001; Oppermann 2001: 588-592).

Im Hinblick auf die zu Beginn des Abschnitts genannten Defizite kann ein verbesserter Zugang gesellschaftlicher Akteure vor allem zur Stärkung öffentlicher Diskurse beitragen. Andererseits entspricht auch „die Zivilgesellschaft" nicht dem idealisierten Bild eines machtfreien Raums, das häufig von ihr gezeichnet wird. Für eine differenzierte Betrachtung der Forderung nach einem besseren Zugang für Nichtregierungsorganisationen zur WTO sind in diesem Zusammenhang zwei Argumente besonders relevant: *Stärkung öffentlicher Diskurse durch Beteiligung* *Notwendigleit einer differenzierten Betrachtung*

So bedeutet erstens ein besserer Zugang für Nichtregierungsorganisationen keineswegs automatisch eine Demokratisierung der WTO. Das kann man unter anderem daran ablesen, dass das Misstrauen gegenüber einer stärkeren Beteiligung nichtstaatlicher Organisationen an WTO-Verhandlungen bei den Regierungen der Entwicklungsländer mindestens ebenso groß ist wie bei den Regierungen der Industrieländer. So beobachten etwa Steffek und Kissling (2006: 27), dass die indische Regierung einer Stärkung der Rechte von NGOs im Rahmen der WTO besonders vehement entgegentritt. Aus der Sicht zahlreicher Entwicklungsländer würde eine Stärkung der Zivilgesellschaft bestehende Machtunterschiede zwischen dem „Norden" und dem „Süden" letztlich eher vergrößern und dafür sorgen, dass die ohnehin bereits besser repräsentierten Interessen westlicher Industriegesellschaften zu Lasten der Entwicklungsländer noch besser vertreten würden. Der durchaus reale Hintergrund dieser Befürchtung ist, dass die Ressourcen der Zivilgesellschaft im globalen Maßstab äußerst ungleich verteilt sind. Die „globale Zivilgesellschaft" rekrutiert ihr Personal, ihre Gelder und ihre *Keine Aufhebung der Machtunterschiede zwischen Nord und Süd durch Beteiligung von NGOs*

Ideen bislang vornehmlich aus den bürgerlichen Schichten westlicher Industrie-gesellschaften (vgl. auch Friedrichs 2005).

Kritik am Einfluss mächtiger gesell-schaftlicher Akteure

Zweitens bedeutet der fehlende formale Zugang nicht, dass gesellschaftliche Akteure keinen Einfluss auf die Entscheidungsfindung in der WTO nehmen. Im Gegenteil begründen viele Autoren ihre Kritik an der WTO gerade damit, dass die „falschen" nichtstaatlichen Interessengruppen wie etwa multinationale Kon-zerne oder Industrieverbände einen *zu starken Einfluss* auf Entscheidungen im Rahmen der WTO hätten (vgl. etwa Kapoor 2004: 529-530). Für Chimni (2006: 6) ist die WTO gar von der „transnationalen kapitalistischen Klasse" dominiert, der es insbesondere um die Internationalisierung und Ausweitung von Eigen-tumsrechten und um den Zugang zu globalen Märkten gehe: „Der Einfluss, den die transnationale kapitalistische Klasse auf die WTO ausübt" argumentiert Chimni, „setzt einer Reform, deren Ziel die Wohlfahrt der Armen und benachtei-ligter Gruppen sein sollte, enge Grenzen." Gegenüber den Unternehmen und ihren Verbänden seien etwa die Gewerkschaften oder andere progressive Kräfte in der WTO kaum präsent. Stattdessen werde der Raum für demokratischen Protest zunehmend von Nichtregierungsorganisationen „kolonialisiert", die von den Staaten ausgewählt seien und die Interessen breiter Bevölkerungsschichten nicht verträten (ebd.: 20). Wie auch immer man sich gegenüber dieser Interpreta-tion der WTO positionieren mag: Einig sind sich die meisten Beobachter darin, dass gesellschaftliche Akteure auch ohne formalen Zugang auf die Verhandlun-gen innerhalb der WTO Einfluss nehmen.

Fazit: Möglichkeit der verschärften Ungleichheit

In der Summe wäre daher zu befürchten, dass ein verbesserter Zugang für zivilgesellschaftliche Akteure unter Umständen weniger zum Aufbau von Ver-handlungskapazitäten in Entwicklungsländern beiträgt, als vielmehr bestehende Ungleichheiten innerhalb der WTO weiter verschärfen könnte. Und auch auf der *nationalen* Ebene kann das ursprüngliche GATT ja gerade als Versuch gedeutet werden, die dem Gemeinwohl verpflichteten Regierungen von der Lobbyarbeit gut positionierter Partikularinteressen abzuschirmen.

Thomas Oppermann (2001: 587) bringt die Spannung auf den Punkt, wenn er einerseits argumentiert, dass Kompromissfindungen in der WTO „eines an-gemessenen Maßes an Vertraulichkeit" bedürfen, gleichzeitig aber nur offizielle Informations- und Kommunikationskanäle sicherstellen können, dass sich nicht einfach die ökonomisch machtvollen Partikularinteressen auf Kosten des Ge-meinwohls durchsetzen. Notwendig sei daher eine „begrenzte Publizität des Entscheidungsprozesses", die etwa ein „rechtlich gesicherter rechtzeitiger Zu-gang sachlich interessierter Verbände und Unternehmen zu einschlägigen Do-kumenten der WTO" ermöglichen könne, „soweit diese nicht aus plausiblen Gründen der Vertraulichkeit unterliegen" (ebd.). Die Öffnung internationaler Handelsverhandlungen für zivilgesellschaftliche Akteure ist aus demokratietheo-retischer Perspektive also letztlich kein Selbstläufer. Stattdessen bedarf es im Bezug auf die verschiedenen Vorschläge jeweils einer Reihe von Abwägungen, deren Ergebnis selten eindeutig ausfallen dürfte.

5.4.3 Konstitutionalisierung der WTO

Die Beobachtung, dass mit der Verrechtlichung der WTO auch eine Stärkung der Rechtstaatlichkeit *(rule of law)* der WTO einhergeht (vgl. Zangl 2006), hat einige Beobachter dazu veranlasst, eine weitere Verrechtlichung oder „Konstitutionalisierung" der Welthandelspolitik einzufordern. So merkt etwa Thomas Zweifel (2006: 130) positiv an, dass die WTO-Verträge „in den Händen eines fähigen Entwicklungslands (...) ein machtvolles diplomatisches und rechtliches Instrument sein können" – etwa dadurch, dass Entwicklungsländer ihr vertraglich verbrieftes Recht nun auch wirksam einklagen können.

Verrechtlichung der WTO

Im Unterschied zur bloßen „Verrechtlichung" geht es bei der „Konstitutionalisierung" um mehr: Hier soll zusätzlich zur Rechtsprechung und Rechtsdurchsetzung auch die Rechtsetzung den Grundsätzen demokratischer Verfassungspraxis folgen (vgl. Zangl/Zürn 2004). Im Zusammenhang mit der WTO laufen diesbezügliche Vorschläge vor allem auf eine Formalisierung informeller Verhandlungen hinaus, wie sie unter anderem von den Mitgliedern der *Like Minded Group*, einer Gruppe von Schwellen- und Entwicklungsländern, eingefordert wird (vgl. Jawara/Kwa 2003: 136-137, 143-147, 219-220). So unterbreitete die Gruppe im Januar 2002 konkrete Vorschläge, die auf eine Formalisierung der Verhandlungen abzielten. Sie griffen damit Vorschläge auf, die im Dezember 2001 von neun Entwicklungsländern gemeinsam eingebracht worden waren und unter anderem gefordert hatten,

Vorschläge zur Konstitutionalisierung der WTO

Like Minded Group

- dass die Vorsitzenden der verschiedenen Arbeitsgruppen des *Trade Negotiations Committee* (TNC) durch „expliziten Konsens" vom Allgemeinen Rat gewählt werden sollten;
- dass das TNC dem Allgemeinen Rat gegenüber verantwortlich sein solle,
- dass die Hälfte der Vorsitzenden des TNC aus Entwicklungsländern stammen sollte;
- dass es zu allen Treffen des TNC „akkurate und objektive" Berichte geben solle;
- dass Verhandlungstexte mindestens zwei Wochen vorab in allen drei offiziellen Sprachen der WTO verfügbar sein sollten; und
- dass alle umstrittenen Passagen entweder durch Klammern oder durch die Auflistung der verschiedenen Optionen in den Verhandlungstexten kenntlich gemacht werden sollten (Jawara/Kwa 2003: 219-220).

Einige Industrieländer standen den Vorschlägen jedoch skeptisch gegenüber und argumentierten, dass ihre Umsetzung die Flexibilität der Verhandlungen einschränken und die Verhandlungen unnötig verlangsamen würde. Die Vorschläge wurden letztlich nicht umgesetzt. Für Jawara und Kwa (2003: 276) dient die von den Industrieländern angeführte Flexibilität jedoch lediglich „der Beschönigung eines Regierungssystems, in dem die grundlegendsten Prinzipien von Demokratie, Transparenz und Rechenschaft auf Schritt und Tritt offenkundig verletzt werden".

Einwände der Industrieländer

Diskutiert wird unter dem Stichwort der Formalisierung zudem, ob ein formaler Exekutivrat, dem etwa 20 Mitgliedstaaten angehören könnten, den infor-

Vorschlag eines Exekutivrates

mellen Ministertreffen im kleinen Kreis und den heftig kritisierten Green-Room-Verhandlungen vorzuziehen wäre (Bacchus 2005; Schott und Watal 2000; Odell 2005). Als Kriterien für die Auswahl der Mitglieder eines solchen Komitees schlagen Schott und Watal (2000) zum einen den absoluten Wert des Außenhandels und zum anderen die geographische Repräsentativität vor. Demzufolge sollten aus jeder Weltregion mindestens zwei Regierungen in einem solchermaßen reformierten und formalisierten „Green Room" vertreten sein. Aus Sicht der Befürworter würde eine solche Reform zusätzliche Anreize zur Koordination zwischen den Regierungen von Staaten mit ähnlichen Handelsinteressen schaffen und so eine breitere Repräsentativität in den WTO-Verhandlungen gewährleisten (ebd.):

> „Gruppen von Staaten würden ermuntert, Ressourcen auf der Grundlage existierender regionaler Arrangements oder von ad-hoc-Gruppenbildungen zusammenzulegen und die Vertretung ihrer Interessen zu teilen (so wie es die nordischen Länder seit vielen Jahren während der GATT-Verhandlungen getan haben)."

Kritik an Formalisierung, Verrechtlichung und Konstitutionalisierung

Allerdings stößt auch der Vorschlag einer weiteren Formalisierung, Verrechtlichung oder Konstitutionalisierung keineswegs auf einhellige Zustimmung. So sprechen sich etwa Howse und Nicolaidis (2003) gegen eine Konstitutionalisierung aus, weil sie fürchten, dass eine mit ihr verbundene Formalisierung die „demokratische Anfechtbarkeit" *(democratic contestability)* – also letztlich den genuin politischen Streit – innerhalb der WTO eher verringern würde. Andere befürchten, dass die Verrechtlichung bestehende Ungleichheiten nur reproduzieren und verfestigen, Staaten mit umfangreichen rechtlichen Ressourcen einen weiteren Vorteil verschaffen und somit letztlich die „westliche Verhandlungsmacht durch eine westliche Rechtsmacht ersetzen" würde (Kapoor 2004: 534-535).

Differenzierte Bewertung

So ist auch das Demokratisierungspotenzial dieses Vorschlags nicht ganz einfach zu beurteilen. Für die oben genannten demokratischen Mängel der WTO bietet er letztlich keine Lösung – denn weder die Verhandlungskapazitäten schwacher Entwicklungsländer noch die Kontrollmöglichkeiten nationaler Parlamente noch die öffentlichen Diskurse über die Welthandelspolitik und ihre wirtschaftlichen und sozialen Konsequenzen profitieren unmittelbar von einer weiteren Verrechtlichung bzw. Konstitutionalisierung der WTO. Zudem wäre es unrealistisch zu erwarten, dass die Formalisierung von Verfahren – also etwa die (von den meisten WTO-Mitgliedern ohnehin abgelehnte) Schaffung eines Exekutivrats – den Mitgliedstaaten die Anreize für informelle Vorverhandlungen nehmen würde. Abhilfe schaffen würden letztlich also nur solche rechtlich abgesicherten institutionellen Vorkehrungen, die „schwache" WTO-Mitglieder besser stellen und die Macht der „starken" WTO-Mitglieder zumindest teilweise beschränken.

5.4.4 Entflechtung und Schonung nationalstaatlicher Autonomie

Ein vierter und letzter Vorschlag setzt genau an den Unzulänglichkeiten bestehender Reformvorschläge an und fordert angesichts der Schwierigkeiten, die

WTO zu demokratisieren, einen Stopp aller weiteren Bemühungen um eine Liberalisierung des Welthandels (Krajewski 2001: 168):

> „Wenn das ‚Angebot‘ an Legitimität des WTO-Rechts (…) nicht erhöht werden kann, dann sollte zumindest die ‚Nachfrage‘ nach Legitimität nicht durch die Ausweitung der Agenda der WTO oder durch die Beschleunigung weiterer Liberalisierungsprozesse weiter erhöht werden.“

Andere Kommentatoren sind weniger radikal, fordern aber zumindest, dass sich die Politik der WTO auf den Bereich des grenzüberschreitenden Handels beschränken und im Konfliktfall andere Interessen als gleichberechtigt anerkennen sollte (Esty 2002: 17):

> „Als einen ersten kritischen Schritt muss die WTO ihre Ambitionen zügeln und ihre Kraft für die Kernaktivitäten im Bereich der Handelsliberalisierung reservieren. Indem sie sich aus ihrer gegenwärtigen Rolle als Streitschlichtungsmechanismus für die Welt zurückzieht, kann die WTO ihren Ruf der Verlässlichkeit *(authoritativeness)*, Effizienz und Fairness vielleicht wieder herstellen. Wann immer es möglich ist, sollte die WTO es vermeiden, Entscheidungen zu treffen, die als über den Bereich ihrer Handelskompetenzen hinausgehend betrachtet werden.“

Zudem sollten die Streitbeilegungsgremien der WTO das WTO-Recht so weit als möglich im Sinne der nationalen Entscheidungsautonomie auslegen und den Mitgliedstaaten die Verantwortung für die Abwägung konkurrierender öffentlicher Interessen überlassen (Hilf 2005: 420).

Der Vorschlag eines „Moratoriums“ im Bezug auf die weitere Handelsliberalisierung sorgt dabei dafür, das vierte der zu Beginn dieses Abschnitts genannten demokratischen Defizite zumindest nicht weiter zu verschärfen: Wenn heutige Regierungen keine weiteren völkerrechtlichen Verpflichtungen mehr eingehen, bleibt auch der Handlungsspielraum zukünftiger Regierungen erhalten. Ein ähnliches Ergebnis könnte zudem auch dadurch erzielt werden, dass die Laufzeit der ausgehandelten Regeln auf einen bestimmten Zeitraum – etwa fünf oder zehn Jahre – begrenzt und ihre Verlängerung dann von einer erneuten Zustimmung aller WTO-Mitglieder abhängig gemacht wird. Dies würde allerdings die ohnehin beträchtlichen Verhandlungskosten in die Höhe schnellen lassen, da stets das gesamte Paket aufs Neue verhandelt werden müsste; zudem können beide Vorschläge zur Lösung der anderen genannten Defizite nur wenig beitragen. Sinnvoll erscheint uns die Forderung nach einer autonomieschonenden Welthandelspolitik daher vor allem in Verbindung mit der Forderung an die Streitbeilegungsgremien, die nationale Souveränität so weit zu respektieren, wie dies eine autonomieschonende Auslegung der WTO-Abkommen völkerrechtlich zulässt.

5.5 Schlussfolgerungen

Die WTO ist weder der „Teufel“ noch die „furchtbare Kriegsmaschine im Dienste der Piraten“, als die sie prominente Kritiker wie Jean Ziegler (2005: 143) sehen. Sie ist es schon alleine deshalb nicht, weil „die WTO“ vor allem ein Verhandlungssystem ist, dem zur Zeit 153 Mitgliedstaaten angehören. Andererseits ist dieses Verhandlungssystem, in Verbindung mit dem dazugehörigen Streitbeilegungsmechanismus, auch kein Muster für eine sich entwickelnde internationale Demokratie. Denn dazu sind schon alleine die Voraussetzungen in den Mitgliedstaaten zu unterschiedlich. Sie sorgen dafür, dass die Bürger entwickelter Industrieländer auf der Nordhalbkugel im Vergleich zu ihren Mitbürgern im „globalen Süden" eine deutlich größere Kontrolle darüber haben, wie die international vereinbarten Handelsregeln aussehen, die ihre Lebensbedingungen auf vielfältige Art und Weise beeinflussen.

Zentrale Schlussfolgerungen

Im Hinblick auf unsere zentralen Kriterien lassen sich aus diesem Kapitel daher letztlich vier Schlussfolgerungen ziehen:

- Das Demokratiedefizit der WTO ist zu einem beträchtlichen Teil in einem Gerechtigkeitsdefizit des Weltwirtschaftssystems begründet. Eine „demokratische" Welthandelspolitik ist ohne ein Minimum an Gleichheit unter den WTO-Mitgliedstaaten nicht zu haben. Im Rahmen der WTO stellen daher die extremen Ungleichheiten der Mitglieder hinsichtlich der Verhandlungsmacht und hinsichtlich der Verhandlungskapazitäten das größte demokratische Defizit dar.
- Im Bezug auf die *Verhandlungsmacht* liegt der Reformbedarf dementsprechend auch weniger innerhalb als vielmehr außerhalb der WTO – nämlich im Weltwirtschaftssystem, in welches die WTO eingebettet ist. Im Sinne einer „globalen" oder „kosmopolitischen" Demokratie, die ihren Ausgang bei der Gleichheit ihrer Bürger nimmt, ist nur schwer zu rechtfertigen, warum das wirtschaftliche Interesse einer US- oder EU-Bürgerin mehr Gewicht haben soll als das wirtschaftliche Interesse einer thailändischen, tunesischen oder togolesischen Bürgerin.
- Maßnahmen zur Demokratisierung der Welthandelspolitik, die diesseits einer Reform des Weltwirtschaftssystems ansetzen, sollten zumindest auf die Stärkung der *Verhandlungskapazitäten* schwacher WTO-Mitglieder abzielen; daneben sollten sie die Rolle *nationaler Parlamente* sowie *öffentliche gesellschaftliche Diskurse* über welthandelspolitische Fragen stärken.
- Voraussetzung für eine demokratische Welthandelspolitik ist viertens, dass die *Bürger der Mitgliedstaaten* eine solche Politik auch von ihren Regierungen einfordern. Das ist insbesondere für die Gesellschaften im „globalen Norden" eine Herausforderung, weil es von ihnen verlangt, ihre normativ nur schwer zu rechtfertigenden Privilegien zumindest teilweise zugunsten der legitimen Interessen der Gesellschaften im „globalen Süden" aufzugeben.

6 Die Vereinten Nationen

„Die VN sind kein Treffpunkt der Völker, sondern der Regierungen (…). Eine der ersten Reformen sollte am besten darin bestehen, die Bürgerdimension der VN endlich zu verwirklichen und die VN den Völkern der Welt zurückzugeben."

Dieter Heinrich (2003: 70)

„Wenn ich den Sicherheitsrat heute gestalten würde, dann hätte er ein ständiges Mitglied, denn das würde die wahre Machtverteilung in der Welt reflektieren."

John Bolton, ehemaliger US-Botschafter bei den Vereinten Nationen

„Wir, die Völker der Vereinten Nation (…)" sind die ersten Worte der Präambel der Charta der Vereinten Nationen (VN) – dem Gründungsdokument der geographisch und thematisch umfassendsten internationalen Organisation. Die beiden obigen Zitate drücken die Spannung aus, die in diesen Worten enthalten ist: Während die einen die VN zuerst als ein Forum der „Nationen" im Sinne von Staaten verstehen, sehen andere einen wichtigen Unterschied zwischen Völkern und Staaten. Staaten vertreten zwar meist die Interessen ihrer Bürger (zumindest wenn sie demokratisch organisiert sind), aber eben nur meistens. Staaten können auch kurzfristige Interessen haben, die nicht immer jenen ihrer Bürger entsprechen und sie können die VN als ein Forum benützen, um diese Interessen in die internationale Politik einzubringen. Den „Völkern" hingegen, hier verstanden als die Bürger einzelner Staaten, steht innerhalb der VN keine Möglichkeit offen, korrigierend auf solche Versuche staatlicher Interessenpolitik einzuwirken.

VN: Forum der Staaten oder ihrer Bürger?

Die Gratwanderung zwischen der Vertretung staatlicher Interessen und jener ihrer Bürger kennzeichnet die VN seit ihrer Gründung. Sie wird zu einem großen Teil das bestimmende Thema in diesem Kapitel sein, das davon handelt, wie in der 60jährigen Geschichte der VN versucht wurde, einen Ausgleich zwischen diesen Ansprüchen zu schaffen.

Die Charta der Vereinten Nationen gibt der Organisation in Artikel 1 im Wesentlichen drei Ziele vor: die Wahrung des Weltfriedens, die Entwicklung freundschaftlicher Beziehungen zwischen den Nationen und die Förderung der internationalen Zusammenarbeit, „um internationale Probleme wirtschaftlicher, sozialer, kultureller und humanitärer Art zu lösen und die Achtung vor den Menschenrechten und Grundfreiheiten für alle (…) zu fördern und zu festigen".

Charta der Vereinten Nationen: Ziele

Artikel 2 der VN-Charta legt anschließend die Grundsätze fest, die die VN bei der Erreichung dieser Ziele leiten sollen. Dazu zählen neben dem Gewaltverbot (Art. 2, Absatz 4) auch der Grundsatz der souveränen Gleichheit (Artikel 2, Absatz 1) und das Verbot, sich in innere Angelegenheiten anderer Staaten einzumischen (Artikel 2, Absatz 1 und 7). Die Souveränität der Staaten muss gewährt werden, soll das Nebeneinander von Staaten friedlich funktionieren. Als größte und umfassendste internationale Organisation haben sich die VN unter Befolgung dieser Maxime zum „Zentrum des Multilateralismus" (Hummel 2006: 61) entwickelt. Gleichzeitig räumt die Charta jedoch auch der Selbstbestimmung

Grundsätze der VN

der Völker und dem Schutz individueller Menschenrechte einen hohen Stellenwert ein, der durch ihre Erwähnung in Artikel 1 der VN-Charta besonders betont wird.

Spannung zwischen den Grundsätzen

Diese beiden Grundsätze – die Nichteinmischungsnorm und die Anerkennung individueller Menschenrechte sowie des Selbstbestimmungsrechts der Völker – stehen offensichtlich in einem Konflikt (Wapner 2007: 255). Sie ließen sich nur dann gleichzeitig verwirklichen, wenn entweder alle Staaten die Menschenrechte achten oder wenn alle Staaten, die die Menschenrechte verletzen, die Kritik von außen nicht als Eingriff in ihre inneren Angelegenheiten betrachten würden. Wie etwa das Beispiel Chinas zeigt, lassen sich in der Praxis jedoch selten beide Ziele gleichzeitig verwirklichen. So wird die chinesische Regierung immer wieder mit Vorwürfen über Menschenrechtsverletzungen konfrontiert, weist die Kritik aber regelmäßig mit dem Hinweis zurück, dass es sich hierbei um die inneren Angelegenheiten Chinas handle.[63] Auch in anderen Fällen wie der Selbstbestimmung Tibets und den Menschenrechtsverletzungen in Tschetschenien behindern sich die Verwirklichung des Multilateralismus und jene der Menschenrechte gegenseitig.

Staaten oder Bürger – wem „gehören" die VN?

Zugespitzt lässt sich die Problematik auf die Frage kondensieren: Wem „gehören" die VN? Den Staaten, die in den VN ein Instrument gefunden haben, um ein mehr oder weniger gewaltfreies Nebeneinander von Staaten zu organisieren und diesen Frieden im Notfall auch zu erzwingen? Oder den Individuen, die einen Anspruch auf die Verwirklichung ihrer in der Charta angedeuteten und in der Allgemeinen Erklärung der Menschenrechte verbrieften Rechte haben? Die VN tun viel, um die Verwirklichung der Menschenrechte weltweit voranzutreiben. Doch sie sind in politisch heiklen Situationen an ihre multilaterale Organisationsform gebunden, in der primär die Staaten und ihre Regierungen das Sagen haben – mitunter auch diejenigen Regierungen, die in ihren eigenen Staaten die Rechte der Individuen missachten.

Doppelte Funktion der VN

Die doppelte Funktion der VN kommt auch dann zum Vorschein, wenn in ihrer Generalversammlung über Reformen in der Organisationsstruktur gesprochen wird. „Demokratisierung" wird in vielen Fällen als Schlagwort verwendet, um Reformvorschläge zu rechtfertigen, die in erster Linie auf die Stärkung bestimmter Staatengruppen im VN-System hinauslaufen. Und andere „Demokratisierungsprojekte" werden von mächtigen Staaten torpediert, weil sie befürchten, dadurch an Macht und Einfluss zu verlieren. Das Spannungsverhältnis der VN besteht somit in ihrem Anspruch, eine „demokratische, faire, effektive und gerechte Weltpolitik" (Hummel 2006: 61) zu fördern, ohne dabei die Grundlage ihrer Existenz, ihre multilaterale Organisationsstruktur, zu verändern.

Ziel und Aufbau des Kapitels

Das Ziel dieses Kapitels ist es, einen Überblick über die verschiedenen Reformdebatten zu geben, die in diesem Spannungsfeld in den VN seit nunmehr zwei Jahrzehnten geführt werden, und zu untersuchen, wohin sich die VN bewegen – in Richtung Demokratisierung, beispielsweise durch eine Stärkung zivilgesellschaftlicher Akteure, oder in Richtung eines „exekutiven Multilateralismus"

---

63   Für umfassende Darstellungen dieser Problematik vgl. z.B. Lohmann/Gosepath (1999), Bielefeldt (1998).

(Zürn 2003: 235), in dem Staaten und ihre Regierungen weitgehend alleine die zentralen Entscheidungen treffen. Bevor wir in Abschnitt 6.4 ausführlicher auf konkrete Reformvorschläge eingehen, sollen im nachfolgenden Abschnitt 6.1 zunächst der Zweck der VN und ihre Organisationsstruktur skizziert werden. In den darauf folgenden Abschnitten 6.2 und 6.3 diskutieren wir den Demokratiebedarf sowie die diesem Bedarf gegenüber stehende Qualität der Inklusivität, demokratischen Kontrolle sowie die diskursive Qualität der VN.

6.1 Die Vereinten Nationen: Aufgaben und Organisationsstruktur

Was sind die VN? Diese Frage mag auf den ersten Blick einfach zu beantworten sein: Die Medien berichten regelmäßig über Resolutionen des VN-Sicherheitsrates, Abstimmungen in der Generalversammlung oder über eine Äußerung des Generalsekretärs. Bei genauerem Hinsehen stellt sich jedoch heraus, dass unter dem Begriff „Vereinte Nationen" sehr viel mehr verstanden wird. Die VN umfassen neben ihren bekanntesten Einrichtungen eine ganze Reihe von Unter- und Sonderorganisationen, die auf bestimmte Tätigkeitsbereiche spezialisiert sind. Dazu gehören etwa das Umweltprogramm der Vereinten Nationen (UNEP), das Entwicklungsprogramm der Vereinten Nationen (UNDP), die Weltgesundheitsorganisation (WHO) oder die Ernährungs- und Landwirtschaftsorganisation der Vereinten Nationen (FAO). Die Gesamtheit dieser Organisationen wird auch „VN-Familie" genannt. Die sogenannten *Hauptorgane* der VN – die Generalversammlung, der Sicherheitsrat, der Wirtschafts- und Sozialrat, der Internationale Gerichtshof, das Generalsekretariat und der Treuhandrat – bilden in diesem System den Kern der VN, um den herum die anderen Organisationen angesiedelt sind und in dem die Richtungsentscheidungen getroffen werden.

> „VN-Familie" besteht aus Hauptorganen und Unter- und Sonderorganisationen

  Wenn im Kontext der Debatte um demokratisches Regieren jenseits des Staats von den VN gesprochen wird, dann sind meistens diese Hauptorgane, ihre Kompetenzen, ihre Entscheidungen und der Modus ihrer Zusammenarbeit gemeint. Aus diesem Grund beschränken auch wir uns in diesem Kapitel weitgehend auf die Diskussion um die demokratische Qualität der „Kern-VN".

> Beschränkung auf „Kern-VN"

6.1.1 Der Aufgabenbereich der Vereinten Nationen

Die VN wurden am 26. Juni 1945 gegründet. Dieser Zeitpunkt ist kein Zufall: Geprägt von den Erfahrungen des Zweiten Weltkrieges wollten die Initiatoren der VN den zwischenstaatlichen Beziehungen eine Struktur geben, die vergleichbare bewaffnete Konflikte verhindern sollte. Im Rahmen zweier Konferenzen in Dumbarton Oaks (August bis Oktober 1944) und San Francisco (April bis Juni 1945) einigten sich die alliierten Großmächte – die USA, die Sowjetunion und Großbritannien – und weitere 48 Staaten auf das Gründungsdokument der

> Gründung der VN 1945

Vereinten Nationen, die VN-Charta.[64] Als *grundlegende Ziele* der VN werden in Artikel 1 der Charta genannt:

Ziele der VN

- Die Gewährleistung von internationalem Frieden und Sicherheit;
- die Sicherstellung freundschaftlicher Beziehungen zwischen Staaten;
- die Förderung der internationalen Kooperation zur Lösung von ökonomischen, sozialen, kulturellen und humanitären Problemen, einschließlich solcher, die Menschenrechte und fundamentale Freiheiten des Einzelnen betreffen.

Ausweitung der Aufgaben und der Organisation seit Gründung

Diesen Zielen ist gemeinsam, dass sie alle auf eine *Verbesserung der Beziehungen zwischen Staaten* abzielen, um Interessenkonflikte durch Kooperation anstelle von bewaffneten Auseinandersetzungen zu bewältigen. Die Charta ist bis heute beinahe unverändert in Kraft und mit ihr die Festlegung der grundlegenden Aufgabenbereiche der VN.[65] Allerdings haben die Mitglieder der VN den Tätigkeitsbereich der Organisation seit ihrer Gründung beträchtlich erweitert. Die VN sind heute mit ihren Sonderorganisationen und Programmen in beinahe allen Politikbereichen und beinahe allen Weltregionen vertreten. Eine eindeutige Fokussierung auf die Abwendung unmittelbar bevorstehender kriegerischer Auseinandersetzungen ist nicht mehr zu erkennen; die Umwelt-, Entwicklungs- oder Gesundheitspolitik spielt in der Arbeit der Organisation ebenfalls eine wichtige Rolle.[66]

Gründe dafür:
1. Unbestimmtheit der VN-Charta

Ein Grund für die Erweiterung des Aufgabenspektrums liegt in der relativen Unbestimmtheit der Charta. Die in Artikel 1 formulierten Ziele werden in der Charta nicht näher spezifiziert und ermöglichen so eine Konkretisierung und Weiterentwicklung durch die Mitgliedstaaten. Ein Gerichtshof der VN existiert zwar (vgl. hierzu den nächsten Abschnitt); er ist jedoch nicht befugt, über die Auslegung der Charta und ihre Umsetzung in spezifischen Maßnahmen zu urteilen und Verstöße gegen die Charta zu ahnden. Jedes Organ der VN hat deshalb die Möglichkeit, die Charta gemäß seinen Zielen auszulegen, und jedes Mitglied

---

64   Für eine detaillierte Darstellung der Gründungsgeschichte der VN und ihrer Vorgeschichte, vgl. u.a. Kennedy (2006: 3-50).
65   Bisher wurden vier Artikel der Charta der VN geändert. Drei dieser Anpassungen stehen im Zusammenhang mit der erweiterten Mitgliedschaft der VN. So wurden die Mitgliederzahlen des Sicherheitsrates (Artikel 23) und des Wirtschafts- und Sozialrates (Artikel 61) vergrößert sowie die Abstimmungsregel im Sicherheitsrat (Artikel 27) an diese Veränderungen angepasst. Mit der Veränderung des Artikels 109 wurden darüber hinaus prozedurale Grundlagen für eine Revision der Charta geschaffen.
66   In dem jährlich veröffentlichten Tätigkeitsbericht *The United Nations Today* unterteilen die VN ihre Tätigkeiten in die Bereiche der Friedenssicherung, der ökonomischen und sozialen Entwicklung, der Menschenrechte, der humanitären Hilfe, der Abrüstung und des Völkerrechts. Diese Einteilung ist jedoch äußerst grobmaschig. So fallen zum Beispiel unter den Bereich „ökonomische und soziale Entwicklung" auch Tätigkeiten im Bereich der Bekämpfung der organisierten Kriminalität und des Drogenschmuggels; vgl. United Nations (2008) und die früheren Berichte, betitelt mit „Basic Facts about the United Nations".

hat die Möglichkeit, solche Ziele in den Tätigkeitsbereich der Organe einzubringen (Sato 2001: 310-311).

Darüber hinaus haben zwei Entwicklungen die Erweiterung des Aufgabenbereichs der VN maßgeblich beeinflusst, nämlich der Beitritt neuer Mitglieder und das im Laufe der Jahrzehnte veränderte Verständnis von Sicherheit. Zunächst brachte der *Beitritt neuer Mitglieder* neue Interessen in die Organisation. Als sich im Zuge der Entkolonialisierung in den 1960er-Jahren und im Zuge des Zusammenbruchs der sozialistischen Vielvölkerstaaten zu Beginn der 1990er-Jahre neue Staaten bildeten, nahm auch die Zahl der VN-Mitglieder zu. Allein in den 1960er-Jahren traten den VN 31 afrikanische, zwei asiatische Staaten und drei Staaten aus dem karibischen Raum bei, die aus der Kolonialherrschaft entlassen worden waren. Das entspricht knapp einem Fünftel der heutigen VN-Mitglieder. Nach 1990 kamen weitere 20 Staaten hinzu, die aus dem Zerfall der Sowjetunion, Jugoslawiens und der Tschechoslowakei entstanden waren. Gemäß den Artikeln 3 und 6 der VN-Charta können nur souveräne Staaten Mitglied der VN werden. Für einen neu entstandenen Staat sind die Anreize, ein Beitrittsgesuch an die VN zu stellen, deshalb groß. Da eine Aufnahme die Zustimmung von mindestens der Hälfte der Mitglieder erfordert, wird die Mitgliedschaft in den VN mit einer faktisch universalen Anerkennung der Souveränität eines Staates gleichgesetzt.[67]

2. Beitritt neuer Mitglieder

Die Zunahme der Mitglieder hatte ihrerseits Konsequenzen für die Arbeit der VN. Mit den neuen Mitgliedern wurden Interessen in die VN getragen, die zur Gründungszeit – zumindest in der Wahrnehmung der beteiligten Regierungen – nur eine untergeordnete Rolle gespielt hatten. Die Ausweitung des Betätigungsfelds der VN lässt sich so durch die Aufnahme neuer Mitgliedstaaten erklären, die beispielsweise ein starkes Interesse an der Entwicklungspolitik hatten (Gareis/Varwick 2002: 32).

Konsequenz für die VN: neue Interessenfelder

Tabelle 6: Entwicklung der Mitgliedschaft in den VN

1945	51 Mitglieder
1950	60 Mitglieder
1960	99 Mitglieder
1970	127 Mitglieder
1980	154 Mitglieder
1990	159 Mitglieder
2000	189 Mitglieder
2009	192 Mitglieder

Zweitens hat sich im Laufe der Zeit das *Verständnis von „Sicherheit"*, dem Hauptzweck der VN, verändert. Ein vertieftes Verständnis der Ursachen von

3. Veränderung des Sicherheitsverständnisses

---

67 Der Vatikan, der nie einen Antrag auf Mitgliedschaft in den VN gestellt hat, ist das einzige Nichtmitglied der VN, dessen Souveränitätsstatus nicht umstritten ist. Westsahara, die Türkische Republik Nordzypern, die Cookinseln, die Republik China (Taiwan) und die Republik Kosovo sind dagegen Nichtmitglieder, die Souveränität für sich in Anspruch nehmen, deren Status aber nur von einer Minderheit der Staaten anerkannt ist.

Konflikten, Krieg und Frieden hat dazu geführt, dass Sicherheit nicht mehr nur militärisch, sondern auch wirtschaftlich und humanitär gedacht wird (Tadjbakhsh 2005: 3-22). In den vergangenen zwei Jahrzehnten hat sich in den VN die Überzeugung durchgesetzt, dass auch die Gewährleistung der „menschlichen Sicherheit" zum Aufgabenbereich der Organisation gehört (ebd. 2005: 10-14). Der Begriff bezeichnet den Anspruch, dass die Arbeit der VN nicht nur auf die Sicherheit ihrer Mitgliedstaaten abzielen sollte, sondern auch auf die Sicherheit der in diesen Staaten lebenden Menschen. Dies beinhaltet den Schutz der Menschenrechte ebenso wie die Ermöglichung eines Lebens in möglichst geringer Armut und einer lebenswerten Umwelt.

Angesichts des breiten Aufgabenspektrums, das die VN wahrnehmen, ist es für die Diskussion über ihren Demokratiebedarf und ihre demokratische Qualität zunächst notwendig, jene Bereiche zu identifizieren, in denen die Bürger der Mitgliedstaaten besonders vom Handeln der VN betroffen sind. Diese Bereiche versuchen wir daher im folgenden Abschnitt anhand einer kurzen Vorstellung der Hauptorgane der VN und ihrer Kompetenzen zu skizzieren.

6.1.2 Die Organe der Vereinten Nationen und ihre Kompetenzen

Sechs Hauptorgane der VN

Die Kernorganisation der VN besteht aus sechs Hauptorganen: der Generalversammlung, dem Sicherheitsrat, dem Wirtschafts- und Sozialrat, dem Treuhandrat[68], dem Internationalen Gerichtshof und dem Generalsekretariat. Die Charta etabliert keine direkte Hierarchie zwischen den einzelnen Organen. Aus dem Wortlaut der Charta lässt sich schließen, dass insbesondere der Generalversammlung, dem Sicherheitsrat und dem Generalsekretariat eine zentrale Bedeutung in den Entscheidungsprozessen der VN zukommt. Im Folgenden skizzieren wir die Rolle der fünf noch aktiven Hauptorgane in der Reihenfolge, in der sie in der Charta genannt sind. Ein großer Teil der Vorbereitung der politischen Arbeit und zum Teil auch die Umsetzung der Beschlüsse der Hauptorgane findet in Kommissionen, Komitees, Ausschüssen und Arbeitsgruppen statt. Eine tiefergehende Analyse der Arbeit solcher unterstützender Organe der VN wird in diesem Kapitel exemplarisch dann vorgenommen, wenn sie für das Erkenntnisinteresse unseres Buches als relevant erachtet werden.

Hauptorgane als Kern der VN

Die Hauptorgane bilden den Kern der VN. Deren Organisationsstruktur umfasst jedoch noch eine ganze Reihe weiterer Programme und spezialisierter Organisationen. Programme sind den VN insofern verpflichtet, als sie der Generalversammlung unterstellt sind. Sie berichten der Generalversammlung in regelmäßigen Abständen über ihre Tätigkeiten. Nebenorganisationen hingegen sind unabhängige Organisationen, deren Gründung aber z.T. auf die VN zurückgeht und die thematisch in deren Umfeld angesiedelt sind. Sie arbeiten zwar mit den

---

68 Der Treuhandrat existiert zwar noch, ist jedoch seit 1994 nicht mehr aktiv und wird deshalb hier nicht weiter behandelt. Seine Aufgabe war die Verwaltung sogenannter Treuhandgebiete während des Prozesses der Dekolonialisierung. Vgl. dazu: http://www. un.org/documents/tc.htm (letzter Zugriff am 5. März 2010).

VN zusammen, sind jedoch autonome Organisationen mit einem eigenen Budget und einer eigenen Agenda. Auf die Programme und Nebenorganisationen wird in diesem Kapitel nur am Rande eingegangen (vgl. Abbildung 6).

Abbildung 6: Das VN-System (*unvollständige Aufzählung)

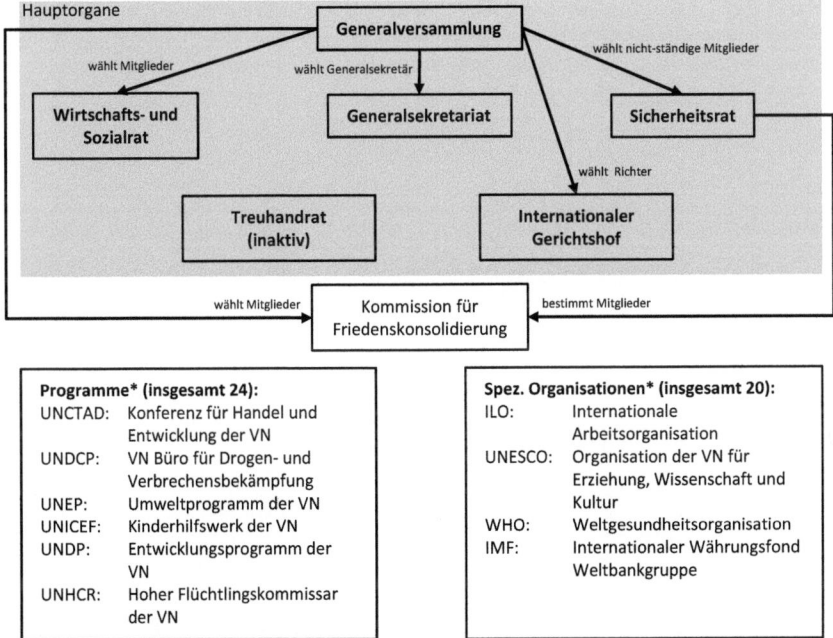

Generalversammlung. Die Generalversammlung ist das Plenarorgan der Verein- Generalversammlung ten Nationen und kann als der deliberative Mittelpunkt der Organisation angesehen werden. Sie kann gemäß Artikel 10 der Charta grundsätzlich alle Fragen diskutieren, die von der Charta abgedeckt sind und Empfehlungen an alle anderen Organe der VN sowie an jedes Mitglied der Organisation abgeben. Ausgenommen sind allerdings Angelegenheiten, die in die Kompetenz des Sicherheitsrates fallen und mit denen der Sicherheitsrat bereits befasst ist (Kimminich/Hobe 2000: 130). In der Generalversammlung haben – im Gegensatz zu den anderen Hauptorganen der VN – alle Mitglieder einen ständigen und gleichberechtigten Sitz. Das heißt, es gilt in Bezug auf die Mitglieder der Organisation der Grundsatz „one state, one vote", unabhängig von der Bevölkerungsgröße oder den Machtverhältnissen in den zwischenstaatlichen Beziehungen. Grundsätzlich werden die Geschäfte der Generalversammlung in einer Plenarabstimmung verabschiedet. Für diese Abstimmungen gilt eine einfache Mehrheitsregel. Bei Entscheidungen, die den Weltfrieden, die Besetzung anderer Organe der VN oder den Status von Mitgliedern betreffen, ist dagegen eine Zweidrittel-Mehrheit erforderlich.

Funktion der Gene-
ralversammlung:
Konsultation und
internationales
Agenda-Setting

In ihrer Form gleicht die Generalversammlung auf den ersten Blick einem Parlament und wird oft mit einem solchen gleichgesetzt. Faktisch hat sie jedoch weit weniger Rechte als nationale Parlamente. So kann die Generalversammlung insbesondere kein Recht schaffen. Zwar gehen zahlreiche völkerrechtliche Abkommen auf die Arbeit der Generalversammlung zurück; rechtskräftig werden sie jedoch nicht durch den Beschluss der Generalversammlung selbst, sondern erst im Anschluss an ihre Ratifikation durch die Mitgliedstaaten. Die Funktion der Generalversammlung liegt also weniger im Bereich der legislativen Tätigkeit, als in den Bereichen der Konsultation und Kooperation der Mitglieder und des Agenda-Setting (Varwick 2004: 39).[69] So ist die Generalversammlung vor allem als thematischer „Motor" der Vereinten Nationen zu verstehen. Das Einbringen neuer Themen und die Weiterentwicklung bestehender Problemverständnisse wird als ihre Hauptaufgabe angesehen. Auf der Internetseite der Generalversammlung steht etwa: [70]

> „Der Generalversammlung ist es zwar nur möglich, rechtlich nicht-bindende Empfehlungen an die Staaten abzugeben. Dennoch hat die Generalversammlung mit ihrer Arbeit politische, ökonomische, humanitäre, soziale und völkerrechtliche Aktivitäten initiiert, die das Leben von Millionen von Menschen auf der ganzen Welt verändert haben."

Entscheidungsmacht
der General-
versammlung

Verbindliche Entscheidungen trifft die Generalversammlung nur im Hinblick auf die VN selbst, etwa bei der Aufnahme neuer Mitglieder, bei der Wahl des Generalsekretärs oder bei der Verabschiedung des VN-Budgets und der Mitgliederbeiträge. Die Wirkung von Entscheidungen der Generalversammlung auf die Mitgliedstaaten ist jedoch beschränkt – sie ergibt sich nur dann, wenn sich die Staaten freiwillig an die rechtlich unverbindlichen Empfehlungen halten oder sich andere Institutionen innerhalb der VN den Entscheidungen der Generalversammlung annehmen. Die Generalversammlung deshalb als wenig nützlichen Debattierclub abzutun, wäre aber verfehlt. Neben ihrer Rolle als thematischer „Motor"

und ihre
internationale Rolle

wirkt die Generalversammlung auch als moralische Autorität und bietet einen Gradmesser für internationale Normen und ihren Wandel.

Moralische Autorität
der Generalversamm-
lung: Beispiel
Kosovo

Ein anschauliches Beispiel für diese Funktion der Generalversammlung als moralische Instanz in den internationalen Beziehungen liefert die Resolution, die zur Überprüfung der Rechtmäßigkeit der einseitigen Unabhängigkeitserklärung der Republik Kosovo durch den Internationalen Gerichtshof (IGH) verabschiedet

---

69   Nichtsdestotrotz wird die Frage nach der Rechtsqualität von Beschlüssen der Generalversammlung in der völkerrechtlichen Literatur kontrovers diskutiert. So kann die Zustimmung zu einer Resolution beispielsweise als Indiz dafür gewertet werden, dass Staaten das in der Resolution geforderte Verhalten für rechtlich geboten erachten; dieses Indiz ist selbst wiederum relevant, um die Regeln des sogenannten Völkergewohnheitsrechts zu identifizieren; vgl. hierzu Shaw (2003: 66-88). Für Positionen, die eine zumindest begrenzte rechtliche Qualität der Resolutionen der Generalversammlung sehen, vgl. auch die Diskussion bei Gupta (1986).

70   Vgl. http://www.un.org/ga/about/background.shtml (letzter Zugriff am 5. März 2010).

wurde.[71] Serbien, das durch die Unabhängigkeit des Kosovo rund zwölf Prozent seines Territoriums verlieren würde, brachte diese Resolution trotz des diplomatischen Widerstandes der USA und Großbritanniens in der Generalversammlung zur Abstimmung. Ziel der Resolution war die Überprüfung der Rechtmäßigkeit der Unabhängigkeitserklärung des Kosovo durch den IGH, der unter anderem für die Lösung von Gebietsstreitigkeiten verantwortlich ist. Diese Überprüfung kann im Fall des Kosovo nur in Form eines rechtlich nicht bindenden Gutachtens des IGH erfolgen, da die Republik Kosovo als Nichtmitglied der VN nicht vor dem IGH als Streitpartei auftreten kann.

Obwohl von dem Gutachten des IGH keine materiellen Konsequenzen zu erwarten sind, hat sich durch die Verabschiedung der Resolution in der Generalversammlung die Diskussion um den Status des Kosovo verändert. Erstens hat bereits die Befürwortung des Resolutionsvorschlags durch die Generalversammlung gezeigt, dass Serbien in den Augen der Mehrheit der internationalen Gemeinschaft einen legitimen Anspruch auf die völkerrechtliche Klärung der vorgelegten Frage hat. Zweitens wurden jene Staaten, die zwar die Republik Kosovo anerkannt haben, aber ihre Außenpolitik normalerweise auf den Grundsatz „Recht vor Macht" stellen, durch die Abstimmung in der Generalversammlung vor ein Dilemma gestellt. Sollten sie für die Resolution stimmen und so eine völkerrechtliche Überprüfung ihrer Entscheidung zulassen, riskierten sie ein negatives Verdikt gegen ihre eigene Entscheidung. Eine Stimme gegen die Resolution hätte jedoch gleichzeitig einen Verstoß gegen die Prinzipien ihrer Außenpolitik bedeutet. Entsprechend enthielten sich in der Abstimmung der Generalversammlung alle EU-Staaten, die das Kosovo bereits anerkannt hatten, der Stimme. Und drittens sind die Anerkennungen der Republik Kosovo durch andere Staaten seit der Verabschiedung der Resolution deutlich zurückgegangen. Jene Staaten, die sich bis dahin nicht zu einer Entscheidung über eine Anerkennung des Kosovo entschlossen hatten, scheinen nunmehr abzuwarten, bis das Gutachten des IGH vorliegt. Das Beispiel zeigt, dass die Generalversammlung auch ohne echte Sanktionskompetenzen durchaus Einfluss auf die Weltpolitik nehmen kann. Die Ressource, auf die sie dabei zurückgreift, ist vor allem diejenige der moralischen Autorität, die sich aus ihrer Wahrnehmung als Repräsentant der „internationalen Gemeinschaft" ableitet.

Die Vorbereitungsarbeiten für die Arbeit in der Generalversammlung werden durch ein komplexes Geflecht von Kommissionen, Komitees und Arbeitsgruppen geleistet. In diesen Ausschüssen werden die Resolutionen der Generalversammlung vorbereitet. Ein großer Teil der politischen Arbeit findet in den Kommissionen und Komitees statt.

Sicherheitsrat. Der Sicherheitsrat der Vereinten Nationen ist der Exekutivrat der Organisation. Darin sind nicht alle, sondern lediglich 15 Mitgliedstaaten vertreten. China, Frankreich, Großbritannien, Russland und die USA sind ständi- Sicherheitsrat

---

71   Resolution der Generalversammlung A/RES/63/3: "Request for an advisory opinion of the International Court of Justice on whether the unilateral declaration of independence of Kosovo is in accordance with international law", 8. Oktober 2008.

ge Mitglieder des Sicherheitsrats; die weiteren zehn werden von der Generalversammlung für jeweils zwei Jahre gewählt.

Hauptaufgabe: Sicherung des Friedens

Die Hauptaufgabe des Sicherheitsrats ist die Erhaltung des Weltfriedens. Zu diesem Zweck ist er mit einer Reihe von Kompetenzen ausgestattet, die es ihm ermöglichen sollen, Konfliktparteien in die Schranken zu weisen, notfalls auch

Kompetenzen

unter Anwendung von Gewalt. Friedliche Maßnahmen der Streitbeilegung führt Kapitel VI der VN-Charta auf; mögliche Zwangsmaßnahmen gegen Aggressoren sind in Kapitel VII geregelt. Am Anfang eines Beschlusses von Zwangsmaß-nahmen steht die Feststellung des Sicherheitsrates, dass ein Konflikt eine Bedro-hung bzw. einen Bruch des internationalen Friedens darstellt oder dass ein Staat eine Angriffshandlung gegen einen anderen Staat vorgenommen hat. Ausgehend

Maßnahmen

von dieser Feststellung kann der Sicherheitsrat Maßnahmen beschließen, die von der Abgabe von Empfehlungen über das Aussprechen von Wirtschaftssanktionen bis hin zu militärischen Operationen reichen. Gebrauch machte der Sicherheitsrat von dieser Maßnahme bereits in mehreren Fällen. Die versuchte Unterbindung der Aggression Nordkoreas gegen Südkorea 1950 (Resolutionen 82-84 des VN-Sicherheitsrates); die Operation *Desert Storm*, um 1990 die Besetzung Kuwaits durch den Irak zu beenden (Resolution 678); oder die Bekämpfung des Taliban-Regimes in Afghanistan nach den Anschlägen vom 11. September 2001 (Resolu-tion 1386) gehören zu den bekanntesten und umfangreichsten militärischen Ak-tionen unter dem Mandat der VN.[72] Zudem standen in den 1990er-Jahren auch im ehemaligen Jugoslawien, in Somalia, in Ruanda und in Haiti internationale Truppen unter VN-Mandat im Einsatz.

Zusammensetzung des Sicherheitsrats

Die Aufgabe, den Weltfrieden zu erhalten, verlangte in den Augen der Gründer der VN eine spezielle Zusammensetzung des Sicherheitsrats. Sie sollte die damaligen Machtverhältnisse in den internationalen Beziehungen widerspie-geln, um zu verhindern, dass ein Staat alleine den Sicherheitsrat nutzen konnte, um seine partikularen Interessen in der Weltpolitik durchzusetzen – denn damit wären die VN Gefahr gelaufen, schnell ebenso bedeutungslos zu werden wie der Völkerbund in der Zwischenkriegszeit. Zudem sollten die militärisch und poli-tisch wichtigsten Staaten nur gemeinsam in der Lage sein, diplomatische, wirt-schaftliche und militärische Maßnahmen gegen Staaten einzuleiten, die den Weltfrieden gefährden. Damit sollte verhindert werden, dass die VN militärische Eingriffe gegen den Widerstand einer Atommacht beschließen konnten. Mit anderen Worten: Es sollte verhindert werden, dass Beschlüsse der VN selbst einen militärischen Konflikt zwischen den Atommächten heraufbeschwören.

Vetorecht der ständigen Mitglieder

Deshalb wurden den Siegermächten des Zweiten Weltkrieges im Sicherheitsrat ständige Sitze zugesprochen und sie wurden mit dem *Vorrecht des Vetos* ausges-tattet. Entscheidungen können gemäß Artikel 27 der VN-Charta nur gefällt wer-den, wenn neun der 15 Mitglieder des Sicherheitsrates zustimmen, darunter alle fünf ständigen Mitglieder.

---

72 Unter Völkerrechtlern ist allerdings zumindest in den Fällen der Korea-Krise und der Besetzung Kuwaits umstritten, ob in den entsprechenden Resolutionen tatsächlich zu Maßnahmen gemäß Art. 39 VN-Charta gegriffen wurde, da der Sicherheitsrat in beiden Fällen die Rechtsgrundlage für sein Handeln offen gelassen hat. Vgl. dazu Kimmi-nich/Hobe (2000: 269-270).

Im Gegensatz zu den Entscheidungen der Generalversammlung sind Entscheidungen des Sicherheitsrates für die Mitglieder der VN *rechtsverbindlich*. Wenn der Sicherheitsrat also wirtschaftliche Sanktionen gegen Nordkorea oder den Iran beschließt, dann muss sich etwa Deutschland an diese Maßnahmen halten, und zwar unabhängig davon, ob die Bundesregierung zum fraglichen Zeitpunkt überhaupt im Sicherheitsrat vertreten war oder ggf. für oder gegen die jeweiligen Maßnahmen gestimmt hat. Da dem Sicherheitsrat jedoch keine Zwangsmittel zur Durchsetzung von Sanktionen bzw. keine eigenen militärischen Mittel zur Verfügung stehen, ist auch er faktisch auf die Kooperation und Mithilfe der Mitglieder der VN angewiesen, um seine Entscheidungen durchzusetzen. Dennoch ist die Verbindlichkeit der Beschlüsse des Sicherheitsrates auch in der Praxis hoch. *[Rechtsverbindlichkeit der Entscheidungen für VN-Mitglieder]*

Eine Konsequenz der Rechtsverbindlichkeit der Entscheidungen des Sicherheitsrates ist ihre *Auswirkung auf das Völkerrecht*. Dies lässt sich an zwei Beispielen aus der Arbeit des Sicherheitsrates illustrieren: erstens an der bereits oben erwähnten Erweiterung des Sicherheitsbegriffs, für die auch Entscheidungen des Sicherheitsrates eine wichtige Rolle gespielt haben; und zweitens an der Arbeit des Al-Qaida- und Taliban-Sanktionsausschusses des VN-Sicherheitsrats. *[Auswirkungen auf Völkerrecht]*

Die aktive Rolle des Sicherheitsrates bei der Ausweitung des Sicherheitsbegriffs – und der damit verbundenen Erweiterung des Aufgabenfeldes der VN – wird in der Literatur (vgl. Kimminich/Hobe 2000: 269) zurückgeführt auf die wirtschaftliche Sanktionierung der Apartheidsregime in Südrhodesien 1965 (Resolutionen 217 und 222 des VN-Sicherheitsrates) und Südafrika 1977 (Resolution 418). In beiden Fällen argumentierte der Sicherheitsrat im Zusammenhang mit anderen von diesen Staaten ausgehenden Bedrohungen, dass der Weltfriede auch deshalb gefährdet sei, weil die Menschenrechte durch die jeweiligen Regierungen frappant verletzt würden. So wurde in diesen beiden Fällen die Menschenrechtssituation im Land letztlich als wichtiger eingestuft als die Nichteinmischung in innere Angelegenheiten. Im Falle des Menschenrechtsschutzes haben die Entscheidungen des Sicherheitsrates eine gewisse normative Kraft entfaltet, weil er mit dem Schutz der Menschenrechte und der Nichteinmischung in die inneren Angelegenheiten der Mitgliedstaaten zwei Rechtsgüter, die in der Charta den gleichen Stellenwert haben, gegeneinander abgewogen und dem Schutz der Menschenrechte einen höheren Stellenwert eingeräumt hat. Insofern hat auch der Sicherheitsrat einen Beitrag dazu geleistet, dass sich der Sicherheitsbegriff der VN im Laufe der Jahre verändert und ausgeweitet hat. *[Sicherheitsrat und Ausweitung des Sicherheitsbegriffs] [Beispiele Rhodesien 1965 und Südafrika 1977]*

Ein anders geartetes Beispiel dafür, wie sich die Qualität des Völkerrechts durch Entscheidungen des Sicherheitsrates ändert, ist die Arbeit des Al-Qaida- und Taliban-Sanktionsausschusses. Dieser Unterausschuss ist damit befasst, basierend auf der Sicherheitsratsresolution 1267 eine Liste über Personen und Organisationen zu führen, die dringend verdächtig sind, den internationalen Terrorismus zu organisieren oder zu fördern. Basierend auf dieser Liste hat der Sicherheitsrat die Möglichkeit, Konten von Personen einzufrieren, Reisesperren *[Beispiel Terrorfinanzierung: Der Al-Qaida und Taliban-Sanktionsausschuss]* auszusprechen oder den Verkauf von Waffen an diese Personen zu verbieten. Die Liste umfasst derzeit insgesamt 395 Personen und 103 Organisationen. [73]

Die Sanktionen, die gegen diese Personen und Organisationen verhängt werden, können auch hier wiederum nicht vom Sicherheitsrat oder einer Verwaltungseinheit der VN selbst umgesetzt werden. Wie bei allen Entscheidungen ist der Sicherheitsrat auf die Kooperation der Mitgliedstaaten angewiesen, um seine Zwangsandrohung in konkrete Maßnahmen umzusetzen (Feinäugle 2008: 1536-1537). Indem der Sicherheitsrat mit seiner Sanktionsliste jedoch direkt auf Personen und Organisationen Bezug nimmt, unterscheidet sich die Liste des Sanktionsausschusses doch deutlich von anderen Entscheidungen des Sicherheitsrates: Sie ist eher ein Verwaltungsakt einer internationalen Organisation als eine politische Entscheidung über Krieg oder Frieden, wie sie für den Sicherheitsrat typisch ist (Feinäugle 2008: 1520). In diesem Sinne stellt sich die Frage, wie die betroffenen Individuen gegen den Akt der Sanktionierung rechtlich vorgehen können. Da sie sich – anders als etwa die von Sanktionen betroffenen Staaten – in den VN kein Gehör verschaffen können, indem sie zum Beispiel in der Generalversammlung für ihre Unschuld plädieren, bleibt nur der Weg über nationale Gerichte, um sich gegen die Sanktionen bzw. die Aufnahme auf die Liste zu wehren. Da jedoch die Staaten an die Entscheidungen des Sicherheitsrates rechtlich gebunden sind, dürften die wenigsten Gerichte in Erwägung ziehen, sich über eine solche Bestimmung hinwegzusetzen.[74] Die Arbeit des Al-Qaida- und Taliban-Sanktionsausschusses schafft so eine Rechtslage, in der zumindest einige Individuen direkt von Entscheidungen des Sicherheitsrats betroffen sind, ohne wirksam gegen diese Entscheidung vorgehen zu können.

Sicherheitsrat mächtigstes Organ der VN

Das letztgenannte Beispiel zeigt auch, dass der Sicherheitsrat ungleich mehr Einfluss hat als die Generalversammlung. Seine Kompetenzen und die rechtliche Verbindlichkeit seiner Entscheidungen machen ihn faktisch zum mächtigsten Organ der VN, das in inhaltlichen Fragen beinahe ohne Beeinflussung von anderen Organen Entscheidungen treffen kann. Seine Entscheidungen können dabei indirekt (z.B. bei der Verhängung von wirtschaftlichen oder militärischen Sanktionen) und, wie das Beispiel der Liste zur Bekämpfung des internationalen Terrorismus zeigt, in Einzelfällen auch direkt maßgebliche Auswirkungen auf das Leben von Individuen haben.

Organisation des Sicherheitsrates

Wie das Beispiel der Verhinderung der Terrorfinanzierung zeigt, wird auch im Sicherheitsrat, ähnlich wie in der Generalversammlung, ein großer Teil der politischen Arbeit bereits in den Kommissionen und Komitees vorbereitet und zum Teil auch umgesetzt. Der Sicherheitsrat zählt derzeit (Stand: Juli 2009) elf

---

73 Vgl. http://www.un.org/sc/committees/1267/consolist.shtml (letzter Zugriff am 18. März 2010). Unter die Kategorie „Organisationen" (im englischen Original: „entities") fallen Firmen, Hilfswerke und Stiftungen.

74 In dem viel beachteten Fall „Kadi" hatte sich der Europäische Gerichtshof (EuGH) allerdings genau mit dieser Frage zu befassen und befand in seinem Urteil vom 3. September 2008, dass die europäische Verordnung zur Umsetzung der VN-Sanktionsmaßnahmen eine ungerechtfertigte Beschränkung der Eigentumsrechte eines betroffenen Klägers darstellte und diesem keine ausreichenden Möglichkeiten eingeräumt wurden, sich vor Gericht zu verteidigen. Vgl. die Presseerklärung des EuGH Nr. 60 vom 03.09.2009.

ihm untergeordnete Organisationseinheiten, die für die Vorbereitung und Umsetzung seiner Beschlüsse zuständig sind. Neben dem Ausschuss gegen den Terrorismus gehören zum Beispiel auch die Internationalen Strafgerichtshöfe für das ehemalige Jugoslawien (ICTY) und für Ruanda (ICTR) zu den Unterorganisationen des Sicherheitsrates.

Wirtschafts- und Sozialrat. Der Wirtschafts- und Sozialrat ist gemeinsam mit der Generalversammlung für wirtschaftliche und soziale Fragen gemäß Kapitel IX der Charta verantwortlich. Der Rat umfasst 54 Mitglieder, die nach regionalen Kriterien von der Generalversammlung für jeweils drei Jahre gewählt werden. Entsprechend den Aufgaben des Rates sind Entwicklungs- und Schwellenländer in ihm stärker vertreten als Industrieländer (Gareis/Varwick 2002: 53). Einen großen Teil der Vorarbeiten für die Entscheidungen des Rats übernehmen seine zahlreichen Nebenorgane und neun funktionale Kommissionen. Der Rat selbst tagt jedes Jahr im September und entscheidet über die Beschlussvorlagen, die von den Nebenorganen ausgearbeitet wurden. Für unsere zentralen Fragen von Bedeutung ist das ständige Komitee der Nichtregierungsorganisationen, in dem über die Zusammenarbeit zwischen dem Rat und den akkreditierten Nichtregierungsorganisationen entschieden wird. Der Wirtschafts- und Sozialrat ist das einzige Hauptorgan der VN, das eine Akkreditierung von nichtstaatlichen Akteuren in größerem Ausmaß zulässt und ihnen einen Konsultativstatus verleiht. Je nach Status ist es den Nichtregierungsorganisationen erlaubt, eigene Stellungnahmen in Sitzungen des Rates und seiner Nebenorgane zu verbreiten (vgl. hierzu auch unten: Abschnitt 6.3.1 und 6.4.4).

Wirtschafts- und Sozialrat

Die Kommissionen des Wirtschafts- und Sozialrates, die die politischen Vorbereitungs- und Umsetzungsarbeiten leisten, können in funktionale und regionale Kommissionen, sowie in ständige und ad hoc Komitees eingeteilt werden. Die funktionalen Kommissionen umfassen Themen wie die Verhinderung von Kriminalität, den Status der Frau, nachhaltige Entwicklung und oder die Kontrolle des Drogenhandels.

Internationaler Gerichtshof. Der IGH ist der Schiedsgerichtshof der Vereinten Nationen.[75] Das bedeutet, dass sich die beteiligten Staaten bereits im Voraus darauf einigen, ein Urteil des IGH zu akzeptieren. Möglich ist entweder eine Zustimmung für einzelne Fälle oder eine allgemeine Unterwerfungserklärung für alle Fälle in der Zuständigkeit des IGH – Deutschland hat eine solche allgemeine Erklärung erst 2008 abgegeben. Klageberechtigt sind die Mitglieder der VN. In erster Linie ist der IGH für die Beilegung von Gebietstreitigkeiten zwischen Staaten und für die Auslegung völkerrechtlicher Verträge zuständig. Für die hier eingenommene Perspektive des demokratischen Regierens in internationalen Organisationen spielt der IGH angesichts seiner relativ schwachen Stellung im internationalen System allerdings nur eine untergeordnete Rolle. Sofern er in der Diskussion um die Demokratisierung der VN vorkommt, wird er in der Regel

Internationaler Gerichtshof (IGH)

Aufgaben

---

75 Der IGH ist nicht zu verwechseln mit dem Internationalen Strafgerichtshof (ICC). Dieser ist kein Hauptorgan der VN, sondern basiert auf dem sogenannten Römer Statut und wurde entsprechend über einen zwischenstaatlichen Vertrag in Kraft gesetzt. Der Internationale Strafgerichtshof beschäftigt sich mit Kriegsverbrechen und Verbrechen gegen die Menschlichkeit, die in den Staaten, in denen sie begangen wurden, nicht verfolgt werden.

weniger für sein Demokratiedefizit kritisiert, sondern vielmehr seine Aufwertung als ein möglicher Weg zur Demokratisierung der VN vorgeschlagen (vgl. etwa Held 1995: 271).

Generalsekretariat: Verwaltung der VN

Generalsekretariat. Das Generalsekretariat bildet die Verwaltung der VN. Seinen Hauptsitz hat das Generalsekretariat in New York, hinzu kommen weitere Standorte, unter anderem in Genf und Wien. In der Öffentlichkeit tritt das Sekretariat durch seinen wichtigsten Exponenten, den Generalsekretär der VN, in Erscheinung. Das Generalsekretariat unterstützt die Organe der VN in ihrer Arbeit, stellt Expertise und Entscheidungsgrundlagen zur Verfügung und verwaltet die Friedensmissionen der VN.

Zentrale Rolle des Generalsekretariats

Obwohl ihm formal keine Entscheidungsmacht über die Handlungen der Mitglieder zusteht, spielt das Sekretariat in der täglichen Arbeit der VN eine zentrale Rolle. Im Sekretariat laufen zahlreiche Informationen zusammen und werden Entscheidungen und neue Themen vorbereitet. Dabei ist das Sekretariat zwar formal an die Weisungen der Mitgliedstaaten gebunden, hat in der Praxis aber eigene Handlungsspielräume bei ihrer Umsetzung. Als Beispiel für die zum Teil weitreichenden Handlungsspielräume des Generalsekretariats kann die Be-

Beispiel Kosovo

setzung des höchsten Postens der VN-Übergangsverwaltung im Kosovo (UN-MIK) dienen. Die Übergangsverwaltung des Kosovo durch die VN wurde 1999 mit der Sicherheitsratsresolution 1244 geschaffen, da das Territorium des Kosovo in derselben Resolution der Staatsgewalt Serbiens weitgehend entzogen wurde. Der Generalsekretär wurde als oberster Entscheidungsträger dieser Mission eingesetzt, der alle politischen Entscheidungen für das Kosovo treffen oder zumindest absegnen musste. Die Resolution 1244 gab jedoch dem Generalsekretär das Recht, einen Repräsentanten zu bestimmen, der vor Ort seine Geschäfte führt. Dieser sogenannte Sonderrepräsentant des Generalsekretärs wurde per Dekret des Generalsekretärs in das höchste politische Amt im Kosovo eingesetzt und damit zur letzten Entscheidungsinstanz für die zwei Millionen Bewohner dieses Territoriums.

Ein weiteres Beispiel für die Handlungsfreiheit des Generalsekretariats ist die Abteilung für Beschaffung der VN *(UN Procurement Division).* Im Jahr 2007 betrugen die Gesamtausgaben der VN 1,9 Milliarden US-Dollar. Knapp die Hälfte davon wurde für Friedensmissionen und andere Missionen ausgegeben.[76] Aufgrund der begrenzten Kompetenzen der anderen VN-Hauptorgane in der Budgetkontrolle obliegen die Entscheidungen für diese Ausgaben zumeist Beamten im Generalsekretariat (Martinetti 2008: 70-71).

Wie die obigen Ausführungen zeigen, erfüllen die Hauptorgane der VN eine breite Palette von Funktionen, die oft nur teilweise komplementär sind. Der IGH und früher der Treuhandrat sind weitgehend autonome Institutionen, die sich mit sehr spezifischen Themenbereichen auseinandersetzen und eigenen Verfahrensregeln folgen. Die Aufgabenbereiche der Generalversammlung und des Sicherheitsrats überschneiden sich zumindest im Bereich der Sicherheit teilweise und aufgrund der Ausweitung des Sicherheitsbegriffes auch immer öfter. Dies kann, wie wir weiter unten diskutieren, zu Spannungen zwischen diesen beiden Orga-

---

76   Vgl. http://www.un.org/Depts/ptd/07com50.htm (letzter Zugriff am 5. März 2010).

nen führen. Das Generalsekretariat war ursprünglich als ausführendes Organ konzipiert, das die Vorgaben von Sicherheitsrat und Generalversammlung umsetzen soll. Im Laufe der Zeit hat es sich jedoch auch einen gewissen Handlungsspielraum geschaffen. Dieser Handlungsspielraum für internationale Organisationen und ihre Bürokratien ist durchaus zweckmäßig, da er den Staaten durch die Zentralisierung bestimmter Aufgaben und durch die teilweise Unabhängigkeit der Organisation von den Mitgliedstaaten Möglichkeiten eröffnet, die andere Formen der Kooperation – etwa einfache zwischenstaatliche Verträge – nicht bieten (Abbott/Snidal 1998).

Tabelle 7: Hauptorgane der VN – Aufgabengebiete und Mitgliedschaften

	Primäres Aufgabengebiet gemäß VN-Charta	**Mitgliedschaft**
Generalversammlung	Alle Belange, die in den Tätigkeitsbereich der VN fallen.	192 Staaten alle VN-Mitglieder
Sicherheitsrat	Gefährdungen des Weltfriedens	15 Staaten (5 ständige; 10 nichtständige)
Wirtschafts- und Sozialrat	Ökonomische und gesellschaftliche Entwicklung	54 Staaten
Sekretariat	Verwaltung und Organisation der VN	VN Beamte
Internationaler Gerichtshof	Rechtliche Unklarheiten zwischen Staaten (z. B. Gebietsstreitigkeiten)	15 gewählte Richter
Treuhandrat	Verwaltung von VN-Protektoraten	inaktiv

Kommission für Friedenskonsolidierung. Die Kommission für Friedenskonsolidierung ist ein Nebenorgan der VN. Wir erwähnen sie hier, weil sie ein Novum in der Organisationsstruktur der VN darstellt. Ihr Mandat[77] ist es, das Engagement der Staatengemeinschaft nach dem Ende eines Konfliktes so zu koordinieren, dass ein erneutes Abgleiten eines Staates in einen Konflikt verhindert werden kann. In diesem Sinne füllt die Kommission für Friedensförderung eine Lücke in der Organisationsstruktur der VN: Für Konflikte ist der Sicherheitsrat zuständig, während stabile Staaten, die sich in der Phase ökonomischer Entwicklung befinden, im Aufgabenbereich des Wirtschafts- und Sozialrates liegen. Für Staaten, die sich in einer Post-Konflikt Situation befinden, in der keine Kampfhandlungen mehr stattfinden, Wirtschaft und Gesellschaft aber noch zerrüttet sind, gab es bis zur Etablierung der Kommission für Friedenskonsolidierung kein Organ in den VN. Die Kommission soll diese Lücke füllen und Entscheidungsträger aus den verschiedenen Bereichen zusammenbringen, um eine optimale

Kommission für Friedenskonsolidierung

ihre Funktionen

---

77 Festgelegt in den Resolution der Generalversammlung 60/180 und der Resolution des Sicherheitsrates 1645 (2005)

Abstimmung des Engagements der Staatengemeinschaft in Nachkriegsstaaten zu ermöglichen. Zudem hat die Kommission den Auftrag, dieses Engagement zu dokumentieren und daraus *lessons learned* und *best practice* Regeln abzuleiten.

ihre Zusammen-setzung   Nicht nur in ihrer Funktion, auch in ihrer Zusammensetzung ist die Kommission für Friedensförderung einzigartig im System der VN. Das Organisationskomitee der Kommission, das für die Ausarbeitung der Agenda zuständig ist, besteht aus Repräsentanten von 31 Staaten. Sieben Repräsentanten werden vom Sicherheitsrat bestimmt und jeweils sieben weitere durch die Generalversammlung und den Wirtschafts- und Sozialrat gewählt. Hinzu kommen fünf Repräsentanten von Staaten, die große finanzielle Beiträge zum Friedensförderungsfonds der VN leisten, sowie fünf aus Staaten, die große Kontingente in zivilen und militärischen Friedensförderungsmissionen stellen. Mit dieser Zusammensetzung sollen möglichst viele Interessen in die Entscheidungsfindung eingebunden werden. In den länderspezifischen Arbeitsgruppen sind zudem auch Repräsentanten der betroffenen Staaten, regionale VN Vertreter und zivilgesellschaftliche Organisationen eingebunden. Die Kommission berichtet in regelmäßigen Abständen dem Generalsekretär, der Generalversammlung und dem Sicherheitsrat über ihre Tätigkeit

Bisherige Arbeitsgebiete   Die Kommission für Friedenskonsolidierung hat ihre Arbeit erst aufgenommen. Bisher bearbeitet sie vier Fälle (Burundi, Sierra Leone, Guinea Bissau, Zentralafrikanische Republik), die jedoch noch nicht abgeschlossen sind. Ob die breite Einbindung von unterschiedlichen Interessen zu einer Verbesserung des internationalen Engagements in Krisenregionen führen wird, wird sich erst in den kommenden Jahren zeigen.

6.2 Demokratiebedarf der Vereinten Nationen

Demokratiebedarf der VN: Argumente pro und contra   Wie viel Demokratie brauchen die VN? Wie die beiden Eingangszitate zu diesem Kapitel zeigen, hängt die Antwort auf diese Frage auch im Fall der VN von der Perspektive des Betrachters ab. Befürworter einer radikalen Demokratisierung argumentieren, dass die VN nicht für die Staaten, sondern für die Völker – die Menschen also, die die Staaten bevölkern – geschaffen worden seien. Mit dieser Sichtweise ist auch die Haltung verbunden, dass die VN *per se* mehr Mitentscheidungsrechte für Volksvertreter ermöglichen müssen. Dazu gehört dann etwa ein Gremium, das parlamentarische Funktionen wahrnimmt, ohne dass die Regierungen darauf einen Einfluss haben können. Demgegenüber stehen die Argumente jener, die die VN zuerst als ein Mittel der Krisenbewältigung sehen. Für sie ist es wichtig, dass auf Krisen, die den Weltfrieden bedrohen, schnell und wirksam reagiert werden kann. Zentral für diese Sichtweise ist deshalb nicht die Repräsentativität einer Entscheidung. Viel wichtiger ist es, dass die mächtigsten Staaten hinter den Entscheidungen stehen, die in den VN getroffen werden, und so ihre Umsetzung gewährleisten (Stiles 2006:38). Ein Bedarf an demokratischen Regierungsformen besteht in dieser Interpretation der Hauptaufgabe der VN nicht.

Geringer Demokratiebedarf?   Argumente für einen geringen Demokratiebedarf der VN verweisen dabei auch darauf, dass Entscheidungen, die im Rahmen der VN getroffen werden, durch die Mitgliedstaaten *autorisiert* sind. Die Entscheidungsmacht der Hauptorgane wird in diesem Ansatz auf die Anerkennung der Charta – und damit auf einen gemeinsamen Wertekatalog der Gründungsstaaten – zurückgeführt. Alle Staaten, die den VN beigetreten sind, haben die Charta unterzeichnet und tragen diesen grundlegenden Wertekatalog zumindest formell mit. In Anbetracht dieser Anerkennung haben manche Autoren das System der internationalen Beziehungen, das sich nach dem Ende des Zweiten Weltkrieges etabliert hat, auch als Charta-basiert (Frank 1995: 137) bezeichnet. Jean-Marc Coicaud (2001: 519) geht sogar noch einen Schritt weiter. Aus seiner Sicht sind die VN und andere nach dem Zweiten Weltkrieg gegründete internationale Organisationen nicht nur durch den Wertehintergrund der Charta gekennzeichnet, sondern zum Zweck der Weiterentwicklung dieser Werte überhaupt erst gegründet worden:

> „Die Schaffung der internationalen Organisationen nach dem Zweiten Weltkrieg basierte auf anerkannten Werten und hatte zum Ziel, diese in der internationalen Politik zu institutionalisieren."

Die VN basieren gemäß diesem Argument auf in den internationalen Beziehungen weithin akzeptierten und ins internationale Recht übergegangenen Grundwerten wie staatlicher Souveränität, territorialer Integrität, Gewaltlosigkeit und Menschenrechten. Für Ian Clark (2005: 155-171) ist dieser Wertekonsens so zentral für die Legitimierung der Existenz der Vereinten Nationen, dass er demokratietheoretische Überlegungen als Legitimitätsgrundlage der VN als nicht relevant erachtet. Gestärkt wird dieser Gedankengang zudem durch die Tatsache, dass Entscheidungen der VN-Organe grundsätzlich durch den Beitritt der Mitglieder in die VN autorisiert werden. Zumindest für demokratische Mitgliedstaaten lässt sich so eine formale Delegationskette von der Bevölkerung bis zu den Hauptorganen der VN ausmachen, die eine weitere Demokratisierung weitgehend überflüssig macht.[78]

In Kapitel 3 haben wir jedoch argumentiert, dass es nicht ausreicht, den Demokratiebedarf ausschließlich am (vermeintlichen) Zweck und an der Autorisierung von Organisationskompetenzen durch die Mitgliedstaaten zu bemessen. Wichtig ist ebenfalls sich zu überlegen, in welchen Fällen eine demokratische Entscheidungsfindung angesichts der *Auswirkung* der Entscheidung von Bedeutung ist. Wie wir im vorangehenden Abschnitt gezeigt haben, können Entscheidungen, die im Rahmen der VN getroffen werden, schwerwiegende Auswirkungen für Individuen haben. Das gilt insbesondere für die Entscheidungen des Sicherheitsrates, die sehr direkte und zum Teil massive Folgen für die Zivilbevölkerung von Staaten haben können. Wenn der Sicherheitsrat wirtschaftliche Sanktionen gegen Nordkorea verhängt, hat dies Auswirkungen auf das wirtschaftliche Wohlergehen der Bürger Nordkoreas und mitunter auch auf das Wohlergehen derjenigen sanktionierenden Staaten, die mit Nordkorea in Handelsbeziehungen standen. Und wenn der Sicherheitsrat die Anwendung militäri-

Marginalien:

Argument der Autorisierung durch Staaten und der Anerkennung der VN-Charta

Argument des Wertekonsenses: VN gründen auf anerkannten Grundwerten

Einwände:

Berücksichtigung der Auswirkungen von Entscheidungen der VN erfordert demokratische Legitimation

---

78 Zur Problematik von Delegationsketten für die demokratische Legitimierung von Entscheidungen in internationalen Organisationen vgl. allerdings die Diskussion in Abschnitt Kapitel 5.3.2 im vorangehenden Kapitel zur Welthandelsorganisation.

scher Gewalt zur Beendigung von zwischen- oder innerstaatlichen Kriegen autorisiert oder ein solches Mandat – wie aktuell im Fall Darfurs – eben nicht auf den
Weg bringt, dann entscheidet er über völkerrechtlich legitimierte Kriegshandlun-
gen (oder deren Ausbleiben) und nimmt damit zumindest mittelbar Einfluss auf
die Überlebenschancen von Teilen der Zivilbevölkerung im betroffenen Staat.
Auch wenn es am Ende immer noch die Staaten und nicht die Vereinten Nationen sind, die Zwangsgewalt anwenden, rechtfertigt sich die Frage nach dem
Bedarf an demokratischer Legitimation dennoch. Doch auch die Rolle der Generalversammlung sollte hier nicht gänzlich übersehen werden. Als „thematischer
Motor" kann sie den Fokus der Weltpolitik auf ein Thema lenken und sich selbst
dieses Themas annehmen – oder ebendies unterlassen. Da auch die Frage, worüber im Rahmen der Vereinten Nationen verhandelt wird, Bürger der Mitgliedstaaten direkt betreffen kann, könnte man auch der Generalversammlung einen
Demokratiebedarf attestieren. Auch dieser wird jedoch durch die übergeordnete
Rolle der Mitgliedstaaten gemildert – denn entscheidend für die Betroffenen ist
ja vor allem das Ergebnis der Beschäftigung mit einem Thema. Für dieses Ergebnis – also beispielsweise dafür, ob es zu einem internationalen Übereinkommen zur Korruptionsbekämpfung kommt und was am Ende in einem solchen
Übereinkommen steht – ist aber in der Regel nicht „die Generalversammlung"
verantwortlich, sondern es sind die Mitgliedstaaten, die das Übereinkommen
verhandeln und ihm beitreten oder nicht beitreten. Insofern ist im Rahmen der
VN vor allem der Demokratiebedarf von Sicherheitsratsentscheidungen als hoch
einzustufen.

Legitimität ohne Demokratie? Ein weiterer und für die VN spezifischer Aspekt sollte überdies nicht vernachlässigt werden. Mehr als andere internationale Organisationen gewinnen die
VN ihre Autorität aus ihrer Wahrnehmung: Die VN werden von manchen als
jene internationale Organisation angesehen, die in der Geschichte der internationalen Beziehungen das höchste Maß an Fairness und Gerechtigkeit in der Entscheidungsfindung aufweist (Hummel 2006: 61). Darum steht sie auch unter
einem gewissen Druck, sich an veränderte Gerechtigkeits- und Fairnessvorstel-
lungen in den internationalen Beziehungen anzupassen, um ihre Legitimität auf-
rechtzuerhalten. Da sich diese Vorstellungen in den vergangenen Jahren deutlich
in Richtung einer Demokratisierung internationaler Politik gewandelt haben,
besteht auch aus praktischen Gründen ein Demokratiebedarf – denn eine als
„undemokratisch" wahrgenommene VN liefe Gefahr, eine wichtige Quelle ihrer
moralischen Autorität zu verlieren (vgl. auch Coicaud 2001: 519; Heiskanen
2001: 1-2; Hummel 2006: 79). Angesichts des Drucks, den die realweltlichen
Veränderungen nach dem Ende des Kalten Krieges auch auf die VN ausüben, hat
der Präsident der 63. Sitzungsperiode der Generalversammlung die Institutionen
der VN in einer Ansprache vor der Generalversammlung einmal mit dem baufäl-
ligen Gebäude des Hauptsitzes der VN verglichen:[79]

---

79 Statement of the President of the 63rd Session of the United Nations General Assembly:
    "On Security Council reform and on the Security Council report", vom 18. November
    2008, online abrufbar unter http://www.un.org/ga/president/63/statements/screform
    181108.shtml (letzter Zugriff am 5. März 2010).

„Wie Sie alle wissen, wurde diesen Sommer das Gebäude der Vereinten Nationen wie geplant renoviert. Asbest wurde ersetzt, Lüftungen, lecke Dächer, Sicherheitsmaßnahmen und Dekor erneuert. Genau wie dieses Gebäude benötigen auch die Institutionen der Vereinten Nationen dringend eine Erneuerung – dies ist der wirkliche und noch umzusetzende Renovierungsplan der Vereinten Nationen." Notwendigkeit von Reformen

Wie wir insbesondere in Abschnitt 6.4 diskutieren, sind auch in diesem „wirklichen Renovierungsplan" der VN vor allem der Sicherheitsrat, die Generalversammlung und – mit Abstrichen – das Generalsekretariat die Hauptziele der Reformbemühungen.

6.3 Die demokratische Qualität der Vereinten Nationen

Zunächst stellen wir in diesem Abschnitt die Frage, wo und in welcher Form in den VN demokratische Regierungsformen existieren. Dazu folgen wir, wie in den vorangegangenen Kapiteln, den Kriterien der Inklusivität (Abschnitt 6.3.1), der demokratischen Kontrolle (Abschnitt 6.3.2) und der diskursiven Qualität (Abschnitt 6.3.3).

6.3.1 Partizipation und Inklusivität

Die VN haben eine nahezu universale Mitgliedschaft und binden auch zivilgesellschaftliche Interessengruppen formal stärker ein als die meisten anderen internationalen Organisationen. Trotz dieser guten Vorzeichen lassen sich aus demokratietheoretischer Perspektive drei Problembereiche im Hinblick auf die Partizipation an den Entscheidungsverfahren der VN identifizieren. Erstens geht es um die Gleichbehandlung aller Mitgliedstaaten gemäß dem Grundsatz „one state, one vote". Zweitens um die Repräsentation der Mitgliedstaaten im Sicherheitsrat der VN; und drittens um die konkrete Einbindung nichtstaatlicher Akteure in Entscheidungsprozesse. Universale Mitgliedschaft der VN Drei Grundfragen von Partizipation und Inklusivität

In Bezug auf die *Mitbestimmungsrechte der Mitglieder in der Generalversammlung* haben die VN mit der „one state, one vote"-Regel einen Entscheidungsmodus gefunden, der gemeinhin als demokratisch angesehen werden kann. Er entspricht dem Gedanken der Gleichheit der sich selbst bestimmenden Rechtssubjekte, da er Staaten zuerst einmal als in sich geschlossene, souveräne und unabhängig von der Bevölkerungsstärke gleiche Einheiten anerkennt und damit einer wesentlichen Idee des modernen Staatensystems und den in der Charta festgelegten Normen gerecht wird. In diesem Sinne kann die Generalversammlung für die Verhältnisse einer internationalen Organisation, deren Mitglieder zuerst Staaten und nicht Individuen sind, als ein durchaus nach demokratischen Regeln geführtes Organ betrachtet werden. Die Tatsache, dass die Präambel der VN-Charta als Verfasser die Völker *(„We, the Peoples")* und nicht Staaten nennt, mag zwar auch eine andere Interpretation als zulässig erscheinen lassen; sie wird aber durch das historische und auch gegenwärtige Selbstverständnis ebenso wenig gestützt wie durch die Praxis der VN. Als problematisch Mitbestimmungsrechte der Mitglieder in der Generalversammlung: „one state, one vote"-Regel könnte man in diesem Sinne bestenfalls die Tatsache nennen, dass die Bürger kleiner Staaten im Verhältnis zu den Bürgern großer Staaten in der Generalversammlung deutlich überrepräsentiert sind, da beispielsweise Liechtenstein (ca. 35.500 Einwohner) und China (1,3 Milliarden Einwohner) jeweils das formal gleiche Stimmrecht haben.

Mitbestimmungsrechte im Sicherheitsrat:

Exklusivität und ungleiches Stimmgewicht

Anders verhält es sich bei den *Mitbestimmungsrechten der Mitglieder im Sicherheitsrat*, der das exklusivste Organ der VN ist. In ihm sind nur 15 Staaten vertreten. Zudem ist das Stimmgewicht nicht gleich verteilt, da China, Frankreich, Großbritannien, Russland und die USA als ständige Mitglieder im Gegensatz zu den temporären Mitgliedern über ein Vetorecht verfügen. Den Ausschluss der meisten VN-Mitglieder von der Entscheidungsfindung im mächtigsten VN-Organ und die Ungleichbehandlung der Mitglieder in diesem Organ kann man als demokratietheoretisch problematisch betrachten. Die obigen Ausführungen zum Demokratiebedarf des Sicherheitsrats haben zudem gezeigt, dass ein Defizit in diesem Organ als besonders gravierend gelten müsste.

Funktionale Argumente für Ungleichheit

Aus demokratietheoretischer Sicht ist insbesondere die Ungleichbehandlung schwer zu begründen, da die Idee der Demokratie ja gerade auf dem Ideal der Gleichheit aller Mitglieder einer Gesellschaft beruht. Eine plausible Verteidigung von Struktur und Verfahren des Sicherheitsrats kann daher letztlich nur auf einem funktionalen Argument basieren. Demzufolge ist die relativ begrenzte Größe des Sicherheitsrats wie auch das Vetorecht für die permanenten Mitglieder notwendig, damit das System der kollektiven Sicherheit überhaupt funktionieren kann. Die kleine Größe soll dabei die Handlungsfähigkeit des Sicherheitsrats garantieren. Das Vetorecht soll einerseits gewährleisten, dass keine legitime Gewaltanwendung gegen den Willen einer der Atommächte erfolgen kann; andererseits gibt es den Großmächten strukturelle Anreize, sich überhaupt am System der kollektiven Sicherheit zu beteiligen.

Zielkonflikt von Demokratie und Friedenserhalt ...

Akzeptiert man diese beiden Argumente, dann lässt sich letztlich ein Zielkonflikt zwischen der Demokratisierung internationaler Entscheidungsprozesse und dem Erhalt des internationalen Friedens erkennen. Ein Sicherheitsrat, der dem Ideal demokratischen Regierens näher käme, wäre weniger gut in der Lage, den Erhalt des internationalen Friedens zu garantieren. Während diese Argumentation insgesamt schlüssig ist, lassen sich die empirischen Fundamente natürlich hinterfragen. Wie klein muss ein Sicherheitsrat sein, um handlungsfähig zu bleiben? Welche Anreize müssen den USA, China oder Russland geboten werden, um sich im Rahmen der VN überhaupt am System der kollektiven Sicherheit zu beteiligen? Und in welchen Fällen ist das Vetorecht unbedingt erforderlich, um Konflikte zwischen den Großmächten zu verhindern?

... und die Frage nach zeitgemäßer Balance

Dass diese Fragen heute anders beantwortet werden als noch zur Gründungszeit der VN, davon zeugen unter anderem die unten diskutierten Vorschläge zur Reform des Sicherheitsrats (vgl. Abschnitt 6.4.1). Zudem ist der Sicherheitsrat trotz seiner mächtigen Stellung in der VN keineswegs allmächtig. Wenn seine Entscheidungen von den Mitgliedern umgesetzt werden sollen, dann brauchen sie heute mehr als nur die Feststellung, dass eine Bedrohung für den Weltfrieden besteht. Die Staaten wollen Informationen darüber, aufgrund welcher Überlegungen Sanktionen ausgesprochen werden und wie sie sich auf die betroffene Bevölkerung auswirken. Mit den bisher zwar vorgenommenen, aber nicht in

der Charta verankerten Reformen, die mehr Transparenz in der Arbeit des Sicherheitsrats geschaffen haben (von Freiesleben 2008a: 4-5), scheinen die demokratietheoretischen Bedenken der Mitglieder zumindest ernst genommen worden
zu sein. Anders als etwa die Erweiterung des Sicherheitsrats oder die Abschaffung des Vetorechts der ständigen Mitglieder ist die Schaffung von Transparenz
der zentralen Funktion des Sicherheitsrates, dem Erhalt eines stabilen Systems
der kollektiven Sicherheit, nicht zwingend abträglich. Sie stellt so einen möglichen Ausgleich zwischen der Funktionalität des Sicherheitsrates und dem Bedarf
an einer demokratischeren Entscheidungsfindung dar (vgl. hierzu auch unten:
Abschnitt 6.3.2).

Ein weiterer zentraler Aspekt bei der Beurteilung der Inklusivität der VN ist **Einbindung nicht-**
die *Einbindung nichtstaatlicher Akteure* in Entscheidungsverfahren. Jens Steffek **staatlicher Akteure**
und Claudia Kissling (2006: 28) kommen in ihrer Studie über die Partizipationsmöglichkeiten von nichtstaatlichen Akteuren in den VN zum Schluss, dass
die Mitglieder der VN den Kern des VN-Systems zwar weiterhin vor dem Ein- **Geringe formale**
fluss nichtstaatlicher Akteure schützen und letztere insbesondere an der Ent- **Beteiligung nicht-**
scheidungsfindung nur geringfügig beteiligt sind. Nichtstaatlichen Akteuren wird **staatlicher Akteure an**
jedoch in den Phasen vor und nach einer Entscheidung ermöglicht sich einzu- **Entscheidungen der**
bringen. Das bekannteste Beispiel für diese Art der Einbindung ist der Wirt- **VN, ...**
schafts- und Sozialrat. Bei ihm sind mittlerweile mehr als 3.000 nichtstaatliche
Organisationen akkreditiert.[80] Mit einer Akkreditierung erwerben sich diese **... aber Einbindung**
Organisationen einen sogenannten Konsultativstatus im Wirtschafts- und Sozial- **beim Wirtschafts-**
rat; er verleiht ihnen gewisse Mitspracherechte in den Debatten des Wirtschafts- **und Sozialrat (Akkre-**
und Sozialrates sowie die Möglichkeit, Berichte mit einer Länge von bis zu **ditierung) ...**
2.000 Wörtern zu verfassen und in Debatten verlesen zu lassen.

Doch auch in der Generalversammlung und im Sicherheitsrat spielen nicht-
staatliche Organisationen eine Rolle. Anders als im Wirtschafts- und Sozialrat ist **... und informelle**
diese Zusammenarbeit aber informell. Das heißt, es gibt keine Dokumente, die **Zusammenarbeit mit**
nichtstaatlichen Organisationen einen konsultativen Status oder ein Beobachter- **Generalversammlung**
recht einräumen würden. Steffek und Kissling (2006: 13) stellen jedoch fest, dass **...**
sich nichtstaatliche Organisationen, in erster Linie aus dem humanitären Bereich,
schon früh in der Geschichte der VN an der *Kommissionsarbeit der Generalver-*
sammlung beteiligt haben. So sind zum Beispiel in Sitzungen des ersten (Abrüstung) und des vierten Komitees (Politik und Dekolonisierung) regelmäßig Vertreter von nichtstaatlichen Organisationen zugegen. Außerdem war es einzelnen
nichtstaatlichen Organisationen seit 1997 erlaubt, zumindest im Rahmen der
Sondersitzungen vor der Generalversammlung zu sprechen. In regulären Sitzungen der Generalversammlung haben nichtstaatliche Organisationen jedoch bisher
kein Rederecht.

Auch der Sicherheitsrat pflegt informelle Beziehungen mit nichtstaatlichen **... und Sicherheitsrat**
Organisationen. Die sogenannte „Arria Formel" – benannt nach dem Botschafter,
der Venezuela 1992/1993 im Sicherheitsrat vertrat – ermöglicht es Sicherheits- **„Arria-Formel"**
ratsmitgliedern, sich im informellen Rahmen mit nichtstaatlichen Akteuren zu

---

80 Vgl. dazu die Internetseite des Wirtschafts- und Sozialrates: http://esango.un.org/civil
society/login.do (zuletzt aufgerufen am 5. März 2010).

treffen und mit ihnen über Themen zu diskutieren, die den Sicherheitsrat betreffen. Die Einladung zu solchen Treffen erfolgt durch eines der Sicherheitsratsmitglieder, das im Kontakt zur entsprechenden Person oder Organisation steht. Diese Treffen sind jedoch explizit informell. Sie finden nicht in den Räumlichkeiten des Sicherheitsrates statt, der Präsident des Sicherheitsrates ist nicht anwesend, und es werden keine Protokolle erstellt. Dennoch hat sich die Arria-Formel im Sicherheitsrat soweit gefestigt, dass solche Treffen, die etwa einmal im Monat stattfinden, im Rat angekündigt werden können und keine Ratssitzungen zu diesem Zeitpunkt geplant werden (Johnstone 2003: 461-462; Steffek/Kissling 2006: 15).

Beteiligung außerhal der VN-Hauptorgane

Die formal eher geringe Bedeutung von nichtstaatlichen Akteuren für die Entscheidungen in den Hauptorganen der VN ist jedoch nur ein Aspekt der Zusammenarbeit mit nichtstaatlichen Akteuren. Außerhalb der Hauptorgane spielen nichtstaatliche Akteure eine deutlich wichtigere Rolle. Dies zeigt sich nicht zuletzt in den von den VN organisierten Weltgipfeln, aber auch in den themenspezifischen Konferenzen, die im Rahmen der VN initiiert werden und die in der Regel in völkerrechtliche Verträge und/oder eine Reihe programmatischer Aktivitäten der VN münden.

Weltgipfel und Konferenzen

Beispiel: VN und der Handel mit Kleinwaffen

Exemplarisch für diese Beteiligungsmöglichkeiten gehen wir genauer auf die Rolle nichtstaatlicher Akteure im Rahmen der VN-Verhandlungen zum Stopp des illegalen Handels mit Kleinwaffen ein. Die Produktion und der Handel von kleinen und leichten Waffen (*Small Arms and Light Weapons,* SALW) stellt für die meisten Staaten ein zentrales Sicherheitsinteresse dar; dies gilt sowohl für den inneren, polizeilichen als auch für den äußeren, militärischen Bereich. Insbesondere Entwicklungsländer, die keine Kapazitäten zur Produktion von eigenen SALW haben, aber auch die Industriestaaten sind aus eigenen Sicherheitsinteressen daran interessiert, dass der Handel mit SALW nicht weitgehend eingeschränkt wird (Atwood/Greene 2002: 217-218). Gleichzeitig stellen SALW aber auch ein Risiko für die menschliche Sicherheit dar (Muggah 2001: 200-207); so werden beispielsweise in Bürgerkriegen vor allem kleine und leichte Waffen eingesetzt. Die meisten der in Bürgerkriegen und von der organisierten Kriminalität verwendeten Waffen stammen aus ehemals staatlichen Beständen und wurden aus Waffendepots entwendet oder gingen bei der Auflösung von Armeen illegal in privaten Besitz über (Karp 2001: 71-76). SALW sind aufgrund ihrer Größe leicht zu schmuggeln und ihre meist einfache Bauweise macht sie relativ robust. Einmal in den illegalen Handel geratene SALW bleiben deshalb über längere Zeit im Umlauf und werden teilweise von einem Konfliktherd zum nächsten transferiert (Muggah/Bermann 2001: 1). Dieser Umstand macht eine wirksame Regulierung der Herstellung und die Kontrolle des Handels umso dringlicher.

SALW

Kleinwaffenkonferenz der VN

In diesem Spannungsfeld zwischen staatlichen Interessen an innerer und äußerer Sicherheit und den Interessen der „menschlichen Sicherheit" entschied die VN-Generalversammlung 1998, eine Kleinwaffenkonferenz einzuberufen. Diese sollte sich mit den Möglichkeiten beschäftigen, einen humanitären Ausgleich zwischen diesen beiden divergierenden Interessen zu schaffen. Auf Druck von gut organisierten nichtstaatlichen Akteuren, die durch den Erfolg des sogenannten Ottawa-Prozesses zum Verbot von Landminen gestärkt waren, entschied die mit der Vorbereitung der Konferenz betraute Expertenkommission, dass auch

Mitwirkung nichtstaatlicher Akteure

nichtstaatlichen Akteuren ein weitgehender Zugang zur Konferenz ermöglicht werden sollte. In den Vorbereitungskommissionen wurden die Regeln für die Teilnahme von nichtstaatlichen Akteuren festgelegt, gegen den anfänglichen Widerstand verschiedener Staaten wie Algerien und China. Danach durften nichtstaatliche Akteure in den weiteren Vorbereitungskommissionen und an der Konferenz selbst teilnehmen; neben ihrer Beobachterfunktion konnten sie ihre Positionen dabei auch im Rahmen der Plenarsitzungen vertreten (Atwood/ Greene 2002: 205-209).

Die Konferenz erwies sich als komplexer Aushandlungsprozess, an dessen Ende sich die Staaten auf ein politisches Programm verpflichteten, um auf regionaler, nationaler und globaler Ebene gegen den illegalen Handel von SALW vorzugehen. Dieses Programm ist insgesamt ein eher schwacher Kompromiss, der die angestrebte Verhinderung bestenfalls in Ansätzen gewährleisten kann. Einer Koalition von Staaten war es letztlich gelungen, die ursprünglich deutlich ambitioniertere Entwurfsversion soweit abzuschwächen, dass aus dem Aktionsprogramm nur geringe Verpflichtungen für die Staaten entstanden.

Ergebnis der Kleinwaffenkonferenz: Schwaches Aktionsprogramm

An den Verhandlungen, die im Rahmen der sogenannten Kleinwaffenkonferenz stattfanden, waren zivilgesellschaftliche Vertreter vom Vorbereitungsprozess bis zum Abschluss intensiv beteiligt. Die auf der Konferenz geführten Verhandlungen sind aus drei Gründen beispielhaft für die Einbindung zivilgesellschaftlicher Interessen in die VN. Erstens betrifft das Aktionsprogramm direkt die Sicherheitsinteressen von Staaten und damit einen vitalen Bereich ihrer Souveränität. Von Verhandlungsprozessen in diesem Bereich wurden nichtstaatliche Akteure über Jahrzehnte hinweg ausgeschlossen. Die Ausweitung des Sicherheitsverständnisses und die neu hinzugekommene Dimension der menschlichen Sicherheit, die für die Verbotsversuche von Kleinwaffen eine wichtige Rolle spielen, haben dazu geführt, dass auch nichtstaatliche Interessen an dieser Konferenz als legitim erachtet wurden. Gerade die Zulassung von nichtstaatlichen Akteuren zu Verhandlungen, welche Sicherheits- und Wirtschaftsinteressen von Staaten betreffen, kann deshalb Einblicke gewähren, wie Staaten die Interessen von nichtstaatlichen Akteuren in Verhandlungen einbinden und so inklusivere Verhandlungen schaffen können.

Beispielhaftigkeit der Konferenz:

- Legitimität nichtstaatlicher Interessen

Zweitens zeigt das Beispiel, wie nichtstaatliche Akteure von Staaten in Verhandlungen eingebunden bzw. von ihnen ausgeschlossen werden können. Während einige Staaten nichtstaatliche Akteure direkt in ihre Delegationen einbanden, waren andere der Meinung, dass die nichtstaatlichen Akteure möglichst von den Verhandlungen ausgeschlossen werden sollten. Drittens zeigt das Beispiel, dass nichtstaatliche Akteure keine kohärente Gruppe bilden. Auf der Seite der nichtstaatlichen Akteure gab es sowohl strikte Befürworter als auch strikte Gegner des Aktionsprogramms (Atwood/Greene 2002: 217). Es entspricht dem Grundprinzip des Stakeholder-Ansatzes, dass von allen betroffenen Gruppen Vertreter an Verhandlungsprozessen beteiligt sein sollen.

- Rolle der Regierungen bei der Einbindung nichtstaatlicher Akteure

- Uneinheitlichkeit nichtstaatlicher Akteure

Der Einfluss von nichtstaatlichen Akteuren auf das Aktionsprogramm lässt sich nicht direkt nachweisen, da sie aufgrund ihrer fehlenden Mitentscheidungsrechte in erster Linie durch Expertise und Informationskampagnen die Meinungsbildung der stimmberechtigten Vertreter der Staaten zu beeinflussen versuchten. Dennoch gibt es verschiedene Hinweise dafür, dass nichtstaatliche Ak-

Konkreter Einfluss nichtstaatlicher Akteure

teure einen Einfluss auf das Ergebnis des Verhandlungsprozesses hatten. So haben verschiedene Staaten, unter ihnen Kanada, Irland, Großbritannien, die Niederlande und die Schweiz, Vertreter von nichtstaatlichen Organisationen in ihre Verhandlungsdelegationen aufgenommen. Dabei handelte es sich um Organisationen, die im Bereich des illegalen Waffenhandels mehr Expertise besaßen als die Staatenvertreter. Auf der anderen Seite arbeitete die sogenannte *Firearms Community*, welche die Rechte von Waffenbesitzern und Sportschützen vertritt, unter der Federführung der US-amerikanischen Nationalen Schusswaffenvereinigung (NRA) eng mit den USA zusammen, welche sich für eine Abschwächung des Aktionsprogramms einsetzte. Abschließend bewerten Atwood und Greene (2002) den Einfluss von nichtstaatlichen Akteuren auf das Aktionsprogramm als zwiespältig. Die *Firearms Community* konnte dank ihrer Zusammenarbeit mit der US-Delegation kurzfristig einen großen Einfluss auf die Verhandlungsergebnisse erlangen. Die Befürworter einer strengeren Handelsbeschränkung konnten durch ihre Präsenz zum einen das Kleinwaffenproblem in der Öffentlichkeit bekannter machen und zum anderen die Position jener Staaten stärken, welche langfristig eine Regulierung des Handels mit SALW anstreben (Atwood/Greene 2002: 218).

Zusammenfassung   Zusammenfassend lässt sich sagen, dass in den VN mit ihrer beinahe universalen Mitgliedschaft, dem Grundsatz des „one state, one vote" und der Möglichkeit zur Akkreditierung von nichtstaatlichen Organisationen im Wirtschafts- und Sozialrat die Inklusion von verschiedenen Interessen und Repräsentanten insbesondere in der Meinungsbildung relativ gut verwirklicht ist. Andererseits ist die Inklusivität staatlicher Akteure nur in der Generalversammlung vollständig gewährleistet; diese ist innerhalb der VN jedoch ein relativ schwaches Organ. Im Sicherheitsrat sind dagegen nur einige VN-Mitglieder vertreten; zudem erhalten die fünf permanenten Mitglieder besondere Rechte, die sich nicht demokratietheoretisch, sondern nur mit Blick auf die Funktionsfähigkeit des Gremiums und das übergeordnete Ziel begründen lassen, den internationalen Frieden zu erhalten. Mit Blick auf die Einbeziehung gesellschaftlicher Interessen sind insbesondere die Weltgipfel und die themenspezifischen Konferenzen und Verhandlungen zu nennen, in denen sich in der Regel ein breites Spektrum an organisierten Interessen Gehör verschaffen kann.

6.3.2 Demokratische Kontrolle

Demokratische Kontrolle ist vor allem dort von Bedeutung, wo nicht alle potenziell Betroffenen aktiv an der Entscheidungsfindung partizipieren können. In den VN ist eine solche Kontrolle insbesondere mit Blick auf den Sicherheitsrat relevant. Zudem wird in den vergangenen Jahren auch zunehmend die demokratische Kontrolle des VN-Sekretariats diskutiert. Nach Skandalen um die Verwendung von VN-Geldern in Programmen wie etwa dem „Oil-for-Food"-Programm (vgl. unten) wurde innerhalb der VN, aber auch in der öffentlichen und akademischen Diskussion gefordert, dass das Generalsekretariat transparenter wird und der Generalversammlung mehr Kontrollrechte über die Handlungen des General-sekretariats eingeräumt werden.[81]

Die Kontrolle von Entscheidungsträgern ist in Teilen bereits in der beste-henden Struktur der VN angelegt. Im Folgenden betrachten wir verschiedene Kontrollmechanismen im Bezug auf den Sicherheitsrat und das Generalsekretari-at genauer und diskutieren, inwieweit sie den VN ein angemessenes Niveau an demokratischer Kontrolle verleihen. Dabei diskutieren wir vier Mechanismen:

1. die Wahl der nicht-ständigen Mitglieder des Sicherheitsrates durch die Generalversammlung;

Vier Kontrollmecha-nismen

2. die Kontrolle des Sicherheitsrates durch die Generalversammlung;

3. die Wahl und Bestätigung des Generalsekretärs durch die Generalversamm-lung und den Sicherheitsrat; und

4. die Kontrolle des VN-Sekretariats durch die Generalversammlung.

1. Wahl der nicht-ständigen Mitglieder des Sicherheitsrates durch die General-versammlung. Die Generalversammlung bestimmt gemäß Artikel 23 der Charta die nicht-ständigen Mitglieder des Sicherheitsrates. Diese werden auf zwei Jahre gewählt und können beliebig oft wieder in den Sicherheitsrat gewählt werden. Im Laufe der Geschichte der VN hat sich für die Wahl der nicht-ständigen Mit-glieder des Sicherheitsrates ein Modus etabliert, der auf einer gleichmäßigen Verteilung der Sitze auf Weltregionen basiert. Diese Verteilung der Sitze ist zwar in der Charta nicht vorgesehen oder vorgeschrieben, wird aber seit längerer Zeit durch die Generalversammlung praktiziert. Seit 1965 werden die nicht-ständigen Sitze im Sicherheitsrat wie folgt verteilt:

1. Wahl der nicht-ständigen Mitglieder des Sicherheitsrates durch Gemeralver-sammlung

Modus der Sitzverteilung

- fünf Sitze für afrikanische und asiatische Staaten;
- zwei Sitze für südamerikanische Staaten;
- ein Sitz für einen osteuropäischen Staat;
- zwei Sitze für westeuropäische Staaten oder für Staaten, die nicht in die oben genannten Regionalgruppen fallen.

Die Wahl der nicht-ständigen Mitglieder gibt der Generalversammlung gewisse Möglichkeiten zur Kontrolle des Sicherheitsrates. Aufgrund der oben bereits diskutierten besonderen Stellung der Vetomächte im Sicherheitsrat ist die Wir-kung dieser Kontrollrechte jedoch eingeschränkt.

Beschränkte Wirkung der Kontrolle

2. Kontrolle des Sicherheitsrates durch die Generalversammlung. Eine Kontrolle des Sicherheitsrates durch die Generalversammlung ist in der Charta der VN nicht vorgesehen. Auch unter dem Druck der Generalversammlung hat der Si-cherheitsrat in den vergangenen 20 Jahren jedoch seine Arbeitsprozesse ange-passt und zumindest mehr Transparenz in seinen Entscheidungen geschaffen (von Freiesleben 2008a: 4). Auch wenn sich die Jahresberichte des Sicherheitsra-

2, Kontrolle des Si-cherheitsrates durch Generalversammlung: keine formelle Kontrolle

Ausweitung der Transparenz

---

81 Vgl. z.B. Report of the Secretary-General A/59/2005 "In Larger Freedom: Towards Development, Security and Human Rights for All".

tes auf eine kommentarlose Auflistung der getroffenen Entscheidungen beschränken, die einen Nachvollzug der einzelnen Positionen nicht zulässt, so ist es der Generalversammlung und auch der interessierten Öffentlichkeit möglich, die Arbeitsweise des Sicherheitsrates besser zu verfolgen.[82] Die tägliche Traktandenliste wird ebenso im Internet veröffentlicht wie ein Monatsarbeitsprogramm (Beschlüsse 26015 und 26176 des VN-Sicherheitsrates). Der Sanktionsausschuss und seine Unterausschüsse stellen ihre Sanktionslisten und andere Dokumente über ihre Arbeitsweise öffentlich zur Verfügung.[83] Seit 2003 können überdies alle Sicherheitsratsdebatten, die keinen vertraulichen Charakter haben, in Echtzeit oder nachträglich über den Webcast-Dienst der VN (http://www.un.org/webcast) im Internet verfolgt werden. Zudem trifft sich der Vorsitzende des Sicherheitsrates regelmäßig mit jenen Staaten, die große Truppenkontingente für friedensfördernde Maßnahmen stellen, um mit ihnen die aktuelle Situation in den Einsatzgebieten zu besprechen.[84] Ziel dieser Treffen ist es, Transparenz über den Einsatz der nationalen Truppen unter VN-Mandat zu schaffen.

Auch wenn diese Maßnahmen die Kontrollmöglichkeiten der Generalversammlung über den Sicherheitsrat nur geringfügig verbessern, so ist mit der Schaffung von Transparenz zumindest ein erster Schritt getan, um die Arbeitsweise des Sicherheitsrates einer breiteren Öffentlichkeit zugänglich zu machen.

3. Wahl und Bestätigung des Generalsekretärs

3. Wahl und Bestätigung des Generalsekretärs. Ein wichtiges Element demokratischer Kontrolle ist die Möglichkeit, politische Entscheidungsträger zu wählen und sie abzuwählen, wenn sich ihr Verhalten nicht an den Interessen der Wähler orientiert. Dieser Mechanismus, der in der nationalen Politik als Grundpfeiler demokratischen Regierens angesehen wird, wurde für den Generalsekretär bei der Gründung der VN auch auf internationaler Ebene eingeführt. Der Generalsekretär wird formell von der Generalversammlung eingesetzt. In ihrer Wahl ist

Vorschlag durch Sicherheitsrat; Wahl und Einsetzung durch Generalversammlung

die Generalversammlung aber nicht frei, sondern der Generalsekretär wird der Versammlung vom Sicherheitsrat vorgeschlagen. Dies bedeutet, dass beide zentralen Organe der VN die Möglichkeit haben, bei der Einsetzung des Generalsekretärs mit zu entscheiden. Die Vorschläge des Sicherheitsrates orientieren sich in erster Linie an geographischen Kriterien und an der möglichen Akzeptanz des Vorgeschlagenen in der Generalversammlung.

Diese Aufteilung stellt sicher, dass die ständigen Mitglieder des Sicherheitsrates weder ihre partikularen Interessen bei der Ernennung des Generalsekretärs durchsetzen können, noch dass ihre Interessen bei der Auswahl des höchsten VN-Beamten ignoriert werden. So gewährleistet das Vorschlagsrecht des Sicherheitsrates letztlich, dass die VN im Zusammenspiel der einzelnen Organe handlungsfähig bleiben. Überdies ist der Generalsekretär nicht nur wählbar; er kann zudem faktisch auch abgewählt werden, wenn ihm von der Generalversammlung und/oder dem Sicherheitsrat die in den Statuten der VN vorgesehene Möglich-

82   Vgl. http://www.un.org/Depts/dpa/repertoire/index.html (zuletzt aufgerufen am 5. März 2010).

83   http://www.un.org/Docs/sc/unsc_structure.html#sanctions_com (zuletzt aufgerufen am 5. März 2010).

84   Vgl. Beschluss S/PRST/1994/22 des VN-Sicherheitsrates.

keit einer zweiten fünfjährigen Amtsperiode verwehrt wird. Auch dies stellt sicher, dass die Arbeit des Generalsekretariats zumindest während der ersten Amtszeit nicht allzu weit vom Willen der VN-Mitglieder abweicht.

4. Kontrolle des Generalsekretariats durch die Generalversammlung. Trotz dieses Kontrollmechanismus wird häufig kritisch hinterfragt, unter wessen Kontrolle das Generalsekretariat steht, wie die Mitglieder effektiver Einfluss auf Vorgänge im Generalsekretariat nehmen können und wie ein Fehlverhalten des Sekretariats geahndet werden kann.[85] Die Generalversammlung kontrolliert das Generalsekretariat in erster Linie durch die Absegnung des Budgets der VN. Sie ist somit zumindest theoretisch in der Lage, durch Budgetkürzungen Sanktionen auszusprechen. Da eine detaillierte Überprüfung der Umsetzung von VN-Programmen in der Regel jedoch sehr aufwendig ist, bleibt auch diese Kontrollmöglichkeit in der Praxis begrenzt. Zudem wird die Kontrolle der VN-Verwaltung durch die Generalversammlung durch die nicht immer transparenten Handlungs- und Entscheidungsabläufe im Generalsekretariat erschwert.

  Der „Oil-for-Food"-Fall ist in diesem Zusammenhang als ein „VN-Skandal" in der öffentlichen Wahrnehmung hängen geblieben. In dem Fall ging es um Korruption im Zusammenhang mit der Umsetzung der wirtschaftlichen Sanktionen gegen den Irak. Der Irak sollte seinerzeit Öl nur im Gegenzug gegen erforderliche Nahrungsmittellieferungen ausführen dürfen. So sollte verhindert werden, dass der Irak nach dem Ende des Zweiten Golfkriegs wieder aufrüstet. Wie der Untersuchungsbericht der Volcker-Kommission klarstellt, war die Tatsache, dass unter Umgehung des Exportverbots ein lukrativer illegaler Ölhandel mit dem Irak stattfand, jedoch nur zum Teil auf das Fehlverhalten von VN-Mitarbeitern zurückzuführen. Entsprechend wurden am Ende auch nur einzelne Mitarbeiter, darunter der ehemalige Leiter des Programms, zur Rechenschaft gezogen. Neben dem VN-Sekretariat machte der Bericht insbesondere die Mitglieder des Sicherheitsrats und die unklare Aufgabenteilung zwischen beiden Organen für die Missstände rund um das Oil-for-Food-Programm verantwortlich (vgl. Independent Inquiry Committee 2005).

  Jenseits der mangelnden Kontrolle im Zusammenhang mit der Verwaltung des Sanktionsprogramms gegen den Irak scheinen vor allem die Fehler von Bedeutung, die das VN-Sekretariat im Rahmen verschiedener Krisen der 1990er-Jahre zu verantworten hat. Michael Barnett und Martha Finnemore (2004: 121-155) berichten etwa, dass die Mitarbeiter des Sekretariats im Falle Ruandas die Übergriffe der Hutu-Milizen gegen die Volksgruppe der Tutsi ihren eingespielten Verwaltungsabläufen folgend als Bürgerkrieg zwischen zwei innerstaatlichen Gruppen eingeordnet hätten. Die auch zum damaligen Zeitpunkt verfügbaren und zumindest aus heutiger Sicht überaus deutlichen Hinweise, dass es sich nicht um einen „normalen" Bürgerkrieg, sondern um einen von langer Hand geplanten Völkermord handelte, seien dagegen von der VN-Verwaltung weitgehend ignoriert worden. Als Erklärung führen die Autoren den „Schatten von Somalia" an –

<!-- Marginalia -->
4. Kontrolle des Generalsekretärs durch Generalversammlung

Kontrolle durch Absegnung des VN-Budgets

Mangelnde Kontrolle des „Oil-for-Food"-Programms

Institutionelles Versagen im Fall Ruanda
...

---

85 Vgl. den Report of the Secretary-General A/51/950 "Renewing the United Nations: A Programme for Reform"; vgl. auch Martinetti (2008: 71).

also die Angst des VN-Sekretariats, noch einmal einen Einsatz in einem Bürgerkrieg zu fordern, für den die VN am Ende nicht ausreichend gerüstet sein würden
und in dem sie das Schlachtfeld daher nur als Verlierer würden verlassen können, wodurch den VN wie auch der Aufgabe des Peacekeeping insgesamt für die
Zukunft ein schwerer Schaden zugefügt würde. Diese Einschätzung sollte sich
als großer Fehler erweisen – in Ruanda starben zwischen April und Juni 1994
rund 800.000 Menschen.

Wenn man der Einschätzung von Barnett und Finnemore glauben darf, dann
trägt das VN-Sekretariat zumindest eine Teilschuld, da es dem Sicherheitsrat
relevante Informationen vorenthalten hat. Damit ist es seiner übergeordneten
Aufgabe, den Frieden zu sichern und der (menschlichen) Sicherheit zu dienen,
zumindest in diesem Fall nicht nachgekommen – doch wer soll dafür auf welche
Weise zur Verantwortung gezogen werden? Offensichtlich war hier keine ab-
sichtliche Fehlleistung, sondern institutionelles Versagen die Ursache. Paul Cowan zeigt in seinem Dokumentarfilm *The Peacekeepers*, dass die Organisation
aus den Fehlern durchaus gelernt hat. Am Beispiel des Bürgerkriegs in der Demokratischen Republik Kongo zeigt die Dokumentation, die die Entscheidungsträger im VN-Sekretariat über mehrere Monate begleitet, dass zum „Schatten
von Somalia" nun auch ein „Schatten von Ruanda" (und auch ein „Schatten von
Srebrenica") hinzugekommen ist. So standen die VN-Mitarbeiter vor der Aufgabe, einerseits zu verhindern, dass VN-Blauhelme ohne robustes Mandat in einen
Konflikt geschickt wurden, in dem es aufgrund der fehlenden Zustimmung der
Konfliktparteien für die „Peacekeepers" keinen Frieden zu erhalten gab. Andererseits durften sie nicht noch einmal zulassen, das wie in Ruanda oder Srebrenica geschehen, Tausende ermordet würden, ohne dass die in der Nähe stationier-
ten VN-Soldaten die Möglichkeit hätten wirksam einzugreifen.[86]

... und die Frage
nach der möglichen
Wirksamkeit demo-
kratischer Kontrolle

Insofern man die oben genannten Situationen als institutionelles Versagen
verstehen kann, ist die Frage nach der Rechenschaftspflicht berechtigt. Welche
Mechanismen jedoch notwendig sind, um ein ähnliches Versagen in Zukunft zu
verhindern, ist nur sehr schwer zu beantworten. Wichtig scheinen vor allem
Reflexionsschleifen innerhalb von Organisationen, die es den Mitarbeiterinnen
und Mitarbeitern erlauben, ihre eigene Arbeit kritisch zu reflektieren – gerade in
Stresssituationen dürften solche Schleifen jedoch besonders schwer aufrecht zu
erhalten sein. Das Argument wirft somit auch die Frage auf, inwiefern demokratische Kontrolle in Situationen, in denen Entwicklungsmöglichkeiten falsch
eingeschätzt wurden, zu einer besseren Reaktionsfähigkeit der VN geführt hätte.
Ob ähnliche fehler durch eine bessere Rechenschaftspflicht tatsächlich verhindert
worden wären, lässt sich im Einzelfall nicht mehr feststellen. Außenpolitische
Fehleinschätzungen kommen auch in demokratischen Staaten vor, und es stellt
sich die Frage, inwiefern in Situationen, in denen eine schnelle und richtige Einschätzung einer Konfliktsituation von großer Bedeutung ist, Demokratien bessere Resultate erzielen. Politikwissenschaftliche Forschung zu diesem Thema gibt
es wenig, weshalb die Frage, ob eine Rechenschaftspflicht des Generalsekretari-

---

86   Paul Cowan, *The Peacekeepers* (Dokumentarfilm). Montréal: National Film Board of
      Canada, 2005.

ats zu Händen der Generalversammlung oder des Sicherheitsrates die Situation in Ruanda verändert hätte, an dieser Stelle nicht abschließend beantwortet werden kann.

Unabhängig von ihrer Beantwortung Frage ist es jedoch positiv zu bewerten, dass das Sekretariat trotz aller Zähigkeit der VN-Reformbemühungen (die in vielen Fällen auch von den Mitgliedern und nicht vom Sekretariat selbst ausgehen) durchaus in der Lage ist, seine Arbeit zu hinterfragen und aus seinen Fehlern zu lernen (Benner/Rotmann 2008; Roscher 2009). Dafür spricht im Gesamtkontext dieses Abschnitts nicht zuletzt auch, dass die fehlende Transparenz und Rechenschaft auch vom Generalsekretariat selbst als Schwäche erkannt und in das Reformprogramm aufgenommen worden ist.[87] So konzentrierte sich der ehemalige Generalsekretär Kofi Annan in seinem letzten Reformprogramm von 2006 explizit darauf, die Strukturen so zu verändern, dass das Generalsekretariat transparenter und einfacher zu kontrollieren wird.[88] Für die demokratische Qualität der VN sind diese Maßnahmen insofern von Bedeutung, als sie gewährleisten sollen, dass das VN-Sekretariat auch tatsächlich im Sinne seines Mandats und im Interesse der VN-Mitglieder und deren Bürger handelt.

Lernfähigkeit des Sekretariats

Reformschritte zu mehr Transparenz unter Kofi Annan

6.3.3 Diskursive Qualität

Grundsätzlich können wir hinsichtlich der Qualität des politischen Diskurses in den VN zwei Ebenen unterscheiden: Zum einen den politischen Diskurs, der in den Organen zwischen den Mitgliedern geführt wird, und zum anderen – und aus der Perspektive dieses Buches von ebenso wichtiger Bedeutung – die diskursive Qualität im Bezug auf die Einbindung gesellschaftlicher Akteure in die Aushandlungs- und Entscheidungsprozesse der VN.

Wie eingangs erwähnt, kann die *Generalversammlung* als deliberatives Zentrum der VN betrachtet werden. Jenseits der öffentlichen Inszenierung einzelner Staatschefs und der nicht ganz seltenen Polemik gegen einzelne Staaten – man denke etwa an den Auftritt von Hugo Chavez, der in Anspielung auf seinen Vorredner George W. Bush am Rednerpult der Generalversammlung zu Protokoll gab, dass es „immer noch nach Schwefel" rieche – spielen Argumentationsprozesse in der Generalversammlung durchaus eine Rolle (Stiles 2006: 42). So wird die Vorberatung in den einzelnen Komitees in der Regel auf einen Vorschlag ausgerichtet, der sich nicht an der Mehrheit, sondern an den Interessen aller Mitglieder orientiert. Den zunehmenden Anteil der ohne Abstimmung angenommenen Resolutionen der Generalversammlung (vgl. Abbildung 7)[89] können wir dabei zumindest als Hinweis darauf werten, dass neben dem bloßen

Generalversammlung als deliberatives Zentrum der VN

empirische Evidenz dafür

---

87   Report of the Secretary-General A/51/950 "Renewing the United Nations: A Programme for Reform"; vgl. auch Martinetti (2008: 71).

88   Resolution A/60/692 der VN-Generalversammlung "Investing in the United Nations: For a Stronger Organization Worldwide".

89   Die Abstimmungsresultate aller von der Generalversammlung verabschiedeten Resolutionen sind auf der Webseite der VN einsehbar (http://www.un.org/documents/resga.htm; letzter Zugriff 5. März 2010)

Verhandeln *(bargaining)* – also der Suche nach mehrheitsfähigen Kompromissen
– auch nach einem umfassenden Konsens gesucht wird und im Zusammenhang
mit dieser Suche ein ernst gemeinter Austausch von Argumenten *(arguing)* vollzogen wird.[90]

Abbildung 7:   Resolutionen der Generalversammlung ohne Abstimmung

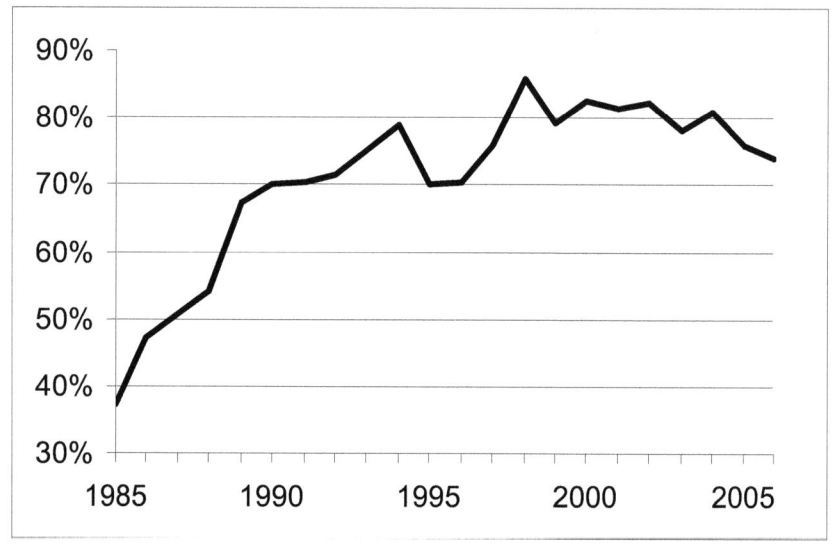

Diskursive Aus-   Dasselbe gilt auch für die diskursive Ausgewogenheit in der Generalversamm-
gewogenheit in der   lung. Konzipiert als ein Forum, in dem grundsätzlich alle von der Charta abge-
Generalversammlung   deckten Bereiche thematisiert werden können, steht sie *per definitionem* für die
                      Suche nach diskursiver Ausgewogenheit. Dass bestimmte Diskursperspektiven
                      ausgeschlossen sind – sich bestimmte Dinge im Rahmen der Organisation also
                      „nicht sagen lassen" –, lässt sich für die VN viel weniger plausibel behaupten als
                      etwa für die Welthandelsorganisation. Auch dass die mächtigen Staaten den
                      Diskurs innerhalb der VN bestimmen, ist keineswegs klar – im Gegenteil unter-
                      liegen sie dort, wo mit Mehrheit abgestimmt wird, häufig.
Deliberative Un-   Auch das verhält sich im *Sicherheitsrat* genau anders herum. Hier können
gleichheit und Un-   die mächtigen Staaten zumindest verhindern, dass Entscheidungen gegen ihren
ausgewogenheit im   Willen getroffen werden, und die Diskussionen werden häufig als wenig delibe-
Sicherheitsrat   rativ und ausgewogen bezeichnet. Kritisiert wird vor allem die prozedural festge-
                      legte Ungleichheit im Diskurs. Durch ihr Vetorecht, so lässt sich argumentieren,
                      können fünf Länder den Diskurs dominieren. Wenn es den Status quo einer vor-

---

90 Die Zahlen ließen sich allerdings auch anders interpretieren. So argumentiert Stiles
     (2006: 52), dass die informelle Prozedur der einstimmigen Annahme so stark im Verhal-
     ten der Mitgliedstaaten verankert ist, dass eine einfache Annahme einer Abstimmung
     auch von opponierenden Staaten oft vorgezogen wird. Das Vorgehen der Konsensannah-
     me wird im Bericht des Generalsekretärs A/59/2005 als ineffektiv kritisiert.

geschlagenen Entscheidung vorzieht, ist keines der fünf ständigen Mitglieder darauf angewiesen, eine andere Partei im Sicherheitsrat zu überzeugen. Auf der anderen Seite sind Staaten, die eine Resolution des Sicherheitsrats herbeiführen wollen, jedoch von der Zustimmung aller anderen Vetomächte und mindestens vier weiterer Mitglieder abhängig.

Ian Johnstone (2003: 466-477) zeigt anhand der Verhandlungen zur Kosovo-Krise im Sicherheitsrat, dass das internationale Recht über die Anwendung von Gewalt einen relativ klaren Rahmen vorgibt, innerhalb dessen sich die Diskussionen im Sicherheitsrat bewegen und an dem die Entscheidungen des Sicherheitsrats später auch gemessen werden. Diesen völkerrechtlichen Referenzrahmen müssen die Mitglieder in ihrer Argumentation vor dem Sicherheitsrat letztlich berücksichtigen (ebd.: 456-457):

> Internationales Recht als diskursiver Rahmen im Sicherheitsrat

> „Weil dadurch ein normativer Rahmen für die Debatten im Sicherheitsrat geschaffen wurde, sind nicht mehr alle Argumente gleichwertig. Einige Argumente haben mehr Glaubwürdigkeit und werden besser akzeptiert als andere. Dieser normative Rahmen ergibt sich aus der Charta der Vereinten Nationen und aus dem Völkerrecht, das sich aus ihr ableitet."

In der Diskussion um einen durch die VN legitimierten internationalen Eingriff im Kosovo-Konflikt wurde der Sicherheitsrat in den Worten Johnstones (2003: 438) so zu einem

> Beispiel Kosovo

> „Ort aufgeheizter und oft unsystematischer Debatten. Diese Debatten waren dennoch oft von Diskussionen über die Prinzipen internationaler Politik und den Grenzen der politischen Autorität des Sicherheitsrates geprägt."

Sowohl die NATO-Staaten, die eine Intervention befürworteten, als auch die Gegner eines militärischen Eingriffs hätten mehrfach auf das Völkerrecht zurückgegriffen, um ihre Position zu rechtfertigen. Aus diesem gemeinsamen Bezugspunkt entwickelte sich in Johnstones (2003: 477) Interpretation ein Diskurs über die Rechtfertigung nationaler Positionen, in dem auf die Argumente des jeweiligen Gegenübers Bezug genommen werden musste. Die auf kurzfristigen Kosten-Nutzen-Kalkulationen basierenden Interessen von Staaten wurden durch diesen Diskurs verändert. In diesem Sinne ging die Debatte im Sicherheitsrat über den NATO-Eingriff im Kosovo weiter als ein „einfacher" Verhandlungsprozess: Seine Mitglieder mussten aufgrund eines äußeren Referenzrahmens – in diesem Falle der völkerrechtlichen Bestimmungen über die Anwendung von Gewalt zwischen Staaten – ihre Position anpassen. So wird im Rahmen des Sicherheitsrats also trotz der vitalen Staateninteressen, um die es in der Regel geht, sowohl über die Gültigkeit internationaler Normen und Regeln und ihre „richtige" Interpretation, als auch über den Wahrheitsgehalt vermeintlicher Fakten mit Argumenten gestritten: man denke etwa an Colin Powells Präsentation der „Beweise" für irakische Massenvernichtungswaffen und an Joschka Fischers Erwiderung, er sei „nicht überzeugt".

Unterstützt wird die deliberative Dimension im Sicherheitsrat dabei auch von Artikel 24 der VN-Charta, der festlegt, dass der Sicherheitsrat im Auftrag aller VN-Mitglieder handelt. So sind die ständigen und nicht-ständigen Mitglie-

> Artikel 24 der VN-Charta: Handeln im Auftrag aller VN-Mitglieder

der des Sicherheitsrats gehalten, ihre Positionen nicht im Sinne ihrer eigenen, partikularen Interessen vorzutragen, sondern stets im allgemeinen Interesse aller VN-Mitglieder. Johnstone zufolge besteht diese Erwartung keineswegs nur auf dem Papier. So zitiert er den Vertreter Zimbabwes, der 1992 in der Diskussion über Sanktionsmaßnahmen des Sicherheitsrats gegen Libyen „in nicht unüblicher Weise" argumentiert hätte (zitiert nach Johnstone 2003: 461, Fn. 98):

> „Die 15 Mitglieder des Sicherheitsrates handeln im Auftrag aller 175 Mitglieder der Vereinten Nationen. Dies bedeutet, dass die restlichen 160 Mitglieder der Vereinten Nationen ihre Sicherheit und möglicherweise auch ihr Fortbestehen in die Verantwortung dieser 15 Staaten übergeben haben. Es ist deshalb zentral, dass diese 15 Staaten ihre Entscheidungen so treffen, dass sie einer kritischen Prüfung der 160 restlichen Mitglieder standhalten. Dies ist nur möglich, wenn sich diese Entscheidungen an der Charta und anderen internationalen Konventionen orientieren."

Zusammenfassung: Sicherheitsrat zwischen Machtinteressen und Völkerrecht

Zusammenfassend scheint das in der Öffentlichkeit häufig gezeichnete Bild eines Sicherheitsrats, in dem *nur* Machtspiele zwischen den fünf ständigen Mitgliedern ausgetragen werden, also korrekturbedürftig. Freilich heißt das nicht, dass im Sicherheitsrat der „zwanglose Zwang des besseren Arguments" gilt und Macht keine Rolle spielt. Dass die chinesische Regierung sich beispielsweise auch von guten Argumenten nicht von der Notwendigkeit einer Intervention in Darfur überzeugen lässt – wobei die Frage, was denn ein „gutes Argument" ist, natürlich alles andere als einfach zu beantworten ist (vgl. Hanrieder 2008) – und sich die fünf ständigen Mitglieder wohl auch von den besten Argumenten kaum überzeugen ließen, eine Intervention gegen ihren eigenen Staat zuzulassen, verdeutlicht, dass die Machtfrage im Sicherheitsrat gleichwohl zentral bleibt.

Einbeziehung gesellschaftlicher Akteure

Jenseits von Generalversammlung und Sicherheitsrat lässt sich die diskursive Qualität der Meinungs- und Willensbildung in den VN schließlich auch mit Blick auf die *Einbeziehung gesellschaftlicher Akteure* in VN-Diskurse untersuchen. Wie bereits erwähnt spielen nichtstaatliche Akteure in den VN eine ambivalente Rolle. Zum einen stehen ihnen formell im Wirtschafts- und Sozialrat und informell auch in der Generalversammlung und im Sicherheitsrat Möglichkeiten offen, sich am Diskurs in den VN zu beteiligen. Diese Beteiligungsrechte gehen, vor allem in Verbindung mit der Möglichkeit, sich an thematischen Konferenzen der VN zu beteiligen, weiter als in vielen anderen internationalen Organisationen. Andererseits stellt der VN-Bericht über die Beziehungen der VN zur Zivilgesellschaft[91] fest, dass zivilgesellschaftliche Akteure zwar eine wichtige Rolle in der deliberativen Aushandlung von Politiken der VN spielen, dass ihre Rolle jedoch noch weiter gestärkt werden müsse:

Forderung nach weiterer Stärkung ihrer Rolle in der VN

> „Da immer mehr Entscheidungen in internationalen Foren und Organisationen getroffen werden, wird es auch wichtiger, einen starken Rahmen globaler Governance zu entwickeln, in dem überall demokratische Verantwortlichkeit gegenüber den

---

91   Report of the Panel of Eminent Person on United Nations-Civil Society Relations A/58/817 „We the peoples: civil society, the United Nations and global governance", S. 24.

Bürgern gewährleistet ist (...) Die Vereinten Nationen können einen wichtigen Beitrag leisten, die Demokratie zu stärken und ihre Reichweite zu vergrößern, indem sie
helfen, nationale demokratische Prozesse mit internationalen Fragen zu verknüpfen
und indem sie die Rolle der Zivilgesellschaft in deliberativen Prozessen ausweiten."

Willetts (2006: 311; 318-320) erweitert die Position des Berichts noch in zweierlei Hinsicht. Er ist zwar der Meinung, dass die Einbindung von zivilgesellschaftlichen Akteuren durch den Konsultativstatus eine Errungenschaft ist, die von den
Autoren des Berichts verkannt werde. Bereits eine beratende Einbindung, argumentiert Willetts, könne zivilgesellschaftlichen Akteuren Gehör in den VN verschaffen. Zudem setzen die VN in der Perspektive Willetts den zivilgesellschaftlichen Akteuren keine strukturellen Schranken für einen Zugang zum System der
VN. Gleichzeitig argumentiert Willetts, dass die bestehende Rolle nicht im eigentlichen Sinne auf eine Demokratisierung der VN hinauslaufe. Zivilgesellschaftliche Akteure würden von den Mitgliedstaaten der VN in erster Linie zugelassen, um von ihrer Expertise in bestimmten Betätigungsfeldern der VN zu
profitieren. Das kann man einerseits als eine Stärkung der diskursiven Qualität
der Meinungs- und Willensbildung in den VN lesen, da nur solche Organisationen zugelassen werden, die neues Wissen in VN-Debatten einspeisen können.
Andererseits kann man es auch als eine Schwächung der diskursiven Qualität
sehen, da durch die Selektion von vermeintlichen Experten möglicherweise einseitig bestimmte Sichtweisen ein- und andere ausgeschlossen werden. Obwohl
sich in den Zulassungsregeln Ansätze von Repräsentation und demokratischem
Pluralismus finden lassen, betrachtet Willetts die grundlegenden Probleme der
Einbindung zivilgesellschaftlicher Akteure in die VN – die Überrepräsentation
von westlichen Organisationen (und folglich möglicherweise auch „westlich"
geprägten Argumenten), die fehlende Expertise auf dem diplomatischen Parkett
und der Widerstand einer signifikanten Minderheit von Mitgliedern gegenüber
der Zulassung von zivilgesellschaftlichen Akteuren – weiterhin als ungelöst.

Wir fassen zusammen: Partizipation, Kontrollmöglichkeiten und diskursive
Qualität der Entscheidungsfindung sind in den beiden wichtigsten Organen der
VN – dem Sicherheitsrat und der Generalversammlung – zumindest teilweise
gegeben, wenn man von den Staaten und nicht von den „Weltbürgern" als Subjekten der VN-Demokratie ausgeht. Der Sicherheitsrat weist zwar aufgrund seiner Exklusivität und der aktiven Bevorteilung mächtiger Staaten deutlich weniger Elemente demokratischen Regierens auf. Die Reformen der vergangenen
Jahre, die mehr Transparenz geschaffen haben, können aber als erster Schritt
verstanden werden, die Arbeitsweise des Sicherheitsrates von einem Klima der
Vertraulichkeit nationaler Interessen loszulösen. Die Untersuchung von Johnstone (2003) zeigt zudem, dass der Sicherheitsrat nicht nur ein Forum mächtiger
Staaten ist, in dem gegenseitig Interessen ausgeglichen werden. Stattdessen
schränkt der völkerrechtliche Referenzrahmen die Macht der Mächtigen im Sicherheitsrat zumindest ein und gibt den weniger mächtigen VN-Mitgliedern im
Gegenzug mehr Möglichkeiten, als häufig angenommen wird.

Was die Generalversammlung betrifft, ist diese als Plenarorgan zwar sehr
inklusiv und spielt als Kontrollinstanz innerhalb der VN zumindest gemäß der
Charta eine wichtige Rolle. Aufgrund verschiedener Faktoren, unter ihnen die

Marginalien:

Positive Bewertung
der Beteiligung
nichtstaatlicher
Akteure

Doppelte Bewertung
der diskursiven
Qualität

Zusammenfassung
und Hauptergebnisse

Blockbildung und die Fokussierung auf Konsensentscheide, kann sie diese Kontrollfunktionen aber nur bedingt wahrnehmen. Die Teilnahme fast aller Staaten an den Debatten der Generalversammlung schafft aber zumindest die Grundbedingungen für eine einigermaßen inklusive und deliberative Entscheidungsfindung im Bezug auf die Funktion der Generalversammlung als „thematischer Motor" der VN. Gesellschaftliche Akteure schließlich werden vor allem zu Beginn der Entscheidungsfindungsprozesse einbezogen. Ihre Mitspracherechte beschränken sich formell auf einen beratenden Status, den sie auf informeller Basis auch in der Generalversammlung und im Sicherheitsrat teilweise in Anspruch nehmen können. Eine Ausnahme bilden die thematischen Konferenzen, in deren Rahmen nichtstaatliche Akteure in der Vorbereitungs- und der Verhandlungsphase häufig eine wichtige Rolle spielen.

6.4 Reformvorschläge

VN sieht Demokratiebedarf

Wie können die VN demokratischer werden? Folgt man dem Argument des Präsidenten der 63. Sitzung der Generalversammlung, so ist diese Frage für die VN von zentraler Bedeutung.[92] Ohne eine Demokratisierung, so d'Escoto Brockmann, werden die VN an Einfluss auf die Weltpolitik verlieren und ihre grundlegenden Aufgaben nicht mehr erfüllen können.

Der Ruf nach Reformen der VN

Auch wenn die Forderung nach einer Demokratisierung der VN erst in jüngerer Zeit lauter wird, ist der Ruf nach Reformen keineswegs neu (vgl. Carlson 1995: 17-18). Seit mehr als einem Jahrzehnt gibt es in den Vereinten Nationen einen Diskurs über die Notwendigkeit und Möglichkeiten von Reformen, die unter anderem auch zu einer demokratischeren Form der Organisation der VN beitragen sollen. Treibende Kräfte hinter diesen Reformbemühungen waren oft die Generalsekretäre. Seit 1992 erarbeiteten sie bereits sechs Reformprogramme,

Reformprogramme der VN

die sich auch auf institutionelle Reformen der VN bezogen. Die Themen dieser Reformprogramme waren: die Erhaltung des Weltfriedens unter den Bedingungen einer Weltordnung nach dem Ende des Kalten Krieges (*An Agenda for Peace*[93]), die Rolle der Vereinten Nationen in der Entwicklungshilfe (*An Agenda for Development*[94]), die organisatorische Reform des Generalsekretariats (*Renewing the United Nations*[95]), die Stärkung der Generalversammlung (*An Agenda for Further Change*[96]), institutionelle Reformen in allen Organen (*In Larger Free-*

---

92 Statement of the President of the 63rd Session of the United Nations General Assembly: „Opening statement upon assuming the presidency of the 63rd session of the General Assembly", vom 16. September 2008.

93 Report of the Secretary-General A/47/277 – S/24111 „An Agenda for Peace, Preventive dipolmacy, peacemaking and peace-keeping".

94 Report of the Secretary-General A/48/935 „An Agenda for Development".

95 Report of the Secretary-General A/51/950 „Renewing the United Nations: A Programme for Reform".

96 Report of the Secretary-General A/57/387 „Strengthening of the United Nations: an agenda for further change".

dom[97]) und die Managementreform des Generalsekretariats (*Investing in the United Nations*[98]). Hinzu kommt ein vom Generalsekretär veranlasster Bericht über die Beziehungen der VN zu nichtstaatlichen Akteuren (*We the Peoples: Civil Society, the United Nations and Global Governance*).[99] Alle diese Programme und Berichte wurden von der Generalversammlung verabschiedet; der grundsätzliche Reformbedarf ist somit von den Mitgliedern der VN anerkannt worden.[100]

In der *akademischen Literatur* zur postnationalen Demokratie finden sich Reformvorschläge, die auf eine Demokratisierung der VN abzielen, insbesondere bei Vertretern kosmopolitischer Demokratiekonzepte. Sie sehen in den VN den Ausgangspunkt für eine weltweite demokratische Form des Regierens (vgl. z. B. Held 1993, Archibugi 2004). Die kosmopolitischen Ansätze zielen darauf ab, die VN durch kontinuierliche Reformen zum Kern einer über alle Ebenen des Regierens (lokal, regional, global) vernetzten Weltordnung umzugestalten (Held 1993: 39, 46). Die Idee einer derartigen globalen Demokratie ist dabei auf einen langfristigen Wandel des internationalen Systems angelegt, der über kleine Reformschritte erreicht werden soll (Held 1993:46).

Reformvorschläge in der wissenschaftlichen Literatur

In diesem Kapitel gehen wir auf diese Reformvorschläge ein. Dabei konzentrieren wir uns insbesondere auf vier Punkte: die Reform des Sicherheitsrats (Abschnitt 6.4.1); die Stärkung der Transparenz der Vereinten Nationen (Abschnitt 6.4.2); die Parlamentarisierung der VN (Abschnitt 6.4.3); und die stärkere Beteiligung zivilgesellschaftlicher Akteure an der Entscheidungsfindung in den VN (Abschnitt 6.4.4).

6.4.1 Reform des Sicherheitsrates

Wie wir oben dargestellt haben, ist der Sicherheitsrat das Organ, das die demokratische Qualität des Regierens in den VN am stärksten in Frage stellt. Im Laufe der Debatte um Reformen in den VN wurden daher von verschiedenen Seiten Reformvorschläge vorgebracht, die zum einen eine größere Repräsentativität des Sicherheitsrates ermöglichen, gleichzeitig aber sein Funktionieren nicht beeinträchtigen sollten. Die Notwendigkeit, ein relativ kleines Exekutivorgan zu haben, wird von den Mitgliedern der VN dabei nicht grundsätzlich in Frage gestellt. Vielmehr stören sich einige Mitglieder daran, dass die Verteilung der permanenten und der nicht-ständigen Sitze nicht mehr den tatsächlichen Machtverhältnissen in den internationalen Beziehungen entspricht und bestimmte Weltre-

Grundsatzfragen einer Reform des Sicherheitsrates

---

97 Report of the Secretary-General A/59/2005 „In larger freedom: towards development, security and human rights for all".

98 Report of the Secretary-General A/60/692 „Investing in the United Nations: for a stronger Organization worldwide".

99 Report of the Panel of Eminent Persons on United Nations-Civil Society Relations A/58/817 „We the Peoples: Civil Society, the United Nations and Global Governance".

100 Zur Kritik an der mangelhaften Umsetzung der genannten Programme vgl. jedoch Carlson (1995: 17) und Swart (2008: 34).

gionen von einer Einflussnahme auf Entscheidungen weitgehend ausgeschlossen sind.

Im Laufe der Reformdebatte haben sich zwei Modelle eines reformierten Sicherheitsrates etabliert.[101] Diese beiden Modelle entstammen dem Reformbe-

richt *In Larger Freedom*.[102] Der Bericht benennt zunächst vier Bedingungen, die bei einer Sicherheitsratsreform beachtet werden müssen, damit die Reform den grundlegenden Zielen der VN zuträglich sein kann:

1. Eine Reform soll jenen Staaten Entscheidungsmacht einräumen, die das Engagement der VN im Sicherheitsbereich finanziell und materiell am stärksten unterstützen.
2. Eine Reform soll die Repräsentativität des Sicherheitsrates stärken. Insbesondere sollen Entwicklungsländer in Entscheidungen einbezogen werden.
3. Eine Reform darf die Effektivität des Sicherheitsrates nicht beeinträchtigen.
4. Eine Reform soll die demokratische Natur und die politische Verantwortlichkeit des Sicherheitsrates stärken.

Ausgehend von diesen vier Vorbedingungen werden im Bericht zwei Modelle vorgeschlagen, wie der Sicherheitsrat reformiert werden könnte. In beiden Modellen würde der Sicherheitsrat nach der Reform 24 Sitze umfassen. Das sogenannte Modell A (vgl. Tabelle 8) sieht vor, dass zu den bestehenden fünf ständigen Mitgliedern sechs neue hinzukommen. Diese neuen Mitglieder hätten zwar keine Vorrechte in Form eines Vetorechtes, würden jedoch einen ständigen Sitz im Sicherheitsrat beanspruchen. Welche Staaten konkret einen Sitz erhalten würden, ist im Bericht nicht dargelegt. Das Modell sieht jedoch vor, dass zwei afrikanische Staaten, zwei Staaten aus dem asiatisch-pazifischen Raum, ein europäischer und ein amerikanischer Staat einen permanenten Sitz erhalten sollen. Zusätzlich sollen gemäß dem Vorschlag für das Modell A drei neue nichtständige Mitglieder für zwei Jahre in den Sicherheitsrat gewählt werden. Die regionale Aufteilung würde für die nicht-ständigen Mitglieder vier afrikanische, drei asiatisch-pazifische, zwei europäische und vier amerikanische Staaten vorsehen.

Das Modell B (vgl. Tabelle 9) sieht ebenfalls eine neue Kategorie von Mitgliedern vor, indem es vorschlägt, den Sicherheitsrat um acht nicht-ständige Mitglieder zu erweitern, die eine erneuerbare vierjährige Mitgliedschaft erhalten würden. Neben diesen acht neuen Sitzen würde ein weiterer „normaler" Sitz mit einer zweijährigen, nicht-erneuerbaren Mitgliedschaft geschaffen. Neue permanente Sitze würden in diesem Modell dagegen nicht geschaffen.

Die beiden Modelle wurden von den Mitgliedern der VN mit Skepsis aufgenommen. Insbesondere die Tatsache, dass die neuen permanenten Sitze nicht

---

101 Die Debatte um die Reform des Sicherheitsrates dauert – mit längeren Unterbrechungen – seit den 1950er-Jahren an. Die beiden Modelle sind als eine Quintessenz jahrelanger Diskussionen in den VN über die Erweiterung des Sicherheitsrates und die Veränderung des Verhältnisses der Veto-Mächte zu verstehen. Vgl. dazu von Freiesleben (2008a: 2-5).

102 Report of the Secretary-General A/59/2005 „In larger freedom: towards development, security and human rights for all", vgl. insbesondere S. 42-43.

explizit an individuelle Staaten verteilt und hergebrachte Regionalgruppierungen aufgebrochen wurden, sorgte für Kritik (Hoffmann/Ariyoruk 2005: 2; von Frei-esleben 2008a: 6).

Tabelle 8:   Reformierter Sicherheitsrat gemäß Modell A[103]

	Bevölkerung in Millionen	Staaten	Permanente Sitze mit Veto	Permanente Sitze ohne Veto	nicht-ständige Sitze (2 Jahre)
Afrika	835	53	0	2	4
Asien/Pazifik	3836	56	1	2	3
Europa	727	47	3	1	2
Amerika	857	35	1	1	4

Tabelle 9:   Reformierter Sicherheitsrat gemäß Modell B

	Bevölkerung in Millionen	Staaten	Permanente Sitze mit Veto	nicht-ständige Sitze (4 Jahre)	nicht-ständige Sitze (2 Jahre)
Afrika	835	53	0	2	4
Asien/Pazifik	3836	56	1	2	3
Europa	727	47	3	2	1
Amerika	857	35	1	2	3

Obwohl beide Modelle durch die Einführung neuer Regionalgruppen zur Repräsentativität des Sicherheitsrates beitragen sollten, haben sie sich bisher nicht als durchsetzungsfähig erwiesen. Die Vorschläge haben vor allem zu Verhandlungen und Verwerfungen innerhalb der potenziellen neuen Regionalgruppen geführt (von Freiesleben 2008a: 6-8). So war insbesondere die Frage, welche Staaten einen neuen permanenten Sitz erhalten sollten, in den Regionalgruppen umstritten. In der afrikanischen Gruppe beansprucht beispielsweise Ägypten bereits seit Beginn der 1990er-Jahre einen ständigen Sitz; dieser Anspruch wird allerdings von Staaten wie Nigeria oder Südafrika abgelehnt (von Freiesleben 2008a: 2).

> *Modelle bisher umstritten und nicht durchsetzungsfähig*

Außerdem führten die Vorschläge der Modelle A und B dazu, dass Staaten, die von der neuen Regionalgruppierung benachteiligt zu werden drohten, neue Vorschläge in die Generalversammlung einbrachten. So entstand beispielsweise die *Uniting for Consensus* – Gruppe, in der sich unter anderem mittelgroße Staa-

> *Uniting for Consensus-Gruppe*

103   Quelle: Report of the Secretary-General A/59/2005 „In Larger Freedom: Towards Development, Security and Human Rights for All, S. 43."

ten wie Pakistan, Italien, Kanada, Argentinien oder Südkorea zusammengeschlossen hatten, um einen für sich vorteilhafteren Vorschlag auszuarbeiten.[104] Das vorgeschlagene „grüne Modell" – eine Abwandlung des Modells A, weist die neuen permanenten Sicherheitsratssitze individuellen Staaten zu und versucht so zu verhindern, dass die neuen Sitze von der Generalversammlung in einer Abstimmung verteilt werden können (Hoffmann/Ariyoruk 2005: 3).

Modell von Kemal Dervis

Basierend auf den beiden Modellen und der darüber entstandenen Diskussion hat Kemal Dervis (2005) ein erweitertes und weitaus radikaleres Modell konzipiert. Kernstück dieses Modells ist die Umverteilung der Machtverhältnisse im Sicherheitsrat und eine gleichzeitige Aufwertung des Wirtschafts- und Sozialrates. Nach seinen Vorstellungen wären in beiden Räten, deren Kompetenzen die Schaffung und Erhaltung der weltweiten militärischen bzw. ökonomischen und sozialen Sicherheit sind, alle Mitgliedstaaten der Vereinten Nationen vertreten. Es würde aber nicht die Abstimmungsregel der Generalversammlung „one state, one vote" gelten, sondern ein komplexer Gewichtungsmechanismus, der sich am Beitrag jedes Staates an der Produktion globaler öffentlicher Güter, der Bevölkerungsgröße, dem Bruttosozialprodukt, der militärischen Kapazität und dem mit Hilfe des *Freedom House Index*[105] gemessenen Grad der Demokratisierung orientiert. Die Gewichtung der Stimmen wäre nicht festgelegt, sondern jeder Staat könnte sein Stimmgewicht verändern, sobald sich eine der genannten Größen verändert. Der Vorschlag nimmt durch diese Gewichtung der Stimmen beinahe alle Kritik an der jetzigen Konfiguration des Sicherheitsrates auf, vernachlässigt dabei aber den von den meisten Beobachtern und VN-Mitgliedern als zentral angesehenen Bedarf an einem kleinen Exekutivorgan, das insbesondere in Krisensituationen handlungsfähig ist.[106]

Kritik an den Modellen

Die Reaktionen auf Reformvorschläge für den Sicherheitsrat zeigen, dass eine Unterordnung einzelstaatlicher Interessen unter ein allgemeines Prinzip der Repräsentativität für eine Mehrheit der VN-Mitglieder kaum in Frage kommt (von Freiesleben 2008a: 19). Ob diese Modelle den anderen Bedingungen einer Reform zuträglich gewesen wären, ist zudem mindestens fraglich. Denn während sich die Effektivität eines solchen Gremiums wohl erst in seiner tatsächlichen Arbeit erweisen würde, lassen die Vorschläge einer institutionellen Reform, die sich auf eine neue Sitzverteilung konzentriert, keine Ansätze für eine Steigerung der politischen Verantwortlichkeit erkennen. Wie wir bereits festgestellt haben, kann politische Verantwortlichkeit nur dann entstehen, wenn die Transparenz in den Entscheidungsprozessen gewährleistet ist. Auf diesen Umstand geht die „Modelldiskussion" um die Reform des Sicherheitsrates jedoch nicht ein.

Diese Problematik wurde auch in der Generalversammlung der VN von einigen kleineren Staaten erkannt, deren Reformvorschläge sich eher um die Stär-

---

104 Vgl. dazu Resolutionsvorschlag A/59/L.68.

105 Der Freedom House Index wird von der amerikanischen Non-Profit Organisation Freedom House jährlich zusammengestellt und bewertet auf einer Skala von 1-7 die Verwirklichung politischer und ziviler Rechte in allen Staaten (vgl. http://www.freedomhouse.org, zuletzt aufgerufen am 5. März 2010).

106 Für weitere Vorschläge vgl. etwa Hofmann/Ariyiruk (2005); Luck (2005); Rittberger/Baumgärtner (2006) und Thompson (2006).

kung der Transparenz des Sicherheitsrats bemühen (von Freiesleben 2008a: 8).[107] Ihre Initiative hat insofern zu einer Reaktion des Sicherheitsrats geführt, als dessen Präsident in einer offiziellen Mitteilung bekannt gab, dass die Mitglieder des Sicherheitsrates 56 Reformmaßnahmen in Betracht ziehen, zu denen unter anderem die folgenden gehören:[108]

Reform der Transparenz des Sicherheitsrates

- Informelle Briefings über bevorstehende Entscheidungen des Sicherheitsrates, die allen VN-Mitgliedern offen stehen;
- die Veröffentlichung von Entscheidungen des Sicherheitsrates und zugehöriger Dokumente, die als Entscheidungsgrundlage gedient haben;
- informelle Konsultationen mit VN-Mitgliedern;
- die Erhöhung der Anzahl öffentlicher Sitzungen;
- die Streichung von Traktandenpunkten, die seit fünf oder mehr Jahren nicht mehr im Sicherheitsrat verhandelt wurden, so dass die Generalversammlung sich wieder mit ihnen befassen kann;
- die Stärkung der Kommunikation mit der Generalversammlung und dem Wirtschafts- und Sozialrat.

Eigene Reformvorschläge des Sicherheitsrates

Teilweise sind diese Maßnahmen bereits umgesetzt worden oder schließen an frühere Maßnahmen an, die noch der Verfeinerung oder Weiterentwicklung bedurften, um tatsächlich mehr Transparenz zu schaffen. Zudem macht der Präsident des Sicherheitsrates in dieser Liste auch deutlich, dass die Verbesserung der Transparenz nicht nur in der Hand des Sicherheitsrates liegt. An mehreren Stellen wird das Generalsekretariat in die Pflicht genommen und darauf hingewiesen, dass es seine Rolle wahrnehmen müsse, indem es die Generalversammlung etwa über kurzfristig anberaumte Sitzungen oder informelle Briefings rechtzeitig in Kenntnis setzt.

Die Liste zeigt, dass die Reformvorschläge, die der Sicherheitsrat als Reaktion auf die Generalversammlung erarbeitet hat, kleine Schritte beinhalten, um die Arbeit des Sicherheitsrates für die anderen Mitglieder der VN nachvollziehbarer zu machen. Ähnlich wie in der Diskussion um die verschiedenen Modelle einer Neugestaltung der Sitzverteilung zeigt sich jedoch, dass der Handlungsspielraum für Reformen begrenzt ist. Mehrheitsfähige Reformvorschläge für den Sicherheitsrat scheinen weiterhin auf ein großes Maß an Vertraulichkeit und Entscheidungsfreiheit insbesondere der permanenten Mitglieder angewiesen zu sein. Weiter reichende Vorschläge, die etwa die Anwendung des Vetos an nachvollziehbare Kriterien binden wollen (von Freiesleben 2008a: 1), dürften in diesem Kontext wenig Aussicht auf Erfolg haben.

---

107 So z.B. von der ‚Small Five' – Gruppe (Singapur, Jordanien, Costa Rica, Liechtenstein und die Schweiz). Vgl. dazu Resolutionsvorschlag A/60/L.49.

108 Mitteilung S/2006/507 des Präsidenten des VN-Sicherheitsrats, 19. Juli 2006.

6.4.2 Stärkung von Transparenz und Verantwortlichkeit

Reformbericht
*Investing in the
United Nations*

Die Stärkung der Transparenz wird auch jenseits des Sicherheitsrates als ein dringlicher Punkt auf der Reformagenda der VN betrachtet. So sieht der Reformbericht *Investing in the United Nations* unter anderem vor, die Verantwortlichkeit der Verwaltungsbeamten der Vereinten Nationen durch interne Kontrollen zu verbessern und so die von den Staaten investierten Beiträge effizienter zu nutzen. Insbesondere das Berichtsystem zwischen Generalsekretariat und Generalversammlung sowie zwischen Generalsekretariat und der Öffentlichkeit soll vereinfacht werden. Das bestehende Berichtsystem, welches sich aus mehr als 270 Jahresberichten der verschiedenen Abteilungen des Generalssekretariats zusammensetzt, soll in wenigen Jahresberichten zusammengefasst werden.[109] Für eine breitere Öffentlichkeit soll zudem die Zugänglichkeit zu den offiziellen Dokumenten der Vereinten Nationen vereinfacht werden.

Diese Vorschläge mögen im Verhältnis zur globalen Ausrichtung der VN als relativ kleine Verbesserungen erscheinen; sie können aber dennoch für eine Demokratisierung von Entscheidungsprozessen sorgen, indem sie die Arbeitsweise der Vereinten Nationen und insbesondere ihres ausführenden Organs transparenter machen, eine breitere Einflussnahme und Kontrolle durch die Öffentlichkeit ermöglichen und zur Stärkung öffentlicher Diskurse über Themen, die im Rahmen der VN verhandelt werden, beitragen.

6.4.3 Parlamentarisierung

Zwei Bedeutungen
des Begriffs „Parla-
mentarisierung"

Der Begriff „Parlamentarisierung" hat, wie wir an mehreren Stellen gezeigt haben, verschiedene Bedeutungen. Im Zusammenhang mit den Reformdebatten in den VN lassen sich zwei Dimensionen des Begriffs feststellen:

1. Die Stärkung der Rolle der Generalversammlung in der Entscheidungsfindung und Kontrolle der anderen Organe;
2. die kosmopolitische Idee einer demokratischen globalen Ordnung, in der die Generalversammlung oder ein noch zu errichtendes „echtes Weltparlament" eine zentrale Rolle spielen kann.

Eine Form der Parlamentarisierung hingegen ist in den Reformvorschlägen für die VN nicht vorhanden: Die bessere Anbindung an die nationalen Parlamente. Dies dürfte auch damit zusammenhängen, dass die Generalversammlung erstens bereits einen institutionalisierten Austausch in Form von sogenannten parlamentarischen Anhörungen *(Parlamentary Hearings)* durchführt. Zweitens scheint die Rolle der VN als multilaterale Organisation, die staatlichen Exekutiven und ihren Unterhändlern vorbehalten ist, weitgehend akzeptiert zu sein (vgl. dazu z.B. Hummel 2006: 77).

---

109 Report of the Secretary-General A/60/692 „Investing in the United Nations: For a Stronger Organization Worldwide", S. 13, 35 und 38.

Die *Stärkung der Rolle der Generalversammlung* gegenüber den anderen Hauptorganen ist ein zentrales Anliegen der Generalversammlungen seit mehreren Jahren. Die Präsidenten der 62. und der 63. Sitzung haben beide diese Reform ins Zentrum ihrer Tätigkeit gestellt. Lydia Swart (2008: 22) stellt jedoch fest, dass der Diskurs über die Stärkung der Generalversammlung trotz aller Bemühungen nur wenige konkrete Resultate jenseits von Vorschlägen hervorgebracht hat. Die grundlegende Idee der Vorschläge ist dabei, dass die Generalversammlung und nicht der Sicherheitsrat das eigentliche Machtzentrum der VN sein sollte (Swart 2008: 1). Aufgrund ihrer Repräsentativität würde eine Stärkung des Einflusses der Generalversammlung zu einer breiteren Abstützung von Entscheidungen der VN beitragen.

[Randnotiz: Stärkung der Generalversammlung]

[Randnotiz: Ziel: Generalversammlung als Machtzentrum der VN]

Ein erster Schritt hin zu einer stärkeren Generalversammlung wird von den treibenden Kräften des politischen Diskurses – zumeist Länder des Südens – in der internen Arbeitsweise der Generalversammlung selbst gesehen (Swart 2008: 22). Nach Swart (ebd..: 29; 32-33) betrachten Befürworter einer Stärkung der Generalversammlung die folgenden Punkte als zentral:

- Die Stärkung der Führungsrolle des Präsidenten der Generalversammlung;
- die Reduzierung der in den Sitzungen diskutierten Tagesordnungspunkte;
- die Konsolidierung der Dokumente, um das Aktenstudium zu erleichtern;
- die Rationalisierung der Planungsprozeduren;
- die verbesserte Koordination der Arbeit der Komitees der Generalversammlung.

[Randnotiz: Zentrale Punkte einer Stärkung der Generalversammlung]

Diese Vorschläge zielen also primär darauf ab, die Arbeit der Generalversammlung effizienter zu gestalten, um Zeitverluste und Dopplungen zu verringern. Die Reduzierung der Agenda und des Dokumentenvolumens soll zudem die Arbeit der Mitglieder in der Generalversammlung erleichtern (ebd.: 32).

Die Generalversammlung kann im Zusammenhang mit einer Demokratisierung der VN jedoch nicht unabhängig betrachtet werden. Eine Stärkung ihrer Rolle ist nur dann möglich, wenn auch die Arbeitsweise des Generalsekretariats und des Sicherheitsrates verändert werden. Denn die schwache Position ergibt sich, so die Lesart der Reformberichte der Generalsekretäre und der Befürworter einer stärkeren Generalversammlung, insbesondere aus der intransparenten Arbeitsweise dieser beiden Organe, deren Kontrolle teilweise in die Kompetenz der Generalversammlung fällt. Gerade deshalb zielen viele der Reformvorschläge zur Stärkung der Generalversammlung darauf ab, die Transparenz des Sicherheitsrates und des Sekretariats zu erhöhen (Swart 2008: 24).

Während die Mitglieder der VN in ihren Reformvorschlägen einen pragmatischen Weg gewählt haben, der auf einem Ausbau der bestehenden Institutionen basiert, sehen die Vertreter der kosmopolitischen Denkschule *die VN als Zentrum einer globalen Demokratie*, die letztlich auch ein globales Parlament umfassen sollte (vgl. Held 1993: 46).[110] In der Argumentation kosmopolitischer Autoren stellen die VN den Kern der aktuellen internationalen Ordnung dar. Für die

[Randnotiz: Weitergehende Reformideen: VN als Zentrum einer globalen Demokratie]

---

110 Zur kosmopolitischen Denkschule vgl. auch oben Kap. 3.1.1

Weiterentwicklung der Demokratie in einer globalisierten Welt sind sie deshalb von zentraler Bedeutung. Das Problem an den bestehenden Regelungen in den VN ist jedoch, dass sie einseitig von Staaten als den Subjekten einer globalen Demokratie ausgehen. Diese Situation verhindert die Entstehung der in der VN-Charta angelegten Grundlagen einer „echten" globalen Demokratie, in deren Zentrum die Bürger der Mitgliedstaaten stehen. Um diese „echte" globale Demokratie zu verwirklichen, ist erstens eine minimale Staatlichkeit auf der globalen Ebene und zweitens eine viel weiter reichende Demokratisierung der dann „minimalstaatlichen" VN-Institutionen erforderlich (vgl. oben: Abschnitt 3.1.1). Das kosmopolitische Modell sieht zu diesem Zweck ein integriertes System von demokratischen Institutionen von der lokalen bis zur globalen Ebene vor, das zumindest die folgenden Elemente umfassen sollte (Held 1993: 39-41):

Marginalie: Minimale globale Staatlichkeit und weitreichende Demokratisierung

Marginalie: Elemente globaler Demokratie

- Grenzüberschreitende Parlamente in allen Weltregionen;
- die Verwirklichung individueller Rechte auf globaler Ebene;
- die Ergänzung einer Versammlung aller Staaten um eine Versammlung aller demokratischen Staaten.

Marginalie: Rolle der VN in der globalen Demokratie

Die kurzfristigen Ziele der kosmopolitischen Idee liegen in erster Linie in einer Reform der bestehenden VN-Institutionen, die den Ausgleich zwischen staatlicher Macht und dem Anspruch auf demokratisches Regieren herstellen soll. In dieser Hinsicht ist der Vorschlag, eine Versammlung der demokratischen Staaten zu schaffen, von besonderem Interesse. Sie würde zu einer Demokratisierung der internationalen Beziehungen beitragen, weil sie – soweit dies im multilateralen Kontext möglich ist und dies die Problematik langer Delegationsketten zulässt – demokratisch legitimierte Entscheidungen treffen könnte. David Held (1993: 41) geht an dieser Stelle sogar noch weiter und verlangt, dass eine solche Versammlung aktiver als die bestehenden Organe der VN Zwangsgewalt gegen Aggressoren in der Weltpolitik anwenden können soll. Dies deshalb, weil solche Entscheidungen der Versammlung demokratischer Staaten durch die jeweiligen Bevölkerungen abgestützt seien und die Entscheidungsträger zur Verantwortung gezogen werden können.

Marginalie: Globale parlamentarische Versammlung in den VN

Solche Vorschläge zielen auf eine mittelfristige Veränderung des Systems der VN ab. Längerfristig erachten kosmopolitische Autoren jedoch auch ein „echtes" Parlament auf globaler Ebene als notwendig (Held 1993: 43; Höffe 1999). Joseph Schwartzberg (2003: 81) unterstützt die Idee einer globalen parlamentarischen Versammlung in den VN, kritisiert aber an der Literatur zu diesem Thema, dass sie praktische Fragen zumeist ignoriere. Diese praktischen Probleme lassen sich in der Frage nach der Konstituierung eines solchen Parlaments und der Frage nach fairen Wahlmechanismen, die eine tatsächliche weltweite Repräsentativität ermöglichen, zusammenfassen. Insgesamt sieht Schwartzberg (2003: 82-83) fünf praktische Probleme bei der Etablierung eines – vom World Federalist Movement übrigens bereits in den 1940er-Jahren ins Auge gefassten – Weltparlaments:

Marginalie: Praktische Probleme der Etablierung eines Weltparlaments

- Klärung „technischer" Grundfragen: In diese Problematik fallen alle Fragen, die geklärt werden müssten, damit ein Weltparlament überhaupt etabliert werden könnte. Dazu gehören zum Beispiel die Anzahl der Sitze in diesem Parlament oder die ungefähre Zahl der Wähler pro Repräsentant. Wie die Ausführungen Schwartzbergs zeigen, sind diese Fragen in einem globalen Kontext nicht einfach zu lösen. Denn beispielsweise darf ein Parlament eine gewisse Größe nicht überschreiten, soll es weiterhin beschlussfähig sein. Im Vorschlag Schwartzbergs (2003: 83) ist diese Größe mit 1.000 Sitzen angegeben. Dies würde bedeuten, dass auf jeweils etwa sieben Millionen Wähler ein Abgeordneter kommen könnte. Fast die Hälfte der VN-Mitglieder erreicht diese Bevölkerungszahl nicht, einige von ihnen verfehlen sie deutlich. Es stellt sich also die Frage, wie die Bevölkerung dieser Staaten in einem Weltparlament vertreten werden kann. Schwartzberg schlägt vor, Kleinstaaten zu Wahlbezirken zusammenzufassen, um ihre Überrepräsentation zu verhindern.

- Bildung einer Wahlkommission: Die Wahlkommission wäre für die faire Organisation und Durchführung der weltweiten Wahlen zuständig. Schwartzberg (ebd.: 84) sieht diese Kommission bei den VN angesiedelt, die auch die Rekrutierung der Kommission übernehmen könnten. Auch die Finanzierung der Wahlkommission – wie auch der Wahlen selbst – müsste über die VN verlaufen.

- Faire Verfahren: Wie jede demokratische Wahl müsste auch die Wahl für das Weltparlament gewissen Regeln unterworfen werden. Dazu gehört unter anderem, dass die Wähler zwischen mehreren Kandidaten auswählen können oder die Festlegung einer Mindestwahlbeteiligung (ebd.:84-85).

- Etablierung der parlamentarischen Versammlung: Um das Weltparlament zu konstituieren, wäre eine kritische Masse an Staaten notwendig (ebd.: 87). Diese Vorreiter müssten sich zudem aus verschiedenen Weltregionen zusammensetzen und einen gewissen Anteil – in Schwartzbergs Vorschlag mindestens 15 Prozent – der Weltbevölkerung und des VN-Budgets repräsentieren.

- Kompetenzen des Weltparlaments: In diesem Punkt bleibt Schwartzberg, ähnlich wie andere kosmopolitisch ausgerichtete Autoren, eher vage. Er schlägt vor, das Parlament mit einer rein beratenden Funktion auszustatten und die Entscheidungsgewalt sukzessive auszubauen, wenn sich die Mitgliedschaft und Akzeptanz des Parlaments vergrößert (ebd.: 89).

Die Überlegungen Schwartzbergs und anderer Befürworter eines Weltparlaments sind insgesamt weit von einer Realisierung entfernt, zeigen aber, vor welche praktischen Schwierigkeiten Vorschläge zur Errichtung eines Weltparlaments bei den Vereinten Nationen gestellt sein dürften. Inwieweit ein solches Parlament normativ wünschenswert ist – und wenn ja, in welchem Umfang –, ist zudem umstritten. Da der Ruf nach einer Schaffung oder Stärkung grenzüberschreitender Parlamente aber im Bezug auf alle drei in diesem Buch untersuchten Organisationen laut wird, greifen wir diesen allgemeinen Punkt auch in unserem abschließenden Kapitel (vgl. unten: Abschnitt 7.2.1) noch einmal auf.

6.4.4 Stärkung der Beteiligung zivilgesellschaftlicher Akteure

Bdeutung einer Beteiligung der Zivilgesellschaft in den VN

Die Beteiligung der Zivilgesellschaft ist den Vereinten Nationen seit ihrer Gründung ein wichtiges Anliegen (Kennedy 2006: 206). Bereits bei den Gründungskonferenzen waren 200 nichtstaatliche Organisationen anwesend. Die Konsultation nichtstaatlicher Organisationen wurde im Wirtschafts- und Sozialrat weitergeführt, in dem zurzeit mehr als 3.000 nichtstaatliche Organisationen einen Konsultativstatus haben. In der jüngeren Geschichte der VN spielen zwei Berichte eine zentrale Rolle für die Weiterentwicklung der Idee einer Erweiterung der Repräsentativität der VN durch die Einbindung von zivilgesellschaftlichen Akteuren.

Zwei zentrale Dokumente:

Agenda for Democratization

Erstens machte die *Agenda for Democratization* deutlich, dass Bestrebungen zur Demokratisierung unvollständig bleiben, wenn nicht auch die internationale Politik partizipativer wird (Boutros-Ghali 1996: 25). Die Einbindung zivilgesellschaftlicher Akteure in die Entscheidungsprozesse der VN wird in diesem Sinne als eine Möglichkeit gesehen, die internationale Politik demokratischer zu gestalten (ebd.: 34-36). Konkrete Vorschläge für die Einbindung nichtstaatlicher Akteure in die Entscheidungsstrukturen der Vereinten Nationen macht Boutros Boutros-Ghali in seinem Bericht jedoch nicht.

We the Peoples

Zweitens entwickelt der Bericht *We the Peoples: Civil Society, the United Nations and Global Governance* die Ideen zur Zusammenarbeit zwischen den VN und zivilgesellschaftlichen Akteuren weiter. Der Bericht des Expertenpanels unter der Leitung des ehemaligen brasilianischen Präsidenten Fernando Henrique Cardoso beurteilt die aktuellen Beziehungen zwischen den Vereinten Nationen und nichtstaatlichen Akteuren und stellt fest, dass in den Beziehungen zwischen den Organen der Vereinten Nationen und der Zivilgesellschaft entscheidende Lücken vorhanden sind. Allerdings ist auch dieser Bericht eher allgemein gehalten:[111]

> „Die Vereinten Nationen müssen ebenfalls mehr tun, um das globale Regieren zu stärken und Demokratiedefizite zu beseitigen. Dabei sollten sie sich leiten lassen von den Prinzipien der Inklusivität (um faire Ergebnisse zu gewährleisten), der Partizipation (also der Beteiligung von Menschen an Entscheidungen, die sie betreffen) und der Responsivität (also dem Gehör für und dem Eingehen auf die Anliegen der Menschen)."

Vorschläge, aber keine konkreten Schritte

Einige Vorschläge werden im Bericht erwähnt, so etwa die regelmäßige Einbindung zivilgesellschaftlicher Akteure in die Ausschüsse der Generalversammlung, eine Vertiefung des Dialogs zwischen dem Sicherheitsrat und der Zivilgesellschaft oder die Verminderung der Hürden zu Akkreditierung nichtstaatlicher Organisationen in den verschiedenen Organen der Vereinten Nationen.[112] Insgesamt bleiben die Vorschläge für eine verbesserte Einbindung zivilgesellschaftli-

---

111 Vgl. „We the Peoples: Civil Society, the United Nations and Global Governance. Report of the Panel of Eminent Persons on United Nations-Civil Society Relations" (UN-Dokument A/95/817), 11. Juni 2004, S. 71-72, hier: S. 72..

112 Ebd., S. 16; 20.

cher Akteure in die Entscheidungsprozesse jedoch wenig konkret. Peter Willetts (2006: 306) erklärt diese fehlende Klarheit damit, dass ein Bericht, der konkretere Vorschläge formulieren würde, in der Generalversammlung nicht konsensfähig wäre. Dafür führt er (ebd.: 306, 318) erstens die Bedenken afrikanischer Staaten an, welche mit der Zulassung von zivilgesellschaftlichen Akteuren einen Einflussverlust befürchten, weil sie sich von deren meist aus Westeuropa oder den USA stammenden Repräsentanten nicht vertreten fühlen. Zweitens dürften auch autoritäre Staaten wenig Interesse an einer Einbindung zivilgesellschaftlicher Akteure haben, die ihre Verfehlungen anprangern könnten. Und drittens sehen große demokratische Staaten wie die USA oder Frankreich keine Notwendigkeit zu einer Veränderung, weil sie die Interessenaggregation als innenpolitische Aufgabe ansehen.

Vorbehalte afrikanischer Staaten

und autoritärer Regime

Die eher verhaltenen Konkretisierungen der Idee, zivilgesellschaftliche Akteure stärker an der Arbeit der VN zu beteiligen, zeigt auch hier, dass die Mitgliedstaaten ihre exklusive Stellung im Rahmen der VN erfolgreich zu verteidigen wissen. Dabei sind einige ihrer Vorbehalte normativ überzeugender als andere. Während insbesondere die Bedenken autokratischer Regime aus normativer Sicht wenig für sich haben, scheint etwa die Furcht, dass eine „NGOisierung" der VN aufgrund der Machtungleichgewichte in der globalen Zivilgesellschaft eher den Norden als den Süden stärken könnte, durchaus begründet.

Staaten verteidigen ihre Exklusivität in den VN

6.5 Schlussfolgerungen

Findet eine „Demokratisierung" der VN statt? Und wenn ja, in welcher Form? Die Argumentation dieses Kapitels weist am ehesten darauf hin, dass wir in den VN eine Demokratisierung des Multilateralismus beobachten können. Die Idee des demokratischen Regierens jenseits des Staates wurde und wird in den VN von den Generalsekretären, der Generalversammlung bzw. ihren Präsidenten und von einzelnen Staaten aufgenommen. Dabei müssen Vorschläge, die Aussicht auf Erfolg haben wollen, allerdings stets eine große Mehrheit in der Generalversammlung hinter sich bringen; im Fall der Sicherheitsratsreform müssen sie zudem auch noch die Stimmen der fünf ständigen Mitglieder und mindestens vier weiterer, nicht-ständiger Mitglieder auf sich vereinen. In diesem Sinne ist die Demokratisierung der VN immer eine verhandelte Demokratisierung, die sich an den Bedürfnissen ihrer Mitglieder und den bestehenden institutionellen Arrangements ausrichtet.

Ein Beispiel für den moderierenden Effekt, den verschiedene Organe und Interessen von Staaten auf demokratische Reformen in den VN haben, ist die Reform des Sicherheitsrates. Eine Reform des Sicherheitsrates in Form einer Veränderung der Machtverhältnisse oder auch nur der Sitzzahl im Rat – dies zeichnete sich kurz nach der Veröffentlichung der Modelle A und B ab – scheint schon aufgrund der Widerstände in der Generalversammlung sehr unwahrscheinlich. Die Initiative der kleineren Mitgliedstaaten, die auf eine Verbesserung der Transparenz der Arbeitsmethoden abzielte, bot in dieser Situation eine Alternative, trotz des Stillstandes in der Reformdiskussion einen Teil der Demokratisierungsforderungen aus der Generalversammlung in die Debatte einzubringen und dem Sicherheitsrat zur Umsetzung zu unterbreiten.

Die Beobachtung dieser moderierten und auf den Multilateralismus ausgerichteten Demokratisierung der VN wirft die Frage auf, wie sich die VN in den von uns dargelegten Modellen des demokratischen Regierens jenseits des Staates verorten lassen. Zum einen sind sie weitgehend eine von Staaten dominierte internationale Organisation geblieben. Das war jedoch von ihren Gründern auch gar nicht anders vorgesehen – der Anspruch, ein „demokratischer Weltminimalstaat" zu sein, wurde in diesem Sinne seit jeher eher von außen an die VN herangetragen. Zum anderen haben innerhalb der Organisationsstruktur der VN in den vergangenen Jahren nahezu alle relevanten Organe ihre Reformbereitschaft immer wieder kundgetan und durch einzelne Schritte auch praktisch belegt. Wie die Diskussion in diesem Kapitel zeigt, deuten einige dieser Reformschritte durchaus auf eine gewisse Demokratisierung hin.

Freilich wäre selbst bei anhaltendem Reformdruck nicht zu erwarten, dass die VN jemals in allen Punkten dem Ideal einer globalen, geschweige denn „kosmopolitisch" verstandenen Demokratie entsprechen werden. Hier mag es helfen, noch einmal daran zu erinnern, dass die VN primär mit der Aufgabe der Friedenssicherung betraut sind und dass sie dieser Aufgabe im historischen Vergleich mit ihrer Vorgängerinstitution – dem Völkerbund – relativ gut nachkommen. Die Demokratisierung der Weltpolitik und der Erhalt des internationalen Friedens sind insofern zwei berechtigte normative Ziele. Wie die Diskussion über das „Demokratiedefizit" des Sicherheitsrats zeigt, können sie mitunter jedoch in einen Konflikt geraten. Hier dürfen wir Demokratie nicht als einen absoluten Standard betrachten. Mit anderen Worten: Wenngleich auch die VN einen Demokratiebedarf haben, wäre es falsch, sie ausschließlich an ihrer demokratischen Qualität zu messen.

7   Möglichkeiten und Grenzen postnationaler Demokratie

Wenn immer mehr politische Entscheidungen jenseits staatlicher Grenzen getroffen werden, dann sollte nicht nur staatliches Regieren, sondern auch die Politik internationaler Organisationen den Anforderungen demokratischen Regierens genügen. In diesem Buch befassen wir uns mit der Frage, ob bzw. inwieweit internationale Organisationen diesem Anspruch nachkommen. Zu diesem Zweck haben wir zunächst in die Grundproblematik des demokratischen Regierens jenseits des Staates eingeführt und ein Analyseraster entwickelt, mit dessen Hilfe sich unsere Frage beantworten lässt. Anschließend haben wir drei besonders relevante internationale Organisationen – die Europäische Union, die Welthandelsorganisation und die Vereinten Nationen – anhand dieses Rasters unter die Lupe genommen. Das Schlusskapitel soll nun noch zwei Aufgaben erfüllen:

Ziel des Kapitels:

1.   Zunächst fassen wir unsere Ergebnisse aus den Einzelkapiteln zu EU, WTO und VN vergleichend zusammen. Im Hinblick auf ihren Demokratiebedarf und auf die bereits erfolgten Maßnahmen zur Demokratisierung unterscheiden sich die drei Organisationen erheblich. Dennoch gleichen sich die diagnostizierten Defizite teilweise in ihrer Struktur – das wird auch an den diskutierten Reformvorschlägen deutlich.

1. Vergleichendes Faziz

2.   Die Reform internationaler Organisationen ist aber nur ein wichtiger Baustein unter anderen, wenn es um die Demokratisierung internationaler *Governance* geht. Abschließend wollen wir daher einige Fragen zumindest anreißen, die sich mit weiter reichenden Bedingungen globaler Demokratie befassen:

2. Weitere Bedingungen globaler Demokratie

- Inwiefern muss sich die *nationale Politik* anpassen, um demokratisches Regieren im internationalen Mehrebenensystem zu ermöglichen?
- Welche *gesellschaftlichen Voraussetzungen* müssen für eine Demokratisierung internationalen Regierens erfüllt sein?
- Was können *einzelne Bürger(innen)* tun, um aktiv auf eine demokratischere internationale Politik hinzuwirken?

Diese Fragen legen bereits nahe: Nicht für alle Demokratiedefizite globaler *Governance* sind internationale Organisationen hauptverantwortlich. Beispielsweise können durchaus Möglichkeiten zur Kontrolle internationaler Organisationen vorhanden sein – die aber von der nationalen Politik, etwa den Parlamenten, nur unzureichend wahrgenommen werden. Breiter Zugang zu Bildung und Information ist bereits auf nationaler Ebene eine wichtige gesellschaftliche Voraussetzung, damit nicht nur einige wenige Politik verstehen und beeinflussen können –

angesichts der Komplexität internationalen Regierens gilt dies erst recht. Schließlich hat jede(r) einzelne Bürger(in) die Möglichkeit, etwa durch seine oder ihre Wahlentscheidung, dem Thema internationaler Demokratie mehr Gewicht zu verleihen – dazu bedarf es aber der Bereitschaft, auf eigene Privilegien zu verzichten, die sich gerade für die westliche Welt aus der Ungleichheit und mangelnden Demokratisierung internationalen Regierens ergeben.

7.1 Die demokratische Qualität von EU, WTO und VN im Vergleich

In den vorausgehenden Einzelkapiteln haben wir die demokratische Qualität von EU, WTO und VN bereits ausführlich diskutiert. In der Zusammenschau lässt sich nun fragen: Inwiefern sind der Demokratiebedarf und die bereits erreichte Demokratisierung dieser drei internationalen Organisationen vergleichbar? Wo liegen ihre relativen Stärken und Schwächen im Hinblick auf Inklusivität und Partizipation, Transparenz und Kontrolle sowie diskursive Qualität? Inwieweit ähneln sich die jeweiligen Reformvorschläge bzw. lassen sich erfolgreiche Reformen möglicherweise auf andere Organisationen übertragen? In Tabelle 10 werden die wichtigsten Antworten auf diese Fragen überblicksartig zusammengefasst.

7.1.1 Demokratiebedarf

Da absolute Aussagen zum jeweiligen Demokratiebedarf internationaler Organisationen immer schwierig sind, ist der Vergleich verschiedener Organisationen untereinander hilfreich. Er zeigt auch, dass man an die demokratische Qualität der Meinungs- und Willensbildung in der EU, der WTO und in den VN nicht unbedingt denselben Maßstab anlegen sollte.

Autorisierung   Die grundlegende *Autorisierung* der drei untersuchten internationalen Organisationen beruht jeweils auf internationalen Verträgen, die nach nationalem Recht ratifiziert wurden. Was auf den ersten Blick unproblematisch erscheint, bedeutet aber in allen drei Fällen, dass dadurch auch künftige nationale Regierungen verpflichtet worden sind und dass sich diese vertraglichen Verpflichtungen nur mit hohen Entscheidungshürden ändern lassen. Konkrete Einzelentscheidungen und Sekundärrechtsakte, die im Rahmen von EU, WTO und VN verabschiedet werden, sind dabei in ganz unterschiedlichem Maße ans nationale Recht und die dort legitimierten Institutionen rückgebunden.

EU   In der EU verfügen die Kommission und der Gerichtshof über ein hohes Maß an Entscheidungsfreiheit bei gleichzeitig nur mittelbarer Legitimation über die nationalen Regierungen und im Fall der Kommission über die Ernennung durch das Europäische Parlament. Im Ministerrat wird schon heute in vielen Politikfeldern mehrheitlich entschieden, und mit dem Vertrag von Lissabon werden qualifizierte Mehrheitsentscheidungen zum Regelfall europäischer Politik. In WTO der WTO gilt dagegen das Konsensprinzip. Verbindliche Regeln können nur mit der Zustimmung aller Mitgliedstaaten vereinbart werden. Über eine gewisse Autonomie verfügen lediglich die Streitbeilegungsgremien; ihr Entscheidungsspielraum bezieht sich jedoch nicht auf die Setzung neuer Regeln, sondern auf die Auslegung der durch die Staaten vereinbarten Verträge. Entsprechend ist die Autonomie der Streitbeilegungsgremien durch den Wortlaut dieser Verträge begrenzt. In den VN schließlich sind lediglich die (Mehrheits-)Entscheidungen des **VN** Sicherheitsrats und die Entscheidungen des Internationalen Gerichtshofs für alle Staaten auch ohne deren jeweilige Zustimmung verbindlich. Anders als in der EU gibt es jedoch keine zentrale Sanktionsinstanz; der VN-Sicherheitsrat setzt seine Entscheidungen also nicht selber durch, sondern ist stets auf die Um- und Durchsetzung durch die Mitgliedstaaten angewiesen.

Der *Aufgabenbereich* von EU, WTO und VN unterscheidet sich zudem **Aufgabenbereich** deutlich. So gibt es kaum noch einen Politikbereich, in dem europäische Bürger **EU** nicht zumindest in gewissem Umfang von politischen Entscheidungen im Rahmen der EU betroffen sind. Durch den Vertrag von Lissabon wurden auch in zuvor ausschließlich national gestalteten Politikfeldern zumindest ergänzende europäische Kompetenzen geschaffen. Dieser Prozess der immer engeren europäischen Integration, so das Bundesverfassungsgericht in seiner Maastricht-Entscheidung von 1993 und in der Verhandlung zum Vertrag von Lissabon, müsse von einer „schritthaltenden Demokratisierung" begleitet werden.[113] Nur **„schritthaltende** bei einer Verbesserung der demokratischen Qualität europäischen Regierens, so **Demokratisierung"** die These, sind weitere Integrationsschritte im Einklang mit dem Demokratieprinzip im deutschen Grundgesetz. Zweifellos ist die Welthandelsorganisation **WTO** stärker funktional beschränkt als die EU – doch auch Handelsstreitigkeiten haben häufig massive Implikationen für andere Politikbereiche, etwa den Menschenrechts- oder Umweltschutz. Eine „Konstitutionalisierung" des Völkerrechts im **„Konstitutiona-** Rahmen der WTO wird daher sehr ambivalent bewertet (vgl. Petersmann 2001; **lisierung"** und Howse/Nicolaidis 2003). Während die einen darin die Chance einer umfassenden und wirksamen Verrechtlichung internationaler Politik sehen, kritisieren die anderen den verengten Blick auf Handelsfragen. Stattdessen plädieren manche für die VN als eine Art globaler Dachorganisation und für die VN-Charta als **VN** „Konstitution" des Völkerrechts. Bevor die VN diesem umfassenden Anspruch gerecht werden könnten, bedürfte es jedoch einschneidender institutioneller Reformen (Paulus 2004: 63-69). Je breiter die VN in Aufgabenfeldern jenseits des Krisenmanagements tätig sind, desto stärker bedürfen auch sie einer „schritthaltenden Demokratisierung" und desto kritischer sind Zugeständnisse an politische Realitäten, etwa die Vetorechte im Sicherheitsrat, zu bewerten.

Schließlich verfügen unsere drei internationalen Organisationen bzw. ihre **Akteursqualität** jeweiligen Organe über stark unterschiedliche *Akteursqualität*. Um die besondere Qualität der europäischen Integration hervorzuheben, bevorzugen vor allem Europarechtler den Begriff der „supranationalen Organisation". Auch in der **EU: „supranationale** Politikwissenschaft haben sich in den vergangenen 10-15 Jahren viele Stimmen **Organisation"**

---

113   Vgl. die Verhandlungsgliederung des Bundesverfassungsgerichts zur mündlichen Verhandlung über den Vertrag von Lissabon, Punkt IV.3. Presseerklärung Nr. 9a/2009 vom 02. Februar 2009.

dafür ausgesprochen, die EU stärker mit den Instrumenten der vergleichenden Regierungslehre zu untersuchen und an staatsähnlichen Maßstäben zu messen (Hix 1998; Tömmel 2008b: 13). Das europäische Recht beansprucht Vorrang vor nationalem Recht, betroffene Bürger können seine Einhaltung vor nationalen Gerichten einklagen und der Europäische Gerichtshof hat sich faktisch zu einem

WTO   europäischen Verfassungsgericht entwickelt. Auch wenn die WTO nicht die Akteursqualität der EU erreicht, so ist der Vergleich der beiden Organisationen doch aufschlussreich. Zwar fehle es dem WTO-Recht an Vorrang und Direktwirkung und an einem mächtigen Gerichtshof wie dem EuGH, so das Argument Krajewskis (2001: 170-171), doch ließen sich durchaus funktionale Äquivalente hierfür ausmachen und die Durchsetzungsfähigkeit der WTO-Streitbeilegungs-

VN   gremien sei beträchtlich. Was die VN angeht, so haben wir das große Gefälle der Akteursqualität von Sicherheitsrat und Generalversammlung gesehen. Während die Generalversammlung kaum eigene Akteursqualitäten aufweist, hat das Beispiel der Kontensperrung von Terrorverdächtigen gezeigt, dass Entscheidungen des Sicherheitsrats schon heute enorme Konsequenzen für Einzelpersonen haben und daher zumindest demokratischer Kontrollmöglichkeiten bedürfen.

Höchster Demokra-   Zweifellos ist somit der Demokratiebedarf in der EU am höchsten – nicht
tiebedarf bei EU   nur im Verhältnis zu WTO und VN, sondern unter allen internationalen Organisationen. Für die WTO ergibt sich zwar ein geringerer Demokratiebedarf als in der EU, der insgesamt aber immer noch relativ hoch liegt. Der Demokratiebedarf der VN muss als umstritten gelten – je nachdem, ob wir uns am Anspruch einer globalen Dachorganisation mit breitem Aufgabenspektrum oder an der Wirklichkeit eines mehr oder weniger erfolgreichen Krisenmanagements orientieren, ergibt sich ein höherer oder mittlerer Bewertungsmaßstab für die demokratische Qualität der VN.

7.1.2 Partizipation und Inklusivität

Unterschiedliche   Die primären Handlungssubjekte in internationalen Organisationen sind ihre
Inklusivität und   Mitgliedstaaten bzw. deren Regierungen. Was die Mitgliederstärke angeht, sind
Partizipation   die VN mit fast universeller Mitgliedschaft (192 Mitgliedstaaten) vor der WTO (153) und der EU (27) am inklusivsten. Das bedeutet jedoch keineswegs, dass betroffene Staaten bzw. ihre Bevölkerungen in jedem Fall angemessen am Entscheidungsprozess in den VN beteiligt sind. Mehrere Einschränkungen sind notwendig: Erstens werden die wichtigsten Entscheidungen der VN im Sicherheitsrat getroffen – einem höchst exklusiven Organ mit nur 15 Mitgliedern und angesichts der fünf Vetomächte auch sehr ungleichen Partizipationsmöglichkeiten. Darüber hinaus sind die VN auch die Organisation mit der höchsten Zahl undemokratischer Mitgliedstaaten, so dass bereits die entsandten Vertreter dieser Staaten über eine unzureichende Legitimation durch ihre Bevölkerungen verfügen. Entsprechende Reformvorschläge für die VN haben sich aber bislang als wenig realistisch und/oder als kaum erstrebenswert erwiesen. Wiederholte Anläufe zu einer inklusiveren und repräsentativeren Zusammensetzung des Sicherheitsrates scheiterten an den erforderlichen Mehrheiten, und eine Neugründung

der VN als „Liga der Demokratien" würde den Bevölkerungen nichtdemokratischer Staaten sicherlich keine bessere Mitsprache ermöglichen.

Was Inklusivität und Partizipation angeht, ist die EU in mehrfacher Hinsicht *EU* ein Gegenentwurf zu den VN. Die Mitgliedschaft in der EU ist regional exklusiv und der Beitritt an die Einhaltung von Demokratie- und Menschenrechtsstandards geknüpft. Auch wenn Deutschland, Frankreich und Großbritannien häufig bestimmend für die europäische Politik sind, so verfügen sie doch über keine besonderen Vetorechte in der EU und sind die Stimmen im Ministerrat tendenziell zugunsten kleiner Mitgliedstaaten verzerrt. Wenngleich auf wesentlich höherem Gesamtniveau, so bestehen aber auch in der EU Inklusions- und Partizipationsdefizite. Nach innen, so haben wir ausführlich beschrieben, führt die Fortentwicklung des europäischen Rechts durch Regierungskonferenzen, Mehrheitsentscheidungen des Ministerrats und Gerichtsentscheidungen zu einem Bedeutungsverlust nationaler Parlamente. Nach außen hat die exklusive EU-Mitgliedschaft zur Folge, dass nicht immer alle betroffenen Staaten, z.B. von den Agrarsubventionen der EU oder ihrer restriktiven Asylpolitik, am Entscheidungsprozess angemessen beteiligt sind.

Die WTO nimmt gewissermaßen eine Mittelposition zwischen VN und EU *WTO* im Bezug auf Partizipation und Inklusivität ein. Die Mitgliedschaft ist exklusiver als in den VN und inklusiver als in der EU. Die Mitwirkungsmöglichkeiten der Mitgliedstaaten sind durch das Konsensprinzip zumindest formal gleichmäßiger verteilt als im Sicherheitsrat der VN; durch das enorme Gefälle an Verhandlungsmacht und die Verlagerung von Entscheidungen in informelle Zirkel haben viele WTO-Mitgliedstaaten trotzdem nur eingeschränkte Mitwirkungsmöglichkeiten.

Über eine eigene *Volksvertretung* verfügt von den drei untersuchten interna- *Volksvertretung* tionalen Organisationen nur die EU mit dem Europäischen Parlament. Zwar *nur für EU* beginnt die Präambel der VN-Charta mit: „Wir, die Völker der Vereinten Nationen", aber eine wirkliche Volksvertretung kennen die VN nicht. Auf den ersten Blick könnte man ihrer Größe wegen die Generalversammlung der VN oder den Allgemeinen Rat der WTO für ein solches Organ halten – doch beide setzen sich nach dem Prinzip „one state, one vote" aus Regierungsvertretern zusammen. Andere internationale Organisationen wie die NATO oder die OSZE besitzen sogenannte „Parlamentarische Versammlungen", in die Abgeordnete aus nationalen Parlamenten entsandt werden. Nur die EU verfügt jedoch über ein direkt gewähltes Parlament und somit über einen eigenständigen Legitimationsstrang jenseits der mitgliedstaatlichen Regierungen. Wir haben gesehen, wie die Vertiefung der europäischen Integration, insbesondere die stetige Ausweitung von Mehrheitsentscheidungen im Rat, nur begleitet von einer Stärkung der Mitwirkungsrechte des Europäischen Parlaments gerechtfertigt werden konnte. Ob dies ausreicht, um den hohen Demokratiebedarf der EU zu decken, ist damit noch nicht gesagt. Das fehlende Gesetzesinitiativrecht, die mangelnde europäische Öffentlichkeit sowie abnehmende Wahlbeteiligungen werden immer wieder als Defizite genannt. Verglichen mit den anderen Organisationen in diesem Buch ragt die Direktwahl zum Europäischen Parlament dennoch als einzigartige Partizipationsform auf internationaler Ebene heraus.

Beteiligung von nichtstaatlichen Akteuren

Schließlich unterscheiden sich EU, WTO und VN dahingehend, inwieweit sie *Nichtregierungsorganisationen* oder gar *Individuen* Mitwirkungsmöglichkeiten einräumen.

WTO

So wird die WTO einhellig als die restriktivste der drei Organisationen gegenüber Nichtregierungsvertretern beschrieben. Die alle zwei Jahre stattfindenden Ministerkonferenzen werden zwar zunehmend auch von Nichtregierungsvertretern besucht, und in Streitbeilegungsverfahren sind sie eine willkommene zusätzliche Informationsquelle. Eine systematische Einbindung von NRO in die Entscheidungsprozesse der WTO ist aber nicht absehbar und würde auch nicht unbedingt zu ihrer Demokratisierung beitragen. Bestehende Ungleichgewichte könnten dadurch eher noch zugunsten westlicher Anliegen, vertreten durch starke zivilgesellschaftliche Organisationen oder multinationale Unternehmen, verstärkt werden.

VN

Über eine lange Tradition der Einbindung nichtstaatlicher Akteure verfügen dagegen die VN. Insbesondere das Akkreditierungsverfahren für den Wirtschafts- und Sozialrat der VN erfolgt nach transparenten Kriterien und räumt NRO gewisse Mitspracherechte ein. Weniger formalisiert ist ihre Einbindung in Entscheidungsprozesse des Sicherheitsrates, der Generalversammlung oder auf VN-Konferenzen.

EU

Die Mitwirkungsmöglichkeiten für nichtstaatliche Akteure im Rahmen der EU variieren schließlich stark nach Politikfeldern. Die EU-Kommission hat sich einerseits immer wieder als Vorreiterin für die stärkere Beteiligung von NRO auf europäischer Ebene hervorgetan – andererseits sieht sie sich auch häufig der Kritik ausgesetzt, nicht so sehr auf eine originäre Demokratisierung hinzuwirken, sondern vielmehr zivilgesellschaftliche Gruppen selektiv dort zu aktivieren, wo dies eigenen Vorhaben dient. Dass Individuen auf dem Gerichtsweg und unter Berufung auf europäisches Recht Ansprüche durchsetzen können, zum Beispiel im Hinblick auf die Arbeitnehmerfreizügigkeit oder auf den Grundsatz der Antidiskriminierung, ist wiederum eine Form der Partizipation, die es nur im Rahmen der EU gibt.

7.1.3 Transparenz und Kontrolle

Demokratischer Sinn von Transparenz

Transparenz gehört nicht nur aus ideellen, sondern auch aus ganz praktischen Gründen zu den wichtigsten Eigenschaften demokratischer Verfahren: Ohne das Wissen darum, wer aus welchen Gründen in einer politischen Frage welche Haltung eingenommen hat, können die Regierten die Regierenden nicht wirksam kontrollieren. Wie transparent sind nun die drei untersuchten Organisationen im Vergleich, und wie sieht es mit den jeweiligen demokratischen Kontrollmöglichkeiten aus?

EU

Die EU weist auch hier das umfassendste System von *checks and balances* auf. Es beruht zum einen auf einer relativ klaren Kompetenzzuweisung an die einzelnen Organe und zum anderen auf der Gewaltenteilung bzw. -verschränkung zwischen den Regierungen und Parlamenten der Mitgliedstaaten, der Kommission, dem Europäischen Parlament und dem Europäischen Gerichtshof. Der Rat wird dabei vor allem von den nationalen Parlamenten der Mitgliedstaaten kontrolliert. Er galt lange Zeit als äußerst intransparent und weist, auch wenn er über die Zeit transparenter geworden ist, immer noch Defizite auf. Die Bewertung von Kommission und EuGH ist dagegen ungleich schwieriger, da sich für die Unabhängigkeit beider Organe ebenso gute Gründe anführen lassen wie für ihre Kontrolle. Während die Judikative – also hier der EuGH – auch in demokratischen Nationalstaaten bewusst mit einer umfassenden Unabhängigkeit ausgestattet wird, sind insbesondere die Kontrollmöglichkeiten des Europäischen Parlaments gegenüber der Kommission, die innerhalb der EU ja zumindest teilweise Exekutivfunktionen übernimmt, bislang eher knapp bemessen. Angesichts der Vielzahl von Politiken und Zielsetzungen, die die Kommission verfolgt, bedarf es einer stärkeren demokratischen Kontrolle bei der Verständigung auf die Ziele der Kommissionsarbeit.

Im Vergleich zur EU nehmen sich die institutionellen Kontrollmechanismen der WTO eher spärlich aus; angesichts des vorherrschenden Konsensprinzips ist die Nachfrage nach einer umfassenden Kontrolle aber auch geringer. Trotzdem gilt auch die WTO vielen Kritikern als eine äußerst intransparente Organisation, in der „die Regierten" nur wenig Kontrolle über „die Regierenden" ausüben. Dabei wird jedoch übersehen, dass die Mitgliedstaaten seit der Gründung der WTO eine Reihe von Schritten unternommen haben, die für mehr Transparenz sorgen. Es finden zwar weiterhin informelle Verhandlungen zwischen mächtigen WTO-Mitgliedern statt, deren Tagesordnung und Verlauf auch nicht immer an die Öffentlichkeit dringt – alles andere wäre in einem zwischenstaatlichen Verhandlungssystem, für das die WTO den Rahmen zur Verfügung stellt, auch höchst überraschend. Die inzwischen sehr umfangreiche Informationspolitik des WTO-Sekretariats trägt aber zumindest dazu bei, dass wichtige Informationen über den Gang der WTO-Verhandlungen relativ zeitnah öffentlich verfügbar sind. Damit ist eine Grundlage für die öffentliche Kontrolle der WTO-Verhandlungen durch gesellschaftliche Akteure gelegt. Defizite bestehen dagegen vor allem bei der Kontrolle der meisten demokratischen Regierungen durch ihre nationalen Parlamente – eine starke Kontrolle übt lediglich der US-Kongress aus – und bei der fast gänzlich fehlenden Kontrolle der nichtdemokratischen Regierungen durch ihre eigene Bevölkerung.

In den VN schließlich sind Transparenz und politische Kontrolle insbesondere im Sicherheitsrat prekär. Der Sicherheitsrat wurde in seiner Form gestaltet, um schnelle und von den mächtigen Staaten dieser Welt unterstützte Lösungen für Krisen zu finden. Diese Voraussetzungen widersprechen vielfach den Anforderungen, die Transparenz und Kontrolle an politische Institutionen und die darin agierenden Entscheidungsträger stellen. So hat der Sicherheitsrat beispielsweise ein exklusives Recht, sich mit allen Konflikten und Krisen zu beschäftigen. Dies schließt mithin aus, dass sich ein anderes Gremium der VN, insbesondere die Generalversammlung, mit derselben Krise befasst. Außerdem waren bis vor einigen Jahren die Prozeduren im Sicherheitsrat insofern informell, als es keine öffentlich zugängliche Agenda gab und die Debatten im Sicherheitsrat auch nicht mitverfolgt werden konnten. Auch dies hat sich in den letzten Jahren jedoch teilweise geändert, so dass auch der Sicherheitsrat zumindest etwas transparenter geworden ist. Das Generalsekretariat steht als ausführendes Verwaltungsorgan zudem unter der Kontrolle der Generalversammlung, die unter anderem das Budget des Sekretariats bestimmt. Auch wenn es bezüglich dieser Kontrolle Lücken gibt und letztlich vor allem die großen Beitragszahler der VN die Möglichkeit haben, durch die Rückhaltung von Jahresbeiträgen eine wirksame Kontrolle auszuüben, kann man auch im Bezug auf die VN kaum von einer Bürokratie sprechen, die, wie Hans Herbert von Arnim dies für die Europäische Kommission behauptet hat, „unsere Demokratie verscherbelt".

Tendenz zu mehr Transparenz in den internationalen Organisationen

Insgesamt fällt auf, dass alle drei Organisationen in den vergangenen Jahren auf Kritik von außen und innen reagiert haben und sich um transparentere Entscheidungsverfahren und – zumindest teilweise – den Ausbau demokratischer Kontrollmöglichkeiten bemühen. Die EU hat in der Praxis das am stärksten institutionalisierte System von *checks and balances* – gleichzeitig aber eben auch den größten Bedarf an demokratischer Kontrolle.

7.1.4 Diskursive Qualität

Neben der Möglichkeit „der Regierten", sich aktiv am Regieren zu beteiligen und „die Regierenden" zu kontrollieren, haben wir in Kapitel 3 die diskursive Qualität der Meinungs- und Willensbildung als drittes Kriterium für demokratisches Regieren ausgezeichnet. Die Prozesse, in denen sich Gesellschaften und ihre Bürger eine politische Meinung bilden und ihren politischen Willen formen, sollen den Austausch guter Gründe begünstigen („deliberativ sein"), und politische Diskurse sollten möglichst offen für verschiedene Sichtweisen sein („diskursive Ausgewogenheit ermöglichen").

VN

Auch hier schneiden die drei Organisationen unterschiedlich ab. Im Rahmen der VN überrascht dabei, dass die Entscheidungsprozesse im Sicherheitsrat entgegen der landläufigen Meinung keine reinen Machtspiele sind, sondern durchaus einen eingebauten „Argumentationszwang" aufweisen. Von den Mitgliedern des Sicherheitsrats wird zum einen erwartet, dass sie ihre Anliegen nicht im eigenen Interesse vorbringen, sondern im Interesse aller Staaten, die sie in der Funktion als Sicherheitsratsmitglieder vertreten. Zum anderen wird erwartet, dass sie ihre Positionen mit Bezug auf die geltenden völkerrechtlichen Bestimmungen begründen. Die immensen Machtunterschiede zwischen den Mitgliedern der Vereinten Nationen werden dadurch zwar nicht ausgehebelt; die genannten Normen sorgen aber doch dafür, dass der Nutzen von Machtunterschieden durch den völkerrechtlichen Referenzrahmen eingeschränkt wird und auch die Mächtigen ihre Argumente begründen und ihr Handeln rechtfertigen müssen. Zudem sind die VN aufgrund ihrer universalen Mitgliedschaft und ihrer äußerst breiten Themenpalette relativ offen für verschiedene Diskursperspektiven – anders als bei der Weltbank oder dem Internationalen Währungsfonds existieren für die meisten Tätigkeitsfelder der VN keine „Blaupausen", die genau festlegen, in welchem Rahmen sich akzeptable Lösungen für verschiedene Weltprobleme zu bewegen haben.

WTO

In der WTO sind beide Faktoren – die „Deliberativität" und die „diskursive Ausgewogenheit" – deutlich schwächer ausgeprägt. Zum einen spielen Argumentations- und Überzeugungsprozesse im Verhandlungssystem der WTO eine eher untergeordnete Rolle: In den Welthandelsrunden geht es weniger darum, die Verhandlungspartner von der „Richtigkeit" eines Verhandlungsvorschlags zu überzeugen als vielmehr darum, tragbare Kompromisse zu finden. Es geht also eher um Verhandlungsmacht und weniger um die Überzeugungskraft guter Argumente, die sich beispielsweise auf Hintergrundnormen wie das „Weltgemeinwohl" oder gar eine „gerechte Weltwirtschaftsordnung" beziehen. Dennoch zeigen einige Beispiele, dass die WTO-Verhandlungen auch deliberative Elemente enthalten und der diskursive Bezug auf die Grundprinzipien und Ziele der Organisation in Einzelfällen auch wirksam sein kann. Die Verrechtlichung der Streitbeilegung kann zudem als Stärkung der deliberativen Elemente in der WTO gelesen werden, da sie die Position der traditionell an deliberativen Verfahren orientierten quasi-judikativen Gremien der WTO stärkt. Dies gilt insbesondere für die Rechtsprechung des Berufungsgremiums. Vor diesem Hintergrund scheint die Kritik an der mangelnden „diskursiven Ausgewogenheit" der WTO gravierender: Kritisiert wird hier, dass Argumente, die nicht in das Liberalisierungsparadigma passen, auf dem die WTO gründet, im Rahmen der WTO nur schwer Gehör finden. Nicht zuletzt aus diesem Grund setzen Anhänger einer „alternativen Globalisierung" auch eher darauf, die Welthandelspolitik durch gesellschaftlichen Druck von außen zu reformieren.

Im Bezug auf die EU schließlich gibt es Licht und Schatten. Einerseits sind EU Kommission, Rat und Parlament in der Regel um einen größtmöglichen Konsens bei ihren Entscheidungen bemüht. Inwiefern letztlich die Verhandlungsmacht der Akteure ausschlaggebend ist oder die Überzeugungskraft von Argumenten, lässt sich in der Praxis jedoch schwer feststellen. Die Beispiele, anhand derer wir die deliberative Qualität der Meinungs- und Willensbildungsprozesse auf europäischer Ebene diskutiert haben, weisen insofern eine wichtige Gemeinsamkeit auf, als sie auf eine Vielfalt institutioneller Arrangements innerhalb der EU verweisen, die den Austausch von Argumenten und zumeist konsensuale Entscheidungsprozesse erleichtern. Dazu zählen unter anderem die Komitologie, das Europäische Parlament, die Offene Methode der Koordinierung oder der Verfassungskonvent. Freilich haben alle diese Arrangements ihre Schwächen: So ist die Komitologie auf Expertendiskurse beschränkt; das Europäische Parlament mitunter zu schwach und in der Öffentlichkeit häufig noch zu wenig präsent; die Bedeutung der Offenen Methode der Koordinierung in der Literatur umstritten; und der Verfassungskonvent hat zwar einen Vertrag entworfen, den viele als einen Fortschritt gegenüber den Ergebnissen früherer Regierungskonferenzen sahen – dieser ist aber an französischen und niederländischen Referenden gescheitert. So ist die Hauptkritik an der diskursiven Qualität der EU denn auch, dass sich die grenzüberschreitenden europapolitischen Diskurse häufig auf Eliten beschränken, während breitere Teile der Bevölkerung kaum teilnehmen möchten oder können.

Tabelle 10: EU, WTO und VN im Vergleich

	EU	**WTO**	**VN**
Demokratiebedarf	• Sehr hoch; • Zuständigkeiten in fast allen Politikbereichen; • Mehrheitsentscheidungen als Regelfall; Vorrang und Direktwirkung des Europarechts, starker Gerichtshof.	• Hoch; • Zuständigkeit auf Handel beschränkt, aber vielfach mit Auswirkungen auf Menschenrechte, Umwelt, etc.; • Konsensprinzip und nur begrenzte Autonomie einzelner Organe.	• Umstritten: Mittel bis Hoch; • Zuständigkeit in Krisenfällen internationaler Sicherheit – und wie weit darüber hinaus? • Verbindliche Entscheidungen des Sicherheitsrats.
Partizipation und Inklusivität	• Exklusive Mitgliedschaft; • Inklusiver Entscheidungsprozess im Rat; Stimmrechte zugunsten kleinerer Staaten verzerrt; Mehrheitsentscheidungen; • Europawahlen als originär europäische Partizipationsmöglichkeit; • Einbindung von NRO zwischen Demokratisierung und Instrumentalisierung.	• Breite Mitgliedschaft; • Formal inklusiver Entscheidungsprozess (Konsensprinzip), aber Entscheidungsverlagerung in informelle und exklusive Zirkel; großes Gefälle an Verhandlungskapazität; • NRO als Informationslieferanten, aber keine systematische Beteiligung an Entscheidungsfindung.	• Universale Mitgliedschaft; • Exklusiver Entscheidungsprozess im Sicherheitsrat; zudem ungleiche Partizipationsmöglichkeit durch Vetorechte; • Einbindung von Nichtregierungsvertretern, häufig jedoch vor und nach eigentlicher Entscheidungsfindung.
Transparenz und Kontrolle	• Transparenz-Defizite im Rat; hohe Transparenz des Europäischen Parlaments; • Gewaltenteilung bzw. -verschränkung zwischen den Organen der EU; • Kontrolldefizite beim Rat (durch manche nationalen Parlamente); ebenso bei der Kommission (durch das Europaparlament); • Zielkonflikt: Kontrolle vs. Unabhängigkeit von Kommission und EuGH.	• Transparenz der Verhandlungen teilweise gering; • Kontrolle durch nationale Parlamente wird dadurch erschwert und ist i.d.R. schwach; • Zielkonflikt: Ein Ziel der Internationalisierung ist auch die Abschirmung der Regierungspolitik vor stark organisierten Partikularinteressen.	• Transparenz insbesondere im Sicherheitsrat mangelhaft; es bleibt unklar, warum Entscheidungen (nicht) getroffen werden; Vetos müssen nicht begründet werden; • Kontrolle des Sekretariats durch Generalversammlung (u.a. beim Budget). • Zielkonflikt: Schnelles Handeln des Sicherheitsrates in Krisen vs. Transparenz und demokratische Kontrolle.

	EU	WTO	VN
Diskursive Qualität	• Zahlreiche institutionelle Arrangements, die deliberative Verfahren grundsätzlich begünstigen (z. B. Komitologie, Europäisches Parlament, Offene Methode der Koordinierung, Konvent); • Aber: eine „europäische Öffentlichkeit" fehlt und die „europäische" Deliberation ist häufig auf Eliten beschränkt.	• Das Liberalisierungsparadigma schränkt das Spektrum dessen, was im Rahmen der WTO „sagbar" ist, ein; • Die Welthandelsrunden lassen relativ wenig Raum für deliberative Verfahren; aber der Bezug auf die Grundnormen und -ziele der WTO kann dennoch argumentative Wirkung erzielen.	• Das breite Tätigkeitsfeld und die universale Mitgliedschaft sorgen dafür, dass eine Vielfalt von Diskursen im Rahmen der VN anschlussfähig sind; • Insbesondere im Sicherheitsrat spielen Machtunterschiede eine große Rolle; immerhin müssen sich aber auch mächtige Staaten im VN-System rechtfertigen.

7.2 Rahmenbedingungen grenzüberschreitender Demokratie

Die Übersicht in Tabelle 10 zeigt noch einmal, dass internationale Organisationen einen unterschiedlichen Demokratiebedarf haben und diesem Bedarf in den Bereichen der Inklusivität, der demokratischen Kontrolle und der diskursiven Qualität in unterschiedlicher Weise nachkommen. Das ist jedoch nur die eine – genauer gesagt: die institutionelle – Seite der „globalen Demokratie". Die andere Seite, die individuellen, gesellschaftlichen und politischen Voraussetzungen für so etwas wie eine globale oder grenzüberschreitende Demokratie, werden in der Diskussion über das Demokratiedefizit dagegen häufig übersehen. Die Politik internationaler Organisationen kann aber letztlich nur dann demokratisch sein, wenn nicht nur die Organe der jeweiligen Organisation selbst inklusiv, rechenschaftspflichtig und deliberativ sind. Zusätzlich müssen auch die Bürger, ihre Gesellschaften und die nationalen Parlamente bereit und in der Lage sein, ihre jeweiligen Rollen einer globalisierten Politik anzupassen. Im Folgenden skizzieren wir drei wichtige Rahmenbedingungen globaler Demokratie. Dies sind die Anpassung nationaler Politik – insbesondere der nationalen Parlamente – an das Regieren im internationalen Mehrebenensystem, die gesellschaftlichen Voraussetzungen globaler Demokratie und das individuelle Bürgerengagement als Grundlage für eine Demokratisierung der internationalen Politik.

Drei Rahmenbedingungen internationaler Demokratie

7.2.1 Die Anpassungsfähigkeit nationaler Politik

In den seltensten Fällen werden nationale Entscheidungskompetenzen wirklich auf die internationale Ebene *verlagert* – vielmehr, so drücken es Hurrelmann et al. (2008: 36) aus, werden internationale Organisationen und internationales Recht als zusätzliche Strukturen an den Staat *„angelagert"*. Diesen Gedanken

„Anlagerung" internationalen Rechts an nationale Politik

Mehrebenensystem

Mehrebenen-
demokratie

bringt auch der Begriff des Mehrebenensystems auf den Punkt. Folglich kann auch Demokratie auf internationaler Ebene kein „Ersatz" für nationale Demokratie sein, sondern beide stehen in einem Wechselverhältnis – umfassend lassen sie sich letztlich nur als Mehrebenendemokratie beschreiben (Hurrelmann 2008; Scharpf 2009). Damit ist zunächst das bereits mehrfach diskutierte Problem angesprochen, dass bei weitem nicht alle Mitgliedstaaten in internationalen Organisationen selbst Demokratien sind. Hinzu kommt aber eine zentrale Herausforderung, die gerade die etablierten nationalen Demokratien betrifft: Nicht alle politischen Akteure können gleich gut mit der Komplexität des Mehrebenenregierens umgehen. Ausgerechnet die nationalen Parlamente – die demokratisch gewählten Volksvertreter – stehen häufig als Verlierer gegenüber ihren Regierungen und Gerichten da, wenn Entscheidungen auf internationaler Ebene getroffen werden.

Logik des „exekutiven Multilateralismus" und die Rolle der Regierungen

Vertreter der nationalen *Regierungen* führen in der Regel die Verhandlungen auf internationaler Ebene. In den VN sitzen vor allem Delegierte der jeweiligen Außenministerien oder in wichtigen Fragen die Regierungsmitglieder selbst beisammen; im Rahmen der WTO treffen sich vor allem Angehörige der jeweiligen Handelsministerien; im Rat der EU entscheiden je nach Politikfeld die Minister aus dem entsprechenden Zuständigkeitsbereich. Zürn (2003: 235) hat dieses Phänomen treffend als „exekutiven Multilateralismus" bezeichnet. Auf unterschiedliche Weise können sich die Regierungen hierbei einen Vorteil gegenüber der Legislative, also den Parlamenten, verschaffen. Ist beispielsweise ein internationales Abkommen erst einmal ausgehandelt, können sie die nationalen Parlamentarier vor (fast) vollendete Tatsachen stellen. Diese stehen dann häufig nur noch vor der Wahl, zuzustimmen oder einen mühsam erreichten internationalen Kompromiss zum Scheitern zu bringen (Putnam 1988; Moravcsik 1993). Aus diesem Grund können sich Regierungsvertreter auch bewusst dazu entschließen, Entscheidungen auf die internationale Ebene zu verlagern, wenn ihnen ansonsten auf nationaler Ebene die Mehrheiten für eine entsprechende Politik fehlen würden. Als Sündenbock für unpopuläre Maßnahmen kann dann eine internationale Organisation bzw. der dort herrschende Kompromisszwang herhalten (Offe 2003). Schließlich sind die Vertreter der einzelnen Fachministerien mit einem spezifischen Gegenstand meist besser vertraut als die „Allrounder" im Parlament, so dass manche wichtige Vorentscheidung im Parlament mangels Zeit und Wissen erst gar nicht zur Sprache kommt.

Wachsende Bedeutung internationaler Gerichte

Während wir diese Machtverschiebung zugunsten der Exekutive auch gut aus dem deutschen Föderalismus kennen, beschert das Regieren im internationalen Mehrebenensystem noch einer weiteren Gruppe von Akteuren einen Bedeutungszuwachs: nationalen und internationalen *Gerichten*. Vertreter der Judikative, so etwa das Argument Anne Marie Slaughters (2003), verbündeten sich zunehmend zu einer „Globalen Gemeinschaft der Gerichte". Diese Entwicklung ist zweifellos in vielfacher Hinsicht erfreulich: Zangl (2006) beschreibt, wie internationale Gerichte zu ziviler Streitbeilegung zwischen Staaten beitragen und wie so jenseits nationaler Grenzen gewissermaßen eine „internationale Rechtsstaatlichkeit" entsteht. Slaughter nennt vielfältige Beispiele, in denen Gerichtshöfe ein besonderes Gespür für die Vereinbarkeit unterschiedlicher nationaler Interessen gezeigt haben; in denen der zunehmende internationale Austausch die diskursive

Qualität vor Gericht gefördert hat; und in denen Gerichte zu einem besseren Menschenrechtsschutz beigetragen haben (Slaughter 2004: Kapitel 2). Trotz alldem dürfen wir dabei nicht übersehen, dass es zum Wesen von Demokratien gehört, dass grundsätzliche politische Richtungsentscheidungen im politischen Wettstreit und von gewählten Volksvertretern entschieden und nicht in vermeintlich unpolitische Gerichtsverfahren ausgelagert werden (Bellamy 2007). *demokratietheoretische Bewertung*

Für den demokratischen Wettstreit um politische Inhalte sind daher auch im internationalen Mehrebenensystem nationale *Parlamente* von herausragender Bedeutung. Marianne Beisheim und Achim Brunnengräber (2008: 83-90) beschreiben ein breites Spektrum möglicher Maßnahmen, mit denen nationale Parlamente auf die Herausforderung des Mehrebenenregierens reagieren können und bewerten diese im Hinblick auf ihr demokratisches Potenzial. Parlaments*intern* könnten etwa gesonderte parlamentarische Ausschüsse für internationale Verhandlungen, die routinemäßige Mitgliedschaft von Abgeordneten in Verhandlungsdelegationen oder wirksame Vetorechte schon im Verhandlungsstadium Abhilfe schaffen. In vielen Fällen sind für derartige Verbesserungen gar nicht unbedingt neue Strukturen, sondern in erster Linie informelle Anpassungen erforderlich. Parlaments*extern* ist zudem vor allem die bessere Vernetzung der Abgeordneten mit ihren Kollegen aus anderen nationalen Parlamenten vonnöten; diese hinkt – wie auch Slaughter (2004: Kapitel 3) dokumentiert – der Vernetzung der Exekutiven und Judikativen noch hinterher. Das Fazit von Beisheim und Brunnengräber (2008: 90) verweist auf die Größe der Herausforderung: *Bedeutung nationaler Parlamente für internationale Demokratie* *Notwendigkeit von interner und externer Anpassung der Parlamente*

> „Ist schon die Kluft zwischen Wahlkreis und nationalem Parlament nur schwer überbrückbar, bleibt der Wandel zum ‚globalen Mehrebenenspieler' eine noch schwieriger zu bewältigende Aufgabe."

Dass nationale Parlamente diese Herausforderung meistern, ist eine wichtige politische Voraussetzung für eine grenzüberschreitende Demokratie. Um diese Herausforderung zu meistern, müssen sich nationale Abgeordnete mehr für internationale Angelegenheiten interessieren und sich das notwendige Wissen aneignen, um die internationale Politik wirksam kontrollieren zu können. Das wiederum setzt voraus, dass die Wählerinnen und Wähler ein solches Bemühen ihrer Abgeordneten einfordern und honorieren. Denn ein Anreiz besteht für Abgeordnete letztlich nur dann, wenn sie nicht fürchten müssen, am Wahltag dafür abgestraft zu werden, dass sie innerhalb der Legislaturperiode ab und an auf Auslandsreise, aber nicht jede Woche im eigenen Wahlkreis anzutreffen waren.

7.2.2 Die gesellschaftlichen Voraussetzungen

Das verweist uns auf zwei weitere Punkte, nämlich die Rahmenbedingungen auf der gesellschaftlichen und individuellen Ebene. Unsere in Kapitel 3 entwickelte normative Konzeption von grenzüberschreitender Demokratie haben wir bisher ausschließlich auf das institutionelle Gebäude internationalen Regierens angewendet. Was aber bedeuten Inklusivität, demokratische Kontrolle und diskursive Qualität aus Sicht individueller Akteure? Und vor allem: Welche sozialen Voraussetzungen müssen erfüllt sein, damit die mit diesen Begriffen verbundenen Ziele verwirklicht werden können?

In Kapitel 3 haben wir beispielsweise argumentiert, dass die Norm der Transparenz verlangt, dass Individuen, die von einer Entscheidung maßgeblich betroffen sind (oder sein könnten), in der Lage sind, sich über die Entscheidungsfindung zu informieren. Sie sollen wissen können, dass ein Entscheidungsprozess im Gang ist, worüber in diesem Prozess entschieden werden soll, wer an der Entscheidungsfindung beteiligt ist, wie entschieden wird, was der aktuelle Stand der Entscheidungsfindung ist und wie sie sich gegebenenfalls selber einbringen können. Die Möglichkeit, sich über einen Entscheidungsprozess – etwa die laufenden WTO-Verhandlungen – zu informieren, setzt dabei voraus, dass die Entscheidungsträger Informationen über diesen Prozess rechtzeitig öffentlich zur Verfügung stellen. Das ist auch genau das, was zivilgesellschaftliche Aktivisten im Namen der „globalen Demokratie" fordern und was internationale Organisationen als Antwort auf ihre Kritiker zunehmend tun.

So weit, so gut. Aber die Möglichkeit, sich über einen Entscheidungsprozess zu informieren, setzt auch voraus, dass diejenigen, denen Informationen zur Verfügung gestellt werden, etwas mit diesen Informationen anfangen können – dass sie sie verstehen können, dass sie sie im Lichte ihrer eigenen Interessen bewerten können und dass sie ihre Zustimmung oder Ablehnung kundtun können. Wenn die von einer Entscheidung Betroffenen all dies nicht können, dann bleibt Transparenz eine ziemlich einseitige Angelegenheit und damit letztlich bedeutungslos. Stellt man nun aber in Rechnung, dass immerhin achtzehn Staaten eine Alphabetisierungsrate unter 50 Prozent aufweisen (UNDP 2007: 269-272), dass bei weitem nicht alle Weltregionen an das World Wide Web angeschlossen sind, und dass Fremdsprachenkenntnisse, das Wissen über volkswirtschaftliche Zusammenhänge und die politische Bildung im globalen Maßstab extrem ungleich verteilt sind, dann ist die Verwirklichung von Transparenz in einem normativ anspruchsvollen Sinn in der Tat ein weit hergeholter Traum. Und noch gravierender: Kaum einer der „Global Democracy"-Aktivisten in Zivilgesellschaft und politischer Wissenschaft setzt sich für die Verwirklichung dieses Traums ein.

Ähnliches lässt sich für die Inklusivität und die diskursive Qualität sagen. Während die mit diesen Begriffen verbundenen Normen fordern, dass Vertreter betroffener Gemeinschaften in wirksamer Weise an Verhandlungen und Deliberationen teilnehmen können, sind die „Global Democracy"-Aktivisten häufig schon zufrieden, wenn internationale Organisationen ihnen überhaupt den Zugang erleichtern. Analysen internationaler Verhandlungen, etwa der Welthandelsrunden oder der internationalen Klimaverhandlungen, zeigen aber immer wieder, dass das wirkliche Problem nicht der Zugang für die Zivilgesellschaft, sondern eher die höchst ungleichen Möglichkeiten der beteiligten Regierungen sind, ihre Gesellschaften in den Verhandlungen adäquat zu vertreten.

Im Fall der Verhandlungen zum Kyoto-Protokoll und seinem *Clean Development Mechanism* (CDM)[114], hatten Entwicklungsländer beispielsweise nicht nur Schwierigkeiten, ihre eigenen CDM-Potenziale zu berechnen und den Analysen ausländischer Studien zu vertrauen – zwei Faktoren, die alleine schon viele Entwicklungsländer davon abhielten, starke Positionen einzunehmen. Darüber hinaus machte ihnen auch das mangelnde Wissen und Interesse und die daraus resultierende geringfügige Beteiligung maßgeblicher gesellschaftlicher Akteure auf der nationalen Ebene zu schaffen. Denn ohne zu wissen, was im Interesse ihrer Gesellschaften lag, konnten die Regierungen des „Globalen Südens" die Interessen ihrer Bevölkerung auch nur in einem begrenzten Umfang vertreten. In Ermangelung einer öffentlichen Debatte über die richtige Klimapolitik sind die Regierungen von Entwicklungsländern somit häufig mit einem „hohlen Mandat" ausgestattet. Im Gegensatz zu den Regierungen der Industrieländer haben sie im Rahmen der CDM-Verhandlungen eine eher defensive Verhandlungsstrategie verfolgt und sich damit selbst in eine nachteilige Position gebracht. Ein Delegierter, den Joyeeta Gupta (1997: 132) für eines ihrer Bücher interviewt hat, argumentiert in diesem Zusammenhang, dass Entwicklungsländer bei internationalen Verhandlungen zwar anwesend seien, ihren Regierungen und Gesellschaften aber häufig die Voraussetzungen fehlten, um wirkungsvolle Teilnehmer an solchen Verhandlungen zu sein.

(Randnotiz: Beispiel: Kyoto-Protokoll)

Wie schon im Kapitel zur demokratischen Qualität der Welthandelsorganisation angedeutet, ist ein Minimum an wirtschaftlicher und sozialer Gleichheit unter den Bürgern einer Demokratie wohl unabdingbar – zumindest in dem Sinne, dass die wirtschaftliche, gesundheitliche und soziale Sicherheit und ein Mindestmaß an (politischer) Bildung Voraussetzungen für die Teilhabe von Bürgern am politischen Prozess und damit für das Gelingen der Demokratie sind. Es spricht einiges dafür, dass diese Voraussetzungen im globalen Maßstab nicht erfüllt sind. Das heißt aber nicht, dass wir das politische Ziel einer demokratischeren Weltpolitik abschreiben sollten, sondern vielmehr, dass wir alles tun sollten, um diese minimalen Voraussetzungen so schnell wie möglich zu schaffen.

(Randnotiz: Wirtschaftliche und soziale Gleichheit der Bürger)

7.2.3 Individuelles Engagement

Damit sind wir nicht nur fast am Ende dieses Buches angelangt, sondern auch beim Übergang von der wissenschaftlichen Analyse zum praktischen Umgang mit den Herausforderungen globalen Regierens: bei der Frage nämlich, was „wir" – als Bürger westlicher und relativ wohlhabender Demokratien – tun kön-

---

114 Der *Clean Development Mechanism* ist einer der drei sogenannten „flexiblen Mechanismen" des Kyoto-Protokolls zur Klimarahmenkonvention. Er erlaubt es Industrieländern, ihre im Kyoto-Protokoll eingegangenen Verpflichtungen zur Reduzierung von Treibhausgasemissionen auch durch Maßnahmen in Entwicklungsländern zu erreichen. So kann sich Deutschland etwa CO_2-Einsparungen gutschreiben lassen, die durch ein aus deutschen Geldern finanziertes Wasserkraftwerk in Brasilien erzielt werden. Voraussetzung ist aber immer, dass das jeweilige Projekt durch die CDM-Kontrollstelle im Sekretariat der Klimarahmenkonvention anerkannt wird.

nen, um unsere Vorstellungen von demokratischem Regieren auch auf der internationalen Ebene zu verwirklichen. Dabei sollte eine Einsicht im Vordergrund stehen: Die Demokratie ist, anders als nahezu alle anderen Regierungsformen, auf engagierte Bürgerinnen und Bürger angewiesen.[115] Im Bezug auf die „globale" Demokratie heißt das erstens, dass Bürgerinnen und Bürger sich zunehmend – und in der Regel *zusätzlich* zu lokalen, regionalen und nationalen Fragen! – für internationale Fragen interessieren und sich ein Grundwissen über internationale politische Institutionen und Prozesse aneignen müssen. Mit anderen Worten: Die Anforderungen an unsere politische Bildung steigen mit der zunehmenden Komplexität des Weltregierens. Und zweitens heißt es, dass Wählerinnen und Wähler solche Parteien und Programme belohnen müssten, die sich der Demokratisierung der internationalen Politik annehmen.

Auch globale Demokratie braucht engagierte Bürger

Gerade hier weisen unsere Beobachtungen im vorangehenden Abschnitt allerdings auf einige Schwierigkeiten hin. Denn ein zentrales Argument im vorherigen Abschnitt war ja, dass die Forderungen der Demokratietheorie und der „Global Democracy"-Aktivisten weit auseinander gehen. Diese Beobachtung fordert auch die ohnehin etwas naiv anmutende These heraus, dass „in modernen Gesellschaften der Glaube an die Legitimität einer Institution von der normativen Gültigkeit der politischen Ordnung abhängt" (Zürn 2004: 261). Wenn das der Fall wäre – wenn moderne Gesellschaften also empirisch nur solche Institutionen als legitim betrachten würden, die auch normative Theorien als Bestandteile einer guten politischen Ordnung auszeichnen –, dann würden die „Global Democracy"-Aktivisten nicht in erster Linie versuchen, das Vetorecht der ständigen Mitglieder des Sicherheitsrats abzuschaffen. Denn wie wir in Kapitel 6 argumentiert haben, lässt sich dieses Privileg durchaus im Namen eines wichtigen normativen Gutes, nämlich des Friedens, rechtfertigen. Auch wären die informellen „Green-Room"-Verhandlungen im Rahmen der WTO dann kaum das erste Ziel der Aktivisten. Stattdessen würden sie sich für Maßnahmen zur Verbesserung der Lebensbedingungen und der Bildungschancen der schwächeren Mitglieder der Weltgesellschaft einsetzen, damit auch diese wirklich am „globalen Regieren" teilhaben können. Es ginge also um so praktische Dinge wie die Verbesserung von Gesundheitssystemen, die Gewährleistung von Nahrungssicherheit und den Bau von Schulen und Universitäten. Denn wer die meiste Zeit krank ist, sich um das tägliche Überleben sorgen muss und/oder keine ausreichende Bildung hat, *kann* sich nicht an politischen Prozessen beteiligen; und in einigen Weltregionen sind aufgrund struktureller Ungleichheiten eben deutlich mehr Menschen dauerhaft krank, in Sorge um ihr tägliches Überleben und/oder von Bildungsangeboten ausgeschlossen.

Der Gegenstand individuellen Engagements

Die Verwirklichung demokratischer Strukturen jenseits des Staats verlangt also, dass die Bürger von ihren Regierungen fordern, zunächst einmal die *Voraussetzungen* für demokratische Verfahren herzustellen. Das ist eine besondere Herausforderung für uns als Bürger des „Globalen Nordens". Wir unterstützen

Schaffung der gesellschaftlichen Voraussetzungen globaler Demokratie

---

115 Vgl. hierzu auch das Plädoyer am Ende von Harald Müllers lesenswertem Buch „Wie ist eine bessere Weltordnung möglich?" (Müller 2008: 305-309), auch wenn dort nicht von „Demokratie", sondern etwas bescheidener von „nachhaltigem Regieren" die Rede ist.

zwar oftmals rhetorisch das Ziel demokratischen globalen Regierens. Aber um dieses Ziel zu verwirklichen, müssten wir auch einige der Privilegien, derer wir uns bislang erfreut haben, aufgeben – denn erstens sind die oben genannten Maßnahmen teuer und zweitens haben wir ja selbst nicht allzu viel davon, wenn bald auch alle anderen mitreden und mitregieren können. Aus diesem Grund erscheint es durchaus wahrscheinlich, dass wir selbst ein größeres Hindernis auf dem Weg zu einer demokratischeren Weltpolitik sein werden.

„Privilegien" des Nordens als Hindernis

Die Lücke zwischen dem, was die normative Demokratietheorie uns vorgibt und dem, was zivilgesellschaftliche Aktivisten und sozialwissenschaftliche Autoren empirisch unter dem Label „demokratischen globalen Regierens" fordern, könnte man daher als Ergebnis teilweise unvereinbarer Wünsche interpretieren – nämlich einerseits „gute Weltbürger" zu sein, andererseits aber keinen allzu hohen Preis dafür zahlen zu müssen. Ob und wie sich diese Spannung zwischen unserem eigenen *normativen Anspruch* – wir haben die Idee der Demokratie ja in Kapitel 3 als eine zentrale Norm westlicher liberaler Gesellschaften identifiziert – und unseren *Interessen* auflösen lässt, wissen wir nicht.

Spannung von normativem Anspruch und Interessen

Der einfachste Weg, diese Spannung aufzulösen, bestünde freilich darin, unseren ursprünglichen normativen Anspruch zugunsten unserer Interessen aufzugeben. In diesem Fall würden wir schlussfolgern, dass wir die Demokratie zwar in unserer eigenen politischen Gemeinschaft für wünschenswert halten, dass eine „globale Demokratie" aber letztlich nicht in unserem Interesse ist. Das Argument von Richard Rorty, das an unsere intuitiven und historisch bedingten moralischen Anschauungen appellierte und auf das wir unsere Analyse gestützt haben, wäre dann dahin. Wir würden die Demokratie nicht mehr als eine wünschenswerte Regierungsform „an sich" betrachten, weil sie etwa die Autonomie der Person besser respektiert als alle anderen Regierungsformen. Stattdessen würden wir die Demokratie lediglich als „unsere" Regierungsform schätzen, die uns so angenehme Dinge wie Freiheit, Sicherheit und Wohlfahrt gebracht hat. Da eine Demokratisierung der Weltpolitik uns aber wohl keine weiteren Vorteile bringen würde, mag sie uns möglicherweise auch gar nicht mehr als besonders wünschenswert erscheinen.

Alternative: Aufgabe des Ideals einer globalen Demokratie zugunsten unserer Interessen …

Das Argument ist natürlich problematisch, weil es letztlich jeden moralischen Anspruch aufgibt und sich ausschließlich an unseren Eigeninteressen orientiert. Wenn wir es uns so einfach nicht machen wollen, bleibt nur der anstrengende Weg, am normativen Anspruch einer internationalen Demokratisierung und einer Verpflichtung als „gute Weltbürger" gegenüber anderen festzuhalten. Die oben formulierte Erkenntnis, dass wir im Bezug auf die „globale Demokratie" oft widersprüchlich handeln und vor den für uns unbequemen Konsequenzen unserer eigenen normativen Vorstellungen zurückschrecken, könnte immerhin ein erster Schritt sein, um unser eigenes politisches Handeln kritisch zu hinterfragen – etwa bei der Auswahl unserer Informationsquellen, bei unserem eigenen zivilgesellschaftlichen Engagement, den Ansprüchen an unsere Politiker oder bei unserer Wahlentscheidung – und es in einem zweiten Schritt unserem Ideal demokratischen Regierens jenseits des Staats anzunähern.

… oder konsequente Weiterentwicklung hin zu globaler Demokratie

Literaturverzeichnis

Abbott, Kenneth W. und Duncan Snidal (1998): Why States Act Through Formal Inter-governmental Organizations, in: Journal of Conflict Resolution 42 (1), 3-32.

Abbott, Kenneth W., Robert O. Keohane, Andrew Moravcsik, Anne-Marie Slaughter und Duncan Snidal (2000): The Concept of Legalization, in: International Organization 54 (3), 401-419.

Abromeit, Heidrun (1998): Democracy in Europe. Legitimising Politics in a Non-State Polity. New York / Oxford: Berghahn Books.

Albrow, Martin (1996): The Global Age. State and Society Beyond Modernity. Cambridge: Cambridge University Press.

Alter, Karen J. (1998a): Who Are the 'Masters of the Treaty'? European Governments and the European Court of Justice, in: International Organization 52 (1), 121-147.

Alter, Karen J. (1998b) Explaining National Court Acceptance of European Court Juris-prudence. A Critical Evaluation of Theories of Legal Integration, in: Slaughter, Anne-Marie, Alec Stone Sweet und Joseph H. H. Weiler (Hrsg.): The European Court and National Courts: Doctrine and Jurisprudence. Legal Change in its Social Context. Oxford: Hart, 227-252.

Andersen, Uwe (1995): Allgemeines Zoll- und Handelsabkommen, in: Andersen, Uwe und Wichard Woyke (Hrsg.): Handwörterbuch Internationale Organisationen, 2. Auflage. Opladen: Leske und Budrich, 14-18.

Andersen, Uwe (2007): Weltwirtschaftssystem, in: Woyke, Wichard (Hrsg.): Handwör-terbuch Internationale Politik. 11. Auflage. Opladen: Barbara Budrich, 572-581.

Archibugi, Daniele (1998): Principles of Cosmopolitan Democracy, in: Archibugi, Danie-le, David Held und Martin Köhler (Hrsg.): Re-imagining Political Community. Studies in Cosmopolitan Democracy. Cambridge: Polity Press, 198-228.

Archibugi, Daniele (2004): Cosmopolitan Democracy and Its Critics. A Review, in: Euro-pean Journal of International Relations 10 (3), 437-473.

Atwood, David und Owen Greene (2002): Reaching Consensus in New York. The 2001 UN Small Arms Conference, in: Th Small Arms Survey (Hrsg.): Counting the Hu-man Costs. Oxford: Oxford University Press, 202-233.

Bacchus, James (2005): A Few Thoughts on Legitimacy, Democracy, and the WTO, in: Petersmann, Ernst-Ulrich (Hrsg.): Reforming the World Trading System. Legiti-macy, Efficiency, and Democratic Governance. Oxford: Oxford University Press, 429-425.

Barber, Benjamin R. (2000): Globalizing Democracy, in: The American Prospect 11 (20), 16-19.

Barnett, Michael und Martha Finnemore (2004): Rules for the World. International Or-ganizations in Global Politics. Ithaca/London: Cornell University Press.

Bartolini, Stefano (2006): Mass Politics in Brussels: How Benign Could It Be?, in: Zeit-schrift für Staats- und Europawissenschaften 4 (1), 28-56.

Behn, Robert D. (2001): Rethinking Democratic Accountability. Washington, DC: Brook-ings Institution Press.

Beisheim, Marianne und Achim Brunnengräber (2008): Das Parlament im Globalisie-rungsprozess. Ein Desiderat in der Parlamentarismus- und Global Governance-Forschung, in: Zeitschrift für Internationale Beziehungen 15 (1), 73-100.

Beisheim, Marianne und Klaus Dingwerth (2010): Legitimacy and Effectiveness of Transnational Standard-Setting NGOs: Is There a Link?, in: Steffek, Jens und Kristina Hahn (Hrsg.): Evaluating NGOs: Legitimacy, Accountability, Representation. Basingstoke: Palgrave Macmillan (im Druck).

Bellamy, Richard (2007): Political Constitutionalism. A Republican Defense of the Constitutionality of Democracy. Cambridge: Cambridge University Press.

Bellmann, Christophe und Richard Gerster (1996): Accountability and the World Trade Organization, in: Journal of World Trade 30 (6), 31-74.

Benhabib, Seyla (1996): Toward a Deliberative Model of Democratic Legitimacy, in: Benhabib, Seyla (Hrsg.): Democracy and Difference: Contesting the Boundaries of the Political. Princeton: Princeton University Press, 67-94.

Benhabib, Seyla (2008): Kosmopolitismus und Demokratie. Eine Debatte. Frankfurt a. M.: Campus.

Benner, Thorsten, Wolfgang H. Reinicke und Jan Martin Witte (2004): Multisector Networks in Global Governance. Towards a Pluralistic System of Accountability, in: Government and Opposition 39 (2), 191-210.

Benner, Thorsten und Philip Rotman (2008): Learning to Learn? UN Peacebuilding and the Challenges of a Learning Organization, in: Journal of Intervention and Peacebuilding 1 (2), 43-62.

Benz, Arthur (2009a): Politik in Mehrebenensystemen. Wiesbaden: VS Verlag für Sozialwissenschaften.

Benz, Arthur (2009b): Ein gordischer Knoten der Politikwissenschaft? Zur Vereinbarkeit von Föderalismus und Demokratie, in: Politische Vierteljahresschrift 50 (1): 3-22.

Bernstein, Steven (2004): The Elusive Basis of Legitimacy in Global Governance. Three Conceptions. The Institute on Globalization and the Human Condition Working Paper Series GHC 04(2). Hamilton, ON: McMaster University.

Berry, Jeffrey M. (1995): Interest Groups, in: Lipset, Seymour M. (Hrsg.): The Encyclopedia of Democracy: Vol. I. London: Routledge, 616-620.

Bielefeldt, Heiner (1998): Philosophie der Menschenrechte. Grundlagen eines weltweiten Ethos. Habilitationsschrift, Universität Tübingen.

Biermann, Frank und Rainer Brohm (2005): Implementing the Kyoto Protocol without the USA: The Strategic Role of Energy Tax Adjustment at the Border, in: Climate Policy 4 (3), 289-302.

Biermann, Frank und Bernd Siebenhüner (Hrsg.) (2009): The Influence of International Environmental Bureaucracies. Cambridge, MA: MIT Press.

Bleicken, Jochen (1995): Die Athenische Demokratie. Stuttgart: UTB.

Bohman, James (1996): Public Deliberation. Pluralism, Complexity and Democracy. Cambridge, MA: MIT Press.

Bohman, James (1998): The Coming of Age of Deliberative Democracy, in: The Journal of Political Philosophy 6 (4), 400-425.

Boutros-Ghali, Boutros (1996): An Agenda for Democratization. New York: United Nations Department of Public Information.

Boutros-Ghali, Boutros (2009): Die Welt braucht ein Parlament, in: Zeit Online 24/2009 (9. Juni), online erhältlich unter http://www.zeit.de/online/2009/24/uno-reform (zuletzt aufgerufen am 5. März 2010).

Bummel, Andreas (2004): Internationale Demokratie entwickeln: Für eine Parlamentarische Versammlung bei den Vereinten Nationen. Strategiepapier des Komitees für eine demokratische UNO (=KDUN-Schriftenreihe Nr. 1). Nauheim: Komitee für eine demokratische UNO.

Cerny, Philip G. (2010): Re-Thinking World Politics: A Theory of Transnational Neopluralism. Oxford: Oxford University Press.

Chambers, Simone (1996): Reasonable Democracy: Jürgen Habermas and the Politics of Discourse. Ithaca/London: Cornell University Press.

Charnovitz, Steve (2005): The WTO and Cosmopolitics, in: Petersmann, Ernst-Ulrich (Hrsg.): Reforming the World Trading System. Legitimacy, Efficiency, and Democratic Governance. Oxford: Oxford University Press, 437-445.

Chasek, Pamela S. (2001): NGOs and State Capacity in International Environmental Negotiations: The Experience of the Earth Negotiations Bulletin, in: Review of European Community and International Environmental Law 10 (2), 168-176.

Chimni, B. S. (2006): The World Trade Organization, Democracy and Development. A View from the South, in: Journal of World Trade 40 (1), 5-36.

Chishti, Sumitra (2000): Democratic Decision-Making in the World Trade Organization. An Assessment, in: International Studies 37 (2), 85-96.

Clark, Ian (2003): Legitimacy in a Global Order, in: Review of International Studies 29 (S1), 75-95.

Clark, Ian (2005): Legitimacy in International Society. Oxford: Oxford University Press.

Coen, David und Mark Thatcher (2008): Network Governance and Multi-Level Delegation: European Networks of Regulatory Agencies, in: Journal of Public Policy 28 (1), 49-71.

Cohen, Joshua (1989): Deliberation and Democratic Legitimacy, in: Hamlin, Alan und Philip Petitt (Hrsg.): The Good Polity: Normative Analysis of the State. Oxford: Blackwell, 18-34.

Cohen, Joshua und Joel Rogers (1995): Secondary Associations and Democratic Governance, in: Cohen, Joshua und Joel Rogers (Hrsg.): Associations and Democracy. London/New York: Verso, 7-98.

Cohen, Joshua (1996): Procedure and Substance in Deliberative Democracy, in: Benhabib, Seyla (Hrsg.): Democracy and Difference: Contesting the Boundaries of the Political. Princeton: Princeton University Press, 95-116.

Cohen, Joshua und Charles Sabel (1997): Directly-Deliberative Polyarchy, in: European Law Journal 3 (4), 313-342.

Coicaud, Jean-Marc (2001): Conclusion: International Organizations, the Evolution of International Politics, and Legitimacy, in: Coicaud, Jean-Marc und Veijo Heiskanen (Hrsg.): The Legitimacy of International Organizations. Tokyo/New York/Paris: United Nations University Press, 519-552.

Commission on Global Governance (1995): Our Global Neighbourhood. The Report of the Commission on Global Governance. Oxford: Oxford University Press.

Conant, Lisa (2002): Justice Contained. Law and Politics in the European Union. London/Ithaca: Cornell University Press.

Cox, Robert W. (1969): The Executive Head. An Essay on Leadership in International Organization, in: International Organization 23 (2), 205-230.

Cox, Robert W. und Harold K. Jacobson (Hrsg.) (1973): The Anatomy of Influence: Decision-Making in International Organizations. New Haven: Yale University Press.

Cunningham, Frank (2002): Theories of Democracy. A Critical Introduction. London/New York: Routledge.

Dabrowska, Patrycja (2007): Civil Society Involvement in the EU Regulations on GMOs: From the Design of a Participatory Garden to Growing Trees of European Public Debate, in: Journal of Civil Society 3 (3), 287-304.

Dahl, Robert A. (1956): A Preface to Democratic Theory. Chicago: University of Chicago Press.

Dahl, Robert A. (1971): Polyarchy: Participation and Opposition. New Haven: Yale University Press.

Dahl, Robert A. (1986): Dilemmas of Pluralist Democracy: Autonomy vs. Control. New Haven: Yale University Press.

Dahl, Robert A. (1989): Democracy and its Critics. New Haven and London: Yale University Press.

Dahl, Robert A. (1994): A Democratic Dilemma: System Effectiveness versus Citizen Participation, in: Political Science Quarterly 109 (1), 23-34.

Dahl, Robert A. (1998): On Democracy. New Haven and London: Yale University Press.

Dahl, Robert A. (1999): Can International Organizations Be Democratic? A Skeptic's View, in: Shapiro, Ian und Casiano Hacker-Cordón (Hrsg.): Democracy's Edges. Cambridge, UK: Cambridge University Press, 19-36.

de la Porte, Caroline und Patrizia Nanz (2004): The OMC – A Deliberative and Democratic Mode of Governance? The Cases of Employment and Pensions, in: Journal of European Public Policy 11 (2), 267-288.

Dervis, Kemal (2005): A Better Globalization: Legitimacy, Governance and Reform. Washington, DC: Center for Global Development.

Deutscher Bundestag (2002): Schlussbericht der Enquete-Kommission „Globalisierung der Weltwirtschaft". Opladen: Leske und Budrich.

Dingwerth, Klaus (2007): The New Transnationalism: Transnational Governance and Democratic Legitimacy. Basingstoke: Palgrave Macmillan.

Drahos, Peter (2003): When the Weak Bargain with the Strong. Negotiations in the World Trade Organization, in: International Negotiation 8 (1), 79-109.

Dryzek, John S. (1990): Discursive Democracy: Politics, Policy, and Political Science. Cambridge: Cambridge University Press.

Dryzek, John S. (1999): Transnational Democracy, in: The Journal of Political Philosophy 7 (1), 30-51.

Dryzek, John S. (2000): Deliberative Democracy and Beyond: Liberals, Critics, Contestations. Oxford: Oxford University Press.

Eberlein, Burkard und Dieter Kerwer (2004): New Governance in the European Union, in: Journal of Common Market Studies 42 (1), 121-142.

Eising, Rainer (2003): Europäisierung und Integration. Konzepte in der EU-Forschung, in: Jachtenfuchs, Markus und Beate Kohler-Koch (Hrsg.): Europäische Integration. Opladen: Leske+Budrich, 387-416.

Elster, Jon (1998): Introduction, in: Elster, Jon (Hrsg.): Deliberative Democracy. Cambridge: Cambridge University Press, 1-18.

Esty, Daniel C. (2002): The World Trade Organization's Legitimacy Crisis, in: World Trade Review 1 (1), 7-22.

Etzioni, Amitai (2005): Affective Bonds and Moral Norms: A Communitarian Approach to the Emerging Global Society, in: Internationale Politik und Gesellschaft 3/2005, 127-143.

Europäische Kommission (2001): Europäisches Regieren. Ein Weißbuch. Brüssel: Europäische Kommission.

Everling, Ulrich (2002): Quis custodiet custodes ipsos? Zur Diskussion über die Kompetenzordnung der Europäischen Union und ein europäisches Kompetenzgericht. In: Europäische Zeitschrift für Wirtschaftsrecht 13 (12), 357-364.

Falk, Richard (1995): On Humane Governance. Toward a New Global Politics. The World Order Models Project Report of the Global Civilization Initiative. Cambridge: Polity Press.

Fazi, Elodie und Jeremy Smith (2006): Civil Dialogue. Making it Work Better. Brüssel: Act4Europe.

Feinäugle, Clemens A. (2008): The UN Security Council Al-Qaida and Taliban Sanctions Committee: Emerging Principles of International Institutional Law for the Protection of Individuals?, in: German Law Journal 9 (11), 1513-1539.

Feindt, Peter H. (2001): Regierung durch Diskussion? Diskurs- und Entscheidungsverfahren im Kontext von Demokratietheorie und Steuerungsdiskussion. Frankfurt a. M.: Europäischer Verlag der Wissenschaften.

Finley, Moses I. (1986): Antike und Moderne Demokratie. Stuttgart: Reclam.

Follesdal, Andreas und Simon Hix (2006): Why There is a Democratic Deficit in the EU: A Response to Majone and Moravcsik, in: Journal of Common Market Studies 44 (3), 533-562.

Forum Umwelt und Entwicklung, AG Handel (2001): Demokratie, Transparenz und Partizipation in der WTO. Bonn: Projektstelle Handel im Forum Umwelt & Entwicklung.

Franck, Thomas (1990): The Power of Legitimacy Among Nations. Oxford/New York: Oxford University Press.

Franck, Thomas (1995): Fairness in International Law and Institutions. Oxford: Oxford University Press.

Friedrich, Dawid (2007): Democratic Aspiration Meets Political Reality. Participation of Organized Civil Society in Selected European Policy Processes, in: Steffek, Jens, Claudia Kissling und Patrizia Nanz (Hrsg.): Civil Society Participation in European and Global Governance: A Cure for the Democratic Deficit? Basingstoke: Palgrave Macmillan, 140-165.

Friedrichs, Jörg (2005): Global Governance as the Hegemonic Project of Transatlantic Civil Society, in: Lederer, Markus und Philipp S. Müller (Hrsg.): Criticizing Global Governance. Basingstoke: Palgrave Macmillan, 45-68.

Gareis, Sven Bernhard und Johannes Varwick (2002): Die Vereinten Nationen: Aufgaben, Instrumente und Reformen. Opladen: Leske + Budrich.

Gloud, Carol C. (2006): Globalizing Democracy and Human Rights. Cambridge: Cambridge University Press.

Göler, Daniel (2006): Deliberation – Ein Zukunftsmodell europäischer Entscheidungsfindung? Analyse der Beratungen des Verfassungskonvents 2002-2003. Baden-Baden: Nomos.

Goodin, Robert E. (2007): Enfranchising All Affected Interests, and its Alternatives, in: Philosophy and Public Affairs 35 (1), 40-68.

Gordenker, Leon und Thomas G. Weiss (1996): Pluralizing Global Governance: Analytical Approaches and Dimensions, in: Weiss, Thomas G. und Leon Gordenker (Hrsg.): NGOs, the UN, and Global Governance. Boulder, CO: Westview, 17-47.

Grande, Edgar (1996): Demokratische Legitimation und europäische Integration, in: Leviathan 24 (3), 339-360.

Grant, Ruth und Robert O. Keohane (2005): Accountability and Abuses of Power in Global Governance, in: American Political Science Review 99 (1), 29-43.

Grimm, Dieter (1995): Braucht Europa eine Verfassung?, in: Juristenzeitung 50 (12), 581-591.

Gupta, R. S. (1986): Resolutions of the United Nations General Assembly as a Source of International Law, in: International Studies 23 (2), 143-154.

Gupta, Joyeeta (1997): The Climate Change Convention and Developing Countries: From Conflict to Consensus? Dordrecht: Kluwer Academic Publishers.

Gutmann, Amy (1995): Die Kommunitaristischen Kritiker des Liberalismus, in: Honneth, Axel (Hrsg): Kommunitarismus: Eine Debatte über die Moralischen Grundlagen Moderner Gesellschaften. Frankfurt a. M.: Campus, 68-83.

Gutmann, Amy und Dennis F. Thompson (2002): Deliberative Democracy Beyond Process, in: The Journal of Political Philosophy 10 (2), 153-174.

Habermas, Jürgen (1983): Moralbewußtsein und Kommunikatives Handeln. Frankfurt a. M.: Suhrkamp.

Habermas, Jürgen (1994): Faktizität und Geltung: Beiträge zur Diskurstheorie des Rechts und des demokratischen Rechtsstaats. 4. Auflage. Frankfurt a. M.: Suhrkamp.

Habermas, Jürgen (1998): Die Postnationale Konstellation: Politische Essays. Frankfurt a. M.: Suhrkamp.

Habermas, Jürgen (1999): Die Einbeziehung des Anderen: Studien zur politischen Theorie. Frankfurt a. M.: Suhrkamp.

Habermas, Jürgen (2008): Verständnis für die Iren, Süddeutsche Zeitung vom 24. Juni 2008, 13.

Hauptmann, Emily (1999): Review Essay: Deliberation = Legitimacy = Democracy, in: Political Theory 27 (6), 857-872.

Hayes-Renshaw, Fiona, Wim Van Aken und Helen Wallace (2006): When and Why the EU Council of Ministers Votes Explicitly, in: Journal of Common Market Studies 44 (1), 161-194.

Heinrich, Dieter (2003): Extension of Democracy to the Global Level, in: Mendlovitz, Saul und Barbara Walkter (Hrsg.): A Reader on Second Assembly & Parliamentary Proposals: Does the UN Have a Democracy Gap? Wayne, NJ: Center for UN Reform Education, 66-71.

Heiskanen, Veijo (2001): Introduction, in: Coicaud, Jean-Marc und Veijo Heiskanen (Hrsg.): The Legitimacy of International Organizations. Tokyo/New York/Paris: United Nations University Press, 1-44.

Held, David (1993): Democracy: From City-States to a Cosmopolitan Order?, in: Held, David (Hrsg.): Prospects for Democracy: North, South, East, West. Stanford: Stanford University Press, 13-53.

Held, David (1995): Democracy and the Global Order. From the Modern State to Cosmopolitan Governance. Cambridge: Polity Press.

Held, David (2000): Regulating Globalization? The Reinvention of Politics, in: International Sociology 15 (2), 394-408.

Held, David und Mathias Koenig-Archibugi (Hrsg.) (2003): Taming Globalization. Frontiers of Governance. Cambridge: Polity Press.

Held, David und Mathias Koenig-Archibugi (2004): Introduction, in: Government and Opposition 39 (2), 125-131.

Herdegen, Matthias (2008): Europarecht. 10. Auflage. München: C. H. Beck.

Héritier, Adrienne (2003): New Modes of Governance in Europe, in: Börzel, Tanja A. und Rachel A. Cichowski (Hrsg.): The State of the European Union VI: Law, Politics, and Society. Oxford/New York: Oxford University Press, 105-126.

Herzog, Roman und Lüder Gerken (2008): Stoppt den Europäischen Gerichtshof, Frankfurter Allgemeine Zeitung vom 08. September 2008, Seite 8.

Hilf, Meinhard und Stefan Oeter (Hrsg.) (2005): WTO-Recht: Rechtsordnung des Welthandels. Baden-Baden: Nomos.

Hilf, Meinhard (2005): How Can Parliamentary Participation in WTO Rule-Making and Democratic Control Be Made More Effective?, in: Petersmann, Ernst-Ulrich (Hrsg.): Reforming the World Trading System. Legitimacy, Efficiency, and Democratic Governance. Oxford: Oxford University Press, 413-420.

Hirst, Paul (1994): Associative Democracy. Cambridge: Polity Press.

Hirst, Paul (1995): Associations, in: Lipset, Seymour M. (Hrsg.): The Encyclopedia of Democracy: Vol. I. London: Routledge, 91-95.

Hix, Simon (1998): The Study of the European Union II: The 'New Governance' Agenda and its Rival, in: Journal of European Public Policy 5 (1), 38-65.

Hix, Simon (2005): The Political System of the European Union. London: Palgrave Macmillan.

Hix, Simon, Abdul Noury und Gérard Roland (2005): Power to the Parties: Cohesion and Competition in the European Parliament, 1979-2001, in: British Journal of Political Science 35 (2), 209-234.

Hix, Simon (2008): What's Wrong with the Europe Union and How to Fix It. Cambridge: Polity Press.

Höffe, Otfried (1999): Demokratie im Zeitalter der Globalisierung. München: C. H. Beck.

Höffe, Otfried (2002): Globalität statt Globalismus: Über eine Subsidiäre und Föderale Weltrepublik, in: Lutz-Bachmann, Matthias und James Bohman (Hrsg.): Weltstaat oder Staatenwelt? Für und Wider die Idee einer Weltrepublik. Frankfurt a. M.: Suhrkamp, 8-31.

Hoffmann, Walter und Ayca Ariyoruk (2005): Security Council Reform Models: Models A and B, Italian (Regional) Proposal, Blue and Green Models and a New Model C. Center for UN Reform Education Special Paper No. 4. Online erhältlich unter: http://www.centerforunreform.org/system/files/Special+Paper+No.+4.pdf (letzter Zugriff am 27. Februar 2009).

Holzinger, Katharina (2005): Institutionen und Entscheidungsprozesse in der EU, in: Holzinger, Katharina, Christoph Knill, Dirk Peters, Berthold Rittberger, Frank Schimmelfennig und Wolfgang Wagner (Hrsg.): Die Europäische Union: Theorien und Analysekonzepte. Paderborn u.a.: Ferdinand Schöningh, 81-152.

Honneth, Axel (Hrsg) (1995): Einleitung, in: Honneth, Axel (Hrsg.): Kommunitarismus: Eine Debatte über die Moralischen Grundlagen Moderner Gesellschaften. Frankfurt a. M.: Campus, 7-17.

Hood, Christopher C. (2001): Transparency, in: Clarke, Paul B. und Joe Foweraker (Hrsg.): Encyclopedia of Democratic Thought. London/New York: Routledge, 700-704.

Höpner, Martin (2008): Das soziale Europa findet nicht statt, in: Mitbestimmung 54 (5), 46-49.

Howse, Robert (2001): The Legitimacy of the World Trade Organization, in: Coicaud, Jean-Marc und Veijo Heiskanen (Hrsg.): The Legitimacy of International Organizations. Tokyo/New York/Paris: United Nations University Press, 355-407.

Howse, Robert und Calypso Nicolaidis (2003): Enhancing WTO Legitimacy. Constitutionalization or Global Subsidiarity?, in: Governance. An International Journal of Policy, Administration, and Institutions. 16 (1), 73-94.

Howse, Robert (2003): How to Think About the Democratic Deficit of the WTO, in: Griller, Stefan (Hrsg.): International Economic Governance and Non-Economic Orders: New Challenges for the International Legal Order. Berlin und Wien: Springer, 79-102.

Hüller, Thorsten und Beate Kohler-Koch (2008): Assessing the Democratic Value of Civil Society Engagement in the European Union, in: Kohler-Koch, Beate, Dirk de Bièvre und William Maloney (Hrsg.): Opening EU-Governance to Civil Society. Gains and Challenges. Mannheim: MZES, 145-181.

Hüller, Thorsten (2008): Demokratisierung der EU durch Online-Konsultationen?, in: Forschungsjournal Neue Soziale Bewegungen 21 (2), 73-82.

Hummel, Hartwig (2006): Bedeutungswandel des Multilateralismus, in: Debiel, Tobias, Dirk Messner und Franz Nuscheler (Hrsg.): Globale Trends 2007: Frieden, Entwicklung, Umwelt. Frankfurt a. M.: Fischer, 61-80.

Huntington, Samuel P. (1991): The Third Wave: Democratization the Late Twentieth Century. Norman: University of Oklahoma Press.

Hurrelmann, Achim (2008): Constructing Multilevel Legitimacy in the European Union: A Study of British and German Media Discourse, in: Comparative European Politics 6 (2), 190-211.

Hurrelmann, Achim et al. (Hrsg.) (2008): Zerfasert der Nationalstaat? Die Internationalisierung politischer Verantwortung. Frankfurt a. M./New York: Campus.

Idema, Timo und R. Daniel Keleman (2006): New Modes of Governance, the Open Method of Co-ordination, and Other Fashionable Red Herring, in: Perspectives on European Politics and Society 7 (1), 108-123.

Independent Inquiry Committee into the United Nations Oil-for-Food Programme (2005): Report on the Manipulation of the Oil-for-Food Programme. Online abrufbar unter http://www.iic-offp.org/story27oct05.htm (letzter Zugriff am 5. März 2010).

Innes, Abby (2002): Party Competition in Post-Communist Europe: The Great Electoral Lottery, in: Comparative Politics 35 (1), 85-104.

Jachtenfuchs, Markus und Beate Kohler-Koch (Hrsg.) (2003): Europäische Integration. Opladen: Leske+Budrich.

Jawara, Fatoumata und Aileen Kwa (2003): Behind the Scenes at the WTO. The Real World of International Trade Negotiations. London: Zed Books.

Joerges, Christian und Florian Rödl (2008): Von der Entformalisierung europäischer Politik und dem Formalismus europäischen Rechts im Umgang mit dem "sozialen Defizit" des Integrationsprojekts. Ein Beitrag aus Anlass der Urteile des EuGH in Viking und Laval, ZERP Diskussionspapier 2/2008. Bremen: Universität Bremen, ZERP – Zentrum für Europäische Rechtspolitik.

Joerges, Christian (1997): From Intergovernmental Bargaining to Deliberative Political Processes: The Constitutionalization of Comitology, in: European Law Journal 3 (3), 273-299.

Joerges, Christian (2005): Juridification Patterns for Social Regulation and the WTO. A Theoretical Framework. TranState Working Paper No. 17. Bremen: Sonderforschungsbereich 597 „Staatlichkeit im Wandel".

Johnstone, Ian (2003): Security Council Deliberations: The Power of the Better Argument, in: European Journal of International Law 14 (3), 437-480.

Kagan, Robert A. (1997): Should Europe Worry about Adversarial Legalism?, in: Oxford Journal of Legal Studies 17 (2), 165-183.

Kapoor, Ilan (2004): Deliberative Democracy and the WTO, in: Review of International Political Economy 11 (3), 522-541.

Karp, Aaron (2001): Half a Billion and Still Counting... Global Firearms Stockpiles, in: The Small Arms Survey (Hrsg.): Small Arms Survey 2001: Profiling the Problem. Oxford: Oxford University Press, 59-94.

Kelemen, R. Daniel (2006): Suing for Europe: Adversarial Legalism and European Governance, in: Comparative Political Studies 39 (1), 101-127.

Kennedy, Paul (2006): The Parliament of Man: The Past, Present and Future of the United Nations. New York: Vintage Books.

Keohane, Robert O. und Joseph S. Nye, Jr. (2001): Democracy, Accountability and Global Governance, unv. Ms., University of Massachusetts.

Keohane, Robert O. (2003): Global Governance and Democratic Accountability, in: Held, David und Mathias Koenig-Archibugi (Hrsg.): Taming Globalization. Frontiers of Governance. Cambridge: Polity, 130-159.

Keohane, Robert O., Stephen Macedo und Andrew Moravcsik (2009): Democracy-Enhancing Multilateralism, in: International Organization 63 (1), 1-31.

Kielmannsegg, Peter Graf (1971): Legitimität als Analytische Kategorie. Politische Vierteljahresschrift 12 (3), 367-401.

Kielmannsegg, Peter Graf (2003): Integration und Demokratie, in: Jachtenfuchs, Markus und Beate Kohler-Koch (Hrsg.): Europäische Integration. Opladen: Leske+Budrich, 49-83.

Kimminich, Otto und Stephan Hobe (2000): Einführung in das Völkerrecht. Tübingen: UTB Francke Verlag.

King, Loren A (2003): Deliberation, Legitimacy, and Multilateral Democracy, in: Governance: An International Journal of Policy, Administration, and Institutions 16 (1), 23-50.

Knapp, Manfred (2006): Probleme und offene Fragen der UN-Reformen, in: Varwick, Johannes und Andreas Zimmermann (Hrsg.): Die Reform der Vereinten Nationen: Bilanz und Perspektiven. Berlin: Duncker & Humblot, 275-291.

König, Thomas und Lars Mäder (2008): Das Regieren jenseits des Nationalstaates und der Mythos einer 80-Prozent-Europäisierung in Deutschland, in: Politische Vierteljahresschrift 49 (3), 438-463.

Kohler-Koch, Beate (2004): Legitimes Regieren in der EU: Eine kritische Auseinandersetzung mit dem Weißbuch zum Europäischen Regieren, in: Kaiser, André und Thomas Zittel (Hrsg.): Demokratietheorie und Demokratieentwicklung: Festschrift für Peter Graf Kielmansegg. Wiesbaden: VS Verlag, 423-446.

Kohler-Koch, Beate, Thomas Conzelmann und Michèle Knodt (2004): Europäische Integration – Europäisches Regieren. Wiesbaden: VS Verlag.

Krajewski, Markus (2001): Democratic Legitimacy and Constitutional Perspectives of WTO Law, in: Journal of World Trade 35 (1), 167-186.

Krasner, Stephen D. (1999): Sovereignty: Organized Hypocrisy. Princeton: Princeton University Press.

Kratochwil, Friedrich (1998): Vergeßt Kant! Reflexionen zur Debatte über Ethik und internationale Politik, in: Kersting, Wolfgang (Hrsg.): Politische Philosophie der Internationalen Beziehungen. Frankfurt a. M.: Suhrkamp, 96-149.

Laclau, Ernesto (2001): Pluralism, in: Clarke, Paul B. und Joe Foweraker (Hrsg.): Encyclopedia of Democratic Thought. London/New York: Routledge, 513-516.

Leibfried, Stephan und Michael Zürn (Hrsg.) (2006): Transformationen des Staates? Frankfurt a. M.: Suhrkamp.

Leße, Olaf (2010): Die Europäische Union nach dem Vertrag von Lissabon. Wiesbaden: VS verlag für Sozialwissenschaften.

Locke, John (1974): Über die Regierung. Stuttgart: Reclam.

Lodge, Juliette (1994): The European Parliament and the Authority-Democracy Crises, in: The Annals of the American Academy of Political and Social Science 531, 69-83.

Lohmann, Georg und Stefan Gosepath (Hrsg.) (1999): Die Philosophie der Menschenrechte. Frankfurt a. M.: Suhrkamp.

Luck, Edward C. (2005): How Not to Reform the United Nations, in: Global Governance 11 (4), 407-414.

Lutz-Bachmann, Matthias und James Bohman (Hrsg.) (2002): Weltstaat oder Staatenwelt? Für und Wider die Idee einer Weltrepublik. Frankfurt a. M.: Suhrkamp.

Magnette, Paul und Yannis Papadopoulos (2008): On the Politicization of the European Consociation: A Middle Way between Hix and Bartolini. EUROGOV – European Governance Papers. Bd. No. C-08-01. Online erhältlich unter http://www.connex-network.org/eurogov/pdf/egp-connex-C-08-01.pdf (letzter Zugriff am 5. März 2010).

Mair, Peter (2005): Popular Democracy and the European Union Polity. European Governance Papers (EUROGOV) No. C-05-03. Online erhältlich unter http://www.connex-network.org/eurogov/pdf/egp-connex-C-05-03.pdf (letzter Zugriff am 5. März 2010).

Majone, Giandomenico (1998): Europe's 'Democratic Deficit': The Question of Standards, in: European Law Journal 4 (1), 5-28.

Majone, Giandomenico (2005): Dilemmas of European Integration. The Ambiguities and Pitfalls of Integration by Stealth. Oxford: Oxford University Press.

Majone, Giandomenico (2006a): The Common Sense of European Integration, in: Journal of European Public Policy 13 (5), 607-626.

Majone, Giandomenico (2006b): Managing Europeanization: The European Agencies, in: Peterson, John und Michael Shackleton (Hrsg.): The Institutions of the European Union. Oxford: Oxford University Press, 190-209.

Manin, Bernard (1987): On Legitimacy and Political Deliberation, in: Political Theory 15 (3), 338-368.

Mann, Erika (2005): A Parliamentary Dimension to the WTO: More than Just a Vision?, in: Petersmann, Ernst-Ulrich (Hrsg.): Reforming the World Trading System. Legitimacy, Efficiency, and Democratic Governance. Oxford: Oxford University Press, 421-428.

Marshall, Monty G. und Keith Jaggers (2007): Polity IV Project: Political Regime Characteristics – Data Users' Manual (Version vom 24. Oktober 2007). Severn, MD: Center for Systemic Peace.

Martinetti, Irene (2008): Secretariat and Management Reform, in: Center for UN Reform Education (Hrsg.): Managing Change at the United Nations. New York: Center for UN Reform Education, 55-77.

Massing, Peter und Gottard Breit (2001): Demokratietheorie von der Antike bis zur Gegenwart: Texte und Interpretationshilfen. Schwalbach: Wochenschau Verlag.

Mayntz, Renate (2002): Internationale Organisationen im Prozess der Globalisierung, in: Nahamowitz, Peter und Rüdiger Voigt (Hrsg.): Globalisierung des Rechts II: Internationale Organisationen und Regelungsbereiche. Baden-Baden: Nomos, 85-97.

Melchior, Josef (1999): Demokratietheorie und Globalisierung. Anstöße zur Diskussion, in: Österreichische Zeitschrift für Politikwissenschaft 28 (2), 201-212.

Meyer, Thomas (2009): Was ist Demokratie? Eine diskursive Einführung. Opladen: VS Verlag.

Miller, David (2000): Citizenship and National Identity. Cambridge: Polity Press.

Moravcsik, Andrew (1993): Preferences and Power in the European Community: A Liberal Intergovernmentalist Approach, in: Journal of Common Market Studies 31 (4), 473-524.

Moravcsik, Andrew (1998): The Choice for Europe: Social Purpose and State Power from Messina to Maastricht. Ithaca: Cornell University Press.

Moravcsik, Andrew (2002): In Defence of the 'Democratic Deficit': Reassessing Legitimacy in the European Union, in: Journal of Common Market Studies 40 (4), 603-624.

Moravcsik, Andrew (2004): Is there a 'Democratic Deficit' in World Politics? A Framework for Analysis, in: Government and Opposition 39 (2), 336-363.

Moravcsik, Andrew (2006): What Can We Learn from the Collapse of the European Constitutional Project? In: Politische Vierteljahresschrift 47 (2), 219-241.

Muggah, Robert und Eric Berman (2001): Humanitarianism Under Threat: The Humanitarian Impacts of Small Arms and Light Weapons. A Study Commissioned by the Reference Group on Small Arms of the UN Inter-Agency Standing Committee. Genf: The Small Arms Survey.

Muggah, Robert (2001): After the Smoke Clears: Assessing the Effects of Small Arms Availability, in: The Small Arms Survey (Hrsg.): Profiling the Problem. Oxford: Oxford University Press, 197-249.

Müller, Harald (2008): Wie kann eine neue Weltordnung aussehen? Wege in eine nachhaltige Politik. Frankfurt a. M.: Fischer.

Murswiek, Dietrich (2008): Der Vertrag von Lissabon und das Grundgesetz. Rechtsgutachten über die Zulässigkeit und Begründetheit verfassungsgerichtlicher Rechtsbehelfe gegen das Zustimmungsgesetz zum Vertrag von Lissabon und die deutsche Begleitgesetzgebung, Rechtsgutachten im Auftrag von Dr. Peter Gauweiler MdB. Freiburg.

Neuschwander, Thomas (2008a): Internationale Handelspolitik, in: Woyke, Wichard (Hrsg.): Handwörterbuch Internationale Politik. 11. Auflage. Opladen: Barbara Budrich, 188-198.

Neuschwander, Thomas (2008b): WTO/GATT (Welthandelsorganisation), in: Woyke, Wichard (Hrsg.): Handwörterbuch Internationale Politik. 11. Auflage. Opladen: Barbara Budrich, 581-589.

Neyer, Jürgen (2003): Discourse and Order in the EU: A Deliberative Approach to Multi-Level Governance, in: Journal of Common Market Studies 41 (4), 687–706.

Neyer, Jürgen (2004): Postnationale Politische Herrschaft: Verrechtlichung und Vergesellschaftung jenseits des Staates. Baden-Baden: Nomos

Nye, Josef R. Jr. und Robert O. Keohane (2001): Between Centralization and Fragmentation: The Club Model of Multilateral Cooperation and Problems of Democratic Legitimacy. KSG Working Paper 01-004. Cambridge, MA: Harvard University.

Odell, John S. (2005): Chairing a WTO Negotiation, in: Petersmann, Ernst-Ulrich (Hrsg.): Reforming the World Trading System. Legitimacy, Efficiency, and Democratic Governance. Oxford: Oxford University Press, 469-496.

Offe, Claus (2003): Demokratisierung der Demokratie: Diagnosen und Reformvorschläge. Frankfurt a. M.: Campus.

Oldag, Andreas und Hans-Martin Tillack (2003): Raumschiff Brüssel: Wie die Demokratie in Europa scheitert. Berlin: Aragon Verlag.

Oppermann, Thomas (2001): "Demokratisierung" der WTO?, in: Briner, Robert, L. Yves Fortier, Klaus Peter Berger und Jens Bredow (Hrsg.): Law of International Business and Dispute Settlement in the 21st Century: Liber Amicorum Karlheinz Böckstiegel. Köln: Carl Heymanns, 579-593.

Ottaway, Marina (2001): Corporatism Goes Global: International Organizations, Nongovernmental Organization Networks, and Transnational Business, in: Global Governance 7 (3), 265-292.

Page, Sheila (2002): Developing Countries in GATT/WTO Negotiations. London: Overseas Development Institute.

Page, Sheila (2003): Developing Countries – Victims or Participants: Their Changing Role in International Negotiations. London: Overseas Development Institute.

Paulus, Andreas (2004): From Territoriality to Functionality? Towards a Legal Methodology of Globalization, in: Dekker, Ige F. und Wouter G. Werner (Hrsg.): Governance and International Legal Theory. Leiden/Boston: Nijhoff, 59-95.

Pérez-Solórzano Borragán, Nieves (2007): The Convention Experience: Between Rhetoric and Participation, in: Journal of Civil Society 3 (3), 271-286

Petersmann, Ernst-Ulrich (2001): European and International Constitutional Law: Time for Promoting Cosmopolitan Democracy in the WTO, in: de Búrca, Gráinne und Joanne Scott (Hrsg.): The EU and the WTO. Oxford: Hart Publishing, 81-110.

Pierson, Paul (1996): The Path to European Integration: A Historical Institutionalist Perspective, in: Comparative Political Studies 29 (2), 123-163.

Popper, Karl R. (1962): The Open Society and its Enemies. London: Routledge and Kegan Paul.

Preuß, Ulrich K. (1996): The Political Meaning of Constitutionalism, in: Bellamy, Richard (Hrsg.): Constitutionalism, Democracy and Sovereignty: American and European Perspectives. Aldershot: Avebury, 11-29.

Przeworski, Adam (1999): Minimalist Conception of Democracy: A Defense, in: Shapiro, Ian und Casiano Hacker-Cordón (Hrsg.): Democracy's Edges. Cambridge, UK: Cambridge University Press, 23-55.

Putnam, Robert D. (1988): Diplomacy and Domestic Politics: The Logic of Two-Level Games, in: International Organization 42 (3), 427-460.

Quittkat, Christine (2008): Wirklich näher am Bürger? Konsultationsinstrumente der EU-Kommission auf dem Prüfstand, in: Forschungsjournal Neue Soziale Bewegungen 21 (2), 64-72.

Radaelli, Claudio (2003): The Open Method of Coordination: A New Governance Architecture for the European Union. Research Report No. 1. Stockholm: Swedish Institute for European Policy Studies.

Raunio, Tapio (1999): Always One Step Behind? National Legislatures and the European Union, in: Government and Opposition 34 (2), 180-202.

Rawls, John (1997): The Idea of Public Reason, in: Rehg, William (Hrsg.): Deliberative Democracy: Essays on Reason and Politics. Cambridge, MA: MIT Press, 93-131.

Risse, Thomas (2000): "Let's Argue!" Communicative Action in World Politics, in: International Organization 54 (1), 1-39.

Risse, Thomas (2004): Global Governance and Communicative Action, in: Government and Opposition 39 (2), 289-313.

Risse, Thomas und Mareike Kleine (2007): Assessing the Legitimacy of the EU's Treaty Revision Methods, in: Journal of Common Market Studies 45 (1), 69-80.

Rittberger, Berthold (2006): "No Integration without Representation!" European Integration, Parliamentary Democracy, and Two Forgotten Communities, in: Journal of European Public Policy 13 (8), 1211-1229.

Rittberger, Volker und Heiko Baumgärtner (2006): Die Reform des Weltsicherheitsrates: Stand und Perspektiven, in: Varwick, Johannes und Andreas Zimmermann (Hrsg.): Die Reform der Vereinten Nationen: Bilanz und Perspektiven. Berlin: Duncker & Humblot, 47-60.

Rorty, Richard (1988): Solidarität oder Objektivität? Drei philosophische Essays. Stuttgart: Reclam.

Roscher, Klaus (2009): Nicht gelernt? Die Reform der Vereinten Nationen aus der Perspektive des organisationalen Lernens, in: Dingwerth, Klaus, Dieter Kerwer und Andreas Nölke (Hrsg.): Die Organisierte Welt: Internationale Beziehungen und Organisationsforschung. Baden-Baden: Nomos-Verlag, 137-161.

Rosenau, James und Ernst Otto Czempiel (Hrsg.) (1992): Governance Without Government. Cambridge, UK: Cambridge University Press.

Rosenau, James N. (1998): Governance and Democracy in a Globalizing World, in: Archibugi, Daniele, David Held und Martin Köhler (Hrsg.): Re-imagining Political Community. Studies in Cosmopolitan Democracy. Cambridge: Polity Press, 28-57.

Ruggie, John (1993a): Multilateralism: The Anatomy of an Institution, in: Ruggie, John: Multilateralism Matters: The Theory and Praxis of an Instituitonal Form. New York: Columbia University Press, 3-48.

Ruggie, John (1993b): Territoriality and Beyond: Problematizing Modernity in International Relations, in: International Organization 47 (1), 139-174.

Sandel, Michael (1982): Liberalism and the Limits of Justice. Cambridge, UK: Cambridge University Press.

Sandel, Michael (1996): Democracy's Discontent. America in Search of a Public Philosophy. Cambridge, MA: Harvard University Press.

Sato, Tetsuo (2001): The Legitimacy of the Security Council Activities Under Chapter VII of the UN Charter After the End of the Cold War, in: Coicaud, Jean-Marc und Veijo Heiskanen (Hrsg.): The Legitimacy of International Organizations. Tokyo/New York/Paris: United Nations University Press, 309-352.

Schachtschneider, Karl A. (2008): Verfassungsbeschwerde gegen den Vertrag von Lissabon. Nürnberg.

Schäfer, Armin (2005a): Die Neue Unverbindlichkeit: Wirtschaftspolitische Koordinierung in Europa. Frankfurt a. M./New York: Campus.

Schäfer, Armin (2005b): Verfassung und Wohlfahrtsstaat: Sozialpolitische Dilemmas europäischer Integration, in: Internationale Politik und Gesellschaft 8 (4), 120-141.

Schäfer, Armin (2006a): Die demokratische Grenze output-orientierter Legitimation, in: Integration 29 (3), 187-200.

Schäfer, Armin (2006b): Nach dem Permissiven Konsens: Das Demokratiedefizit der Europäischen Union, in: Leviathan 34 (3), 350-376.

Schäfer, Armin (2006c): Resolving Deadlock: Why International Organisations Introduce Soft Law, in: European Law Journal 12 (2), 194-208.

Scharpf, Fritz W. (1993a): Legitimationsprobleme der Globalisierung: Regieren in Verhandlungssystemen, in: Böhret, Carl und Göttrik Wewer (Hrsg.): Regieren im 21. Jahrhundert – Zwischen Globalisierung und Regionalisierung: Festschrift für Hans-Hermann Hartwich zum 65. Geburtstag. Opladen: Leske und Budrich, 165-185.

Scharpf, Fritz W. (1993b): Autonomieschonend und gemeinschaftsverträglich: Zur Logik der europäischen Mehrebenenpolitik. MPIFG Discussion Paper Nr. 93/9. Köln: Max-Planck-Institut für Gesellschaftsforschung.

Scharpf, Fritz W. (1999): Regieren in Europa: Effektiv und demokratisch? Frankfurt a. M.: Campus.

Scharpf, Fritz W. (2003): Legitimate Diversity: The New Challenge of European Integration, in: Börzel, Tanja A. und Rachel A. Cichowski (Hrsg.): The State of the European Union VI: Law, Politics, and Society. Oxford/New York: Oxford University Press, 79-104.

Scharpf, Fritz W. (2005): Legitimationskonzepte jenseits des Nationalstaats, in: Schuppert, Gunnar Folke, Ingolf Pernice und Ulrich Haltern (Hrsg.): Europawissenschaft. Baden-Baden: Nomos, 705-736.

Scharpf, Fritz W. (2007): Reflections on Multilevel Legitimacy, MPIfG Working Paper 07/3. Cologne: Max Planck Institute for the Study of Societies.

Scharpf, Fritz W. (2008): Der einzige Weg ist, dem EuGH nicht zu folgen, in: Mitbestimmung 54 (7+8), 18-23.

Scharpf, Fritz W. (2009): Legitimacy in the Multilevel European Polity. MPIfG Working Paper 09/01. Köln: Max Planck Institute for the Study of Societies.

Scheel, Benedikt (2006): Die Neuregelungen der Komitologie und das europäische Demokratiedefizit, in: Zeitschrift für europarechtliche Studien 9 (4), 521-554.

Schimmelfennig, Frank (2005): Obsolete Theorie oder obsoletes Referendum?, in: Zeitschrift für Internationale Beziehungen 12 (2), 339-344.

Schmalz-Bruns, Rainer (1999): Deliberativer Supranationalismus: Demokratisches Regieren jenseits des Nationalstaats, in: Zeitschrift für Internationale Beziehungen 6 (2), 185-244.

Schmidt, Hilmar und Ingo Take (1997): Demokratischer und besser? Der Beitrag von Nichtregierungsorganisationen zur Demokratisierung internationaler Politik, in: Aus Politik und Zeitgeschichte (43-44/1997): 12-20.

Schmidt, Manfred (1997): Demokratietheorien: Eine Einführung. 2. Auflage. Opladen: Leske und Budrich.

Schmidt, Susanne K. (2000): Only an Agenda Setter? The European Commission's Power over the Council of Ministers, in: European Union Politics 1 (1), 37-61.

Schmitter, Philippe C. (1995): Corporatism, in: Lipset, Seymour M. (Hrsg.): The Encyclopedia of Democracy: Vol. I. London: Routledge, 308-310.

Schneider, Heinrich (2004): 'Kerneuropa': Ein aktuelles Schlagwort und seine Bedeutung. EI Working Paper Nr. 54. Wien: Europainstitut der Wirtschaftsuniversität Wien.

Schörnig, Niklas (2006): Neorealismus, in: Schieder, Siegfried und Manuela Spindler (Hrsg.): Theorien der Internationalen Beziehungen. 2. Auflage. Opladen: Barbara Budrich, 65-92.

Schott, Jeffrey J. und Jayashree Watal (2000): Decision-Making in the WTO, Policy Brief. Washington: Peterson Institute for International Economics.

Schumpeter, Joseph A. (1950): Captalism, Socialism and Democracy. 3. Auflage. New York: Harper & Brothers.

Schwartzberg, Joseph E. (2003): Overcoming Practical Difficulties in Creating a World Parliamentary Assembly, in: Mendlovitz, Saul und Barbara Walkter (Hrsg.): A Reader on Second Assembly & Parliamentary Proposals: Does the UN Have a Democracy Gap?. Wayne, NJ: Center for UN Reform Education, 81-92.

Senti, Richard (1994): GATT-WTO: Die Neue Welthandelsordnung nach der Uruguay-Runde. Zürich: ETH Zürich.

Shaffer, Gregory (2005a): Can WTO Technical Assistance and Capacity-Building Serve Developing Countries?, in: Petersmann, Ernst-Ulrich (Hrsg.): Reforming the World Trading System. Legitimacy, Efficiency, and Democratic Governance. Oxford: Oxford University Press, 245-274.

Shaffer, Gregory (2005b): Parliamentary Oversight of WTO Rule-Making: The Political, Normative, and Practical Contexts?, in: Petersmann, Ernst-Ulrich (Hrsg.): Reforming the World Trading System. Legitimacy, Efficiency, and Democratic Governance. Oxford: Oxford University Press, 381-408.

Shapiro, Ian (2002): Optimal Deliberation?, in: The Journal of Political Philosophy 10 (2), 196-211.

Shaw, Malcolm N. (2003): International Law. 5. Auflage. Cambridge: Cambridge University Press.

Sifft, Stefanie, Michael Brüggemann, Katharina Kleinen-von Königslöw, Bernhard Peters und Andreas Wimmel (2007): Segmented Europeanization: Exploring the Legitimacy of the Euroepan Union from a Public Discourse Perspective, in: Journal of Common Market Studies 45 (1), 127-155.

Sjöstedt, Gunnar und Bertram I. Spector (1993): Conclusion, in: Sjöstedt, Gunnar (Hrsg.): International Environmental Negotiation. London: Sage, 291-314.

Skaggs, David E. (2005): How Can Parliamentary Participation in WTO Rule-Making and Democratic Control be Made More Effective in the WTO? A United States Congressional Perspective, in: Petersmann, Ernst-Ulrich (Hrsg.): Reforming the World Trading System. Legitimacy, Efficiency, and Democratic Governance. Oxford: Oxford University Press, 409-412.

Slaughter, Anne-Marie (2003): A Global Community of Courts, in: Harvard International Law Journal 44 (1), 191-219.

Slaughter, Anne-Marie (2004): A New World Order. Princeton, NJ: Princeton University Press.

South Centre (1996): For a Strong and Democratic United Nations: A South Perspective on UN Reform. Geneva: South Centre

Stahl, Bernhard und Florian Lüttiken (2007): Welthandelsorganisation, in: Schmidt, Siegmar, Gunther Hellmann und Reinhard Wolf (Hrsg.): Handbuch zur deutschen Außenpolitik. Wiesbaden: VS Verlag, 788-801.

Steffek, Jens und Claudia Kissling (2006): Civil Society Participation in International Governance: The UN and the WTO Compared. TranState Working Paper No. 42. Bremen: Universität Bremen.

Steffek, Jens und Stijn Smismans (2008): Civil Society Participation in European Governance. NewGov Policy Brief No. 11. Florenz: European University Institute.

Steinberg, Richard H. (2002): In the Shadow of Law or Power? Consensus-Based Bargaining and Outcomes in the GATT/WTO, in: International Organization 56 (2), 339-374.

Steinberg, Richard H. (2004): Judicial Law-Making at the WTO: Discursive, Constitutional and Political Constraints, in: The American Journal of International Law 98 (2), 247-275.

Stiles, Kendall W. (2006): The Power of Procedure and the Procedures of the Powerful: Anti-Terror Law in the United Nations, in: Journal of Peace Research 43 (1), 37-54.

Stone Sweet, Alec (2004): Islands of Transnational Governance, in: Ansell, Christpoher K. und Guiseppe Di Palma (Hrsg.): Restructuring Territoriality. Cambrigde: Cambridge University Press, 122-144.

Swart, Lydia (2008): Revitalization of the Work of the General Assembly, in: Center for UN Reform Education (Hrsg.): Managing Change at the United Nations. New York: Center for UN Reform Education, 21-36.

Tadjbakhsh, Sharbanou (2005): Human Security: Concepts and Implications – With an Application to Post Intervention Challenges in Afghanistan. Les Études du CERI No. 117/118. Paris: CERI-Sciences Po-CNRS.

Taylor, Charles (2002): Wieviel Gemeinschaft braucht die Demokratie?, in: Taylor, Charles (Hrsg.): Wieviel Gemeinschaft braucht die Demokratie? Aufsätze zur politischen Philosophie. Frankfurt a. M.: Suhrkamp, 11-29.

Thompson, Alexander (2006): Screening Power: International Organizations as Informative Agents, in: Hawkins, Darren G., David A. Lake, Daniel L. Nielson und Michael Tierney (Hrsg.): Delegation and Agency in International Organizations. Cambridge: Cambridge University Press, 199-228.

Tömmel, Ingeborg (2008a): Das Politische System der EU. München: Oldenbourg.

Tömmel, Ingeborg (2008b): Governance and Policy-Making im Mehrebenensystem der EU, in: Tömmel, Ingeborg (Hrsg.): Die Europäische Union: Governance und Policy-Making (=Politische Vierteljahresschrift Sonderheft 40/2008). Wiesbaden: VS Verlag für Sozialwissenschaften, 13-35.

Topan, Angelina (2002): The Resignation of the Santer Commission: The Impact of 'Trust' and 'Reputation', in: European Integration Online Papers 6, 1-15.

UNDP – United Nations Development Programme (2007): Human Development Report 2007/2008. New York: UNDP.

United Nations (2008): The United Nations Today. New York: United Nations Departement of Public Information.

Varwick, Johannes (2004): Die Reform der Vereinten Nationen: Weltorganisation unter Anpassungsdruck, in: Aus Politik und Zeitgeschichte 2004 (B 43), 37-45.

Verheugen, Günther (2008): Schritt für Schritt, und alle gemeinsam, Süddeutsche Zeitung vom 20. Juni 2008, 2.

von Arnim, Hans Herbert (2006): Das Europa-Komplott: Wie EU-Funktionäre unsere Demokratie verscherbeln. München: Carl Hanser Verlag.

von Bogdandy, Armin (2001a): Verfassungsrechtliche Dimensionen der Welthandelsorganisation – 1. Teil: Entkoppelung von Recht und Politik, in: Kritische Justiz 34 (3), 264-281.

von Bogdandy, Armin (2001b): Verfassungsrechtliche Dimensionen der Welthandelsorganisation – 2. Teil: Neue Wege globaler Demokratie?, in: Kritische Justiz 34 (4), 425-441.

von Freiesleben, Jonas (2008a): Reform of the Security Council, in: Center for UN Reform Education (Hrsg.): Managing Change at the United Nations. New York: Center for UN Reform Education, 1-20.

von Freiesleben, Jonas (2008b): Security Council Reform – the 62nd GA Session and the Road Ahead. Online erhältlich unter http://www.centerforunreform.org/node/372 (letzter Zugriff am 5. März 2010).

Vorländer, Hans (2003): Demokratie. Geschichte, Formen, Theorien. München: C.H. Beck.

Wallach, Lori und Patrick Woodall (2004): Whose Trade Organization? A Comprehensive Guide to the WTO. New York: The New Press.

Wapner, Paul (2007): Civil Society, in: Weiss, Thomas G. und Sam Daws (Hrsg.): The Oxford Handbook on The United Nations. Oxford: Oxford University Press, 254-263.

Waschkuhn, Arno (1998): Demokratietheorien: Politiktheoretische und Ideengeschichtliche Grundzüge. München: Oldenburg.

Weiler, Joseph H. H. (1991): The Transformation of Europe, in: The Yale Law Journal 100 (1), 2402-2483.

Weiler, Joseph H. H. (1994): A Quiet Revolution: The European Court of Justice and Its Interlocutors, in: Comparative Political Studies 26 (4), 510-534.

Weiler, Joseph H. H., Ulrich Haltern und Franz C. Mayer (1995): European Democracy and Its Critique, in: Hayward, Jack (Hrsg.): The Crisis of Representation in Europe. London: Frank Cass Publisher, 4-39.

Weiss, Thomas G. und Leon Gordenker (Hrsg.) (1996): NGOs, the UN, and Global Governance. Boulder, CO: Westview.

Wessels, Wolfgang (1993): Erweiterung, Vertiefung, Verkleinerung. Vitale Fragen für die Europäische Union, in: Europa-Archiv 48 (10), 308-316.

Wessels, Wolfgang (2005): The Constitutional Treaty: Three Readings from a Fusion Perspective, in: Journal of Common Market Studies 43 (S1), 11-36.

Willetts, Peter (2000): From "Consultative Arrangements" to "Partnership": The Changing Status of NGOs in Diplomacy at the UN, in: Global Governance 6 (2), 191-212.

Willetts, Peter (2006): The Cardoso Report on the UN and Civil Society: Functionalism, Global Corporatism, or Global Democracy, in: Global Governance 12 (3), 305-324.

Wolf, Klaus Dieter (2000): Die Neue Staatsräson: Zwischenstaatliche Kooperation als Demokratieproblem. Baden-Baden: Nomos.

Wolf, Klaus Dieter (2002a): Civil Society and the Legitimacy of Governance Beyond the State', Vortrag im Rahmen der 43. Jahrestagung der International Studies Association, New Orleans, 24.-27. März.

Wolf, Klaus Dieter (2002b): Contextualizing Normative Standards for Legitimate Governance Beyond the State, in: Grote, Jürgen und Bernard Gbikpi (Hrsg.): Participatory Governance: Political and Societal Implications. Opladen: Leske+Budrich, 35-50.

WTO – World Trade Organization (2001): Declaration on the TRIPS Agreement and Public Health, angenommen am 14. November 2001. Online erhältlich unter http://www.wto.org/english/thewto_e/minist_e/min01_e/mindecl_trips_e.htm (zuletzt aufgerufen am 5. März 2010).

WTO – World Trade Organization (2005): Understanding the WTO. 3. Auflage. Genf: World Trade Organization.

WTO – World Trade Organization (2008): International Trade Statistics 2008. Genf: World Trade Organization.

Yenal, Alparslan (1997): WTO/GATT, in: Albrecht, Ulrich und Helmut Vogler (Hrsg.): Lexikon der Internationalen Politik. München: Oldenbourg, 564-567.

Zangl, Bernhard (2003): Regimetheorie, in: Schieder, Siegfried und Manuela Spindler (Hrsg.): Theorien der Internationalen Beziehungen. 2. Auflage. Opladen: Barbara Budrich, 121-144.

Zangl, Bernhard und Michael Zürn (2004): Make Law, Not War: Internationale Verrechtlichung als Baustein für Global Governance, in: Zangl, Bernhard und Michael Zürn, Verrechtlichung – Baustein für Global Governance? Bonn: Dietz, 12-45.

Zangl, Bernhard (2006): Die Internationalisierung der Rechtsstaatlichkeit. Frankfurt a. M.: Campus.

Ziegler, Jean (2005): Die Neuen Herrscher der Welt und ihre globalen Widersacher. München: Goldmann.

Zürn, Michael (1998a): Democratic Governance Beyond the Nation State? InII Working Paper No. 12/98. Bremen.

Zürn, Michael (1998b): Regieren jenseits des Nationalstaates: Denationalisierung und Globalisierung als Chance. Frankfurt a. M.: Suhrkamp.

Zürn, Michael (2000): Democratic Governance Beyond the Nation-State: The EU and Other International Institutions, in: European Journal of International Relations 6 (2), 183-221.

Zürn, Michael (2002): Zu den Merkmalen postnationaler Politik, in: Jachtenfuchs, Markus und Michèle Knodt (Hrsg.): Regieren in internationalen Institutionen: Festschrift für Beate Kohler-Koch. Opladen: Leske+Budrich, 215-234.

Zürn, Michael (2003): Global Govemance in der Legitimationskrise?, in: Offe, Claus: Demokratisierung der Demokratie: Diagnosen und Reformvorschläge. Frankfurt a. M.: Campus, 232-256.

Zürn, Michael (2004): Global Governance and Legitimacy Problems, in: Government and Opposition 39 (2), 261-287.

Zürn, Michael und Christian Joerges (Hrsg.) (2005): Law and Governance in Postnational Europe. Compliance beyond the Nation-State. Cambridge: Cambridge University Press.

Zweifel, Thomas D. (2002): ... Who is without Sin Cast the First Stone: the EU's Democratic Deficit in Comparison, in: Journal of European Public Policy 9 (5), 812-840.

Zweifel, Thomas D. (2006): International Organizations and Democracy: Accountability, Politics and Power. Boulder: Lynne Rienner.

MIX
Papier aus verantwortungsvollen Quellen
Paper from responsible sources
FSC® C105338

If you have any concerns about our products,
you can contact us on
ProductSafety@springernature.com

In case Publisher is established outside the EU,
the EU authorized representative is:
Springer Nature Customer Service Center GmbH
Europaplatz 3, 69115 Heidelberg, Germany

Printed by Libri Plureos GmbH
in Hamburg, Germany